Bernhard Irrgang
**Hermeneutische Ethik**

Bernhard Irrgang

# Hermeneutische Ethik

Pragmatisch-ethische Orientierung
in technologischen Gesellschaften

Die Deutsche Nationalbibliothek verzeichnet diese Publikation
in der Deutschen Nationalbibliografie;
detaillierte bibliografische Daten sind im Internet über
http://dnb.d-nb.de abrufbar.

Das Werk ist in allen seinen Teilen urheberrechtlich geschützt.
Jede Verwertung ist ohne Zustimmung des Verlags unzulässig.
Das gilt insbesondere für Vervielfältigungen,
Übersetzungen, Mikroverfilmungen und die Einspeicherung in
und Verarbeitung durch elektronische Systeme.

© 2007 by WBG (Wissenschaftliche Buchgesellschaft), Darmstadt
Die Herausgabe dieses Werkes wurde durch
die Vereinsmitglieder der WBG ermöglicht.
Einbandgestaltung: Peter Lohse, Büttelborn
Satz: Fotosatz Janß, Pfungstadt
Gedruckt auf säurefreiem und alterungsbeständigem Papier
Printed in Germany

**Besuchen Sie uns im Internet: www.wbg-darmstadt.de**

ISBN 978-3-534-20269-0

# Inhalt

Vorwort . . . . . . . . . . . . . . . . . . . . . . . . . . . . . . . . . . . . . . . . . . . 7

0. Einleitung: Pragmatismus und Hermeneutik in der Ethik . . . . . . . . . . . . 9
   0.1 Konkrete Ethik jenseits von Kasuistik und Fallgeschichten . . . . . . . . 11
   0.2 Ethik des „Sowohl – als auch" zwischen Postphänomenologie und
       Pragmatismus . . . . . . . . . . . . . . . . . . . . . . . . . . . . . . . . . . 15

1. Hermeneutik des Sittlichen als Interpretationskunst im Horizont des
   pragmatischen „Sowohl – als auch". . . . . . . . . . . . . . . . . . . . . . . . 25
   1.1 Verstehen und Interpretation: Hermeneutische Ethik als Kunst des Sich
       Orientierens. . . . . . . . . . . . . . . . . . . . . . . . . . . . . . . . . . . 25
   1.2 Fundamentale methodische Paradigmen ethischer Interpretationskunst
       aus der Perspektive des „Sowohl – als auch". . . . . . . . . . . . . . . . 40
   1.3 Interpretationshorizonte für eine nachmoderne Ethik zwischen „cooler"
       Defensivethik und humaner Selbstverwirklichung. . . . . . . . . . . . . 60

2. Anthropologische Fundierung: Menschlich-technische Praxis als
   Interpretationsansatz einer Hermeneutischen Ethik . . . . . . . . . . . . . . 77
   2.1 Personal realisierte Freiheit, Situationsangemessenheit der Handlung und
       sittliche Zuschreibung. . . . . . . . . . . . . . . . . . . . . . . . . . . . . 77
   2.2 Menschliche Alltags-Praxis bei Heidegger und Wittgenstein. . . . . . . 89
   2.3 Innovation, Entwurf und Kreativität: das Neue in der menschlichen Praxis
       als Problem der Ethik . . . . . . . . . . . . . . . . . . . . . . . . . . . . . 99

3. Umgang mit technologischer Macht – Ethik humaner Selbsterhaltung. . . . 115
   3.1 Umgang mit technischer Macht und technischem Risiko –
       nüchterne Sachlichkeit zwischen Minimalethik und Leitbildorientierung . . 115
   3.2 Zetetische Ethik: Offenheit, Flexibilität und Revidierbarkeit angesichts
       von Unsicherheit, Wert- und Interpretationskonflikten . . . . . . . . . 147
   3.3 Globalisierung, Modernisierung und die Dominanz der Ökonomie:
       Transkulturelle Reflexion, Solidarität und Toleranz . . . . . . . . . . . 168

4. Schluss: Alltagsmoral und ethische Kompetenz des Experten im
   öffentlichen Diskurs . . . . . . . . . . . . . . . . . . . . . . . . . . . . . . . . 199

Abkürzungsverzeichnis. . . . . . . . . . . . . . . . . . . . . . . . . . . . . . . . . 225

Literaturverzeichnis . . . . . . . . . . . . . . . . . . . . . . . . . . . . . . . . . . 227

Register. . . . . . . . . . . . . . . . . . . . . . . . . . . . . . . . . . . . . . . . . . 239

## Vorwort

Technikethiken werden normalerweise als Standesethiken für Ingenieure konzipiert. In diesem Buch geht es um eine Technikethik ganz anderer Art – die des Techniknutzers, also des Konsumenten. Und in technischen Zivilisationen ist jedermann ein Techniknutzer, auch der Ingenieur und der Handwerker. Angesichts überbordender Angebote immer neuer Formen von Technik, die selbstverständlich jedermann haben muss, der „in" sein will, stellt sich die Frage, ob sich der allseits verbreitete Grundwert des Cool-Seins tatsächlich als eine Grundform der humanen Selbsterhaltung des Techniknutzers gegenüber moderner Technik erweisen kann. Nach den modernen Forderungen nach Emanzipation und Selbstverwirklichung geht es Hermeneutischer Ethik um bescheidenere Ziele. Technik produziert Unsicherheit und Nichtwissen. Der traditionelle Umgang mit Unsicherheit und Nichtwissen war wissenschaftlich. Und Ethik sollte, wie Philosophie, Wissenschaft sein. Hermeneutische Ethik glaubt, dass sowohl der Umgang mit Unsicherheit wie ethische Reflexion eine Kunst sind. Heute reicht die Anwendung ethischer Grundsätze und Prinzipien für ethische Urteilsbildung nicht mehr aus, Folgenabschätzung ist nur begrenzt möglich und bedarf ihrerseits der Bewertung, die Ergebnisse von Anthropologie und Sozialphilosophie, Philosophie der Praxis und der Ökonomie, Philosophie der Wissenschaft und Technik und vieler anderer philosophischer Teildisziplinen müssen für ethisches Reflektieren herangezogen werden.

Hermeneutische Ethik versteht sich als Fortführung der Kasuistik, der Situationsethik, von existentialistischen und existenzphilosophischen Ansätzen, von Modellen ethischer Orientierung an der Gewissensentscheidung, des Konzeptes des „informed consent" und des Selbstbestimmungsrechtes (Autonomie des sittlich handelnden Subjektes), stellt aber als ethische Reflexion der Praxis in einer technologisierten Gesellschaft diese in einen sozialen, ja sogar transkulturellen Kontext („eingebettete Autonomie"). Sie kommt damit vielen Forschungsansätzen aus der Phänomenologie, Sozialanthropologie und Ethnomethodologie entgegen als diesen neuen Forschungsrichtungen entsprechender Ansatz ethischer Reflexion in aktuellen Problemfällen. Hermeneutische Ethik beruht auf Konzeptionen sittlicher Kompetenz. Ihre Vorläufer in der Geschichte der Ethik habe ich in einem früheren Buch dargestellt (Irrgang 1998). Hier geht es nun um eine aktuelle Grundlegung und Darstellung der Vorgehensweise Hermeneutischer Ethik sowie Anleitung zu ihrer Durchführung. Sittlichkeit kann nicht wie eine Tatsache beschrieben werden, sie ist Aufgabe und beruht auf einer Zuschreibung sittlicher Kompetenz. Diese kann jedoch nicht ohne wertende Interpretationen vollzogen werden. Dazu muss in methodisch nachvollziehbarer Weise die deutende Interpretation in eine wertende Interpretation überführt werden können.

Dieses Buch ist kein Buch über angewandte Ethik wie sonst üblich. Denn es reflektiert weniger die Ethik, sondern die Anwendungsbedingungen und Einbettungsfunktionen ethischen Argumentierens und Entscheidens. Diese sind heute überwiegend technisch-ökonomischer Natur. Hermeneutische Ethik soll moralisch gutes und sittlich richtiges Handeln und die entsprechende Praxis ermöglichen. Die Erarbeitung einer persönlich guten Moral und seiner richtigen Ethik stellt sich als Aufgabe dar, in die man hineinwachsen muss. Mit einem guten Leben und richtigem Handeln soll eine Verbesserung der gesellschaftlichen und kulturellen Strukturen erreicht werden. Sie ist im ersten Schritt Phänomenologie und Hermeneutik, in einem weiteren Schritt Ethik. Hermeneutische Ethik basiert daher auf einer Kombination von implizitem und explizitem sittlichen Wissen und Können, von Kompetenz, Habitus, Tugenden, Werten und Regeln, Prinzipien, Verpflichtungen und Normen und der Bewertung der Sittlichkeit bzw. ethischen Qualität von Handlungen, Praxen, Organisationen und Institutionen anhand ethischer Paradigmen. Sie soll eine ethisch qualifizierte Entscheidung und angemessene ethische Urteile im Geist kontextuell eingebundener sittlicher Autonomie und ethisch qualifizierter Selbstbestimmung ermöglichen. Angesichts dogmatischer Ethikansätze zeigt sie Wege auf, eine liberale Ethik überzeugend zu praktizieren, um so ein gutes und qualitätvolles Leben führen zu können. Ethik ist auch Anleitung zur richtigen Praxis und nicht ein System von Imperativen. So versteht sich dieses Buch als Realisierung von professioneller Ethik im Alltag.

Für Anregungen zur Hermeneutischen Ethik danke ich vor allem Walther Zimmerli, Hans Lenk, Hans Poser und Thomas Rentsch sowie meinen Kollegen Nestor Corona in Buenos Aires sowie Fernando Luis Flores und Ricardo Salas (Santiago de Chile), für diverse Hilfestellungen meinem Mitarbeiter Arun Tripathi, für das Korrekturlesen Herrn Lars von Richter und meiner Sekretärin Frau Evelyn Hofmann.

Dresden, im Sommer 2006 				Bernhard Irrgang

## 0. Einleitung:
## Pragmatismus und Hermeneutik in der Ethik

Neuzeitliche Ethiken versuchen, die Komplexität sittlich zu bewertender Handlungen durch Rekurs auf jeweils nur einen Aspekt von Handlungen zu reduzieren. Kant z. B. bestimmt die Handlung durch die Regel, nach der sie beschlossen wird, der Konsequentialismus durch die Handlungsfolgen, die Vertragstheorie durch die Zustimmung und die Diskurstheorie durch argumentative Handlungsgründe. Der Ansatz einer Hermeneutischen Ethik gilt der Ermöglichung einer Reflexionskultur des Deutens und Wertens gemeinschaftlicher Praxen, die immer häufiger mehr oder weniger direkt eine technologische Struktur tragen. Hermeneutische Überlegungen sollen den Sachverhalt klären, der zur Entscheidung ansteht, machen unter Umständen Defizite sichtbar, weisen auf möglicherweise grundsätzliche ethische Konflikte hin, die bei einigen Problemen unvermeidbar erscheinen und bereiten Kompromisse bei Interpretationen vor. Erarbeitet werden Interpretationsregeln zur Erhöhung der ethischen Kompetenz für sachgemäße Entscheidungen.

Die Bezeichnung „Hermeneutische Ethik" verdankt ihre Herkunft dem Erstarken von Problemen praktischer Ethik und anwendungsorientierter Moralphilosophie und einer Abwendung von prinzipienorientierter oder verfahrensorientierter Ethik, ohne sie ganz zu vernachlässigen. Methodisch gesehen wohl am ehesten als Eklektizismus einzuordnen, stellt sie in das Zentrum einer ethischen Untersuchung den handelnden Menschen in seinem situativen Kontext, also menschliche Praxis. Neuzeitliche Ethiken versuchen, wie gesagt, die Komplexität sittlich zu bewertender Handlungen durch Rekurs auf jeweils nur einen Aspekt von Handlungen zu reduzieren. Das soll Interpretationsdivergenzen ausschließen, Unsicherheit beim Verstehen und Bewerten von Handlungen vermeiden. Mit der Wende zur praktischen Ethik ist nun nicht mehr eine Handlung an sich Gegenstand der Ethik, sondern ihre alltägliche Einbettung in einen Praxiszusammenhang und damit verbundene Entscheidungsprobleme, vor allem, wenn sie neu sind und nicht auf Vorbilder zurückgreifen können, aber auch berufsspezifische Konfliktfälle. Differenzen hinsichtlich des Deutens und Bewertens, die Pluralität von Normen und Werten, transkulturelle Bewertungsunterschiede werden nicht heruntergespielt, wobei ein umfassender Relativismus vermieden werden soll. Hermeneutische Ethik bemüht sich um einen Ausgleich zwischen theoretischer und angewandter Ethik und entwickelt grundlegende epistemische Überlegungen für transdisziplinäre Unternehmen unter Einbezug eines reflektierten Common Sense-Standpunktes, versteht sich also als angewandte Philosophie. Tatsachen- und Bewertungsebene werden rekonstruiert und der Versuch unternommen, diese zur Konvergenz zu bringen. Ziel ist pragmatische Konsistenz der Interpretation und Argumentation.

Es sollte nicht verwundern, wenn die Beziehungen zwischen Ethik und Hermeneutik in der Moderne auf eher geringes Interesse stießen. Die Logik der Moderne kapriziert sich zunächst auf Differenzierung. Eine primär normative Ethik fragt nach absoluter Verpflichtung. Ein nicht unbedingt konsequenter und schon gar nicht logisch präziser Verstehensprozess stört solche Bemühungen. Umgekehrt interessierte sich die Hermeneutik ihrerseits lange nicht für Ethik. Daher gilt es, Perspektiven des Verstehens angesichts des Konfliktes der Kulturen, konkurrierender Normen- und Wertsysteme und des Gegensatzes von Gesinnungs- und Verantwortungsethik in hermeneutisch verantwortungsvoller Weise herauszuarbeiten. Zu klären ist die Rolle des Verstehens und Auslegens, also des Interpretierens, innerhalb der Ethik und inwiefern die Hermeneutik selbst ethische Perspektiven enthält und vielleicht sogar selbst eine Ethik entwickelt hat. Die weltdeutende Kraft jeglicher Hermeneutik lässt sich ohne weiteres auf Ethik ausdehnen. Hermeneutik erhält die Aufgabe, die Pluralisierung der Weltbilder zu legitimieren (Schönherr-Mann 2004).

Ethik versucht, Moral aus den Traditionen heraus zu stabilisieren und zwar angesichts des Nachlassens der Akzeptanz der sozialen Ordnung. Der Pragmatismus will auf Dogmen verzichten, auch in der Ethik. Ethik stellt sich damit als hermeneutischer Wille zur Macht dar. Relativismus, Wertepluralismus und ethischer Dekonstruktionismus greifen in einer hermeneutischen Ethik ineinander. Der Dogmatismus hat seine Wurzeln im Manichäismus, die Hermeneutik geht vom Verstehen der Situation aus. Aus der Struktur des Verstehens einer Handlungssituation heraus entspringt notwendigerweise ein ethischer Anspruch. Am Anfang steht der Anspruch, richtig zu verstehen. Hermeneutik als Interpretationskunst ist eine Kunstlehre. Hinzuweisen ist auf das hermeneutische Element aller Rechtsfindung. Dabei ist Entfremdungserfahrung im geschichtlichen Bewusstsein nicht zu leugnen. Im 20. Jh. hat sich ein neuer Begriff von Interpretation herausgebildet, der auf das Selbstverständnis des Menschen rekurriert. Dieses reicht nun bis zum unbewussten Triebganzen unseres Menschseins (Schönherr-Mann 2004).

Der Moralabsolutismus suchte nach einer letzten Begründung für Normen, Werte und Wertinterpretationen. Die Unbedingtheit von Normalnormen, die ihre Form ausmacht, und die Wandelbarkeit, die an ihrem Inhalt auftritt, muss hermeneutisch vermittelt werden. Die Interpretationsethik und moderne Skeptiker haben gemeinsame Ansatzpunkte, z. B. die Kritik am Begründungsparadigma. Die Rechtfertigungsidee wird mit der Idee des Spielens und der Anerkennung von Spielregeln verknüpft. Die Interpretationsethik zielt im Kern auf Fragen der Anerkennung. Die Ethik der Interpretation ist eine frei-lassende Ethik. Es geht um eine Freiheit und Gleichheit der Interpretierenden. Der Abschied von der Letztbegründung führt zur reflektierten Begründung einer Interpretationspraxis. Zugleich ist aber auch ein hermeneutischer Abschied vom Kulturrelativismus erforderlich. Die Kritik verweist auf ihre Möglichkeit, Maßstäbe und Standards zu setzen, und muss Kohärenzanforderungen genügen. Ständige Absicherung ist Aufgabe einer hermeneutischen Ethik. Zugleich kann die Offenheit der Interpretation nicht vollständig aufgehoben werden. Daher ist sie gebunden an eine öffentliche Interpretationspraxis des Sprechens und Handelns. Dogmatische Interpretationen sind quasi ein Widerspruch in sich selbst. Auch der kategorische Imperativ hat eine hermeneutische Dimension, insofern er dazu anleitet herauszufinden, nicht was man wollen soll, sondern wie man wollen soll (Schönherr-Mann 2004).

Gegenwärtig werden der philosophischen Ethik hohe Erwartungen entgegengebracht. Dabei muss es fraglich bleiben, ob diese von ihr erfüllt werden können. Hermeneutik als theoretische und praktische Aufgabe bedeutet eine Zurücknahme der Philosophie ins geschichtliche Leben. Hermeneutische Ethik rückt so in die Nähe einer Sozialtechnologie, einer Klugheitslehre menschlichen Verhaltens wie einer Ethik als Vermittlungsleistung. Es geht um die Herausbildung einer menschlichen Identität. Selbstbefreiung und Selbstverwirklichung wurden zur ethischen Aufgabe in der Moderne. Da die Normen nicht einfach vorgegeben oder irgendwo abzulesen sind, ist Orientierung in Sachen Ethik selbst eine dringliche Aufgabe geworden. Dabei lässt sich ein gewisses sozialphilosophisches Defizit der klassischen Hermeneutik nicht leugnen (Schönherr-Mann 2004).

Die Krise der Ethik basiert auf der Einsicht, dass ethische Ableitung aus einem Prinzip in der Regel nicht zu einem befriedigenden Ergebnis führt. Ein Ausweg besteht in der immer wieder erneuerten Interpretation der Tradition im Licht neuer Aufgabenstellungen. Diese Interpretation muss aber offen bleiben für die Wahrnehmung der Zukunft und die damit verbundenen Probleme. Das Verstehen hat aber auch seine Grenzen. Der Zwang zur Einigung in ethischen Fragen wie zur Unterwerfung unter ein einheitliches Prinzip führen in einen nicht endenden ethischen Bürgerkrieg. Hermeneutischer Ethik geht es um die Einsicht in die Vielfalt unterschiedlicher gegenseitiger Verstehensmöglichkeiten und erlaubter Handlungsmöglichkeiten wie Entwicklungspfaden, also um Toleranz. Alles, was man sagen kann, kann man auch anders sagen. Die Hermeneutik ist nicht nur eine Technik des besseren Verstehens. Das Problem der Interpretation stellt sich vor allem in Konfliktsituationen. Die Grenze der Ethik als Problem der Interpretation stellt vor neue Aufgaben. Und die Ethik des Verstehens nimmt eine wichtige Funktion im Konflikt der Kulturen ein. Sie beinhaltet, dass ein absoluter Standpunkt in der Ethik nicht möglich ist.

## 0.1 Konkrete Ethik jenseits von Kasuistik und Fallgeschichten

Für die Kasuistik besteht das Ziel nicht in einer moralphilosophischen Reflexions-Arbeit, die für die Lösung von Fällen relevant ist, sondern von vornherein in der Lösung von Fällen. Entsprechend wird nicht von einer (übergreifenden) Theorie der normativen Ethik ausgegangen – solche Theorien erscheinen vielmehr als entbehrlich oder defizient –, sondern von der Analyse von Fällen (Düwell/Steigleder 2003). Dem Projekt einer narrativen Ethik ist von Anfang an eine Spannung eigen, die in jeder Ethik zwischen dem Anspruch auf universelle Gültigkeit und der erhöhten Aufmerksamkeit für den Einzelfall besteht. Die Befürchtung, eine narrative Ethik setze das Interesse am Leiden an die Stelle der Kohärenz der Argumente ist wohl unbegründet, da sich beide Perspektiven wechselseitig ergänzen. Für Kasuistik sind Rahmenbestimmungen für moralische Debatten, also paradigmatische Fälle wichtig. Generelle moralische Regeln dienen als Maximen. Heutzutage können partikuläre moralische Entscheidungen nicht einfach auf eine universelle ethische Regel für einzelne Fälle zurückgeführt werden. Sie müssen angewandt und abgewandelt werden. Bei der Prinzipienethik ist der Rückgriff auf Geometrie und Mathematik fundamental, in der Kasuistik auf praktische Behauptungen. Fragen der Urteilskompetenz verbinden sich mit der Suche nach relevanten Verallgemeinerbarkeiten und Berücksichtigung praktischer Felder wie Gesetz, Medizin und öffentliche Verwaltung (Jonson/Toulmin 1988).

Im Unterschied zu einer wissenschaftlichen Theorie mit zeitlosen Prinzipien treten in der juristischen, ingenieursmäßigen oder medizinischen Praxis berufsständische Probleme auf. Theoretische Argumente sind Ketten von Beweisen, während praktische Argumente Methoden für das Lösen von Problemen darstellen. Das Ideal der Geometrie ist Axiomatisierung. Klinische Medizin z. B. ist aber eine Praxis. Wir wissen aus der Erfahrung, dass Hühnchenfleisch tatsächlich nahrhaft ist. Medizin verbindet Theorie und Praxis, intellektuelle Aufgaben und technische Fähigkeiten auf eine eigentümliche und charakteristische

Art und Weise. Klinische Medizin ist wissenschaftlich nur in diesem Sinn, dass die Behandlung einer Krankheit in der Regel auf einem verallgemeinerten wissenschaftlichen Wissen beruht, das aufgrund von Generalisierung über Generationen von forschenden Medizinern und Biologen ausgebildet wurde. Medizin ist mehr als nur angewandte biomedizinische Forschung. Bestimmte Heilungs- und Erkrankungsmuster sind zu erkennen (Jonson/Toulmin 1988).

Eine Diagnose ist das Wiedererkennen eines Syndroms. Das setzt die Fähigkeit zur Wiederidentifikation voraus. Dazu ist eine Argumentation aus der Analogie erforderlich. Kasuistik hat viel mit Diagnose zu tun. In der Praxis geht es um angemessene Behandlung. Diagnostisches Überlegen schreitet analog voran und benutzt die medizinische Taxonomie als Quelle, um paradigmatische Fälle herauszufinden, auf die sich alle Vergleiche zurückbeziehen können. Klinische Argumente lassen jeweils Platz für verantwortungsbewusste Mediziner, um unterschiedliche Diagnosen erstellen zu können. Außerdem ist es möglich, über marginale und zweifelhafte Fälle unterschiedlicher Meinung zu sein. In diesem Zusammenhang wird die Relevanz von taxonomischen Prozeduren für die Ethik deutlich. Lösungsansätze müssen darauf zurückgreifen. Paradigmen und typische Fälle sind für die Analogiebildung unerlässlich (Jonson/Toulmin 1988).

Klinische Probleme individueller Patienten und problematische Situationen führten zur Suche nach geeigneten Paradigmen für die medizinische Ethik und zu einem Wiederaufleben der Kasuistik. In der Medizin entstanden moralische Konflikte typischerweise aus der Tatsache, dass klinische Interventionen verschiedenartige Konsequenzen haben können. Insofern erschien eine Generalisierung hinsichtlich der Konflikte moralischer Verpflichtungen erforderlich. Solche Konflikte können gelöst werden. In der Ethik wie in der Medizin gibt es praktische Erfahrung und diese ist zumindest genauso kollektiv wie persönlich. Ein praktisches sittliches reflektierendes Argumentieren kann erheblich besser auf die Situation eingehen als eine formale oder geometrische Demonstration. Die Debatte über Wahrscheinlichkeitsgründe hat an Bedeutung verloren. Moralisches Wissen ist in zentralen Punkten partikulär. Statt ethischer Deduktion ist unsere affektive Sensibilität für Moral zu schulen. Es geht um die zentralen praktischen Felder der Ethik (Jonson/Toulmin 1988). In der Bioethik wie in der medizinischen Ethik kommt es zu einer Wiederbelebung der Kasuistik. Hermeneutische Ethik profitiert von den Erfahrungen, die die Bioethik gemacht hat.

Wo immer es darum geht, konkrete Erscheinungen oder Fälle (casus) unter allgemeine Formen bzw. Prinzipien zu fassen, zu ordnen, sie abzugrenzen und zu beurteilen, erhält Kasuistik als Methode ihren Ort. Vor allen die auf Handeln ausgerichteten Normwissenschaften versuchen mit ihrer Hilfe komplexe Situationen zu erhellen, widerstreitende Interessen und Pflichten zu lösen, Weisungen zum Handeln in Konflikten zu geben. Dabei kann es sich um konstruierte Fälle oder um praktisch drängende Aufgaben handeln. Kasuistik kann im allgemeinen Sinn schon ein empirisches Vergleichen nach Analogie und Ähnlichkeit meinen, besagt im Engeren aber die Subsumption nach streng logisch-rationaler Gesetzmäßigkeit. Es geht kasuistischem Denken darum, im konkreten Fall das Allgemeingültige zu erfassen.

Kasuistik besitzt ihren Ursprung im Recht. Beide Weisen ihres Vorgehens sind dort zu Hause. Das ursprüngliche römische Recht gewinnt vom Einzelfall aus die Regel, die dann für ähnlich gelagerte Fälle Maßstab wird. So das „Ius Honorarium", das aus dem Erlassen des jeweiligen Prätors erfließt, oder das „Edictum Perpetuum", die gemeingültige Sammlung früherer Edikte der Prätoren, der jeder Prätor weitere Bestimmungen hinzufügen kann. Ähnlich ist das englische Recht bis heute Case Law. Das Naturrecht der Aufklärung und der Rechtspositivismus des 19. Jahrhunderts entwickelten die Kasuistik zur rationalen Deduktion als abstraktem Normativismus. In außerchristlichen Religionen häng Kasuistik weithin zusammen mit rituellen Vorschriften, die in Tabus wurzeln, und damit verbundenen Vorstellungen von Reinheit und Unreinheit. In der Ethik entwickelt erst die mittlere Stoa eine ausführlichere Kasuistik. Die sittliche Pflicht wird vom ewigen Logos des Naturrechtes abgeleitet, ihm entspringt die Recta Ratio; sie fordert naturgemäßes Leben. Erörtert wird auch schon, ob im Falle einer Kollision das Tugendhafte (Honestum) oder das Nützliche (Utile) gewählt werden sollte.

Eine stark schematisierte Form der Kasuistik kommt mit der Entwicklung der Bußdisziplin und der ihr dienenden Bußbücher auf, die ihren Ursprung seit dem 6. Jahrhundert im iroschottischen und angelsächsischen Raum haben. Dies führt zu einer Verrechtlichung der Ethik, in den nominalistischen Gesetzespositivismus wie in die betonte Beschäftigung mit praktischen Einzelfragen. Erst in der katholischen Theologie des 17./18. Jahrhunderts trennt sich ein eigenes Fach der praktischen Casus Conscientiae von der systematischen Grundlage ab. Als reine Kasuistik sollen durch rationale Deduktion aus allgemeinen Prinzipien Einzelfälle gelöst, in Grenzfällen das unbedingte sittliche Minimum festgelegt und Gewissenszweifel mit Hilfe besonders entwickelter Moralsysteme behoben werden. Die so systematisierte und verselbstständigte Kasuistik wird Moraltheologie genannt und hat als solche bis ins 19. Jahrhundert Geltung in den Schulen, obwohl sie für ihre Grundlegung die systematische Theologie voraussetzt. Eine terminologische Frage bleibt schließlich offen. Kasuistik stellt typische Fälle, mehr oder weniger wiederkehrende Situationen, heraus und leitet für sie zur sittlichen Entscheidung an. Sie ist dann im engeren Sinn als Methode legalistischer Deduktion verstanden. In umfassenderem Sinn wird sie aber zur Situationsethik ausgeweitet (Hauser 1976).

Drei verschiedene Ansätze der Kritik an der Kasuistik sind zu unterscheiden: (1) die mehrfache Vermittlung von Regel und Einzelfall, die die Kasuistik vollzieht, lasse die Beurteilung eines gegebenen Falls schließlich zu einer Frage des Geschmacks werden; (2) sie verkehre die heiligsten Vorschriften des christlichen Lebens in ihr Gegenteil; (3) ihre Institutionalisierung in der kirchlichen Bußpraxis hebe die Autonomie des Individuums auf: Das Gewissen ist der beste Kasuist. All dies zu berücksichtigen läuft auf die Forderung hinaus, dass die Kasuistik zu einer echten ethischen Forschung ausgearbeitet werden muss (Wolf 1976). In der Medizin bedeutet Kasuistik die Beschreibung und Sammlung einzelner Krankheitsfälle. Dabei gibt es zwei Ansatzpunkte: (1) die Beschreibung von typischen Verlaufsformen von Krankheiten und (2) die Analyse seltener oder komplizierter Einzelfälle (Bleker 1976). Das philosophische Auslegen auch im Rahmen hermeneutischer Ethik ist dabei in noch stärkerem Ausmaß als bei der Kasuistik keine Beschreibung eines Konkreten, sondern ein Auslegen eines Konkreten im Lichte eines Allgemeinen (Horizonts).

Das Gewissenskonzept ist verbunden mit einer Wende in erkenntnistheoretischen Fragen. Es geht in diesem Zusammenhang um Zustimmung und Glauben als Dispositionen. Das impliziert eine neue Einsicht, dass es keine angeborenen Hinneigungen zur Wahrheit gibt. Die scholastische Diskussion blieb akademisch und fand nicht den Weg ins Volk. Der Skeptizismus des 17. Jahrhunderts betonte die Unsicherheit der Meinungsbildung. Es gab beträchtliche Verschiedenheiten der Interpretationen und Perspektiven. Zwischen Renaissance und Aufklärung wurden neue Regierungsmodelle diskutiert. Die traditionelle Aufgabe der Regierung war es, ein gutes Leben zu ermöglichen. Der Grundbegriff in diesem Zusammenhang ist der des Glaubens bzw. Meinens. Der Skeptizismus förderte insgesamt den Autonomiegedanken (Leites 1988).

Die Kasuistik wurde im 17. Jahrhundert pejorativ gebraucht und für subtile Unterscheidungen verwendet. Liberalität und jesuitische Moral wurden zusammengebracht. Außerdem wurde sie mit Sophistik gleichgesetzt und als Verwandlung der Sünde in ihr Gegenteil betrachtet. Diese Sichtweise der Kasuistik ist die Folge der Jansenistischen Propaganda gegenüber der Kasuistik. In ihr war die Analyse der Umstände von zentraler Bedeutung. Es gibt eine Analogie zwischen legalistischem und kasuistischem Denken. Die Kasuistik war nahe verbunden mit dem römischen und englischen Recht. Es handelte sich aber letztendlich um eine Methode der Urteilsfindung. Die Kasuistik entwickelte Expertenlösungen in schwierigen moralischen Fällen. Entscheidend war dabei die Übung des Urteils und der Fähigkeit, Entscheidungen zu treffen. Dabei traten unterschiedliche Mentalitäten auf. Es war eine Frage der dominanten Kultur. Die Kasuisten wollten das konservative traditionelle moralische System transformieren (Leites 1988).

Kant wendet sich gegen allen Probabilismus in Moral, aber selbst Kant kommt nicht ohne Kasuistik aus. Dies dokumentiert Kant in seiner Schrift „Das mag in der Theorie richtig sein, taugt aber nicht für die Praxis". Die rationalistische Kasuistik betrachtete das Gewissen als Syllogismus. Darin manifestiert sich eine intellektualistische Sicht des Gewissens. Aber die Kasuistik hatte auch eine soziale Funktion. Dies manifestiert sich in den großen kasuistischen Zungen des 17. Jahrhunderts. Hauptwerk in dieser Zeit der Spitze der Kasuistik war Andreas Kestlers „Theologia casuum conscientiae" (1658). Johann Peter Miller (1725–1789) in Helmstedt, Halle und Göttingen beschäftigte sich mit Ausnahme und Regel. Ausnahmen müssen bereichsspezifisch verallgemeinerbar sein (Epikie). Kasuistik dient damit als Orientierung für das Gewissen und hat sich gewandelt zu einer Rechtfertigung vor Gott. Dahinter stand also letztlich das Problem der Verantwortlichkeit. Die Verallgemeinerungsregel postuliert die Übereinstimmung des Individuums mit dem Ganzen der Gesellschaft. Das liegt in gewisser Weise auch der Kasuistik zu Grunde (Leites 1988). Gegen die Kasuistik richtete sich ein missverstandenes Naturrechtsdenken. Allerdings sprachen sich die skeptische Tradition, die kein Wahrheitskriterium kannte, und die fideistische Position für das kasuistische Denken aus. Der skeptische Angriff auf den Aristotelismus führte zu kasuistischem Denken. Gassendi galt als Überwinder des Skeptizismus und reiht sich damit in die Tradition gegen die Kasuistik mit ein. Letztendlich führte der Skeptizismus zu einem gewissen moralischen Relativismus im Detail. An diese kasuistisch-skeptische Tradition knüpft Hermeneutische Ethik an.

Eine Kasuistik bedarf der Richtlinien, mehr oder weniger exakt formuliert. Bei der Hermeneutischen Ethik ist dies etwas anders. Dort tritt der Paradigmenbegriff an die Stelle der Richtlinien. Paradigmen sind Vorbilder für methodisches Vorgehen in der Ethik. Die trainierte Anwendung und Demonstration interpretativer Verfahren setzt den Verweis auf Methodik voraus. Mit dem Paradigmenbegriff wird die Suche nach ethischer Interpretation offener gestaltet. Ethik wird entrechtlicht. Eine ins Soziale erweiterte Kasuistik der Bewertungspfade in weiteren Kontexten, ein experimenteller Weg in die Ethik führt zu einer korrekturoffenen Ethik des Suchens und des Findens (zetetische Ethik) ethischer Bewertungen in Abhängigkeit von Gedankenexperimenten. Eine forschende Ethik, eine Experimentalethik, eine Ethik für innovative Entwicklungspfade überschreitet die Grenzen bisheriger Urteilsbildung, Tatsachenbestimmung und Situationserfassung zugunsten eines tieferen, ganzheitlichen Verständnis der zu beurteilenden Praxis, vor allem der Weiterführung des eingeschlagenen Entwicklungspfades. Berücksichtigt wird die Unsicherheit über das, was getan werden soll. Die zetetische Methode beruht auch in der Ethik auf der Suche nach Heuristiken und Interpretationshorizonten.

Der Situationsbegriff ist weiter aufzufassen als der Fall in der Kasuistik, in der alles auf eine Situation, nämlich die der Entscheidung isoliert wird. Hermeneutischer Ethik geht es um die Situation des Menschen, um sein Dasein im Sinne Martin Heideggers, um die Konzeption des Daseins, um die hermeneutische Situation, in der wir uns gegenüber der Tradition befinden, letztlich um die menschliche Praxis. Die Freiheit des Menschen ist kein punktueller Willkürakt, sondern ein Sichverhaltenkönnen im Kontext einer Praxis. Daher soll hier neben der fallbezogenen Kasuistik der Pragmatismus für die Interpretation einer menschlich-technischen Praxis im Sinne einer Hermeneutischen Ethik herangezogen werden. Durch die Konfrontation beider Methodiken wird ihr Ansatz präzisiert, bevor die Praxisanalyse weitere Klärung zur Vorgehensweise der Hermeneutischen Ethik bringen wird.

## 0.2 Ethik des „Sowohl – als auch" zwischen Postphänomenologie und Pragmatismus

Paul Thompson weist darauf hin, dass der Pragmatismus immer eine auf Gelegenheiten bezogene Philosophie darstellt. Die gegenwärtige Gesellschaft greift technologische Innovationen in Risikobegriffen auf. Die pragmatische Rekonstruktion der Philosophie involviert eine ganze Reihe von spezifisch epistemologischen, metaphysischen und methodologischen Thesen, wobei jede von ihnen ausführlich debattiert werden kann und zwar auch in der Form, in der die traditionelle Philosophie diese Punkte diskutiert hat. Eine pragmatische Philosophie legt Wert auf Verbesserung und schrittweise Erarbeitung von Antworten auf Probleme eher als auf universelle und ewige Wahrheiten, die als Lösung für alle Probleme herangezogen werden können (Thompson 2002). Gemäß James' Konzept der Erfahrung, die er als existentiell begreift, ist es vernünftig, die Konzeption einer Wissenschaftsgemeinschaft (hier von Ethikexperten) einzuführen, die mit einer Alltagssprachenkonzeption von Wahrheit ihre experimentellen Untersuchungen interpretieren, diese dann als Vorschein für eine praktisch bislang nicht realisierte Konvergenz versteht, um dann zu unterstellen, dass sie in die richtige Richtung weist.

Fortschritt und Risiko sind die traditionellen Paradigmen des Deutens und Wertens technologischer Praxis und technisch-ökonomischer Entwicklung. Es handelt sich um immer unfruchtbarer werdende Deutungsschemata. Wir brauchen heute eine stärker inhaltlich fixierte Deutung und Bewertung dessen, was wir machen, und welchen Visionen wir im Hinblick auf Technik und Technologie folgen wollen. Bei den Paradigmen Fortschritt und Risiko kommt erst die Bewertung und dann die Deutung – und das hat in die Krise der technologischen Zivilisationen geführt. Die Dominanz der Ethik (vor allem der pseudoethischen Perspektive der Herrschaftsunterstellung einerseits, die mangelnde Sensibilität für Ethik auf Seiten der Ingenieure andererseits) hat dazu geführt, dass wir Technik immer weniger verstehen und analysieren können. Der Pragmatismus impliziert den Verzicht auf die großen Rahmenerzählungen Fortschritt oder Risiko, er begreift sich viel mehr als Anleitung zum genauen Hinsehen. Die Risikogesellschaft ist Ende des letzten Jahrzehntes zum einzigen Mythos der Moderne geworden, das letzte Aufbäumen des ideologischen Zeitalters vor dem Durchbruch des Pragmatismus. Eine pragmatisch orientierte Ethik ist eher Interpretations-Dissensmanagement und Umgang mit Unsicherheit als Diskursethik. Paul Thompson plädiert für eine situationsgebundene Definition von Risiken (Thompson 1986). Der entscheidungstheoretische Risikobegriff ist unzureichend, er sollte aus dem Praxishorizont heraus relativiert und neu interpretiert werden. Jede nicht vollständig routinisierte Praxis ist ein Wagnis, das allerdings irgendwann auch einmal Routine wird und damit an Risikocharakter verliert. Dieses Problem wird später noch ausführlich diskutiert werden müssen.

Die postanalytische Philosophie steht vielfach unter dem Signum eines Neopragmatismus. Ein Problem dabei ist die Eingangshürde der pragmatistischen Wahrheitstheorie. Für den Pragmatismus ist das Wahre nur das Förderliche im Prozess unseres Denkens, ebenso wie das Richtige und das Förderliche Ergebnisse unseres Handelns sind. Der Hauptfehler bei der verbreiteten Gleichsetzung von Wahrheit und Nützlichkeit besteht darin, dass die von James vorgenommene Zuordnung verschiedener Typen von Nützlichkeit zu verschiedenen Typen von Aussagen nicht zur Kenntnis genommen wird. Nützlichkeit hat demnach unterschiedliche Ausprägungen oder Dimensionen, es bezeichnet nicht einfach das, was in irgendeiner willkürlich gewählten Hinsicht zweckdienlich oder befriedigend ist (James 2001). Bei allen Unterscheidungen, die James anführt darf jedoch nicht übersehen werden, dass es zu den wichtigsten Kennzeichen des James'schen Pragmatismus gehört, das rigide „Entweder-oder", wo immer es geht, durch ein flexibles „Sowohl – als auch" zu ersetzen. Gerade aufgrund dieser handlungstheoretischen Fundierung kann es in James' Darstellung der unterschiedlichen Rationalitäten keine Hierarchie geben.

James vertritt einen handlungstheoretisch begründeten Pluralismus verschiedener Betrachtungsweisen. Intellektuelle, ästhetische, moralische und praktische Zugänge zur Welt bilden eine untereinander gleichberechtigte Pluralität, und der Erfolg der einzelnen Zugänge ist weniger eine Frage der Abbildungsgenauigkeit einer nie ganz objektiv feststellbaren Wirklichkeit, sondern vielmehr – gut pragmatisch – eine Frage des Erreichens menschlicher Ziele und der Befriedigung menschlicher Interessen (James 2001). So umfasst der Pragmatismus also eine Methode und eine genetische Theorie darüber, wie Wahrheit entsteht. Die Orientierung am Konkreten und seine Nähe zu den Tatsachen ist charakteristisch für den Pragmatismus. Er verwandelt die vollkommen leere Idee einer statischen Korrespondenz-Beziehung zwischen unserem Geist und der Realität in die eines reichen, aktiven Austausches, den jeder im Detail nachvollziehen kann, zwischen unseren jeweiligen Gedanken und dem großen Universum anderer Erfahrungen, in dem diese ihrerseits eine Rolle spielen und ihren Nutzen haben. Das Wahre ist die Bezeichnung für alles, was sich im Rahmen von Überzeugungen und aus exakten, klar angebbaren Gründen als gut erweist.

Das einzige Kriterium für potentielle Wahrheiten, das der Pragmatismus gelten lässt, ist die Frage, was uns am zuverlässigsten anleitet, was zu jedem Teil des Lebens am besten passt, sich mit der Gesamtheit der Forderungen aus der Erfahrung verbindet und nichts davon auslässt. Man kann sich getrost darauf verlassen, dass Instinkt und Nutzenorientierung unter den Menschen ausreichen, die sozialen Aufgaben von Bestrafung und Belohnung zu erfüllen. Die populäre Auffassung ist, dass eine wahre Vorstellung ihre Realität abbilden muss. Der Pragmatist dagegen stellt seine übliche Frage: Angenommen, eine Vorstellung oder eine

## 0.2 Zwischen Postphänomenologie und Pragmatismus

Meinung sei wahr, sagt er, welchen konkreten Unterschied bewirkt diese Wahrheit im tatsächlichen Leben von irgendjemandem? Wie wird die Wahrheit erfahren? Wie unterscheiden sich die Erfahrungen von denen, die sich einstellen, wenn die Annahme falsch wäre? Kurz gesagt: Was ist der Barwert der Wahrheit in Bezug auf die tatsächliche Erfahrung? Was aber bedeuten die Wörter Verifikation und Validierung? Für den Pragmatismus ist der allgemeine Begriff der Wahrheit wesentlich mit der Art und Weise verbunden, in der uns ein bestimmtes Moment unserer Erfahrung zu anderen Momenten führen kann, die zu erreichen der Mühe wert sind (James 2001, 132–135).

Wahrheit lebt tatsächlich zum größten Teil vom gegenseitigen Kredit. Indirekte oder auch nur potentielle Prozesse der Verifikation können deshalb ebenso wahr sein wie vollständige Verifikationsprozesse. Trotzdem tun wir die ganze Zeit über so, als entfalte sich das Ewige, als offenbare sich blitzartig die eine bereits bestehende Gerechtigkeit, die eine Grammatik oder die eine Wahrheit, und als würde dies alles nicht von uns selbst gemacht. Der wesentliche Gegensatz ist der, dass die Welt für den Rationalisten bereits abgeschlossen und von Ewigkeit vollendet ist, während sie für den Pragmatisten immer noch gemacht wird und er ihre endgültige Ausgestaltung erst von der Zukunft erwartet. Es ist ein Missverständnis des Pragmatismus, ihn mit positivistischer Robustheit zu identifizieren (James 2001).

Einer pragmatistischen Ethik wie der von Larry Hickman geht es darum, eine neue Terminologie zu entwickeln, die sich mit den Fortschritten der Technologie auseinandersetzen kann. Hickman verteidigt eine Version eines experimentellen Naturalismus bzw. Instrumentalismus, der sich um den Begriff der Technologie im weitesten Sinne des Wortes zentriert, wie Dewey diesen Terminus benutzte insbesondere als Studium unserer Werkzeuge und Techniken. Der Pragmatismus ist weniger interessiert an den Endergebnissen der Forschung, sondern mehr am Forschungsprozess und Fortschritt der wissenschaftlichen Aussagen und moralischen Urteile, die diesen Forschungsprozess selbst betreffen. Der Pragmatismus ist gekennzeichnet durch Antifundamentalismus, Antidualismus und Antiskeptizismus. Eine pragmatistische Ethik ist mehr prozess- als produktorientiert, sie ist weniger an Lösungen interessiert, sondern versucht, die öffentliche Debatte und die politische Entscheidungsfindung im Hinblick auf drängende moralische Probleme zu ermöglichen, zu managen bzw. zu erleichtern. Dabei wendet sich der Pragmatismus gegen Versuche, neue Probleme mit alter Terminologie und alten Theorien lösen zu wollen. Es geht insbesondere darum, Übersetzungen für Probleme zu finden, um zukünftig mögliche Szenarien zu formulieren, vor allem aber ein neues sittliches Vokabular bzw. Terminologie zu entwickeln (Keulartz u. a. 2002).

Um eine neue Terminologie zu entwickeln, sind insbesondere potentielle Aspekte herauszuarbeiten. Außerdem enthält der Gedanke der Potentialität das Konzept einer Gradualisierung. Der Pragmatismus ist konsensorientiert und verweist daher in vielfältiger Form auf Diskursethiken. Hier liegen auch die Unterschiede zwischen einer Hermeneutischen Ethik und einer pragmatistischen Ethik. Der Diskurs alleine hilft nicht, er muss vielmehr professionalisiert werden, wofür bestimmte Kriterien und methodische Verfahren entwickelt werden müssen. Relativ neu ist die Einsicht, dass technologische Entwicklung nicht einfach durch unpersönliche übermenschliche objektive und autonome Kräfte ausgerichtet wird, sondern in einem hohen Maße das Ergebnis von Prozessen ist, in denen Präferenzen von Menschen artikuliert, reformiert, Beschäftigungen ergänzt werden, in denen Kämpfe gewonnen und verloren werden, in denen Kontroversen aufkommen und wieder abklingen und in denen Entscheidungen getroffen werden. Technologie ist von Menschen gemacht. Die weltgestaltende Kraft der Technologie ist besonders deutlich in dem Bereich der Medizin zu spüren. Insgesamt gibt es nicht so etwas wie eine pragmatistische Ethik. Der philosophische Pragmatismus selbst ist eine relativ ungenaue Bezeichnung, die sehr unterschiedliche Zugänge zu Fragen und Antworten umfasst. Pragmatistische Ethik kombiniert traditionelle Ethik, zukunftsorientierte Diskursethik sowie das Konfliktmanagement (Keulartz u. a. 2002).

Der Pragmatismus hat keine eigenen Unterscheidungsebenen und keine eigene Methodologie. Das unterscheidet ihn von der Hermeneutischen Ethik. Hier gibt es Argumentations- und Interpretationsebenen und unterschiedliche Kompetenzen. Also ist ein ethischer Pragmatismus keineswegs zu verwechseln mit einer pragmatistischen Ethik. Die Hermeneutische Ethik sucht nach Orientierungen auf der Basis einer eher skeptischen Grundeinstellung. Nicht ein naiver Pragmatismus kann für angewandte Philosophie der Ausgangspunkt sein, sondern ein skeptisch-aufgeklärter Pragmatismus, der gegenüber Totalerklärungen skeptisch bleibt. Ein pragmatistisch-ethischer Zugang zur ethischen Bewertung von Problem- und Fragestellungen (bzw. Lösungsansätzen und Möglichkeiten) und ethisch-pragmatischer Bewältigung von Aufgaben der Dissensbewältigung in Interpretationskonflikten und Bewertungsvorschlägen im Sinne der Erarbeitung von Ideen, Leitbildern und Visionen für Praxisentwürfe mit Zukunftsperspektive. Dabei führt die pragmatische Alternative zum Interpretations-Konstruktivismus (z. B. Lenk 1998). Die skeptische Reformulierung des Pragmatismus impliziert eine Kritik am Naturalismus und erhöht die Notwendigkeit der Reflexionskompetenz.

Ein naiver Pragmatismus, der Skepsis bekämpft, ist noch zu sehr eine Philosophie der Alltagsmoral, bestenfalls Handwerk, während Hermeneutische Ethik beansprucht, zur Kunst anzuleiten, Meisterschaft und Expertentum erreichen zu können. Für den Kunstcharakter jedweden Reflektierens ist m. E. die skeptische Selbstvergewisserung unverzichtbar. Was möglich ist, ist gut zu wissen, aber es ist vielleicht noch wichtiger, zu wissen, was gut ist, und wenn es möglich ist, dies auch durch Praxis zu erreichen. Das Wertwort „gut" ist ein zentrales Paradigma, denn es bezeichnet (1) eine funktionale Dimension (Perspektive des Gelingens), (2) eine nutzenorientierte Dimension (Perspektive des Brauchbaren und Dienlichen) und (3) eine sittliche Dimension (Perspektive der Ethischen und Visionären) an menschlicher Praxis im Sinne des „Sowohl – als auch". Die Perspektive des „Sowohl – als auch", und zwar in jeweils verschiedenem Sinne, erlaubt die Unterscheidung in mehr oder weniger gut begründete Urteile und rechtfertigt damit gradualistische Argumentationen. Sie hilft auch als Paradigma für Grenzwerte, bei der Bewertung der potentiellen Folgen einer Praxis, bei der Ausleuchtung des Möglichkeitsraumes bestimmter Praxen wie bei der Schaffung einer neuen Terminologie für angewandte Philosophie, wo sie erforderlich erscheint.

Hermeneutische Ethik als Kunstlehre wertet den Laien nicht auf, sondern stellt ihn vielmehr vor eine Aufgabe. Auch hier unterscheidet sich Hermeneutische Ethik vom Pragmatismus. Er zeigt dem Laien, wo er im Hinblick auf sein eigenes Ziel steht, nämlich am Anfang. Sie plädiert nicht für Bürgerforen und dergleichen Formen partizipatorischer Demokratie, sondern für deren Aufrüstung durch Expertenwissen und Expertenkompetenz. Über Ethik kann man nicht abstimmen, bestenfalls über Gruppenmoralen und Gruppenegoismen. Nicht Partizipation löst das Bewertungsproblem von Technik, sondern Kompetenzerwerb und Kompetenzerhöhung. Im Sinne des „Sowohl-als auch" sind aber auch Laienurteile nicht per se uninteressant, wobei differenziert werden muss. Im Sinne der angewandten Philosophie löst Partizipation das Legitimationsproblem nicht.

Die Verselbstständigung der Technik ist ein spezifisch neuzeitliches Phänomen. In der Neuzeit bringt der kollektive Technikgebrauch völlig neue Chancen und Gefahren mit sich. Die wissenschaftlichen und technischen Revolutionen der Neuzeit führten zur fortschreitenden Fusion von Wissenschaft, Technik und Ökonomie. Hierdurch verselbstständigte sich der technische Fortschritt gegenüber der Technik als einer ideengeleiteten Praxis. Spätestens seit der industriellen Revolution im 18. Jh. ist die Technik höchstens noch indirekt Dienerin der gesellschaftlichen Entwicklung (Falkenburg 2004). Der kollektive Technikgebrauch hat oft Nebenwirkungen, die ursprünglich nicht eingeplant waren, die, wenn er aufgrund des kollektiven Nutzens extrem schädlich wird, nicht mehr gestoppt werden können. Dieser kollektive Technikgebrauch ist zwar nicht quasi naturwüchsig, gefährlich macht ihn die gesellschaftliche Routine und die kulturelle Einbettung, die von massenhaft akzeptierter Technik ausgeht. Diese quasi Naturwüchsigkeit ist nur in einer Hinsicht gerechtfertigt, nämlich unter dem Aspekt, dass es extrem schwer ist, eingeführte und routinierte Technik, deren Nutzen akzeptiert ist, durch neue innovative Technik, und sei sie z. B. nachhaltiger, zu ersetzen.

Dies muss eine auf Realisierbarkeit abzielende hermeneutische Ethik berücksichtigen. Andererseits sind Folgenabschätzung und Güterabwägung nicht selbst Ethik, wohl aber ein unverzichtbarer empirischer Bestandteil einer Verantwortungsethik. Deren Aufgabe wiederum ist, nicht nur Nutzens- oder Nicht-Schadensaspekte bei der ethischen Entscheidungsfindung zugrunde zu legen, sondern es ist eine Abwägung der unterschiedlichen Verpflichtungen erforderlich, die sich aus ethischen Grundsätzen, Regeln und Kriterien ergeben. Hinzu kommt die Abwägung der Verpflichtungen, die sich aus bestimmten Konsequenzen ergeben. Die Abwägung hat zur Aufgabe, bestimmte Verpflichtungen in ihrer Dringlichkeit gegenüber anderen Verpflichtungen einzuordnen. Hier sind keine objektiven Urteile möglich. So empfiehlt sich zur Klärung der in einer bestimmten Situation auftretenden Verpflichtungen der Diskurs insbesondere der Beteiligten.

Die traditionelle Wertebasis schwindet. Hinzu kommt die Krise auch des ethischen Fundamentalismus. Der Wandel von Normen und Werten wird immer deutlicher, außerdem gibt es so etwas wie ein naturwissenschaftliches Deutungsmonopol. Die Aufgabe einer hermeneutischen Ethik besteht in der Vermittlung traditionellen Philosophierens über Ethik mit naturwissenschaftlich-technischem Denken und Machenkönnen. Die Dominanz der Philosophie oder Ethik gehört längst der Vergangenheit an. Wir brauchen einen bescheideneren Grundgestus. Globalisierung und Wertkonflikte empfehlen statt einer Menschenrechtsethik die Ethik humaner Selbsterhaltung und statt einer Ethik der Tauschgerechtigkeit mit ihrer Dominanz des Ökonomischen eine eher skeptisch orientierte Ethik. Hermeneutische Ethik schließt sich an Anthropologie und an Geschichtsphilosophie an.

Hermeneutische Ethik verknüpft die Ethik mit der moralischen Empfindung aus der Ersten-Person-Perspektive (1PP; Ethik als Lebensform bzw. konkret erfahrene Verpflichtung, als Gewissenserlebnis, als emotional eingefärbte Motivation zu einer bestimmten Praxis) mit einer Ethik aus der Dritten-Person-Perspektive (3PP, Wissenschaft oder Kunst), in der sowohl eine naturalistische Reduktion vorgenommen werden kann wie eine Analyse der Anatomie der sittlichen Verpflichtung stattfindet, und aus der Ersten-Person-Perspektive Plural (1PPP), in der implizites Wissen, der Verpflichtungszusammenhang der Common

Sense – Moral, Verpflichtungsanalysen, Metaethik, Expertise aufgrund des professionellen Ethikdiskurses und seine Institutionalisierung diskutiert werden. Trotz deskriptiver Elemente gibt es keine deskriptive Ethik, denn Ethik ist immer normativ (Quante 2003, 19). Zu unterscheiden sind Sollte-Aussagen über Weltzustände und über Handlungsanweisungen. Die Aussagen über „ought-to-do" (Handlungsanweisungen) beziehen sich auf Handlungen, „ought-to-be" (Leitbilder für Weltzustände) auf Situationen. In diesem Zusammenhang kann ethisch geboten und ethisch richtig unterschieden werden. Das Wertwort gut kann für Zustände und für Handlungen verwendet werden (Quante 2003, 31). Außerdem können Ethiken als idealorientiert (zielorientiert) und realorientiert unterschieden werden.

Hermeneutische Ethik verbindet einen schwachen ethischen Realismus mit einem schwachen ethischen Subjektivismus, in dem Deuten und Werten unter dem Paradigma eines „Sowohl – als auch" betrachtet werden. Der zweite Schritt sind die unterschiedlichen Aspekte von Deuten und Werten. Sie umfassen (1) die alltägliche sittliche Erfahrung und hermeneutische Ethik als Kunst, (2) den Moral sense und eine wissenschaftliche Ethik, (3) Traditionen und Institutionen bzw. Organisationen, in denen es um Anwendungsfragen der Ethik geht. Letztlich lassen sich vier unterschiedliche methodische Ebenen voneinander abgrenzen:

(1) Ebene allgemeiner Prinzipien und Leitbilder;
(2) Ebene bereichsspezifischer und temporaler Handlungsregeln (Normen und Werte; Maximen);
(3) Ebene der Anwendungsregeln im Sinne von Handlungsregeln und
(4) Ebene der Anwendungsregeln für Handlungskriterien durch Etablierung ethisch relevanter empirischer Kriterien.

Mithilfe dieser stufentheoretischen Konstruktion soll der Übergang von Sein zu Sollen und vom Deuten zum Werten methodisch abgesichert werden (Irrgang 1998).

Im Rahmen einer hermeneutischen Ethik müssen eine deutende und eine wertende Interpretation in einer angewandten Ethik Hand in Hand gehen. Die Werte der Interpretation bedürfen der metaethischen Absicherung. Die alltägliche Erfahrung (1PP) unterstützt den Nonkognitivismus. Der Wissenschaftsansatz hingegen, die 3PP, geht von wissenschaftlicher Erklärung aus. Umgriffen wird das Ganze durch die 1PPP, in der Institutionen, Traditionen und Common Sense ineinander greifen. Der Kunstcharakter entsteht auf dem Boden der Tradition und ist durch Kohärenz (metaethische Kriteriologie) gekennzeichnet, d. h. Ethik demonstriert ihr Gelingen durch methodische Verknüpfbarkeit (Kohärenz und Konvergenz). Folgende vier Ebenen spielen eine zentrale Rolle im Rahmen einer hermeneutischen Ethik:

(1) alltägliche sittliche Erfahrung;
(2) wissenschaftliche Ethik;
(3) Tradition, Moral Sense, Institutionen und
(4) Kunst und Methode.

Kohärenz setzt eine Konzeption relationaler evaluativer Eigenschaften voraus, das, was Kant mit seiner Konzeption des Reiches der Zwecke möglicherweise intendiert hat. Das Konzept eines Sets evaluativer Eigenschaften bzw. Relationen und Perspektiven knüpft an an den Gedanken evaluativer Eigenschaften Quantes (Quante 2003, 103). Dieses Set evaluativer Eigenschaften umfasst:

(1) Sein und Sollen;
(2) Verallgemeinerung, empirisch und allgemein;
(3) Sittlichkeit und Nützlichkeit;
(4) Strategie und Sittlichkeit;
(5) Subjektivität und Objektivität und
(6) Idealität und Realisierbarkeit.

Irrtum und Versuch bringen fallible und reflexive Elemente für die Begründung zusammen. Insofern handelt es sich bei einer hermeneutischen Ethik um einen metaethischen Relativismus und Konnektionismus, der im Sinne eines methodischen Kohärentismus (Quante 2003, 157) verstanden werden kann.

Hermeneutische Ethik interpretiert das allgemeine Set evaluativer Regeln und Einstellungen in einem etwas anderen Sinn. Kohärenz und Rekursivität, Rückverknüpfbarkeit und Konvergenz müssen sich erweisen im Zusammenhang von:

(1) Moralischem Gefühl und ethischer Theorie;
(2) Zirkularität: Ineinandergreifen von Induktion, Abduktion und weichen Formen der Deduktion im Sinne einer Begründungs- und Interpretationsspirale zur Präzisierung des Prozesses von Deuten und Werten; Bevorzugung des hypothetischen und experimentellen Denkens und der Gradualität;
(3) Einzelnem und Allgemeinem: Bereichsspezifische (regional wie temporal abgestufte, d. h. gradualisierte Formen von) Universalisierung und Generalisierung; Regelorientierung und Minimalethik;
(4) Sein und Sollen: Kritik der naturalistischen Ethiken und Moralphilosophien;
(5) Idealorientierung und ihrer Realisierbarkeit: Ideal und Erreichbarkeit von Zielen und Visionen; Leitbilder.

Kohärenz alleine ist nur ein immanent methodologischer Rechtfertigungsgesichtspunkt, es bedarf also noch weiterer Kriterien für richtiges Deuten und Werten. Deuten und Werten liegen viel näher beieinander, als Hume dies glaubte, allerdings nicht in einem naturalistischen Sinn, wie dies Nietzsche und die evolutionäre Erkenntnistheorie meinen. Hermeneutische Ethik versteht sich im wesentlichen als Anleitung zur ethischen Reflexion. Hermeneutische Ethik ist angesiedelt zwischen der natürlichen Moral der Selbsterhaltung, der Kooperation und einer kulturell kodierten universellen Moral. Auch beim Common Sense und in der Expertenethik empfiehlt sich ein Standpunkt des „Sowohl – als auch", eine gegenseitige Durchdringung von reflektiertem Moral Sense und professionellen Ethikansätzen. Eine jeweilige Verabsolutierung der einen Perspektive erscheint als nicht weiterführend. Die Minimalethik umfasst den Wert des menschlichen Lebens und die Verpflichtung, möglichst vielen Menschen ein lohnendes Leben zu verschaffen. Dies impliziert eine Ethik der Lebensrettung, der Heilung und des Helfens. Dies impliziert auch ein Würde- und ein Wertkonzept des menschlichen Lebens. Der Fehler herkömmlicher Konzeptionen ist allerdings, dass sie Menschenwürde als Tatsache moralischer Art interpretieren und nicht als eine zu realisierende Aufgabe. Die kleine gesellschaftlich letztlich akzeptierte Lüge dient häufig dem Schutz der eigenen Innerlichkeit und Privatheit und gelegentlich auch der Selbstverwirklichung. Es beinhaltet einen Schutz gegen Zwänge von außen und seien es nur Rollenerwartungen. Der Schutz der eigenen Innerlichkeit und

Subjektivität bzw. Persönlichkeit erlaubt Güterabwägungen und Abstriche von sogenannten absoluten Verpflichtungen.

Traditionell wurde der Begriff des Verstehens dem Begriff des Erklärens entgegengesetzt. Verstehen stand für Geisteswissenschaften, für die Erfassung von Ziel, Bedeutung und Sinn bzw. von Zweck und Nutzen, während Erklären für Naturwissenschaften, für Ursache und Grund stand. Verstehen galt als unmittelbares, intuitives Verständnis, als Abschluss eines implizit vollzogenen oder logischen Verstehensprozesses (als Prozess ständiger Rekursivität, als „hin und her" zwischen Einzelfall und Allgemeinem, als hin und her zwischen Horizont und Situation). Erklären hingegen galt als explizieren, auseinanderlegen, analysieren im Sinne der Theorieentwicklung. Eine moderne Interpretationskunst betont die pragmatische Ausrichtung dieses Gegensatzes von Erklären und Verstehen nicht als eines Gegensatzes (entweder oder), sondern im Sinne eines Komplementärverhältnisses (sowohl als auch), d. h. Phänomene der Natur wie des menschlichen Geistes müssen sowohl im Sinne des Erklärens wie im Sinne des Verstehens interpretiert werden. Zudem betont die Interpretationskunst den Modellaspekt menschlichen Geistes. Die Intelligenz steht für Synthese und für Totalität, während die Mathematik für diskursive Rationalität und Gestalt steht. Das Grundprinzip der Interpretation ist Komplementarität und Konvergenz. Eine Hermeneutik hat dabei eine pragmatisch-technische und eine dogmatisch-inhaltliche Seite.

Die strikte „Wahr-Falsch"-Unterscheidung bzw. das strikte „Entweder-Oder" war das klassische logische bzw. naturwissenschaftliche Deutungsmuster der Moderne und ist Kennzeichen für das naturwissenschaftliche Deutungsmonopol. Trotz der grandiosen Leistungen dieses Interpretationsansatzes bedarf dieses zumindest dort der pragmatischen Ergänzung, wo die Erste-Person-Perspektive (1PP) im Interpretationsansatz eine wichtige Rolle spielt. Hermeneutische Ethik versteht sich als komplementärer Interpretationsansatz zu einer neuen Epistemologie der Natur- und Geisteswissenschaften inklusive Anthropologie und Sozialanthropologie, wie ich sie für Fragen des moralischen Status des menschlichen Embryos und des Gehirntodes in meiner „Einführung in die Bioethik" (Irrgang 2005b) bereits entwickelt habe.

Ausgangspunkt von Don Ihdes Konzeption einer nicht fundamentalistischen und nicht letztbegründenden Phänomenologie ist eine wahrnehmungsorientierte und leibgebundene Intentionalität. Zugrunde gelegt wird dabei eine Art von instrumentellem Realismus. Wie können wir nur so leicht erfinden, dekonstruieren und wiedererfinden? Unsere Lebenswelt heute hat eine zutiefst technologische Textur. Diese ist subtil, oft virtuell, ein unsichtbarer Einfluss der Technologie auf unsere Lebenswelt (Ihde 1993, 12 f.). Die wesentlich unvorhersehbare und ambivalente Art und Weise der Beziehung zwischen Mensch und Technologie, die Unmöglichkeit, diese Beziehungen zu kontrollieren, führt letztendlich dazu, dass Technologien in ihrer Gesamtheit wahrscheinlich mehr Kulturen als Werkzeuge sind (Ihde 1993, 42). Dies verändert die Konzeption sowohl der Phänomenologie wie der Naturalisierung. Technoscience ist ein Kulturprodukt und Technokultur ist ein anderes Wort für Technologie. Moderne Wissenschaft ist wesentlich eingebettet in ihre Instrumentation, d. h. in ihre Technologien (Ihde 1993, 56 f.).

Wahrnehmung ist eine tief eingebettete Praxis. Heute stehen die Kulturen unter dem Leitgedanken des Schriftlichen, wobei eine Wiederbesinnung auf die Wahrnehmung erfolgen müsste. Kunst und Technologie sind die dinglichen Seiten an der Technik. Don Ihdes Konzept der Postphänomenologie impliziert eine methodisch reflektierte empirisch orientierte Phänomenologie und eine technologisch-kulturalistische Naturalisierung zur Überwindung des untergründigen Positivismus sowohl in den sog. Naturwissenschaften wie in den Humanwissenschaften. Die herkömmliche materiale Naturalisierung des Positivismus greift zu kurz. Während Philosophen lange über die Theoriegeladenheit der Beobachtungen debattiert haben, wird neuerdings die Technik- oder Kompetenzgeladenheit der Beobachtung diskutiert. Die bisherigen Zugänge zur Wissenschaft waren zunächst in dem Punkt verfehlt, da sie den bemerkenswerten Anteil des Technischen an den Resultaten sowohl der experimentellen wie theoretischen Wissenschaften nicht anerkannt haben, insofern sie nämlich Produkte der Konstruktion und Rekonstruktion sind. Die neueren Analysen zeigen, dass das Experiment eine Quelle konzeptuell tiefer Entdeckung und von theoretischer Bedeutung ist. Das Experiment liegt sowohl den begrifflichen wie den technischen Transformationen der Natur zugrunde (Irrgang 2003b). Die doppelte Hermeneutik, die in der Interpretation des Verhaltens von Biologen unterstellt wird, die Natur interpretieren, wurde lange übersehen. Die dreifache Hermeneutik, die unterstellt, dass das soziale Leben das ist, was es bedeutet, und dass es nichts gibt, was in dieser Hinsicht hinter dieser Bedeutung liegen kann, ist eine spezifische Ausprägung soziologischer Art. Sie ist der Grund für die Forderung einer pragmatisch-hermeneutischen bzw. perspektivischen Naturalisierung unter Einbezug des Beobachterstandpunktes (McMullin 1992, 89–115) genauso wie nach einer Hermeneutischen Ethik.

Postphänomenologie beschäftigt sich mit Naturalisierung und setzt die Positivismuskritik von Husserls Phänomenologie fort, allerdings in konstruktiver Weise. Fundamental bleibt die technologische Ausrichtung. Die Selbstreflexion von Technoscience als Fundament moderner Naturalisierung führt zur Reflexion des Beobachterstatus und zum Paradigma beobachterbezogener Naturalisierung. Die Postphänomenologie mündet so in die Epistemologie, Wissenschaftstheorie und Metaphilosophie. Shaun Gallagher und Francisco Varela sprechen von der Bedeutsamkeit der Phänomenologie für die Cognitive Sciences. Beide setzen aber eher an der Intersubjektivitätsanalyse sowie an der Phänomenologie von Raum und Zeit, d. h. klassisch phänomenologisch an, während die Postphänomenologie an der Analyse des Beobachterstandpunktes, der Perspektivität, der Synperspektivität und der Bedeutung von Horizont bzw. Paradigma für eine Postphänomenologie des Verstehens aus verschiedenen Formen der Praxis (insbesondere von Technoscience) heraus ansetzt. Die Beobachterrolle und die darin begründete Praxis der Erkenntnis von Natur und Kultur implizieren eine Philosophie des menschlichen Leibes (Gallagher/Varela 2001).

Die Naturwissenschaft betont zurecht die Dritte-Person-Perspektive (3PP). Wenn sie aber philosophische oder gesellschaftlich relevante Aussagen machen will, muss sie die Dritte-Person-Perspektive verlassen. Außerdem gibt es in einem Menschen keine der drei Perspektiven in Reinkultur. Die Einführung des Beobachterstandpunktes und der Perspektivität in die Epistemologie der deskriptiven und der ethisch-normativen Wissenschaften führt für die Hermeneutische Ethik zu folgender Unterscheidung:

(1) Expertenethik; objektive ethische Urteile; 3PP auch in der Ethik;
(2) Emotional begründete Moral, „moral sense" und „sympathy"; 1PP als alleiniger Ausgangspunkt der Ethik (Emotivismus);
(3) Moralische Systeme und Ethikkonzeptionen als kulturelle Gebilde; 1PPP-Perspektive.

Mit diesem kurzen Essay wurde die Interpretationsleitlinie des „Sowohl – als auch" nicht nur pragmatisch, sondern postphänomenologisch-hermeneutisch begründet. Die alte Ethik wollte meist objektiv-wissenschaftlich sein und vergaß die moralphilosophische Dimension an der Ethik. Der synoptische Blick der Hermeneutischen Ethik verpflichtet dazu, alle drei Perspektiven in die ethische Beurteilung konkreter Situationen einzubeziehen. So lässt sich eine neue Kasuistik nicht nur pragmatistisch, sondern auch methodisch begründen.

## 1. Hermeneutik des Sittlichen als Interpretationskunst im Horizont des pragmatischen „Sowohl – als auch"

Interpretationskunst im Sinne eines Kunstkonzeptes ist zwischen einem Alltagsverständnis von Sittlichkeit und einem Wissenschaftsverständis von Ethik, wie es der Utilitarismus oder Kants Metaethik anbieten, angesiedelt. Das eine Wissenschaftskonzept reduziert Ethik auf Ökonomie (Kosten-Nutzen-Kalkulationen, Entscheidungstheorie oder Spieltheorie), das andere auf Transzendentalphilosophie und Metaethik (Selbstbegründung von Ethik). Wissenschaftliche Ethik glaubt, weitgehend ohne die Alltagserfahrungen sittlicher Verpflichtung auskommen zu können, Common Sense – Moral hält wissenschaftliche Ethik für unmöglich oder zumindest für unnötig. Hermeneutische Ethik glaubt auf der Basis einer selbstkritischen Common-Sense Position und einer Wissenschaftskonzeption ohne Letztbegründungsanspruch (aber auf der Basis der Lebensweltproblematik) und einer darauf aufbauenden Konzeption einer hermeneutischen Interpretationskunstlehre daran, im pragmatistischen Sinne nicht ein „Entweder-oder", sondern ein „Sowohl-als auch" stark machen zu müssen. Auch wenn Hermeneutische Ethik manchmal eher noch wie Arbeit, Handwerk und Maloche aussieht, ihr Ziel ist Interpretations-Kunst unter Einbezug wissenschaftlicher Argumentation. Zu einer Kunst gehören Regeln genauso wie die Freiheit des Probierens und von Gedankenexperimenten. Hermeneutische Ethik ist daher eher Forschung als kodifizierte Wissenschaft oder Katechismus, hat schon von daher eine gewisse Ähnlichkeit zum Pragmatismus, versteht sich manchmal als Kritik an Alltagsmoral oder moralischen Vorurteilen, aber auch an wissenschaftlichen und ethischen Irrtümern, indem sie insbesondere die Genese von Problemen erforscht und rekonstruiert. Ganz zentral dafür ist eine Erweiterung der Hermeneutik, „Expanding Hermeneutics" (Ihde 1998), eine „phänomenologische Wende" im Sinne der Postphänomenologie (Ihde 1993) in der Interpretationskunst (Irrgang 2001a; Irrgang 2005b), welche die naturwissenschaftliche, technologische, kulturwissenschaftliche, humanwissenschaftliche, ökonomische, gesellschaftswissenschaftliche usw. Theoriebildung miteinbezieht.

### 1.1 Verstehen und Interpretation: Hermeneutische Ethik als Kunst des Sich Orientierens

Traditionell definiert sich eine Kunst durch Regeln, deren Einhaltung den Kunstcharakter garantiert. Der Regelbegriff ist verwandt mit den Begriffen Norm, Vorschrift, Richtschnur, Richtlinie. Das Wort „regula" stammt von handwerklicher Terminologie ab und meint ursprünglich Richtholz, Richtschnur, Maßstab, Regel und ist verwandt mit dem lateinischen Begriff „regere", der „geraderichten", „lenken", „herrschen", „in Ordnung bringen", „verordnen" und „Richtlinien erlassen" bedeutet. Es bezeichnet auch Regelmäßigkeit wie z. B. im Begriff der Regelblutung. Regeln können soziale Institutionen charakterisieren (z. B. Ordensregeln), Vorschriften zur Herstellung von technischen Apparaten oder wissenschaftlicher Erkenntnis umfassen, aber auch als kategorische Imperative moralischen Charakter annehmen. Der Regelbegriff spielte in der Geschichte der praktischen und theoretischen Philosophie eine nicht unerhebliche Rolle. Cicero verwendete „regula" im Sinne eines Handlungs- oder Beurteilungsmaßstabes. Das aristotelische rechte Maß als Mitte zwischen zwei Übertreibungen läßt sich als Regel auffassen und im römischen Recht war „regula" ein kurz formulierter, allgemeingültiger Rechtsgrundsatz. Verwendung findet der Begriff vor allem im Rahmen der „Künste", der „artes", und der Techniken.

In der Neuzeit erhielt der Regel-Begriff moralische Bedeutsamkeit im Sinne der moralischen Maxime und durch Kants praktische Regel der Vernunft genauso wie durch seinen Begriff der Regeln der Geschicklichkeit. Zwei Merkmale moralischer Regeln und moralischer Urteile haben sich in der metaethischen Diskussion herausgebildet, nämlich Präskriptivität und Universalisierbarkeit. Aus handlungstheoretischer Sicht stellen sich moralische Regeln als Wert- und Beurteilungsmaßstäbe einer individuellen wie gesellschaftlichen Praxis dar. Regeln sind besonders bei Entscheidungen unter Unsicherheit oder unter Ungewißheit hilfreich und dienen der Maximenbildung. Sie erlauben Folgenbewertungen im Rahmen praktisch-rationaler Argumentation selbst dort, wo nicht alle Folgen genau zu prognostizieren sind. Zu unterscheiden sind beschreibende und vorschreibende, konstitutive und regulative Regeln. Dabei sind Faustregeln von vorschreibenden Regeln durch den moralischen Druck abgegrenzt, den letztere ausüben. Regelorientierung dient rationalisierter Entscheidungsfindung, wobei zwischen deskriptiven und präskriptiven Regeln nicht immer ein scharfer Trennstrich gezogen werden kann. Regeln liegen Verallgemeinerungen zugrunde, die auch probabilistischer Natur sein können. Verallgemeinern ist nicht notwendigerweise mit Universalisierung und damit mit Unparteilichkeit zu identifizieren, sondern kann sich auf bestimmte Bereiche, etwa Handlungsfelder beschränken.

Viele empirische Verallgemeinerungen sind nicht abschließbar und stehen daher nicht auf gleicher Ebene wie universalmoralische Grundsätze. Genau hierin kann aber ihr Wert für eine in spezifischen Bereichen anwendbare Ethik liegen. Gibt es auch in den sittlichen Grundsätzen keine eigenen bereichsspezifischen Ethiken, so können bereichsspezifische moralische Regeln in einzelnen Handlungsfeldern gut begründet sein. Regeln in diesem Sinne sind Anleitungen für Interpretationsverfahren, die in eine Handlung münden. Immerhin dienen Regeln dazu, Entscheidungen durchsichtiger zu machen. Sie lassen sich so andern gegenüber besser rechtfertigen. Faustregeln definiert Frederick Schauer (Schauer 1991) als direkte Anwendung von Hintergrundrechtfertigungen, Leitbildern oder eines Sets von Rechtfertigungen auf Handlungssituationen. Damit haben sie nicht nur instrumentellen Charakter und dürfen auch nicht als überflüssig gelten, wie gelegentlich unterstellt wird. Insbesondere für Bewertungen bei unvollständigem Wissen, z. B. über Folgen bestimmter Handlungen, sind Faustregeln als probabilistische Verallgemeinerungen und Bewertungen aufgrund von Hintergrundrechtfertigung ein praktikables Instrumentarium einer anwendungsorientierten Ethik.

Faustregeln können aber auch als deskriptive Handlungsregeln im Sinne der Wenn-Dann-Beziehung und der Zweck-Mittel-Struktur interpretiert werden. Allerdings erhalten diese Faustregeln nur dann sittliche Relevanz, wenn der Obersatz des daraus folgenden Syllogismus ein sittlich ausgewiesenes Urteil enthält. Dies ist z. B. dann der Fall, wenn eine Faustregel so formuliert ist wie der Satz: „Wenn du dieses bestimmte technische Verfahren anwendest, musst du mit diesen oder jenen unerwünschten Nebenwirkungen rechnen!"

Faustregeln sind im strengen Sinne keine moralischen Regeln, sie können dazu aber je nach Obersatz in einem praktischen Syllogismus mit gemischten Prämissen werden. Es kommt auf die Materialität der Prämisse an, unter der die Wenn-Dann-Beziehung steht. Fasst man Faustregeln als hypothetische Imperative auf, so sind sie deskriptiv und nehmen als praktische Syllogismen die Form von Kalkulationen an. Strategisches Handeln aber kann gut oder schlecht sein.

Regeln sind traditionell Bestandteil instrumenteller Vernunft. Sie können daher der Steuerungsaufgabe einer angewandten Ethik gerecht werden. Auch der Kriterienbegriff klingt instrumentell. Doch beide Arten nicht-sittlicher Regeln sind wie hypothetische Imperative oder Faustregeln entweder in moralische Regeln oder in sittliche Hintergrundrechtfertigungen einzubinden. Moralische Regeln gelten in der Regel, Hintergrundrechtfertigungen beziehen sich auf bestimmte Bereiche. Daher sind moralische Regeln und Hintergrundrechtfertigungen als Ausdruck eines eingeschränkten Universalismus zu interpretieren und zu transformieren. Moralische Regeln basieren auf einem bereichsspezifischen Universalismus und nicht wie der Kategorische Imperativ oder ethische Prinzipien auf einer generellen, nichtempirischen Verallgemeinerung. Eine bereichsspezifische Universalität ist jedoch nicht ohne Rückgriff auf die Bereiche, für die sie formuliert wird, also nicht ohne Rückgriff auf die Empirie möglich.

Regelbefolgung allein garantiert jedoch nicht hermeneutischen Kunstcharakter. Weder Neo-Aristotelismus noch Neo-Kantianismus, Utilitarismus oder Pragmatismus, Vertragstheorie oder sonst einer der bislang vorliegenden traditionellen Ansätze wird voranhelfen, sondern nur radikal problemorientiertes, d. h. praxisorientiertes Deuten und Werten unter Bezug auf sozialanthropologische Horizonte. Das Konzept der technischen Praxis und der technologischen Kultur transformiert den Begriff der sittlichen Autonomie durch den starken Einbezug des Nutzenelementes gemeinschaftlicher Praxis. Gegenstand des Deutens und Wertens sind Werte, Verpflichtungen (Normen) und Nutzengesichtspunkte. Ethische Reflexion des sittlichen Umgangswissens mit sittlichen Verpflichtungen und Verfahren, ist genauso erforderlich wie diese in bestimmten Situationen aufzufinden und zu realisieren. Dazu bedarf es der Entwicklung eines ethischen Verfahrens, das eine konkrete Situation im Lichte von verschiedenen ethischen Prinzipien, Werten, Normen, Faustregeln und Anwendungskriterien interpretiert, wofür ein bestimmtes Stufenschema zu entwickeln ist.

Ausgangspunkt ist das sittliche Umgangswissen mit Verpflichtungen im Hinblick auf bestimmte Handlungen. Je komplexer Handlungen durch den technisch-ökonomischen Kontext werden, desto professioneller muss das Verfahren der Präzisierung der sittlichen Verpflichtung für eine konkrete Situation sein. Das Vorgehen der hermeneutischen Ethik ist hermeneutisch-explikativ, kritisch rekonstruktiv, phänomenologisch-hermeneutisch hinsichtlich naturaler Phänomene verknüpft mit explikativ-fundierenden Argumentationsverfahren. Argumentative Plausibilisierungsstrategien treten an die Stelle von Letztbegründungen kategorischer Verpflichtungen. Eine gewisse Skepsis gegenüber Letztbegründungen materialer Werte und Verpflichtungen kategorialer Art verbindet sich mit Skepsis gegenüber „intrinsice" (an sich gut oder an sich schlecht)-Zuschreibungen, die auf naturrechtliche Argumente hinweisen.

Der Einzelfall (Handlungen im Kontext, Praxis) wird durch Situationsanalyse im Sinne eines Handlungsentwurfes im Möglichkeitsfeld anderer Handlungen und durch Folgenabschätzung des Feldes von potentiellen Folgen einer Handlung im Hinblick auf ein Handlungsziel in seiner Kontur herausgearbeitet. Dieses Handlungsziel wird im Hinblick auf konkrete Handlungsverpflichtungen sittlicher Art präzisiert und überprüft. So können Handlungsentwurf und Handlungsziele reflexiv präzisiert und modifiziert werden. So lässt sich z. B. eine Theorie ethisch-reflexiver Urteilsbildung und eine, die Technikentwicklung begleitende Form der Technikgestaltung begründen, die präskriptive Urteile (Verpflichtungen) für bestimmte Formen von Technikentwicklung herausarbeitet.

Dabei sind angesichts der Pluralität ethischer Prinzipien, Werte und Normen im Verfahren der Aufstellung und Begründung sittlicher Verpflichtungen für Einzelhandlungen oder für Felder bestimmter Handlungen (Handlungsbereiche), insbesondere Interpretationskonflikte bei der Bewertung von Handlungen zu bearbeiten und akzeptierbare bzw. realisierbare Interpretationsvorschläge zu entwickeln. Der Prozess der Klärung unterscheidet verpflichtende oder verbietende Urteile von weiter zu klärenden Fragen, für die ein Stufenschema entworfen werden soll. Diese weitere Klärung kann im Dialog oder im Diskurs erfolgen, da präskriptive Urteile für Handlungen der Rechtfertigung oder Begründung bedürfen. Bei der Klärung des Verpflichtungsgehaltes eines ethischen Urteils für eine konkrete Situation sind im Sinne der hermeneutischen Ethik einige methodische Verfahrensregeln und ein Stufenschema zur Klärung bestimmter Verpflichtungsgehalte für konkrete Situationen heranzuziehen und herauszuarbeiten (Irrgang 1998, 24–30).

Ein zentrales methodisches Kriterium ist die Konvergenz der Argumentation (Newman 1961) zugunsten einer bestimmten sittlichen Verpflichtung in einer konkreten Entscheidungssituation. Dabei betont hermeneutische Ethik die Geschichtlichkeit des Handelns wie die Geschichtlichkeit des Prozesses der Interpretation und der Bewertung. Sie ist eine Ethik für sich wandelnde Probleme und deren ethische Bewertung. Ihre Kritiker halten dies für Erosion der sittlichen Prinzipien, für Werteverfall und sittliche Dekadenz. Aber wir leben schon längst nicht mehr in einer Welt, in der metaphysisch begründete sittliche Normen Anerkennung finden. Hermeneutische Ethik ist eine Ethik für die Welt, in der wir heute leben. Man mag dies bedauerlich finden. Aber auch diese Meinung lässt sich konkret nicht begründen, es sei denn, man hätte einen absoluten, material formulierbaren Maßstab. Hermeneutische Ethik geht aber von der Vermutung aus, dass es für Philosophierende einen solchen Maßstab nicht gibt, und hält dieses gerade nicht für einen Nachteil.

Einer Hermeneutischen Ethik geht es nicht nur um zielorientierte, sondern auch um geneseorientierte Bewertungsperspektiven im Sinne des pragmatischen „Sowohl – als auch" – Paradigmas. Die Beschleunigung der Problementwicklung und der Druck bei der Interpretation und Bewertung haben zugenommen. Insofern macht hermeneutische Ethik deutlich, dass Erwägungskultur und dezentrale Technikgestaltung ineinander greifen. Angesichts der neuen Unübersichtlichkeit auf Grund von Globalisierung wird es zunehmend unmöglich, noch Vorstellungen eines Allgemeinwohls, einer Weltgerechtigkeit, einer weltweit gültigen Konzeption des guten Lebens zu formulieren. Was erreicht werden kann, ist Schulung der Dispositionen, Kompetenzen und Fähigkeiten des Interpretierens, Erwägens und des Vermögens, ethisch bewerten zu können. Dies läuft nicht auf eine Rehabilitation der Tugendethik hinaus, denn Tugenden wurden auch universalistisch formuliert. Der philosophische und ethische Universalismus muss heute viel umsichtiger formuliert werden.

Handlungsgründe liegen in der Regel nicht in mentalen Ereignissen, ethischen Urteilen, ethischen Prinzipien oder Sollenssätzen, sondern in anderen Ereignissen oder Handlungen. Wenn mein Leben bedroht ist, suche ich nicht nach einem ethischen Prinzip, sondern handle quasi automatisch. Wenn ich überlebt habe, kann ich immer noch über die Rechtmäßigkeit meines Tuns nachdenken. Routine und Gewohnheit sind zentrale Elemente menschlicher Handlungen und Praxis. Dann muss die gesamte Praxis ethischen Standards genügen. Sie geben auch ein Präjudizium für unsere Freiheit. Routinemäßige Handlungen sind kein Einwand gegen Freiheit, sondern vielmehr Ausdruck unserer Freiheit, die sich sehr häufig in routinisierter Form manifestiert (aber auch von der Routine abweichen kann, wenn es dafür Anlass gibt). Allerdings muss auf Befragung unsere Routine auch über ihre ethische Berechtigung Rechenschaft ablegen können. Oft stellen wir erst im Nachhinein fest, dass so manche Routine und Gewohnheit ethischer Reflexion nicht standgehalten hätte, wenn wir sie denn angestellt hätten. Dies macht deutlich, dass die Routine zwar den menschlichen Alltag entlastet, oft genug jedoch um den Preis, eine gefährliche moralische Scheinsicherheit über das eigene Tun aufrecht zu erhalten.

Leiblich konstituierte Handlungsgründe sind neben denen der menschlichen Praxisanforderung die weitaus häufigsten Handlungsgründe und damit Anlässe für menschliche Freiheit und ihre Realisierung. Die Ethik hat sich mit Handlungsrechtfertigung, aber auch mit Handlungsmotivationen zu beschäftigen. Vor allem aber spielen die Rahmenbedingungen und die möglichen Folgen eine zentrale Rolle. Die Trennung der Ethik von Handlungen und Lebensvollzugsprozessen hat zu einem abstrakten Formalismus der Ethik geführt. Die Ethik ist damit in die Praxis des Handelns als ethisches Problemlösen zu integrieren. Sie ist keine vorgeschaltete Praxis, schon lange nicht der Dompteur, der mit der Peitsche knallt. Insofern bedarf es der ethischen Kreativität, der Problemlösungskompetenz und der ethischen Intuition, wobei ethische Kompetenzen und ethische Bewertungsfähigkeiten ein ethisches Expertentum begründen, aber auch das Gegenteil, nämlich ethischen Dilettantismus.

Dabei steht die Ausbildung ethischer Kompetenz im Vordergrund. Moralerziehung und ethische Bildung im Sinne der Vermittlung ethischer Kompetenz stellt selbst eine Konsequenz aus dem Fraglichwerden von Werten und Normen dar. Es handelt sich um die Ausbildung einer Reflexions- und Argumentationskompetenz. Ethische Kompetenzen umfassen die Fähigkeit, etwas als eine ethische Problemstellung wahrnehmen und benennen zu können; die Fähigkeit, eine Entscheidung oder einen Fall überlegend oder argumentierend zu bedenken, die Fähigkeit und Bereitschaft, auf andere moralische Positionen einzugehen und sich mit ihnen auseinander zu setzen; die Fähigkeit, eine ethische Sensibilität für Personen und Situationen auszuprägen. Dazu ist es erforderlich, über eine ethische Begrifflichkeit und ethische Argumentationsweisen zu verfügen, die Charakteristik und Reichweite ethischer Theorien zu kennen, sowie unterschiedliche Zusammenhänge und Fälle analysieren und beurteilen zu können (Maring 2004).

Eine Hermeneutische Ethik als Interpretationskunst, als Kunst, angemessen Probleme zu beurteilen und als Anleitung für gelingende und gute Praxis verknüpft einige grundlegende Charakteristika methodischer und inhaltlicher Art. Ansatzpunkt ist daher die Analyse menschlicher Praxis, wobei die normative Signatur menschlicher Praxis hervorzuheben ist. Sie begründet letztlich das Ineinander von Deuten und Werten und die fundamentale Bedeutung der pragmatischen Interpretationsanleitung des „Sowohl – als auch". Verbunden werden:

(1) als methodische Grundanweisung für deutende und wertende Interpretationen das „Sowohl – als auch";

(2) vier Paradigmen, in deren Rahmen das „Sowohl – als auch" methodisch angewandt wird;
(3) vier Ebenen der Präzisierung von Interpretationen und das methodische Grundkonzept der Gradualität;
(4) Verknüpfung von Ethik als Kunst mit Nichtwissens- und Wertedissensmanagement;
(5) Verbindung einer Minimalethik (Nichtschädigung) mit einer Vorbildethik (verantwortbare Selbstverwirklichung); inhaltlich eine Ethik der eingebetteten Autonomie, Authentizität und Selbstverwirklichung unter weitmöglicher Vermeidung der Schädigung anderer (sowohl personal, national und international), verbunden mit dem Grundgedanken der Hilfe zur Selbsthilfe und der Ermöglichung von Pluralität, sowie befreiendes, nicht paternalistisches, fürsorgliches Handeln für andere.

Zentral für eine Hermeneutische Ethik ist die Klärung des Interpretations- und Verstehensbegriffes. Beide gehören zusammen und haben im 20. Jahrhundert eine deutliche Ausweitung erfahren. Verstehen, englisch to understand bzw. to comprehend, französisch comprendre, italienisch comprendere ist kein Begriff der klassischen Erkenntnistheorie. Dies sieht man schon daran, dass es dazu keinen griechischen oder lateinischen Terminus gibt. Seinen philosophiegeschichtlichen Akzent erhielt der Begriff im 19. Jahrhundert durch J. G. Droysen und W. Dilthey. Durch sie wurde Verstehen zum Grundbegriff einer Erkenntnistheorie der sogenannten Geisteswissenschaften, polar entgegengesetzt dem Erklären als Grundbegriff einer induktiven Logik der Naturwissenschaften, wie sie von J. S. Mill vertreten wurde. Die terminologische Zuspitzung des Begriffs im 19. Jahrhundert wird verständlich unter zwei Voraussetzungen: Einmal musste der von Droysen und Dilthey fixierte Begriff des inneren Verstehens menschlich-geschichtlicher Wirklichkeit seinem Gehalt nach erfahren sein in der Ausbildung philologisch-historischer Wissenschaften und einer zugehörigen Kunstlehre der Interpretation (Hermeneutik). Zum zweiten musste der hochspekulative (christlich-platonische) Leitgedanke der mathematischen interpretatio naturae (als Lesen im Buch der Natur) von Cusanus über Leonardo, Kepler, Galileo bis Leibniz, die Grundlegung der exakten Wissenschaften und der Technik inspiriert und eine Säkularisierung durchgemacht haben (Apel 2001).

Das Wort Verstehen (etymologisch Rechtsausdruck für das Durchstehen bzw. Vertreten einer Sache vor dem Thing) hat zusammen mit dem Begriff Verständnis schon in der Sprache der Mystiker die Funktion eines philosophischen Kunstausdrucks zur Übersetzung von lateinisch intellectus, intelligentia, die vorzüglich die oberste Vernunfterkenntnis im Gegensatz zur diskursiven Ratio meint. Es entsteht bei Luther der Begriff des Verstehens als einer hermeneutischen Erkenntnisweise, die nicht nur die Ratio, sondern die Totalität des menschlichen Seelenvermögens in sich befasst. Paracelsus gebraucht das Wort Verstehen sowie Verstand (statt Verständnis) mit Bezug auf den Menschen, indem er vom Arzt fordert, den Mikrokosmos aus dem Makrokosmos und umgekehrt zu verstehen (Apel 2001).

Ausgangspunkt eines neuen, rationalen Begriffs von Verständnis und Verstand wurde die Bestimmung von „Entendement" durch René Descartes. Dem durch Leibniz verarbeiteten Cartesianismus folgt die deutsche Aufklärung, in der auch der Begriff „Verstand" im Sinne der Ratio neu festgelegt wird, z. B. von Christian Wolff. Bei Kant findet der rationale Begriff des Verstandes in unmittelbarem Zusammenhang mit dem der Vernunft seine abschließende Bestimmung. Während der rationale Begriff des Verstehens von Kant maßgeblich fixiert wurde, trat gleichzeitig der Sprachgebrauch Luthers und Böhmes bei J. G. Hamann wieder ans Licht. Hier meint er das Sich-Hineinversetzen ins Vergangene im Sinne eines einfühlenden Verstehens (Apel 2001).

F. W. J. Schelling hat diesen Verstehensbegriff der Romantik zum erkenntnistheoretischen Grundbegriff seiner Identitätsphilosophie gemacht und ihn – in Erneuerung der sympathetischen Naturphilosophie der Renaissance – noch einmal methodologisch auf die Naturerkenntnis angewandt. Die Anregungen Herders und der Romantik, die wesentlich auf ein divinatorisch-kongeniales, psychologisch einfühlendes Verstehen gerichtet waren, treffen sich bei F. D. E. Schleiermacher mit der Tradition der theologischen und klassisch-philologischen Hermeneutik. Der Zusammenhang von Sprache und Verstehen wurde zur gleichen Zeit vor allem durch W. von Humboldt herausgearbeitet. Das durch Sprache vermittelte Verstehen erreicht aber jetzt die eigentliche Identität nicht mehr. Während Hegel die rationalen und hermeneutischen Verstehensanteile in seinen Begriff der dialektisch-spekulativen Vernunft aufzuheben versucht, folgt die historische Schule im wesentlichen der Idee des hermeneutischen Verstehens im Sinne Schleiermachers. Für J. G. Droysen ist das Verstehen ebenso synthetisch wie analytisch, ebenso Induktion wie Deduktion (Apel 2001).

Die jüngste Phase in der Geschichte des Verstehensbegriffes ist primär durch seine Erweiterung zum fundamentalen Erkenntnisbegriff charakterisiert. Eine radikale Erweiterung der Problematik des Verstehens, die den Verstehensbegriff Kants ins Spiel bringt, ergibt sich aus dem phänomenologischen Ansatz E. Husserls. Die verstehende Auffassung, in der sich das Bedeuten eines Zeichens vollzieht, ist – insofern eben jenes Auffassen in gewissem Sinne ein Verstehen oder Deuten ist, mit objektivierenden Auffassungen verwandt, in welchen uns mittels einer erlebten Empfindungskomplexion die anschauliche Vorstellung (Wahrnehmung, Einbildung, Abbildung usw.) eines Gegenstandes (z. B. eines äußeren Dinges) erwächst. Zum Fundamentalbegriff der Erkenntnis schlechthin wird Verstehen bei Martin Heidegger, der den Husserlschen Ansatz der Frage nach der elementaren Welt-Sinnkonstitution mit dem geschichtlich-hermeneutischen Verstehen des Lebens aus sich selbst (Dilthey) und dem Sich-Verstehen des Einzelnen in seinen existenziellen Möglichkeiten (Kierkegaard) integriert. Die Welt ist im Verstehen als mögliche Bedeutsamkeit erschlossen (Apel 2001).

Charakteristisch für ein Verständnis des Verstehensbegriffes ist die Ausweitung des Interpretations- und des Verstehensbegriffes insbesondere im 20. Jahrhundert. Ausgehend von einem inneren Verstehen menschlicher geschichtlicher Wirklichkeit, seinem Gehalt nach und dem Nachvollzug des Vollzugs geistiger Prozesse ist zunächst eine Entgegensetzung von Verstehen und Erklären zu konstatieren. Allerdings erweist sich aufgrund der Ausweitung des Interpretationsbegriffs eine komplementäre Betrachtungsweise von Verstehen und Erklären im Sinne eines „Sowohl-als auch" und nicht eines „Entweder-oder" als pragmatische Maxime als fundamental. Damit zeigt sich Hermeneutik einmal mehr in einem pragmatischen Sinne als Kunst. Verstehen meint damit ein Einordnen in Horizonte, ein Herstellen von Bezügen insbesondere zu Paradigmen, Klassifikationsmustern und ein Einordnen in ein Tableau. Es lassen sich verschiedene Dimensionen einer Hermeneutik unterscheiden: (1) Hermeneutik von Texten, (2) Hermeneutik der Natur, (3) Existenzialhermeneutik menschlichen Handelns und Seins (wissenschaftlicher, technischer, ökonomischer usw. Praxis), (4) Hermeneutik des Entwurfes, der Konstruktion, der Antizipation. Insbesondere die letzte Dimension einer Interpretation von Entwürfen ist in der bisherigen Tradition zu kurz gekommen. Es muss aber auch das Nachschaffen und die Rekonstruktion als wesentliches Element im Verstehensprozess mitberücksichtig werden.

Hermeneutik war ursprünglich eine spezielle Theorie der Interpretation von Texten. Mit der Moderne jedoch ist eine Expansion der Hermeneutik zu verzeichnen. Die drei ursprünglichen philosophischen Hermeneuten, Martin Heidegger, Hans-Georg Gadamer und Paul Ricoeur haben Hermeneutik mit speziellen Versionen der Phänomenologie vermengt. Merleau-Ponty entwickelt eine Phänomenologie der Wahrnehmung der Praxis und der Einbettung. Nun müssen diese Ansätze sich öffnen für eine Philosophie der Wissenschaft und Technologie. Dies impliziert eine weitere Expansion und eine neue Ausrichtung der Hermeneutik. Über den Ansatz einer hermeneutischen Geschichte der Wissenschaften muss nun sich eine Hermeneutik der Wissenschaft und der wissenschaftlichen Objekte etablieren. Dies heißt, die Hermeneutik an die Forschungsfront zu bringen. Es ist herauszufinden, was eine phänomenologisch bereicherte Hermeneutik über Technologie, aber auch über Kultur herausarbeiten kann (Ihde 1998, 39–44).

Die pragmatische Methode dient in erster Linie dazu, philosophische Auseinandersetzungen beizulegen, die sonst endlos wären. Der Pragmatismus ist als Begriff vom griechischen Wort „pragma" abgeleitet, das Handlung bedeutet und von dem unsere Begriffe Praxis und praktisch stammen. Der Pragmatismus repräsentiert eine in der Philosophie durchaus übliche Einstellung, nämlich die empirische, allerdings im Pragmatismus sowohl in einer radikaleren als auch in einer weniger angreifbaren Art und Weise verkörpert als im bisherigen Empirismus. Ein Pragmatist wendet sich entschieden von vielen hartnäckigen Angewohnheiten ab, die den professionellen Philosophen so lieb geworden sind. Er wendet sich von den Abstraktionen und Unzulänglichkeiten ab, von bloß verbalen Lösungen und falschen apriorischen Begründungen. Der Pragmatismus ist die Einstellung, sich von ersten Dingen, Prinzipien, Kategorien und vermeintlichen Notwendigkeiten abzuwenden und sich den letzten Dingen, Ergebnissen, Konsequenzen und Tatsachen zuzuwenden. Das ist die instrumentelle Sicht der Wahrheit und gipfelt in einer Konzeption des Prozesses des Wahrheitswachstums (James 2001).

Die Frage, warum überhaupt moralisch sein, zielt auf die Geltung der Moral bzw. auf die Gründe ihrer Verbindlichkeit. Sie lässt sich präzisieren als die Frage, warum soll ich etwas tun, was meinen eigenen Interessen widerspricht? Die Bezugnahme auf das Gemeinwohl liefert zwar einen exzellenten Grund, warum man moralisch sein soll (im Sinne von: Warum es für alle besser ist, wenn alle moralisch handeln), sie setzt damit aber voraus, dass jeder Handelnde ein Interesse daran hat, dass es allen gut geht. Dies läuft letztendlich auf die Aufforderung hinaus, moralisch zu sein, weil es im eigenen Interesse ist. Platon war der erste Philosoph, der dieses Kunststück versucht hat. Es leuchtet zwar ein, dass sich moralisches Handeln auf lange Sicht und im Allgemeinen auszahlt, man wird aber nicht behaupten können, dass bei allen Verstößen gegen die Moral mit Sanktionen oder mit einer Gefährdung von Kooperationschancen gerechnet werden muss. Anders sieht die Sache aus, wenn wir die Warum-Frage verallgemeinern. Wir fragen dann nicht: Hat Carla in dieser Situation einen Grund, moralisch zu handeln? Sondern: Hat Carla einen Grund, sich generell als ein moralischer Mensch zu verstehen, d. h. moralisch zu sein? Also läuft die Antwort auf folgenden Satz hinaus: Du sollst moralisch sein, weil dies objektiv vernünftig ist. Es gibt, wie auch Habermas in seinen neueren Arbeiten hervorhebt, keinen gesicherten Transfer von der diskursiv gewonnen Einsicht zum Handeln. Der Zerfall der traditionellen Sittlichkeit, vor allem das damit sich rasch vergrößernde Motivationsdefizit, muss durch andere Mechanismen kompensiert werden (Bayertz 2002).

Verstehen bedeutet soviel wie das Durchstehen einer Sache vor Gericht, die damit einen wesentlichen Zug von rationaler Argumentation, aber auch von Strategie und Machtausübung enthält. Betont wird das prozedurale, dynamische Element an mentalen Prozessen, das auf eine Praxis verweist. Verstehen und Verständnis sind Ausdruck menschlicher Intelligenz. Sie sind mindestens eben so wichtig wie die Kompetenz zur Problemlösung. Eine synthetische, zusammenfassende Intelligenz im Gegensatz zur diskursiven Ratio umschrieb der klassische Begriff des Verstehens. Auch hier muss der moderne Begriff der Interpretation im Sinne des sowohl-als-auch eine Neuinterpretation der Interpretation anregen, in der synthetische und diskursive Elemente der Ratio als unverzichtbar aufeinander angewiesen und konstitutionell miteinander verbunden sind. Es geht um das Verstehen der Totalität des menschlichen Geistes in seiner Prozesshaftigkeit. Erfahrung ist in diesem Sinne eine verstandene Wahrnehmung, richtig gedeutet und eingeordnet, verständlich interpretiert, eben als Prozess verstanden im Sinne desjenigen, der durch das Zurücklegen eines Weges in der Lage ist, eine Gegend zu erfassen, nicht nur ein sinnliches Datum abzubilden. Auch das einfühlende Verstehen im Sinne von Vollzug und Nachvollzug menschlicher Subjektivität ist zentral für die Grundlegung einer Philosophie des menschlichen Geistes im Horizont des Verstehensbegriffs.

Nun können wir eine ganze Reihe von Aspekten von Verstehen aufzeigen: (1) Umgehen können mit, gebrauchen können von, (2) Bilder und Gestalten erfassen können, (3) Intentionen, Ziele, Zwecke und Sinn erfassen können, (4) Bewegungen und Prozesse einordnen und durchführen können, (5) Wahrnehmungen begreifen, einordnen und zuordnen können im Sinne des Erfahrung-Machen-Könnens, (6) sich in den verschiedenen Bereichen orientieren können, (7) Erfassen von Regeln, Mustern, Strukturen und Vernetzungen, (8) Erfassenkönnen von Paradigmen, Horizonten, Totalitäten, auch von regional begrenzten Totalitäten. Verstehen ist damit ein Begriff menschlicher Kompetenz und beschreibt menschlichen Geist insbesondere als Kompetenzbegriff. Verstehensprozesse haben kein „natürliches" Ende. So ergibt sich die Notwendigkeit eines gezielten und begründbaren Abbruches. Daher bedarf es für Verständnis und Interpretation auch der Konstruktion. Hieraus zieht das Konzept der Interpretationskonstrukte von Hans Lenk (Lenk 1995) seine Legitimität.

Der Begriff der Interpretation stammt aus der geisteswissenschaftlichen Tradition. Dem lateinischen Begriff der Interpretation entspricht der griechische Begriff der Hermeneia, übersetzt mit „Hermeneutik". Hermeneutik ist ganz allgemein die Kunst des Verkündens, Dolmetschens, Erklärens und Auslegens. Hermes ist der Götterbote, der die Botschaften der Götter den Sterblichen ausrichtet. Sein Verkünden ist kein bloßes Mitteilen, sondern ein Erklären und Auslegen von göttlichen Befehlen. Insbesondere gilt dies für die Übersetzung der Götterworte in die Sprache der Sterblichen und in eine ihnen angemessene Verständlichkeit. Hermeneutik ist als Textinterpretationslehre zu verstehen. Das lateinische Wort Interpretation entstammt der römischen Handels- und Rechtssprache und meint dort Auslegung und Ausdeutung. War im ursprünglichen lateinischen Begriff der Interpretation noch die Ausdeutung von Auguren und Traumdeutern mit impliziert, so lässt sich die spätere Begriffsgeschichte im Sinne von Auslegung und Ausdeutung und zwar als kunstmäßiges Verstehen schriftlich fixierter Lebensäußerungen begreifen. In späteren Zeiten wurde die Hermeneutik als Kunst der Interpretation insbesondere mit der Ausdeutung der biblischen Geschichten verbunden. Hier wurde im 18. Jahrhundert Ziel der Hermeneutik, die Übereinstimmung der geoffenbarten Wahrheit mit den Vernunftwahrheiten auszuweisen. Auslegung befragte schriftliche Texte in ihren wesentlichen Punkten auf ihren Vernunftgehalt.

Nietzsches Verwendung der Erkenntnis im Sinne der Interpretation als Ausdruck des Rückgangs hinter das Selbstbewusstsein und Heideggers Analysen der existentialen Struktur des Verstehens, die ausdrücklich unter dem Leitbegriff der Interpretation stehen, haben eine Kritik der traditionellen Hermeneutik als Kunst der Auslegung von Texten möglich gemacht. Diese Kritik zeigte, dass Interpretation ein Vorgang der Deutung ist, dessen hermeneutische und methodische Implikationen die philosophische Hermeneutik erörtert. Zentrale Erkenntnisse der philosophischen Hermeneutik sind die Einsicht in die Geschichtlichkeit des Verstehens und die Erkenntnis der Zirkelstruktur des Erkennens. Um diese Probleme methodisch bewältigen zu können, entwickelte die Hermeneutik eine Logik von Frage und Antwort, die Geltung im Sinne der Bewährung konzipiert. Damit ist ein Konzept von Wissenschaftlichkeit verbunden, das nicht dem Methodenkonzept der modernen Naturwissenschaft entspricht. Andererseits wurde schon früh versucht, unter der Metapher vom „Buch der Natur" eine geisteswissenschaftliche Hermeneutik auch auf die Natur zu übertragen.

Es geht darum, eine philosophische Hermeneutik zu begründen, die Grundlagenwissenschaft für eine anwendungsorientierte Ethik sein kann und die Aufgabe hat, den Hiatus zwischen naturwissenschaftlicher und einer geisteswissenschaftlichen hermeneutischen Methodologie zu überwinden. Interpretation ist abhängig von der Befolgung bestimmter Regeln. Dies macht die Kunstfertigkeit aus, die Hermeneutik zu sein beansprucht. Es geht jeweils um spezifische methodisch angeleitete Formen des Verstehens von Texten. Abweichende Interpretationen sind möglich. Es scheint also erforderlich zu sein, bestimmte Denktraditionen auszuzeichnen. Im Rahmen einer christlichen Auslegungsgeschichte der biblischen Texte wurde diese Festlegung auf der inhaltlich materialen Ebene vorgenommen, d. h. bestimmte Interpretationen biblischer Texte dogmatisch bevorzugt. Philosophische Hermeneutik ist einen anderen Weg gegangen, nämlich Regeln zu entwerfen, bei deren Befolgung eine Interpretation im Rahmen einer Hermeneutik als kunstfertig gilt.

Den Zusammenhang von Auslegung, Ausdeutung, Verstehen und Interpretation einerseits, Rationalität andererseits, machte den Beziehungsrahmen für die Hermeneutik des 17. und 18. Jahrhunderts aus. Dennoch wurde im 18. Jahrhundert insbesondere die Problematik der Psychologie der Ausdeutung und die Affektnähe der Interpretation immer wieder diskutiert und zum Anlass einer kritischen Analyse genommen. Die Aufklärungshermeneutik konnte auf die Interpretationsprinzipien der protestantischen Bibelauslegung zurückgreifen. Dabei wurde die Methodenlehre der Auslegung in eine allgemeine Perspektive rationaler Grundlagen des Interpretierens eingeordnet. Betont wurde die eigene Einsicht bei der Übernahme von Traditionen. Im Rationalismus versuchte man demonstrativ hergeleitetes Wissen mittels eines logischen Beweisverfahrens zu begründen. Die rationalistische Methodenlehre versuchte, historisches Wissen rational zu strukturieren. Dabei wurde auf den Begriff der realen Möglichkeit zurückgegriffen: wahre Erkenntnis ist bezogen auf ein System richtiger Begriffe gemäß dem Gedanken eines Reiches logischer Wahrheiten (Bühler 1994).

Vorsicht ist die Kardinaltugend für das kritische Geschäft einer philosophischen Historie. Bruckers Regeln laufen auf das Postulat der Kohärenzmaximierung hinaus, die an eine Interpretation der Texte anzulegen ist. Auch Übertreibungen eines hermeneutischen Wohlwollens sind zu vermeiden. Klugheit im Sinne der deutschen Schulphilosophie des 18. Jahrhunderts dürfte ziemlich genau dem heutigen Wortgebrauch der Zweckrationalität entsprechen. Er war ein Leitbegriff der aufklärerischen Hermeneutik. In den Hermeneutiken des 17. und 18. Jahrhunderts haben moralische Gesichtspunkte bei der Formulierung und Rechtfertigung der Auslegungsregeln eine prominente Rolle gespielt. Der Begriff der Epikeia, der Billigkeit, trat in den Vordergrund (Bühler 1994).

Der methodische Gewinn jeder Hermeneutik liegt in der Etablierung des sogenannten Vorverständnisses. Jede Interpretation ist abhängig von vorausgegangenen Deutungstraditionen und ist damit perspektivisch bestimmt. Hermeneutik fasst die Tätigkeiten des Menschen, nämlich Erkennen und Handeln, unter dem Aspekt der Endlichkeit. Interpretieren als Deuten und damit als Voraussetzung des Handelns ist zeit- und situationsabhängig. Der Ansatz beim Konkreten versetzt Hermeneutik in die Lage, eine anwendungsorientierte Ethik zu begründen. Dies gelingt nur, wenn Interpretationsansätze und Interpretationsvorgänge vom Ideologieverdacht befreit werden können. Eine solche Hermeneutik muss ihr eigenes Vorgehen ständig selbstkritisch auf ihre Berechtigung hin überprüfen. Interpretation zielt auf Anerkennung ab, Anerkennung wird reklamiert für einen Geltungsanspruch, sei dieser Geltungsanspruch eine deskriptive Aussage oder präskriptive Vorschrift. So hängt die Universalität der Hermeneutik davon ab, wieweit der theoretische, transzendentale Charakter der Hermeneutik auf ihre Geltung innerhalb der Wissenschaft beschränkt ist oder ob sie auf die Prinzipien des Common Sense ausgeweitet werden kann (Gadamer 1974). Erst eine universal konzipierte Hermeneutik, die Wissenschaft und Common Sense umgreift, ist in der Lage, die Grundlage für eine anwendungsorientierte Ethik abzugeben.

Für eine Hermeneutik stellt sich das Problem, ob sich Interpretation in bestimmte strikt und allgemein zu beachtende Regeln fassen lässt. Zumindest müssten regional anwendbare Regeln aufgestellt werden können, die Deuten und Werten als Grundlage von Verstehen und Handeln begründen. Sehr wichtig für die Grundlegung einer solchen allgemeinen Hermeneutik war die Unterscheidung zwischen Erkennen von Sinn und dem Erkennen von wahren Sachverhalten. Das Erkennen von Sinn wurde als Voraussetzung für wertende Prozesse verstanden, das Erkennen von wahren Sachverhalten als Voraussetzung von deutenden Sachverhalten genommen. Entscheidend für die Hermeneutik ist damit die Frage nach Bedingungen der Möglichkeit des Verstehens überhaupt.

Friedrich Nietzsche entdeckte Interpretation als philosophisches Prinzip und begründete eine Philosophie des Perspektivismus. Die Auffassung von der Interpretativität aller Weltkonstitution ist bei Nietzsche pragmatisch eingebettet (Lenk 1993, 77). Allerdings ist dieses Interpretationsprinzip von Nietzsche zunächst vage als ein universelles philosophisches oder gar metaphysisches Konzept aufgefasst worden. Entscheidend ist seine Einsicht, dass Tatsachen Interpretationen sind, dass auch die naturwissenschaftliche Weltsicht eine grundsätzlich überholbare Interpretation darstellt und nicht ein exaktes Abbild der Realität. Für Nietzsche sind es unsere Triebe und Bedürfnisse, die die Welt auslegen und interpretieren. In Nietzsches Interpretation der Interpretation stellt sich Interpretation als ein „Sich-Bemächtigen" dar und ist Ausdruck des Willens zur Macht, vertritt Interessen und versucht Herrschaft über das Interpretierte zu erlangen.

Hier sind einige Zweifel angebracht: Bei der Textinterpretation handelt es sich nicht immer um ein Herr werden, um ein sich Bemächtigen (Lenk 1993). Für Nietzsche ist Interpretieren ein fortwährender Prozess, der auch auf Moral und Ethik übertragen werden muss. Es gibt auf dem Gebiet von Sitte und Moral keine absoluten Sachverhalte, sondern nur Interpretationen. Handeln ist immer abhängig von Perspektiven und von Deutungen. Es geschieht notwendig vom Blickwinkel und Standpunkt des Handelnden aus. Da sind Handeln und Interpretieren nach Nietzsche wechselseitig aufeinander bezogen. Bei Nietzsche wird das Interpretieren überdehnt und als ein ontologisches Prinzip zur Erfassung der Gesamtprozessualität verstanden. Es ergibt sich eine perspektivische Welt, die unter dem Gesichtspunkt von Interpretationskonstrukten gesehen wird. Diese Ontologisierung weckt schwerwiegende Bedenken gegenüber Nietzsches Theorie der Interpretation als Ausdruck des Willens zur Macht. Der hermeneutische Zirkel muss nicht zu einem ontologischen Zirkel führen. Er kann sich als Zirkel des Verstehens auf methodologisch transzendentalphilosophischer Ebene bewegen. Dennoch sollte die Unterscheidung von Theorie und Handeln trotz ihrer Gemeinsamkeiten im Hinblick auf eine Theorie des Interpretierens gewahrt bleiben. Interpretieren ist ein Schema, welches wir nicht abwerfen können. Nietzsche hingegen verwendet den Ausdruck Interpretation mehrdeutig. Und es liegt nicht zuletzt daran, dass das Interpretieren selbst nur als Interpretationsmodell, d. h. als sein perspektivisches Modell möglich ist.

Andererseits ergeben sich methodische Probleme aus dem Satz: Alles ist perspektivisch. Daher ist eine Abstufung von Perspektiven (Gradualität der Perspektiven) erforderlich, um einer radikalen Skepsis auf der Basis des Interpretierens zu entgehen. In der Selbstgesetzgebung des souveränen Menschen wird der Perspektivismus Nietzsches praktisch. Hier geht es im wesentlichen um Selbstgestaltung, Selbstdeterminierung, Selbstbestimmung, Selbstinterpretation und Selbstverantwortlichkeit. Doch Nietzsches Philosophie ist nicht ganz konsequent, insofern er die Wertschätzung des Lebens absolut setzt (Lenk, 1993). Nietzsches Interpretation der Interpretation als Ausdruck des Willens zur Macht und damit als Herrschaft über die Natur und den Menschen ist letztlich doch zurückgebunden an ein typisch abendländisches Herrschermotiv.

Diesen Ansatz nimmt Heidegger in seiner Auseinandersetzung mit Nietzsche und Dilthey auf. Seine Analytik des Daseins und Verstehens geht von einem spezifischen Weltverhältnis des Alltags-Menschenverstandes aus. Die innerweltlich begegnenden Dinge stehen für Nietzsche wie für Heidegger unter der Kategorie der Zweckhaftigkeit des Objektiven und des Instrumentellen. Wir haben zu unserer Umgebung kein theoretisches Verhältnis. Die Daseinsanalytik entwickelt den Primat der Praxis. Damit betont Heidegger die pragmatische Bedingtheit der Konstitution von Gegenständen. Die sich in einer Gemeinschaft herauskristallisierende Gemeinsamkeit des Handelns basiert auf einer Art konventioneller Gegenstandsinterpretation. In fundamentalontologischer Hinsicht ist eine analytische systematische Trennung des Begriffs eines handelnden Subjektes vom Begriff der für sein Handeln dienlichen Dinge nicht durchführbar. Handeln und Instrumente des Handelns bedingen sich gegenseitig. In dieser Welt des Instrumentellen wird ein Gegenstand durch einen anderen erschlossen. So entwickelt sich die Bedeutsamkeit durch wechselseitige Erschließung von dinglich Instrumentellem.

Allerdings beschränkt sich das menschliche Dasein nicht nur auf instrumentell-objektive Möglichkeiten des Entwurfs. Auslegung gründet im Verstehen, und Verstehen hat die Struktur der Erschlossenheit eines Woraufhin oder eines Zweckes des Handelns. Andererseits ist die Auslegung gegenüber dem Verstehen ein eigenständiger systematischer Vorgang. Auslegung als eine begrifflich theoretische Rekonstruktion ist daher im Verstehen fundiert, geht aber darüber hinaus. Daher kann Heideggers Philosophie als Transformation der hermeneutischen Philosophie verstanden werden. Problematisch ist allerdings seine Einbettung in eine Ontologie. Letztlich erfasst Heidegger Philosophieren als ein Transzendieren auf, als ein systematisches Übersteigen bestimmter Gesichtspunkte und aller Perspektiven, die beschränkt sind.

Hans Georg Gadamer hat im Sinne einer Weiterführung von Heideggers Position versucht, das geisteswissenschaftliche Verstehen neu auszuweisen. Gadamer stellt nicht die Frage nach Regeln einer wissenschaftlich korrekten Vorgehensweise und nach Maßstäben für die Angemessenheit des Verstehens. Er fragt nach dem erkenntnistheoretischen Ort geisteswissenschaftlichen Verstehens überhaupt. Dabei betont er die Differenz der Erkenntnisziele in der Naturwissenschaft und Geisteswissenschaft. Verstehen ist nicht restlos methodisierbar. Es ist ein Spiel, wobei das Spiel darauf abzielt, Sinn zu verstehen. Besonders deutlich kann man dies am Kunstwerk und dem Verständnis des Kunstwerkes ablesen. Verstehen ereignet sich als Horizontverschmelzung, als Verschmelzung verschiedener Interpretationshorizonte zu einer neuen Einsicht. Paul Ricoeur geht einen Schritt weiter. Er versteht Handlung nach dem Muster des Textverstehens. Der Text hat in seiner Offenheit Aufforderungscharakter. Handlungen können nur untersucht werden, insofern sie objektiviert werden können. Menschliches Handeln ist jedem zugänglich, der lesen kann (Lenk 1993).

Auch in der Theorie der Interpretation der analytischen Philosophie ist Interpretation als ein Verfahren oder ein Prozess aufzufassen, der immer gewisse konstruktive Momente aufweist, die nicht festgelegt sind. Der Unbestimmtheitsspielraum gehört zu jeder Art von Interpretation (Lenk 1993). Die gemeinsame menschliche Handlungsweise ist das Bezugssystem, mittels dessen wir uns eine fremde Sprache deuten. Radikale Übersetzungen können scheitern. So ist das Ergebnis der Diskussion der analytischen Philosophie, dass jegliche Hoffnung auf eine Universalmethode der Interpretation fallen zu lassen ist. Der Interpret benutzt seinen eigenen Standpunkt, seine eigene Interpretationslogik. Daher kann eine Analyse der Metabedingungen der Interpretation von Interesse sein.

Günter Abel weist darauf hin, dass eine Interpretationsethik unverzichtbar ist in einer Demokratie, da sie Plausibilität und rationale Akzeptabilität, mithin Vernünftigkeit in der öffentlichen Wertediskussion aufzuzeigen vermag. Eine Philosophie der Interpretationsverhältnisse vermag das dazu erforderliche Instrumentarium bereitzustellen. Menschliche Verständigung und Handlung erfolgt aus der lebensweltlichen Interpretations-Praxis bzw. aus der interpretativen Lebenswelt heraus auf diese hin. Die normativen Komponenten, die mit einer solchen Interpretations- und Lebenspraxis gegeben sind, sind in dem jeweiligen Sprechen und Handeln präsent. Menschliches In-der-Welt Sein ist immer schon sprachlich ausgelegt und genau so wie die für die Lebenswelt konstitutive sprachliche Verbindlichkeit zwischen Personen letztlich intersubjektiv und diskursiv verfasst. In der Interpretationsphilosophie dagegen erscheint die menschliche Lebenspraxis primär nicht durch Diskursivität, sondern durch Interpretativität charakterisiert zu sein. Die Struktur und die Vollzüge des In-der-Welt Seins und der Lebenswelt werden als interpretativ gekennzeichnet (Abel 2004).

Die Interpretationsphilosophie plädiert weder für einen Relativismus kultureller Art, noch führt sie zu einer Verabschiedung der Vernunft. In der Rede von einer Ethik der Interpretation geht es im Folgenden um diejenigen normativen Implikationen und Konsequenzen, die sich intern aus dem Umstand ergeben, dass unser Verhältnis zur Welt, zu anderen Personen und zu uns selbst als perspektivisches, als konstruktionales und auslegendes, als Interpretationsverhältnis charakterisiert werden kann. Es geht um den Interpretationscharakter menschlichen Sprechens, Denkens und Handeln. Dabei ist die Ethik der Interpretation eine frei-lassende Ethik. Wird diesen beiden Aspekten Rechnung getragen, sind individuelle Freiheit und Gleichheit der Interpretierenden miteinander verschränkt (Abel 2004). Der Abschied vom Letztbegründungsparadigma impliziert nicht zugleich eine Hinwendung zum Kulturrelativismus. Offenheit ist ein Grundprinzip der Interpretation. Interpretation unterstützt die Freiheit der Handlungen, weil sie diese reflektierend begleitet, ihre kontextuale Vernünftigkeit und Akzeptabilität aufzeigt, Alternativen aufweist und möglicherweise auch zusammenführt (d. h. Konflikte überwindet). Interpretation heißt auch, Ebenen reflektiert miteinander zu verbinden wie die von Deuten und Werten. Die Interpretationsethik von Apel und die hermeneutischen Ethik geht vom Menschen als interpretativem Wesen aus.

Hermeneutische Ethik ist nüchtern und nicht moralinsauer. Außer Ethik gibt es noch andere wichtige Dinge in der Welt. Nach den Exzessen der fortgesetzten Kritik, dem moralischen Rigorismus, der für die Durchsetzung vermeintlicher Gerechtigkeit bereit war, mit hunderten oder tausenden von Menschenleben zu bezahlen, des allumfassenden Zynismus, der uneingeschränkten Coolness und der nicht enden wollenden Dekonstruktion und Entlarvungsorgien begrenzt Hermeneutische Ethik die überbordende philosophische Universalisierungsbestrebung und etabliert ethische Reflexion unter Berücksichtigung der Alltagsmoral, dem Rückgriff auf plausible Hilfestellung durch die philosophische Tradition und Analyse von Versuchen, einigermaßen komfortabel im Alltag miteinander und mit den Situationen, in denen wir leben, zurecht zu kommen. Täuschung ist etwas ganz Normales, ein Alltagsattribut der praktischen Intelligenz. Die Selbsttäuschung und die Täuschung anderer, um mit Ängsten fertig zu werden, ist ebenfalls ganz normal. Wörter und Symbole treten an die Stelle von Waffen und Gewalt. Dies ist eine Leistung der Kultur. Ein gesundes, praktikables und lebenswertes Zusammenleben in der menschlichen Gemeinschaft ist für Nyberg undenkbar ohne Halbwahrheiten. Liegen jeder Selbsttäuschung unbegründete Ängste zugrunde? Wahrhaftigkeit wird jedenfalls moralisch überbewertet (Nyberg 1994).

Warum hält sich Täuschung trotz ihrer öffentlichen Verdammung und wird so weit praktiziert? Täuschung ist ein heikles Thema. Sämtliche mit böswilliger Absicht unternommenen und auf Bereicherung abzielenden Täuschungen sind zu verurteilen. Nyberg möchte der Korruption und Ausbeutung nicht zureden. Aber das Sich Präsentieren, um zu erreichen, was man erreichen will, ist doch wohl nicht zu verurteilen und eher ein Zeichen praktischer Intelligenz? Der Arzt als Schauspieler, die Heilkraft des Theaterspiels oder des Placebos – sind diese Dinge zu verurteilen? Die Unterstellung einer laxen Einstellung ist nicht immer richtig. In der Politik stellt sich die Frage: gibt es tatsächlich eine deutliche Zunahme von Betrugsmanövern oder ist dies nur eine Konsequenz des Enthüllungsjournalismus? Bei Kant ist Wahrhaftigkeit eine unbedingte Pflicht. Die Frage nach der absoluten Gewissheit ist eine Frage der Religion. Die Wahrheitstheorie des Pragmatismus ist eher bereit zu Kompromissen. Auch die Performancetheorie der Wahrhaftigkeit zielt auf etwas anderes ab. Schrift und Noten sind nur eine unvollständige Wiedergabe des eigentlich gemeinten. Gibt es also selbstverständliche Wahrheiten in der Ethik (Nyberg 1994)?

Sind Lügen nur moralisch falsch, weil sie Lügen sind? Lüge kann als eine Aussage verstanden werden, die jemand anderes glauben soll, obwohl man selbst nicht (völlig) an sie glaubt, und zwar in einer Situation, in der die andere Person mit Recht erwartet, dass das Gesagte auch gemeint ist. Lügen sind eine immer komplexe Angelegenheit. Außerdem kann auch von einer Art Kunstfertigkeit der Täuschung gesprochen werden. Eigentlich sollte man Täuschungen ohne moralische Vorurteile interpretieren. Lügen, um einen Freund zu retten, sind doch wohl nicht falsch? Gut und böse, Licht und Dunkel, wahr und falsch – das waren lange von der Gnosis eingefärbte Richtungen, wobei sich heute die Überwindung der gnostischen Grundeinstellung empfiehlt, die in gewissen Situationen zu Fundamentalismus und Terrorismus führen kann (Nyberg 1994).

Eine ganze Reihe von Berufsgruppen leben von der Kunst der Täuschung. Eine Täuschung erfordert strategische Fähigkeiten im Sprechen, im Schreiben und in anderen Verhaltensformen, einschließlich des Gesichtsausdrucks und der Körpersprache. In unserer Gesellschaft besteht eine Spannung zwischen den moralischen Ansichten der Täuschung und der moralischen Praxis im Alltagsleben. Nicht nur bei der Werbung und in der Lebensform des Vertreters müssen gelegentlich gewisse Übertreibungen und daher auch Täuschungen vorkommen. Täuschung ist die schlaue, nüchternheitskalkulierte Kunst des Vorführens oder Verbergens mit dem Ziel, die Wahrnehmung eines Anderen zu kontrollieren. Das Verbergen, das Tarnen, das Verkleiden, das Vorführen, das Theaterspielen, das Fälschen und Vortäuschen gehört nicht nur zur Alltagspraxis von Menschen, sondern auch von bestimmten Tieren. So kann von einem weiten Feld der Täuschung und des Irreführens gesprochen werden (Nyberg 1994).

Dieser menschliche Hang zur Selbsttäuschung, zur freiwilligen Blindheit, Gefühllosigkeit, Begriffsstutzigkeit und Unwissenheit gehört nicht gerade zu unseren Vorzügen, wie viele Moralisten meinen. Muss ich aber alles wissen wollen, was ich wissen könnte? Die Sehnsucht nach Anerkennung schränkt unser Wahrhaftigkeitsstreben ein. Dabei gibt es ein gewisses Paradox der Selbsttäuschung. Auch dem Wunschdenken sollte nicht immer zugeredet werden. Die Selbsttäuschung setzt Zweckgerichtetheit voraus, sie ist zu unterscheiden von Unentschiedenheit und Meinungswechsel. Selbsttäuschung sollte als bewusste, vorsätzliche Manipulation interpretiert werden. Sie dient dazu, Rollenverpflichtungen zu umgehen. Auf der anderen Seite besteht die Sehnsucht nach einem wahren Selbst. Aber man muss auch darauf hinweisen, dass Optimismus oder auch Placebos den Heilungsprozess selbst schwerer Krankheiten positiv beeinflussen können (Nyberg 1994).

Sprache kann ein Kommunikations-, aber auch ein Isolationsfaktor sein. Die Höflichkeit basiert auf der Enthüllung und auf der Verhüllung unserer Gedanken. Das Aufdecken von Lügen ist eine eigene Sache. Man hat dazu in instrumentalisierter Weise sogar den Lügendetektor eingeführt. Aber die feinen Formen der Ironie sind ein Umgang mit der Sprache als Kommunikationsmittel und nicht unbedingt als Wahrheitsindikator. Manche wollen in ihrer Täuschung sogar selbst durchschaut werden. Die Ambiguität der Sprache kann hierzu ausgenutzt werden, auch zum Schutz der eigenen Privatsphäre. Die Privatsphäre kann auch persönlich sein, sie kann aber auch mit der Familie verbunden sein, und zuviel Privatsphäre führt in Einsamkeit. Die eigentliche ethische Weisung besteht in einem einfühlsamen Umgang mit Wahrheit und Lüge. Dabei sind Vertrauen in die Wahrheit und das Vertrauen in die Person, die diese ausspricht, zu unterscheiden. Heuchelei kann eine Tugend sein und ist in diesem Zusammenhang als Gefühlsarbeit zu betrachten. Sie kann in diesem Zusammenhang sogar Ausdruck der Freundschaft sein. Die Etikette des Lügens wird vorbereitet in gewisser Weise durch das Täuschungsverhalten der Kinder. Ethik und Taktik sind aufeinander zurückverwiesen. So lassen sich Täuschungen bei polizeilichen Ermittlungen in gewisser Weise auch als Notwehrmaßnahmen erklären (Nyberg 1994).

Ethisches Denken in Wertkonflikten sollte insbesondere Details beachten und Anpassungsvorgänge des Menschen an seine Situation. Zum Kontext gehören auch die Selbstbilder und Zukunftsvisionen. Selbstverständlich spielen historische Konventionen eine Rolle. Moralische Gedanken und Verbindungen basieren auf wechselseitigem Vertrauen. Prinzipien und moralische Intuition sind ganz unterschiedliche Bewertungsmaßstäbe. Wichtig für ethische Argumentation sind Klarheit und Einfachheit. Die Anerkennung von Wertkonflikten hat nicht zu einem Wertrelativismus geführt. Ein Fundamentalismus im Rahmen der Wahrhaftigkeitsfrage ist daher unnötig. Moralische Visionen und Entscheidungen im Hinblick auch auf selbstlose Anteilnahme sind alles Formen einer Alltagsmoral, die im eigenen Leben wurzelt (Nyberg 1994).

## 1.2 Fundamentale methodische Paradigmen ethischer Interpretationskunst aus der Perspektive des „Sowohl – als auch"

Interpretation bedarf auf der Suche nach dem richtigen Weg des Verstehens methodischer Hilfe und Interpretationsanleitung, im professionellen Kontext wie im Alltag. Um richtig interpretieren zu können, sind Leitlinien, methodische Anleitung und Interpretationsregeln erforderlich. Dies ist auch bei der Hermeneutischen Ethik nicht anders. Nur lauten sie anders. Während in einer logisch und wissenschaftlich begründeten Ethik methodische Verbote im Vordergrund stehen, wie die Vermeidung von Zirkularität oder das Verbot des naturalistischen Fehlschlusses, oder Gebote, wie die Verallgemeinerungsforderung z. B. im Kategorischen Imperativ (untergliedert in die nicht-empirische Verallgemeinerung bei Kant und empirische Verallgemeinerung im Utilitarismus), steht die methodische Generalanweisung in einer Hermeneutischen Ethik im Zeichen des „Sowohl – als auch" (Synoptik) und läuft auf die Aufforderung hinaus, jede der zur Verfügung stehenden Strategien auszuprobieren, um zu sehen, welche der Argumentationsschleifen sich schließen lassen. Die Interpretationsparadigmen sind erprobt und stammen aus verschiedenen neuzeitlichen Ethiktypen. Nur die Realisierbarkeitsforderung ist eher unüblich, steht aber einer auf Anwendung zielenden Ethik gut an, denn häufig vertreten wir eine hochstehende Ethik oder Moral, die wir sowieso nicht erfüllen können, oder die, wie bei der Einwilligungslösung im deutschen Transplantationsgesetz, tausende Menschen zum Tode verurteilt, weil sie das benötigte Spenderorgan nicht erhalten. Folgende fünf Interpretations-Paradigmen sollen helfen, moralische Probleme oder ethische Streitfälle zunächst im Problemgehalt zu schärfen, um die anstehenden Konflikte einer Lösung näher zu bringen:

(1) Moralisches Gefühl und ethische Theorie;
(2) Zirkularität: Ineinandergreifen von Induktion, Abduktion und weichen Formen der Deduktion im Sinne einer Begründungs- und Interpretationsspirale zur Präzisierung des Prozesses von Deuten und Werten; Bevorzugung des hypothetischen und experimentellen Denkens und der Gradualität;
(3) das Einzelne und das Allgemeine: Bereichsspezifische (regional wie temporal abgestuf-

## 1.2 Fundamentale methodische Paradigmen

te, d. h. gradualisierte Formen von) Universalisierung bzw. Generalisierung; Regelorientierung und Minimalethik;
(4) Sein und Sollen: Kritik der naturalistischen Ethiken und Moralphilosophien;
(5) Realisierbarkeit: Ideal und Erreichbarkeit von Zielen und Visionen; Leitbilder.

(1) Moralisches Gefühl und ethische Theorie: Hinsichtlich der Genese des moralischen Gefühls bemerkt Schöpf, dass alle Anthropologien inhaltlich-ontologischer Art gescheitert sind. Es stellt sich allerdings die Frage der impliziten Anthropologie im Zusammenhang mit dem Begriff der bedingten Freiheit. Kann man also für das moralische Gefühl (Perspektive des Verantwortungsgefühls) heute noch eine gewisse unmittelbare Gewissheit annehmen (Schöpf 2001, 120–123)? Die Psychoanalyse geht im Rahmen der Frage nach den Konstitutionsbedingungen einer realisierbaren Moral von der Beobachtung aus, dass moralische Forderungen im therapeutischen Kontext auftauchen und manchmal auch argumentativ gut vertreten werden, die beabsichtigte normative Regelung der zwischenmenschlichen Beziehung jedoch misslingt. Ja es zeigt sich, dass die moralischen Forderungen, die der Einzelne an sich und an die Mitmenschen stellt, krankmachende Lasten beinhalten können (Schöpf 2001, 133). Im Hinblick auf die Ethik müssen wir von einem widersprüchlichen Ergebnis ausgehen. Zum einen ist da die Auffassung, dass wir einen Bedarf an Ethik haben, und dass wir viel zu wenig über das Gewissen sprechen. Auf der anderen Seite haben wir uns mit der Überzeugung auseinander zu setzen, dass die Gesichtspunkte der Ethik und Moral zu hoch gespielt würden (Schöpf 2001, 146). Für das Gewissen zentral ist die Perspektive des sich Sehens mit den Augen des anderen (Schöpf 2001, 150). Erwartungen und Verpflichtungen haben etwas miteinander zu tun. Dabei gibt es eine ganze Reihe von unbewussten Missdeutungen des Gewissens, so dass die Gewissensprüfung keineswegs eine eindeutige Sache ist (Schöpf 2001, 157). Dabei kann man das autoritäre Gewissen und das autonome Gewissen unterscheiden (Schöpf 2001, 173).

Auf der anderen Seite steht die ethische Theorie und Metaethik, dass ethisches Argumentieren in Wert-Konflikten der richtige Weg zu einer angemessenen Lösung ist. Von Moral und Ethos zu unterscheiden ist die Ethik als wissenschaftliche Reflexion auf Moral und Ethos mit dem Ziel, Verhaltensvorschriften, sittliche Verpflichtungen und Handlungsregeln für Entscheidungen argumentativ auszuweisen und zu rechtfertigen. Während das Wort „Ethos" der griechischen Alltagssprache entlehnt ist, ist der Begriff Ethik ein Kunstwort, geprägt von Aristoteles. Dieser bezeichnet mit dem Wort „ethische Theorie" (Aristoteles, Anal. post. 89b 9), kurz „Ethik" genannt (Aristoteles, Pol. 1261a 31), die Wissenschaft, die das Problem reflektiert, welches von Sokrates und Platon in der Auseinandersetzung mit der Sophistik aufgeworfen wurde. Dieses besteht darin, dass die Legitimierung der Sitte und die Rechtfertigung der Institutionen der griechischen Polis durch die Herkunft von den Vätern, also durch Tradition, fragwürdig geworden ist.

Ethik beschäftigt sich daher mit dem Maß sittlicher Normierung, der Normgebung und ihrer Rechtfertigung. Sie zählt nicht Normen und Weisungen auf, sondern versucht, für den Prozess der Normgebung und -festlegung ihrerseits Kriterien anzugeben. Sittliche Überzeugungen gehören in die Bereiche von Moral und Ethos; Gegenstand der Ethik ist die argumentative Rechtfertigung des Verpflichtungscharakters von Normen und Werten auch für andere. Sie ist zudem die Lehre von Vernunft und Freiheit, von Norm und Gewissen im Hinblick auf die sittliche Grundhaltung eines Menschen. Ethik kann daher unter zwei sehr unterschiedlichen Perspektiven betrieben werden. Sie lässt sich zum einen als Reflexion von Moral und Ethos, zum anderen als systematische Untersuchung ihrer eigenen Voraussetzungen und ihrer Möglichkeit verstehen. Letztere Aufgabe fällt der Metaethik zu. Der engere Begriff von Metaethik beschränkt diese auf die Analyse der moralischen Sprache, insbesondere auf die Trennung von beschreibend-deskriptiven und normativ-vorschreibenden, also verpflichtenden Sätzen. Der weitere Begriff versteht unter Metaethik jede Reflexion über die Methoden der Ethik (Ricken 1983, 15). Sie muss klären, ob normative Ethik überhaupt möglich ist. Hierzu analysiert sie das Hume'sche Gesetz, die grundsätzliche, intuitiv einleuchtende Unterscheidung von Sein und Sollen zumindest unter methodischer Rücksicht sowie den ‚naturalistischen Fehlschluss' von George Edward Moore, der eine Ableitung von normativen aus deskriptiven Sätzen untersagt. Hier zeigt sich eine Schwierigkeit in der Begründung normativer Ethik. Ethikbegründung muss Moralität oder Sittlichkeit bereits voraussetzen.

Eine andere Frage ist, ob anwendungsorientierte Ethik richtige Philosophie sei und ob ihr nicht das Kennzeichen einer Profession fehle (Höffe 1991, 233). Sie sei zwar philosophisch möglich, aber nicht nötig (Höffe 1991, 237). Nach Höffe ist es Aufgabe der anwendungsorientierten Ethik, unparteilich den Streit zwischen Lebensschutz und Wissenschaftsfreiheit oder zwischen Tierschutz und Wirtschaftsfreiheit zu schlichten. Sie gehört daher in die Rechtsethik (Höffe 1989, 118 f.). Eine sachgerechte angewandte Ethik bietet sich als Sammelname für einzelne Fallstudien an und muss auf den Gestus der „großen Theorie" verzichten (Höffe 1989, 121). Da angesichts der von Aristoteles formulierten Grenzen der Ethik als theoretischer Disziplin (Aristoteles 1975; Ethica Nicomechea 1095a 10–15) generell bezweifelt werden darf, ob Ethik „große Theorie" sein kann, so mag es für eine anwendungsorientierte Ethik ausreichen, kritische Reflexion zu sein. Gleiches gilt selbstverständlich auch für Hermeneutische Ethik. Diese aber bemüht sich gerade um eine Synopse von moralischem Gefühl und ethischer Theoriebildung.

Zentraler Ansatz einer hermeneutischen Ethik ist daher das sittliche Umgangswissen, die sittliche Erfahrung (Irrgang 1998). Sittliches Umgangswissen als Verfahrenswissen etabliert eine Konzeption, in der Tatsachenwissen und Verpflichtungswissen ineinander greifen. Dazu wird im Rahmen einer hermeneutischen Ethik ein Vier-Stufen-Modell anwendungsorientierter Ethik entwickelt, das es erlaubt, empirisches Wissen ohne naturalistische Fehlschlüsse in die Formulierung konkreter sittlicher Verpflichtungen einzubeziehen. Es überwindet die „Zwei Kulturen", führt aber nicht zum Aufweis apodiktisch gültiger Verpflichtungen. Es werden vielmehr Interpretationsvorschläge einer sittlichen Verpflichtung in konkreten Situationen erarbeitet. Durch reflektierte Anwendung sittlichen Umgangswissens werden so moralische Vorurteile überwunden und sittlich-normative Prinzipien geklärt. Der Prozess der Klärung unterscheidet dabei verpflichtende oder verbietende Urteile von weiter zu klärenden Fragen. Insbesondere bei Verpflichtungen, die weiter zu klären sind, ist ein Diskurs erforderlich, der sich am Leitbild des sokratisch-platonischen Dialogs orientieren kann. Es wird gefragt, bis der Logos des Fragens zum Stillstand, zu einer partiell gültigen Grenze geführt hat. So manifestiert sich der Prozess des Suchens und Findens als hermeneutische Methode auch in Frage und Antwort, im Suchen und Finden Heraklits. Entscheidend ist der Zusammenhang oder der Konflikt der Argumente, wobei Kohärenz und Konvergenz der Argumente ebenso eine Rolle spielen wie der Dissens. Hier hat sich insbesondere John Henry Kardinal Newman Verdienste erworben (Irrgang 1998).

## 1.2 Fundamentale methodische Paradigmen

Ein Autor, der für die Analyse des methodischen bzw. verfahrensmäßigen Umgangs mit sittlichen Verpflichtungen von außerordentlicher Bedeutung ist, ist Aristoteles. In seiner Explikation des praktischen Wissens, der Phronesis, geht es um die Erfassung und sittliche Bewältigung der konkreten Situation angesichts allgemeinverbindlicher sittlicher Verpflichtung. Phronesis manifestiert sich bei Aristoteles z. B. in der „Subsumtion" des Gegebenen der Situation unter ein Allgemeines. Der aristotelische Vorschlag scheint dabei auf ein implizites Umgangswissen zu verweisen. In den explizit gewussten Term der sittlichen Verpflichtung geht implizit das nie vollständig explizierbare Wissen um die konkrete Situation ein und manifestiert sich im Wissen um die Realisierbarkeit eines bestimmten Sollens.

Hilfestellung bei der „Subsumption" können dabei sog. „Faustregeln der Verallgemeinerung" liefern, wobei es sich nicht um Verallgemeinerungen im Sinne der Induktion handelt, sondern um die Interpretation des impliziten Anteils am Umgangswissen mit Verpflichtungen in konkreten Situationen. Weitere Hilfestellungen bietet Aristoteles in seiner Konzeption des Sittlichen als Mitte zwischen zwei Extremen an, als Verfahren der Konstruktion und Interpretation der Extremalpunkte und das anschließende Verfahren der Ausmittelung (Aristoteles 1975). Dieses Verfahren nicht nur der Abwägung von Extremen, sondern auch von konkurrierenden sittlichen Verpflichtungen gehört zu den wichtigsten Beiträgen von Aristoteles zu einer Hermeneutischen Ethik.

Ein bedeutsamer Beitrag zu einer hermeneutisch begründeten praktischen Ethik ist auch das auf Aristoteles zurückgehende Verfahren der Epikie, der zumindest teilweisen Außerkraftsetzung einer allgemeinen sittlichen Verpflichtung in einer ganz bestimmten Situation, um eine konkrete sittliche Verpflichtung begründen zu können. Auch das aristotelische Verfahrenswissen der sog. „zweitbesten Fahrt" ist zentral für eine hermeneutische Ethik, d. h. der Verpflichtung zu folgen, andere nicht zu schädigen, wenn der Ausmittelungsprozess kein konkretes Ergebnis herbeiführen sollte. Weitere Formen des impliziten Verfahrenswissen, die sich mathematisch strenger Objektivierung entziehen, die Aristoteles bereits ausgeführt hat, sind Formen der empirischen Verallgemeinerung im Horizont von Folgenabschätzungen, wie sie später vom Utilitarismus propagiert wurden. Dieses Verfahren untersucht, welche Konsequenzen sich ergeben würden, wenn alle Handelnden einer spezifischen Maxime (Handlungsregel) folgen würden. Selbstverständlich erkennt eine hermeneutische Ethik auch den Kategorischen Imperativ als metaethische Regel für die Überprüfung sittlicher Maximen an.

Andererseits bleibt der verstehende Umgang mit sittlichen Verpflichtungen subjektiv-personal eingefärbt. Dies ist aber für eine hermeneutische Ethik im Gegensatz zu Positionen des ethischen Objektivismus nicht negativ zu bewerten, da die Perspektivität und Endlichkeit bei der Realisierung sittlicher Verpflichtungen und der Beurteilung von Handlungsmaximen unvermeidlich erscheint. Und da hermeneutische Ethik nie von einem Nullpunkt oder einer „tabula rasa" ausgehen kann, ergibt sich der Ausgang von einer kurzen Rekonstruktion wichtiger Positionen in der Geschichte der Ethik quasi von selbst. Die Realisierbarkeitsregel fordert den Einbezug der Empirie für handlungsleitende Regeln in bestimmten Handlungsbereichen. So impliziert die Realisierbarkeitsregel die Forderung einer Beschränkung der Verantwortungsübernahme für vorhersehbare Folgen. Eine auf instrumentelles Verstehen und instrumentell-sittliches Handeln und deren Reflexion aufgebaute anwendungsorientierte Ethik wird daher bereichsspezifisch, plural, empirieoffen und der eigenen Grenzen bewusst sein.

Praktisch-ethisches Verstehen ermöglicht die Realisierung einer sittlichen Verpflichtung. Im Handeln selbst geschieht praktisch-ethisches Verstehen als Realisieren einer sittlichen Verpflichtung. Ihre theoretische Reflexion macht einen Rückbezug auf ethische Prinzipien erforderlich, was beim sittlichen Verstehen allein nicht erforderlich ist. Im Gegensatz zu kognitivistischen Ethiken habe ich gemäß der Konzeption des sittlichen Verstehens eine sittliche Verpflichtung nur dann verstanden, wenn ich sie zu realisieren bereit bin, sofern nicht andere sittliche Verpflichtungen dagegen sprechen. Das bloß theoretische Reflektieren bzw. Wahrnehmung ist kein Verstehen, sondern metatheoretische Reflexion. Um sittliche Verpflichtungen realisieren zu können, muss ich zunächst wissen, worin sich eine sittliche Verpflichtung von einer nicht-sittlichen Verpflichtung unterscheidet und worin sie besteht. Traditionell wurde diese Frage mit der Begründbarkeit sittlicher Verpflichtungen verknüpft. Ich möchte diese Frage jedoch zuspitzen durch die Formulierung einer weiteren Frage: Warum soll ich überhaupt sittlich handeln? Ein solcher Ansatz verbindet Geltungsprobleme mit Fragen der Realisierbarkeit.

Moralische Intuitionen beschränken sich auf Standardsituationen. Sie haben nur einen scheinbaren Intuitionscharakter. Derartige Intuitionen sind fest eingeprägte und lange eingeübte Regeln. Ein moralisches Experiment besteht darin, nach neuen Leitbildern aufrichtig zu leben, sie nicht nur zu lehren. Eine Moral hat dann Stärke, wenn die Leute sich entschieden haben, nach welchen Prinzipien sie leben wollen und welche Prinzipien sie ihren Kindern lehren sollten. Das Lehren geschieht durch Beispiele und Richtlinien, die Prinzipien erläutern. Eine frühe starke Moralerziehung erzeugt unflexible Intuitionisten (Hare 1992, 101–103). Daher ist für eine hermeneutische Ethik der Rückgriff auf ein Umgangswissen und Verfahrenswissen mit sittlichen Verpflichtungen und auf ein moralisches Verstehen erforderlich. Es manifestiert sich in Kriterien wie der Verallgemeinerbarkeitsregel und in der Sein-Sollen-Unterscheidung. Zur Explikation des Umgangswissens sittlicher Art knüpft eine hermeneutische Ethik an die Konzeption von instrumentellem und sittlichem Verstehen an.

Ein Beispiel für sittliches Verstehen eines narrativ vermittelten Sollensanspruchs bietet das Neue Testament. Das Gleichnis vom barmherzigen Samariter (Lk 10, 29–36) ist eine Anleitung zum sittlichen Verstehen und Realisieren des moralischen Wertes der Barmherzigkeit. Jesus gibt an dieser Stelle keine Definition des moralischen Wertes, sondern führt Fälle vor, in denen gegen diesen Wert gehandelt wird, beschließt aber das Gleichnis mit dem gelungenen Vorbild einer Realisierung dieses moralischen Wertes. Der Priester und der Levit helfen dem Ausgeraubten und Verletzten am Straßenrand nicht, wohl aber der Ungläubige. Der Zuhörer des Gleichnisses realisiert an einem Einzelfall nicht zuletzt aufgrund einer Kontrasterfahrung die moralische Tatsache der „Barmherzigkeit". Diese fordert dazu auf, positive Folgen für in Not Geratene hervorzubringen, auch wenn dieses für den Helfer mit Kosten verbunden sein kann. So veranlasst dieses Gleichnis Jesu, im Hörenden eine sittliche Verpflichtung zu realisieren, in diesem Falle die moralische Tatsache des sittlichen Wertes der Barmherzigkeit wahrzunehmen, um dann richtig handeln zu können, wenn die Situation dies erforderlich macht. Das Gleichnis Jesu ist ein Beispiel dafür, wie sittliches Verstehen gelehrt und gelernt werden kann.

Sittliches Verstehen manifestiert sich in theoretischer Form im moralischen Urteil oder in Wertprädikaten wie „mutig" oder „gerecht", die aus subjektiver Perspektive als moralisch richtig unterstellt werden. Moralische Urteile beziehen sich dabei auf Wertaussagen, quasi auf moralische Tatsachen, während ethische Urteile regelgeleiteten Umgang mit moralischen Urteilen voraussetzen. Die moralische Perspektive impliziert für eine Handlungsempfehlung, dass sie nicht-eigennütziger Art ist, wobei das ethische Urteil Kriterien für die Nicht-Eigennützigkeit angeben können muss. Damit legt eine hermeneutische Ethik einen moralischen Realismus zugrunde, wie er sich auch im Common Sense findet. Der moralische Realismus geht von der Idee einer richtigen Lösung moralischer Probleme aus (Schaber 1997, 35), wobei die hermeneutische Ethik diese Aussage auf ein „meistens" einschränkt. Für den moralischen Realismus ist die Annahme moralischer Tatsachen, auf die auch der vortheoretische Glaube im Sinne des Common Sense rekurriert, unverzichtbar. Für die hermeneutische Ethik ist dieses Gedankenmodell akzeptabel, wenn man moralische Tatsachen als Interpretationskonstrukte begreift. Auch sogenannte „gute Folgen" im Sinne von moralischen Tatsachen stellen Interpretationskonstrukte dar.

(2) Zirkularität: Im Hinblick auf die Methode ist zunächst die Zirkularität bewertender Interpretationen und die Abhängigkeit der Interpretation von einem Vorverständnis unabdingbar. Einer hermeneutischen Ethik geht es um die Realisierung einer konkreten sittlichen Verpflichtung in einer bestimmten Situation. Voraussetzung ist die zutreffende ethische Bewertung einer Praxis. Damit steht nicht die Autonomie des egoistischen Individuums im Zentrum einer praktischen Ethik wie im Präferenzutilitarismus oder im Emotivismus, sondern der Versuch, die Situation des Menschen im Horizont einer sozialen Praxis zu analysieren, der eine sittliche Verpflichtung realisiert, d. h. gemäß dieser handelt und nicht nur, die entsprechende sittliche Verpflichtung erkennt, ohne sie in die Tat umzusetzen. Sie geht nicht von moralischen Heroen aus, die eine sittliche Verpflichtung unabhängig von der Widerständigkeit der Situation realisieren, sondern von der begrenzten Kompetenz des endlichen Menschen zur Realisierung sittlicher Verpflichtung. Die Frage nach Bedingungen der Möglichkeit anwendungsorientierter Ethik führt gemäß dem hier vorgeschlagenen Konzept zur Aufklärung der hermeneutischen Grundsituation, in der anwendungsorientierte Ethik steht. Diese umfasst zunächst die Zirkelstruktur wertender Urteile, in denen sich sittliche Verpflichtungen artikulieren. Sittlich verpflichtende Urteile müssen immer bereits voraussetzen, dass der Adressat Verpflichtungserfahrungen gemacht hat und über ein zumindest implizites Wissen im Umgang mit Verpflichtungen verfügt. Hier liegt eine Grundstruktur vor, die Ähnlichkeiten mit dem hermeneutischen Zirkel des Verstehens aufweist.

Kant spricht in der „Grundlegung zur Metaphysik der Sitten" (Kant 1975) in BA 104 von einer Art von Zirkel, in BA 110 von einem „geheimen Zirkel" in der Begründung von Ethik, indem der Verpflichtungscharakter sittlicher Sollenssätze und Freiheit durch wechselseitigen Verweis aufeinander begründet werden. Für Kant ist dies jedoch kein wirklicher Zirkel, sondern eher eine Art von wechselseitigem Implikationsverhältnis. Für ihn muss eine Beschränkung vorgenommen werden: Auf transzendentaler Ebene ist die Bedingung der Möglichkeit, Freiheit zu denken, die unumgängliche Annahme sittlicher Verpflichtung, und umgekehrt: Freiheit zu unterstellen ist unumgänglich, um sittliche Verpflichtung denken zu können. Hier liegt die Grundstruktur einer hermeneutischen Ethik offen: Sowohl Freiheit (Autonomie) wie kategorischer Imperativ (sittliche Verpflichtung) sind erforderlich, um konkrete Sittlichkeit denken zu können.

Dieser Zirkel in der Begründung sittlicher Verpflichtung hat nicht nur eine transzendentale Dimension, sondern verweist auf eine hermeneutisch begründete Ethik, denn dieser Zirkel weist eine Strukturähnlichkeit mit dem des hermeneutischen Verstehens auf. Wenn jemand nicht immer schon über ein Umgangswissen mit sittlichen Verpflichtungen verfügt, kann diesem die ethisch-philosophische Reflexion eine sittliche Verpflichtung nicht andemonstrieren. Dieses Umgangswissen hat auch der „Böse", der die sittliche Verpflichtung realisiert, indem er die Verpflichtung übertritt (Kant 1975; Grundlegung zu Metaphysik der Sitten; BA 113). Dies ist gemäß Kant auch nicht weiter verwunderlich. Die Begründung ethischer Prinzipien aus dem Grundansatz der Heteronomie stellt nach Kant einen Widerspruch in sich selbst dar. Die Begründung der Sittlichkeit auf ein natürliches Gesetz oder auf ein moralisches Gefühl wäre eine Ableitung einer sittlichen Verpflichtung aus etwas Natürlichem und damit der Sittlichkeit Fremdem, ebenso eine Ableitung aus dem Willen Gottes, der anderen Klasse von heteronomen „Ethiken". Die Sittlichkeit kann nur dann in ihrer Dignität angemessen verstanden werden, wenn sie allein aus sich selbst heraus verstanden wird. Wir sind nur dann moralisch verantwortlich, wenn nicht die Natur oder Gott in uns handelt und wenn es so etwas wie sittlich relevante Verpflichtung gibt. Nur dann macht es überhaupt Sinn, von Moral im Sinne von Verpflichtung und Freiheit zu sprechen. Eine Begründung von sittlicher Verpflichtung im Sinne einer Letztbegründung legt Kant hier nicht vor, macht allerdings plausibel, warum es nicht sinnvoll ist, Ethik aus der Natur oder aus der Religion abzuleiten. Vielmehr ist bei der Kantischen Letztbegründung von Ethik der Rückgriff auf das Faktum der Erfahrung sittlicher Verpflichtung unumgänglich.

Bei einer Erschließung der philosophischen Bewertung der Praxis kann darauf hingewiesen werden, dass gelungene Praxis nur auf der „Wahrheit" der ihr zugrundeliegenden theoretischen Annahmen gründen kann, also auf pragmatische Wahrheit. Auch hier liegt die Denkweise der Hermeneutischen Ethik zugrunde: Theorie und Praxis sind keine Gegensätze, sondern verweisen aufeinander, wobei es Formen der Praxis gibt, die der Theorie nicht bedürfen, weil implizites Wissen und Können ausreicht, die Routine-Situationen zu bewältigen. Konflikt-Situationen aber – und sie sind Ausgangspunkt der Hermeneutischen Ethik – verlangen nach Theorie. Andererseits bedarf die Theorie zu ihrer Realisierung der Praxis, nämlich des Lesens, Schreibens, Rechnens usw. Die Vorstellung, eine falsche Aussage könne trotzdem zum gewünschten Ergebnis des Handelns führen, muss demnach als grundsätzlich abwegig erscheinen, oder es zeigt sich im Nachhinein, dass diese Aussage gar nicht falsch gewesen ist, sondern nur für falsch gehalten wurde. Mit anderen Worten: Nützlichkeit setzt grundsätzliche Richtigkeit voraus (Gallee 2003). Sie ist rational und nicht irrational, aber darum noch nicht unmittelbar sittlich.

Der Begriff der Hypothese wird bei Peirce zwar beibehalten, allerdings ist darunter jetzt nur noch das sprachliche Ergebnis des abduktiven Prozesses zu verstehen. Beim Begriff der Abduktion geht es wesentlich darum, auf Mögliches zu verweisen (Gallee 2003). Die induktive Logik der Entdeckung, zu der auch die Abduktion gehört, ist auch eine Frage der Organisation. Unbeschadet der gerade verwendeten Terminologie, muss man nicht Logiker oder Wissenschaftstheoretiker sein, um ethische Konflikte zu entschärfen. Bestätigung, Vergewisserung, Verifikation von Theorien liegt in den Werken, in den Konsequenzen. Für Werke sind ein Plan oder Aufforderungen zu einem spezifischen Handeln erforderlich. Die Notwendigkeit der Ausführung von Handlungen stellt objektive Kriterien bereit. Die Hypothese, die sich bewährt, ist wahr, wenn Wahrheit als Nützlichkeit definiert wird. Jede moralische Situation ist eine einmalige Situation. Um sie zu bewerten, gibt es eine pragmatische Regel: Um die Bedeutung einer Idee zu finden, muss man nach ihren Konsequenzen fragen. Dazu ist eine sorgfältige Untersuchung der ausführenden Handlungen erforderlich.

Es geht nicht um die Befolgung moralischer Regeln, sondern um die Aufdeckung von Übeln, die in einem besonderen Fall der Abhilfe bedürfen. Wichtig ist die Beseitigung der Ursachen für diese Übel, nicht die Diskussion von ethischen Prinzipien. Dewey weist auf die pragmatische Bedeutung der Logik individualisierter Situationen hin. Es geht um Methoden, um die Ursachen menschlichen Leidens zu entdecken. Technisches Erfinden ist aber als Kreativität und nicht bloß im Sinne des Erwerbsstrebens zu interpretieren. Der Utilitarismus und der ökonomische Materialismus sind keineswegs identisch (Dewey 1989, 200–225). Nicht Begriffe sind zu diskutieren, sondern die wirkliche Ordnung des Sozialen. Individualität ist nicht ursprünglich gegeben, sondern wird unter dem Einfluss des vergesellschafteten Lebens geschaffen.

So ergibt sich im Sinne des „Sowohl – als auch" die Verknüpfung von „Top – down" und „Buttom – up"-Verfahren zu einer Interpretationsspirale, die ständig selbstkritisch durchlaufen werden und durch eine Interpretationsgemeinschaft abgesichert werden sollte. Hermeneutischer Ethik geht es um die Strukturierung der Bewertung von Handlungen oder Handlungsbereichen als Ineinander von Deuten und Werten im Sinne des „Sowohl – als auch". Um den Übergang von Deuten zum Werten methodisch abgesichert durchführen zu können, bedarf es einer Rahmenordnung. Diese umfasst mindestens vier Ebenen:

(1) auf der Ebene allgemeiner Prinzipien und Leitbilder;
(2) auf der Ebene bereichsspezifischer und temporaler Handlungsregeln (Normen und Werte; Maximen);
(3) auf der Ebene der Anwendungsregeln im Sinne von Handlungsregeln und
(4) auf der Ebene der Anwendungsregeln für Handlungskriterien durch Etablierung ethisch relevanter empirischer Kriterien.

Für die medizinische Ethik würde die erste Stufe im ethischen Prinzip der Menschenwürde zu sehen sein, die zweite Ebene hätte als Leitbild die Patientenautonomie, in einer dritten Ebene müsste die Kompetenz zur sittlichen Entscheidung näher geklärt werden. Auf der vierten Ebene sind empirische Kriterien zur Bestimmung der Entscheidungskompetenz einzelner Menschen bei Demenz, psychischen Erkrankungen usw. erforderlich. Bei dem konkreten Fall einer Bewertung ist es dabei zunächst gleichgültig, von welcher Ebene ausgegangen wird. Bei der Bewertung einer sittlichen Verpflichtung in einer konkreten Situation wird man zunächst in der vierten Ebene anfangen. Lässt sich die Frage mit den hier zur Verfügung stehenden Mitteln nicht lösen, ist ein Rückgang auf eine fundamentalere Ebene erforderlich. Lässt sich auf der fundamentalsten oder ersten Ebene keine Einigkeit erzielen, ist Toleranz erforderlich. Zumindest der zur Diskussion stehende Wertkonflikt kann herausgearbeitet werden, es können aber auch gesellschaftliche Entscheidungs- bzw. Abstimmungsprozesse erforderlich sein. Hermeneutische Ethik beruht so auf einer abgestuften ethischen Argumentation von der Prinzipienreflexion bis zur ethisch reflektierten Empirie und umgekehrt. Es handelt sich dabei nicht um eine Deduktion von oben herab. Es gibt höchstens Verfahren der „Herleitung" in einem schwachen Verständnis, in dem Argumentationszusammenhänge zwischen den einzelnen Stufen, also zwischen Prinzipienreflexion und ethisch reflektierter Argumentation entwickelt werden müssen.

(3) Das Einzelne und das Allgemeine: Regionalisierung und Temporalisierung des Universalisierungsparadigmas. Dieses Kriterium führt zu einer regelgeleiteten Ethik. Die Universalisierungsregel als Überprüfungsinstrument der Sittlichkeit zielt darauf ab, ein

Unbedingtes im Sittlichen festzustellen. Was sich universalisieren lässt, ist notwendig und unbedingt sittlich verpflichtend. Kant kennt zwei Formeln der Verallgemeinerung, zum einen die Naturgesetzanalogie, die dem Wissenschaftsmodell nahe steht und der Metaphysik der Natur entlehnt ist, zum anderen das Reich der Zwecke, das sich der Konzeption der Selbstzweckformel verdankt und damit handlungstheoretisch bestimmt ist (Kant 1975). Das handlungstheoretische Modell weist die Form von Zirkularität auf, die auch Ausgangspunkt einer hermeneutischen Ethik ist. Hier liegen die Grenzen einer Parallelisierung des Kategorischen Imperatives in Gestalt der Allgemeinheit und der Selbstzweckformel. Die Form der Zirkularität liegt beim handlungstheoretischen Ansatz vor, nicht beim Universalisierungsverfahren. Dies liegt daran, dass die handlungstheoretische Interpretation des Kategorischen Imperatives, die Selbstzweckformel, nicht nur formal ist, sondern anthropologische Grundannahmen über den Menschen voraussetzen muss, die nicht allein aus der Struktur der reinen Vernunft abzuleiten sind. Das Universalisierungsverfahren könnte als rein formal ausgelegt werden, obwohl eine Maximenbildung rein formal nicht möglich ist. In der „Kritik der praktischen Vernunft" geht Kant nur noch vom Universalisierungsverfahren aus, so dass seine spätere Position insgesamt stärker auf eine formale Ethik hinausläuft.

Seit Immanuel Kant gehört der Kategorische Imperativ zu den Grundlagen der neuzeitlichen Ethik. In besonderer Weise charakterisiert Höffe den Kategorischen Imperativ als Form der nichtempirischen Verallgemeinerung von Handlungsmaximen. Bereits in der „Grundlegung" (Kant 1975) bietet Kant in der Begründung von vier moralischen Pflichten – den Eckpfosten des späteren Systems der Moral – eine exemplarische Anwendung des Kategorischen Imperativs an. Anhand der Begründung des Verbots des falschen Versprechens lässt sich der Grundlagenstreit zwischen Kant und dem Utilitarismus aufzeigen und darlegen, dass auch in Kants Ethik Folgenüberlegungen eine Rolle spielen können. Auffallend ist Kants kritische Spitze gegen den Empirismus (Höffe 1989, 206–210). Nach Kant lässt sich nicht nur der Kategorische Imperativ, sondern auch das System der moralischen Pflichten a priori aus der Vernunft herleiten.

So ist der Verpflichtungscharakter z. B. im Lügenverbot gemäß Kant nur erfahrungsfrei zu bestimmen (Höffe 1989, 213). Unterziehe ich meine Handlungsmaxime: „Lüge immer, wenn dir dadurch ein Nutzen entsteht" einem nicht-empirischen Verallgemeinerungstest, so ist unschwer einzusehen, dass die Maxime, ständig zu lügen, der Kommunikationsfunktion der Sprache widerspricht, die auf Offenlegung der Wahrheit abzielt. Sprache wäre kein Kommunikationsorgan, wenn jeder jederzeit vermuten müsste, er werde ständig angelogen. Ein Rückgriff auf die Empirie ist für die Bewertung des Lügens nicht erforderlich, auch wenn ein intuitives Wissen um Sprache implizit vorausgesetzt ist. Das Lügen stellt einen Widerspruch in sich selbst dar, wenn man die Kommunikationsfunktion der Sprache beachtet.

Wenn man Kants Ethik konkret anzuwenden sucht, ergeben sich eine Reihe von Interpretationsproblemen, mit denen sich die Hermeneutische Ethik beschäftigt. Höffe betont die Mehrstufigkeit des Verallgemeinerungstestes (impliziert damit das Konzept der Gradualität) bei Kant und unterscheidet (1) einen Verallgemeinerungstest zur Begründung moralischer Pflichten von (2) einer situationsgerechten Konkretisierung einer moralischen Pflicht. Dabei ist das Moralprinzip Kriterium der Lauterkeit der Gesinnung. Auch die Pflichtenkollision ist kein Einwand gegen Kants Konzeption, denn sie betrifft nicht die Ver-

## 1.2 Fundamentale methodische Paradigmen

bindlichkeit des Verpflichtenden, sondern stellt eher ein handlungstheoretisches Problem dar. Der Rigorismus Kants ist nicht so ausgeprägt wie häufig unterstellt. Dabei muss Kants Verallgemeinerungsverfahren auch kritisch von der empirisch-pragmatischen Deutung der Verallgemeinerung im Regel-Utilitarismus abgegrenzt werden (Höffe 1989). Der Utilitarismus geht von einer Verallgemeinerung der – empirisch feststellbaren bzw. prognostizierbaren – Folgen aus und unterstellt, dass nach der Antwort auf die Frage, welche Folgen eintreten würden, wenn z. B. alle Menschen lügen würden, es klar sei, dass diese Folgen nicht wünschenswert sind.

Dies gilt auch dann, wenn Kant z. B. bei der Begründung des Verbots des falschen Versprechens auf einen Glaubwürdigkeitsverlust und damit auf einen Begriff rekurriert, der für eine empirisch-pragmatische Interpretation höchst offen ist. Kants Ethik konzentriert sich auf das, wofür der Mensch voll verantwortlich ist. Denn um z. B. die Widersprüchlichkeit der Zwecksetzungen in einem falschen Versprechen zu erfassen, bedarf es keiner Empirie (Höffe 1989). Die empirisch-pragmatische Deutung der Verallgemeinerung von Handlungsregeln aufgrund von Folgenbetrachtungen im Regel-Utilitarismus würde das Lügenverbot folgendermaßen bewerten: Angesichts einer Handlungsregel, die mich zum Lügen anhält, wenn es mir nutzt, müsste eine Folgenabschätzung vorgenommen werden für den Fall, dass alle diese Handlungsregel befolgen. Dann müsste ich bei jedem anderen unterstellen, dass er lügt, wenn ihm dies nützt, d. h. in der Regel. So kann keine Gemeinsamkeit und kein Vertrauen entstehen. Also sind die Folgen dieser allgemeinen Befolgung der Lügen-Handlungsmaxime nicht wünschenswert. Daher ist Lügen in der Regel gemäß der empirischen Verallgemeinerung nicht erlaubt, es sei denn, die Lüge hätte Nutzen für die Allgemeinheit zur Folge oder entspräche einer sittlichen Verpflichtung, etwa um einen Menschen vor dem Tode zu retten.

Allerdings lassen sich gegen die empirische Form der Verallgemeinerung Einwände formulieren. Richard Hare weist darauf hin, dass die Universalisierbarkeit moralischer Urteile das Vorkommen von zeitlichen Bezügen in moralischen Prinzipien verbiete (Hare 1992). Dann wendet sich Hare gegen Mackies Behauptung, dass es verschiedene Stufen der Universalisierung gibt. Auch der andere übliche Vorschlag, moralische von nicht moralischen Werten zu unterscheiden, die Orientierung an Präferenzen, befriedigt gemäß Hare nicht, da sich Präferenzen schlecht miteinander vergleichen lassen. Der unparteiliche Standpunkt, der Präferenzen gleich gewichtet, der hier oft gefordert wird, kann aber durchaus zu kontraintuitiven Ergebnissen führen. Hare konstruiert das Beispiel eines alleinstehenden Obdachlosen, dessen Tötung zwecks Organentnahme zwei Familienväter retten könnte. Er müsste gemäß dem Präferenzutilitarismus getötet werden.

Universalisiertes Glück oder Freude, also das größtmögliche Glück der größtmöglichen Zahl, ist als das, was absolut und ohne jede Spezifikation gut oder wünschbar ist, also als Prinzip des rationalen Wohlwollens Grundlage eines universalisierten Utilitarismus (Sidgwick 1981). Der Common-Sense der Menschheit kommt zu ähnlichen Schlussfolgerungen wie der universalisierte Utilitarismus, allerdings bei weit unsichereren und nur halbbewussten Gründen derselben Art. Unter den Begriffen von Wohlwollen, Selbstverleugnung etc. preist der Common-Sense eine Form der Unterdrückung des Egoismus, die hinter dem, was Utilitaristen als wichtig erscheint, zurückfällt. Schon bei David Hume oder John Stuart Mill gilt als Ursprung der Gerechtigkeit der Nutzen. Und dies ist die generelle These, die auch Sidgwick vertritt. Wir haben moralisch zu sein, weil dies nützlich ist für die

Gesellschaft, in der wir leben. Der Utilitarismus erzeugt keine neue Moral, er verbessert und systematisiert sie. Der Utilitarismus macht damit Moral und sittliche Verpflichtung im Sinne der Utilität noch vollkommener. Deutlich ist jedoch die Unterscheidung zwischen dem individuellen Nutzen und dem allgemeinen Nutzen im Sinne des Gemeinwohls. Im Konfliktfall haben wir uns am Gemeinwohl zu orientieren. Wir sollen moralisch handeln, weil sich dieses im Sinne des Common Sense bewährt hat und im Sinne des Utilitarismus nützt.

Eine Hermeneutische Ethik kennt aber nicht nur universell gültige moralische Regeln an, sondern auch Ausnahmen für Sonderfälle und spezielle Situationen. Auch hier kann der Verallgemeinerungstest als Prüfverfahren herangezogen werden. Um als sittlich gelten zu können, muss sich eine Handlungsmaxime verallgemeinern lassen in dem Sinne: „immer dann (und nur dann), wenn diese spezifische Ausnahme auftritt, ist diese Ausnahme von der Regel gerechtfertigt (konkret: immer dann, wenn ich durch eine Lüge ein Menschenleben retten kann, ist eine Lüge sittlich zu rechtfertigen). Auch Ausnahmen von der Regel müssen sich verallgemeinern lassen (Epikie).

Moralische Regeln bzw. Handlungsmaximen besagen, was normalerweise oder in den meisten Fällen richtig oder nicht richtig ist (Singer 1975). Marcus Georg Singer unterscheidet drei Arten von moralischen Regeln: (1) fundamentale moralische Regeln, (2) lokale Regeln und (3) neutrale Normen wie etwa Verkehrsregeln, wo wie beim Links- oder Rechtsverkehr mit genau der entgegengesetzten Regel das gleiche Resultat zu erzeugen ist. Ausnahmen untergraben moralische Regeln nicht, da Regeln nur im Allgemeinen von Nutzen sind. Rechtfertigung moralischer Regeln ist nach Singer durch Verallgemeinerung oder durch Hinweis auf die Art von Folgen, die eine Nichtbefolgung aller Wahrscheinlichkeit nach haben würde, möglich. Singer fasst das ethische Urteil als Anwendungsfall einer Verallgemeinerung auf, wodurch ethischen Urteilen Allgemeinheit zukomme. Die Anwendung des Verallgemeinerungsverfahrens legt nicht fest, dass die Folgen davon, dass jeder in einer bestimmten Weise handeln würde, nicht wünschenswert wären. Was nicht wünschenswert ist, wird vielmehr vorausgesetzt. Das verallgemeinerte Prinzip der Folgen impliziert, dass jeder (im kollektiven und nicht im distributiven Sinne) die Folgen für nicht wünschenswert halten muss.

Die Anwendung des Verallgemeinerungsverfahrens ist nicht immer gleich einfach, denn Situationen sind verschieden und erlauben keine Prognose über das Handeln (Singer 1975). Obwohl das Argument der Verallgemeinerung und das Prinzip der Nützlichkeit nicht gänzlich unverwandt sind, läßt sich das Verallgemeinerungsprinzip nicht in das Nützlichkeitsprinzip umformulieren. Die Unparteilichkeitsforderung und das Universalisierungsverfahren verstehen sich wie der Regelbegriff im Sinne moralischer Regeln (traditionell gesprochen Normen) als Ausdruck praktischer Vernunft. Regeln definieren und regulieren Verhaltensweisen und konstituieren so Handlungen. Doch soll dies keineswegs zu dem Glauben führen, dass sich mit der Formulierung von Regeln die Hauptarbeit einer anwendungsorientierten Ethik erschöpft. Vielmehr muss die Kompetenz der Regelanwendung beim einzelnen durch die exemplarische Bewertung von Fallbeispielen eingeübt werden.

Regelbefolgung hilft beim Gruppenzusammenhalt, erleichtert das Funktionieren von Institutionen und trägt so dazu bei, soziales Handeln zu ermöglichen. Daher haben moralische Regeln in einer angewandten Ethik vor allem Überprüfungsfunktion für die moralische Intuition und Anleitungsfunktion für Entscheidungen in unüberschaubaren oder unsicheren Situationen. Regeln und Kriterien, entwickelt von einer professionellen anwendungsorientierten Ethik, dienen dazu, ethische Güterabwägungen und Folgenbewertungen im Sinne praktischer Vernunft als ethische Expertise zu konzipieren und damit zur Maximenbildung derjenigen beizutragen, die entscheiden müssen. Im Zeitalter der Experten wird auch der Ethiker zum Experten (Sass 1991). Praktisch-ethische Fragen sind nicht aus der Hüfte mit generalisierenden Theorien zu beantworten, sondern durch Differenzierung der Umstände und Folgen des entsprechenden Handelns. Daher lässt eine hermeneutisch orientierte praktische Ethik das Verallgemeinerungsverfahren in beiden Versionen zu, nämlich die Überprüfung einer Handlungsmaxime auf innere Stimmigkeit hin (Nicht-empirische Verallgemeinerung), aber auch die Überprüfung einer Handlungsmaxime anhand der erwartbaren Folgen bei der generalisierten Anwendung dieser Maxime. Dabei wird deutlich, dass unterschiedliche Ebenen der Anwendung des Verallgemeinerungstestes von Handlungsmaximen und damit ethischer Argumentation erforderlich sind.

Mit dieser sowohl transzendentalphilosophischen wie pragmatisch-utilitaristischen Interpretation des Universalisierungsparadigmas lassen sich die ethischen Leitbilder der ethisch eingebetteten Autonomie bzw. Selbstverwirklichung wie einer umfassenden Langzeitverantwortung begründen, insbesondere wenn diese mit der Interpretations- und Rechtfertigungsspirale verbunden werden. Auch der Begriff der ethischen Regel lässt sich so begründen, der für die Rechtfertigung einer Minimalethik von besonderer Bedeutung ist. Hermeneutische Ethik reduziert sich zwar nicht auf die Aufstellung von Regeln. Dennoch sind Regeln ein nützliches Hilfsmittel beim ethischen Urteil, welche den Kunstcharakter von Ethik betonen. Regeln wie (geprüfte) Ausnahmen sind Bestandteile ethischen Interpretierens in einer Hermeneutischen Ethik.

(4) Sein und Sollen. Naturalistische Ethiken begründen ihre normativen Forderungen direkt auf die Natur. Der Ansatz einer evolutionären Ethik scheitert bereits an der Frage, welche natürlichen Eigenschaften moralische Relevanz haben. Die Sein-Sollen-Unterscheidung geht auf David Hume zurück. In seinem „Traktat über die menschliche Natur" umschreibt Hume den Denkfehler folgendermaßen: „In jedem Moralsystem, das mir bisher vorkam, habe ich immer bemerkt, dass der Verfasser eine Zeitlang in der gewöhnlichen Betrachtungsweise vorgeht, das Dasein Gottes feststellt oder Betrachtungen über menschliche Dinge vorbringt. Plötzlich werde ich damit überrascht, dass mir anstatt der üblichen Verbindungen von Worten mit ‚ist' und ‚ist nicht' kein Satz mehr begegnet, in dem nicht ein ‚sollte' oder ‚sollte nicht' sich fände. Dieser Wechsel vollzieht sich unmerklich; aber er ist von großer Wichtigkeit. Dieses sollte oder sollte nicht drückt eine neue Beziehung oder Behauptung aus, muss also notwendigerweise beachtet und erklärt werden. Gleichzeitig muss ein Grund angegeben werden für etwas, das sonst ganz unbegreiflich scheint, nämlich dafür, wie diese neue Beziehung zurückgeführt werden kann auf andere, die von ihr ganz verschieden sind" (Hume 1973, 211).

Humes „Is-Ought-Thesis" stellt den Unterschied von deskriptiven und präskriptiven Argumentationen fest. Sie wendet sich jedoch nicht grundsätzlich gegen eine Ableitung des Sollens aus dem Sein, sondern kritisiert eine Praxis, die unterschiedliche Begründungsebenen einfachhin vermischt. Erst in der späteren Fachdiskussion wurde bei George Edward Moore daraus das Verbot des „naturalistischen Fehlschlusses". Dieses richtete sich gegen den Versuch, logisch von einem Sein auf ein Sollen zu schließen, wie dies vor allem die Verwendung des Prädikates „gut" im Sinne von „funktionstüchtig" gleich „sittlich wertvoll" nahezulegen scheint (Ricken 1983, 47). Das Verbot des naturalistischen Fehlschlusses ist daher eine methodologisch weitergehende Forderung als das Humesche Gesetz.

Ausgangspunkt von George Edward Moores Überlegungen ist, dass das Wertwort „gut" nicht definiert werden kann (Moore 1984, 36). Aus dieser Intuition ergibt sich folgende Konsequenz: „Es mag sein, dass alle Dinge, die gut sind, auch etwas anderes sind, so wie alle Dinge, die gelb sind, eine gewisse Art der Lichtschwingung hervorrufen. Und es steht fest, dass die Ethik entdecken will, welches die anderen Eigenschaften sind, die allen Dingen, die gut sind, zukommen. Aber viel zu viele Philosophen haben gemeint, dass sie, wenn sie diese anderen Eigenschaften nennen, tatsächlich ‚gut' definieren; dass diese Eigenschaften in Wirklichkeit nicht ‚andere' seien, sondern absolut und vollständig gleichbedeutend mit Gutheit. Diese Ansicht möchte ich den ‚naturalistischen Fehlschluss' nennen" (Moore 1984, 40 f.). Zur Unterscheidung von anderen Arten von Fehlschlüssen bezeichnet Moore damit diejenigen Theorien, die glauben, „‚gut' könne mit Bezug auf einen natürlichen Gegenstand definiert werden" (Moore 1984, 76). Der naturalistische Fehlschluss liegt vor, wenn aufgrund von Zweckmäßigkeiten und Funktionalitäten in der Natur auf ihren sittlichen Wert geschlossen wird.

Wenn Vertreter dieser Theorie auf ein Gefühl verweisen, so bleibt immer noch die Frage, ob das Gefühl selbst gut sei (Moore 1984, 79). Auch Gesundheit und Krankheit im Sinne des biologisch Normalen sind keine sittlichen Kriterien. Denn es ist nicht ausgemacht, dass das Normale gut sein muss" (Moore 1984, 81). Moore zieht sein Fazit unter Hinweis auf das „open-question-Argument": „Somit bleibt es stets eine offene Frage, ob etwas, das natürlich ist, auch gut ist" (Moore 1984, 82). So sind für Moore weder Evolutionismus noch Hedonismus Grundlage für eine tragfähige Ethik, denn: „Kein Verhalten ist besser, weil es weiter entwickelt ist. Die Entwicklungsstufe kann allenfalls Kriterium ethischen Wertes sein; und das auch nur, falls wir die äußerst schwierige Verallgemeinerung beweisen können, dass das mehr Entwickelte im ganzen immer das Lustvollere ist" (Moore 1984, 91). Es müsste erst einmal die Frage beantwortet werden: Ist das Leben lebenswert?

Neben dem „naturalistischen Fehlschluss" und seiner evolutionär-genetischen wie psychologischen Variante behandelt Moore auch die Metaphysik ähnlich wie Hume. Auch Metaphysik kann nach Moore keinen Einfluss auf die Frage haben, was „gut" sei. Er argumentiert folgendermaßen: „Zunächst steckt schon in der Frage: Was ist gut? ein Doppelsinn, dem offenbar ein gewisser Einfluss zukommt. Die Frage kann entweder bedeuten: Welche unter den existierenden Dingen sind gut? oder aber: Welche Art von Dingen sind gut, welches sind die Dinge, die – ob sie nun wirklich sind oder nicht – wirklich sein sollen?" (Moore 1984, 174 f.) Denn nur auf die Frage, ob etwas wirklich ist, kann Metaphysik eine Antwort geben. Häufig werden in diesem Rahmen Werte aus dem Gewolltwerden, d. h. aus Bedürfnissen oder Interessen abgeleitet, aber „Gutsein ist [...] ebensowenig identisch mit irgendwie Gewollt- oder Gefühltwerden, wie Wahrsein identisch ist mit irgendwie Gedachtwerden" (Moore 1984, 197). Die einzige Rolle, die Moore der Metaphysik zubilligt, ist eine psychologische, nämlich auf Dinge, die wertvoll sein mögen, hinzuweisen (Moore 1984, 202). Von einer Begründung im spezifischen Sinne könne nicht die Rede sein. Um dem naturalistischen Fehlschluss zu entgehen, müsse man ganz klar zwischen Mittel und Zweck unterscheiden (Moore 1984, 243).

John Searle dagegen beharrt darauf, dass nicht bei allen methodischen Übergängen von Deskriptionen zu Präskriptionen naturalistische Fehlschlüsse vorlägen. Er geht davon aus,

## 1.2 Fundamentale methodische Paradigmen

dass „ought" ein schlichtes englisches Hilfsverb ist, „is" eine englische Kopula. Und „genauso schlicht wie diese Wörter selbst ist auch die Frage, ob vom Sein aufs Sollen geschlossen werden kann" (Searle 1971, 263). Searle geht es nicht um das moralische Sollen, sondern um Verpflichtungen und Imperative überhaupt. Daher sieht er z. B. eine Ableitung des Sollens aus einem Sein in der Institution des Versprechens gegeben. Institutionen sind mit Verpflichtungen verbunden. Und derartige „institutionelle Tatsachen" (Searle 1971, 275) beschreibt beispielsweise auch die Soziobiologie. Für Searle hängt die strenge Unterscheidung von Sein und Sollen mit einer bestimmten Wissenschafts- und Wirklichkeitsauffassung zusammen, die er nicht teilt. Für Searle kann ein sittlicher Wert zumindest aus einer institutionellen Tatsache wie dem Versprechen, das einzuhalten ist, geschlossen werden.

Trotzdem muss es für Searle so etwas wie eine dritte Ebene geben, in der präskriptive mit deskriptiven Aussagen verbunden sind: „Wenn die von mir vertretene Ansicht richtig ist, hat die Unterscheidung zwischen deskriptiven Äußerungen und Wertäußerungen nur insofern Sinn, als damit die Unterscheidung zwischen zweierlei Arten von illokutionären Rollen, beschreibenden und bewertenden, gemeint ist. [...] Übrigens bin ich der Ansicht, dass die Verpflichtung, ein Versprechen zu halten, nicht notwendig etwas mit Moralität zu tun hat. [...] Es gehört zum Begriff des Versprechens, dass derjenige, der ein Versprechen gibt, sich damit verpflichtet, das und das zu tun. Aber ob die Institution des Versprechens als solche gut oder schlecht ist und ob die mit dem Versprechen übernommenen Verpflichtungen durch andere, davon unabhängige Erwägungen aufgehoben werden können, sind Fragen, die nicht zur Institution selbst gehören" (Searle 1971, 278–281).

Verpflichtung ist außer an Sprache wesentlich auch an Verträge gebunden, hat also eher etwas mit Recht als mit Sittlichkeit zu tun. Ein Versprechen, gegeben um einen Mord zu decken, mag zwar eine Verpflichtung gegenüber einer anderen Person implizieren, sittlich jedoch darf es nicht genannt werden. Für Searle ist, eine Sprache zu sprechen, „untrennbar verknüpft mit der Übernahme von Verpflichtungen, dem Akzeptieren von Festlegungen, der Anerkennung zwingender Schlüsse" (Searle 1971, 294). Damit leuchtet allerdings von selbst ein, dass mit dieser Ebene noch nicht notwendigerweise Sittlichkeit verbunden sein muss. Vielmehr stellt diese einen von institutionellen Tatsachen noch einmal verschiedenen Bereich dar, obwohl institutionelle Tatsachen Anknüpfungspunkte für sittliche Werte darstellen können. Die Beachtung der Sein-Sollen-Differenz ist daher eine wesentliche Minimalbedingung für die Unterscheidung von sittlichen und nicht-sittlichen Verpflichtungen.

Gemäß dem Ansatz von Deuten und Werten (Lenk 1993, Lenk 1995, Irrgang 1998) handelt es sich auch bei der Interpretation von Natur um Interpretationskonstrukte, die wir an die Natur herantragen. Der Wertansatz wird im Sinne einer inhaltlich zu konkretisierenden ethischen Argumentation im Hinblick auf Werte bzw. Normen und Werte ausgeführt. Ein nüchterner empirischer wie ethischer Blick kombiniert phänomenologische und hermeneutische Aspekte wie der Gebrauchs- und Anwendungspraxis. Dabei gibt es Werte, die durch konkrete Bedürfnisse generiert werden, also auch biologisch fundierte Werte und – ethisch gerechtfertigte – Wünsche von Individuen bzw. Organismen, also die subjektive Seite des Wertens, auf der anderen Seite konkrete Verpflichtungen, die Werte konstituieren, also die objektive Seite der Werte und einer Ethik, in der Argumentation das angemessene Medium ethischer Aussagen darstellt.

Die zu bewertenden ethischen Problemfälle sind häufig Konsequenzen wissenschaftlicher und technischer Innovation. Insofern Technik eine zentrale Rolle im Rahmen einer hermeneutischen Ethik spielt, ist auch die Ethik etwas anders zu strukturieren. Sie hat zwei Perspektiven, die in komplementärer Art und Weise miteinander zusammengebracht werden müssen. Es handelt sich zum einen um die Dimension des Nutzens und des Gelingen Könnens wie der Effizienz. Die zweite Dimension ist die des Guten, des Gerechten, der Autonomie, kurzum des Ethischen. Erforderlich ist eine komplementäre Betrachtungsweise. Der Natur, wenn sie sich in Koevolution als funktional effizient und im Hinblick auf Auswirkungen als sinnvoll erwiesen hat (viel mehr noch bei rekonstruierter oder gar konstruierter „Natur"), kann eine Bedeutung, ein Sinn, möglicherweise ein Nutzwert zugesprochen werden, der eine ethische Wertung nahe legt. So kann man aus der Perspektive der Hermeneutischen Ethik zumindest in übertragenem Sinn von einer „Moralität der Dinge", genauer von einer moralischen Bedeutsamkeit der Dinge sprechen. Bruno Latour spricht in seinem Werk „Wir sind nie modern gewesen" vom Handeln der Dinge, gemäß Langdon Winner schlagen die Dinge zurück. Dies ist eine zu starke Metaphorik, denn das kann bestenfalls ein Handeln von Zombies darstellen. Dinge handeln nicht selbst, erhalten aber Bedeutung im Kontext menschlicher Praxis. In gewisser Weise spricht auch Albert Borgmann (1984) von aktiven Potenzen insbesondere technischer Mittel. Und dass technische Mittel, die zu einem ganz speziellen Zweck konstruiert wurden, eine aktiv vermittelnde Rolle in der technischen Praxis spielen können, würde auch ich zugestehen. Ganz sicher aber gilt das „Sowohl – als auch" für menschliche Praxis, auch technische Praxis.

Betrachtet man die Diskussion um Moral, Ethos und Ethik und die neuzeitliche Diskussion um Ethik als Reflexion und Rechtfertigung ethischer Urteile, so schlage ich vor, für die Diskussion von Ethik und Moral sechs Untersuchungsebenen zu unterscheiden, auf denen Fragen sittlicher Natur analysiert werden können. So wird klar, dass in der Ethik sowohl ethische wie empirische Aussagen eine zentrale Rolle spielen, und das in enger Verzahnung:

(1) Die Frage nach der Herkunft von Normen und Werten, die sich biologisch, kulturgeschichtlich, psychologisch oder soziologisch beantworten lässt und einen Beitrag zur Erhellung der sozialen Geltung und faktischen Anerkennung von bestimmten Leitlinien darstellt.
(2) Davon zu unterscheiden ist die Ebene der argumentativen Begründung und Rechtfertigung von Sollensansprüchen, die bei einer nicht bloß formalen Ethik von einem Menschenbild abhängig ist und eine Bestimmung des Subjekt- und Personbegriffs voraussetzt. Hier stellt sich die Frage nach der Möglichkeit einer anthropologischen „Fundierung" der Moral und ihrem Verhältnis zur reflektierenden Disziplin, der Ethik, bzw. die Frage nach der Notwendigkeit des Rückgriffs auf Aussagen anthropologischer Art bei der Rechtfertigung materialer und normativer Ethik. Dieser Rückgriff kann in empirischer, metaphysischer oder in transzendentaler Weise geschehen.
(3) Dazu kommt eine Analyse der Strukturen von Handlungen und Entscheidungen. In diese gehen ebenfalls empirische Elemente ein. Eine spezifische Handlungstheorie und eine jeweils dazu passende Ethik implizieren sich gegenseitig.
(4) Aus der Perspektive einer Hermeneutischen Ethik besonders wichtig ist letztlich die Reflexion auf die Durchsetzungsstrategien und Einlösungschancen von Sollensansprüchen, die ihrerseits wieder von einem Menschenbild abhängig sind.
(5) Eine entscheidende Dimension neuzeitlicher Ethik ist Ethikbegründung durch Verfah-

ren, z. B. durch Abschluss von Verträgen, durch Begründungsdiskurse oder durch transzendentale Deduktionen im Rahmen praktischer Vernunft.
(6) Die Explikation des sittlich Normativen durch Analyse der moralischen Verpflichtung, der Moralsprache und des moralischen Urteils (Irrgang 2001b).

In der Rechtfertigungsebene sollten ethisch-normative und empirisch-deskriptive Argumentationen unterschieden und nicht vermischt werden. In der Anwendungsebene müssen aber immer ethische Normen auf empirische Tatbestände meist anthropologischer Art hin befragt werden und daher in wechselseitige Beziehung gebracht werden. In einer Hermeneutischen Ethik bedarf es also des Deutens und Wertens in einer Synoptik. Sowohl empirische Argumentationen wie ethische oder metaethische Argumente sind erforderlich, um Fragen angewandter Ethik beantworten zu können. Synoptik bedeutet nicht Synthese, sie sollen nicht in einer „höheren Einheit" verschmelzen (das käme dem naturalistischen Fehlschluss gefährlich nahe), sondern Zusammenschau der Argumente unterschiedlicher Ebenen und unterschiedlicher Valenz, um ein Problem adäquat deuten und bewerten zu können.
(5) Ideale Sittlichkeit und Realisierbarkeit umschreiben das fünfte methodische Paradigma im Zeichen des „Sowohl – als auch", das sich direkt auf die wertende Interpretation menschlicher Praxis wendet. Die Realisierbarkeit als wichtiger methodischer Gesichtspunkt einer anwendungsorientierten hermeneutischen Ethik bedeutet: Die Analyse des Anteils instrumenteller und sittlicher Rationalität bei der Durchführung von Handlungen ergibt, dass instrumentelle und sittliche Rationalität nicht als Gegensatz begriffen werden sollten, jedenfalls nicht unter allen Umständen. Auch hier brauchen wir eine Synoptik. Eine Entgegensetzung von hypothetischen und kategorischen Imperativen erfolgt auch bei Kant nicht, außer in methodischer Hinsicht, um den sittlichen Verpflichtungscharakter von Aufforderungen hervorzuheben. Hermeneutische Ethik verknüpft den instrumentellen strategischen Anteil an Handlungen mit dem sittlichen Verpflichtungscharakter in der Zielbewertung, unter dem Handlungen stehen. Anders als in der Kantischen Ethik sind Situationsanalyse, Mittelanalyse und Folgenabschätzung konstitutive Rahmenbedingungen für die Bewertung einer Handlung. In zunehmendem Maße werden technisch-ökonomische Rahmenbedingungen für die Eruierung und Formulierung einer sittlichen Verpflichtung in einer konkreten Situation relevant. Geltungsfragen müssen mit der Analyse der Realisierbarkeit verknüpft werden. Es sind realisierbare sittliche Verpflichtungen für konkrete Situationen zu erarbeiten. Zwar ist die Realisierbarkeit kein Kriterium für die Geltung einer Norm an sich, zur Beurteilung der Anwendbarkeit einer sittlichen Verpflichtung sind aber Situation- und Mittelwahl, potentielle Folgen und nicht intendierte Folgen ganz entscheidend und dürfen nicht übersehen werden.

Ein konkretes Beispiel. Das Transplantationsgesetz der Bundesrepublik schreibt für die Freigabe der Spenderorgane die Zustimmungslösung vor. Patienten bestimmen vor ihrem Tod, ob ihre Organe unter geeigneten Umständen nach ihrem Tod als Transplantate verwendet werden dürfen. Dies scheint im Sinne der Ethik der Patientenautonomie auch ganz in Ordnung. Und ich habe dies selbst lange so gesehen. Heute ist das für mich ein Beispiel für eine supererogatorische Ethik. Wenn wir alle moralische Helden wären, wäre diese Position kein Problem. Dann hätte ein hoher Prozentsatz der Bevölkerung einen Organspendeausweis. Da wir aber offenbar keine moralischen Helden sind (man kann dies an der tatsächlichen Anzahl der Organspenderausweisen in der Bevölkerung ablesen), werden aufgrund dieses unrealistisch hohen ethischen Standards tausende von Menschen zu einem vorzeitigen Tod verurteilt, die man sonst retten könnte. Die Nichtwiderspruchslösung, praktiziert in Österreich, könnte so der Verpflichtung einer Hermeneutischen Ethik eher gerecht werden, eine Synopse zwischen sittlicher Idealität und Realisierbarkeit anzustreben. Vielleicht kommt dabei ja dann auch eine ethisch befriedigendere Lösung heraus?

Sittliche Verpflichtungen so zu formulieren, dass ihre Anwendungsbedingungen nicht geklärt werden, läuft darauf hinaus, normative Ethik als Sonntagsmoral mit moralinsaurem Zeigefinger zu betreiben. Sachzwänge, unter denen Handelnde in bestimmten Bereichen stehen, z. B. ruinöse Dilemma-Situationen, wie sie die ökonomisch orientierte Spieltheorie beschreibt, sind zu berücksichtigen und in einer Form aufzulösen, die dem Handelnden einen persönlichen Ausweg in seinem Handeln eröffnet. Die Hoffnung auf Auflösung theoretischer Konfliktsituationen im konkreten Handeln vermittelt das Umgangswissen mit sittlichen Verpflichtungen trotz des Bewußtseins, dass in bestimmten Situationen eine allseits befriedigende Handlungsmöglichkeit nicht besteht. Bei der Entscheidung von Eltern über die Abtreibung von Feten mit schwersten Behinderungen z. B. können solche Verpflichtungskonflikte auftreten, dass eine glatte ethische Lösung nicht möglich erscheint. Eine Hermeneutische Ethik erkennt diese Möglichkeit an im Gegensatz zu den meisten Prinzipienethiken.

Hermeneutische Ethik stellt die Realisierung sittlicher Verpflichtung in den Mittelpunkt einer anwendungsorientierten Ethik. Sie entwickelt damit für das Verhältnis von instrumentellem und ethischem Umgangswissen eine neue Beziehung. Seit Kant werden hypothetische und kategorische Imperative, strategisches Umgangswissen, nämlich wie ein bestimmtes Ergebnis erzielt werden kann, und eigentliche sittliche Verpflichtung als Gegensätze gesehen. Und nur letztere sind für Kant Gegenstand der Ethik. Es ist nicht zu leugnen: Effektivität kann unsittlich sein. Perfekte Kooperation einer mafiösen Organisation ist effizient im Sinne des Gruppenegoismus, keinesfalls darum schon sittlich. Vielleicht gibt es den edlen Räuber wie Robin Hood, aber auch in diesem Falle manifestiert sich Sittlichkeit nicht in der Maximierung des geraubten Gutes, sondern höchstens im Hinblick auf die Verteilung des erbeuteten Gutes an Arme und Ausgebeutete. Strategisches Verhalten kann unsittlich sein, aber wenn jemand überhaupt nicht versteht, etwas zu erwerben, kann er auch nichts abgeben oder verteilen. Dann ist er auch nicht in der Lage, sittlichen Verpflichtungen nachzukommen. Also ist strategische Vernunft keineswegs irrelevant für die Realisierung sittlicher Verpflichtungen. Koppelt man Realisierungsfragen von Geltungsfragen sittlicher Verpflichtungen vollständig ab, dann ist strategisches Umgangswissen irrelevant für Ethik. Für eine anwendungsorientierte Ethik kann dies aber nicht der Fall sein.

Homann und Pies behaupten sogar, die Geltung einer Norm hänge von ihrer Realisierbarkeit ab. Allerdings wird mit Geltung hier wohl vor allem die soziale Geltung einer Norm gemeint sein. Unter den Bedingungen der Moderne schlägt die Implementierung einer Norm auf ihre Geltung durch. Die durchaus normativ verstandenen Produktivitäts- und Freiheitspotentiale moderner Gesellschaften lassen sich nur durch strategisches Handeln und durch institutionelle Arrangements so kanalisieren, dass dieses zu allgemein wünschenswerten Ergebnissen führt. Das Gewissen sei nicht in der Lage, das Versagen der Institutionen zu kompensieren. Strategische Rationalität stelle das zentrale Problem für jede praktische Ethik dar (Homann/Pies 1994, 5 f.). Zwar kann eine ökonomisch diktierte Wirtschaftsethik nicht zum Maßstab von praktischer Ethik schlechthin werden, zu nahe liegt ein naturalistischer Fehlschluss, dennoch sind Realisierungsbedingungen ein zentrales Bestimmungsmoment für die Formulierung sittlicher Verpflichtungen. Das Realisierbarkeitsparadigma greift auf die Kompetenz zurück, sittliche Verpflichtungen in bestimmten Situationen aufzufinden und zu realisieren. Dabei sind spezifische Formen des verstehenden Umgangs mit sittlichen Verpflichtungen herauszuarbeiten. In ethischen Faustregeln bzw. sittlichen Prinzipien mittlerer Reichweite manifestiert sich ein implizites Umgangswissen mit sittlichen Verpflichtungen, dessen verschiedene Formen und Strategien und somit auch Ethiktypen in eine hermeneutische Ethik eingehen. Für diese muss eine hermeneutische Ethik den methodischen Rahmen erarbeiten.

Eine hermeneutische Ethik legitimiert nicht de facto geltende Normen oder spezifische Interpretationen der Lebenswelt, da dies deskriptivistische Fehlschlüsse implizieren würde. Sie geht vielmehr davon aus, dass bereits der Alltagsverstand ein bestimmtes Verfahrenswissen entwickelt hat, wie sittliche Verpflichtungen erkannt und realisiert werden können. Dabei gilt auch hier das Kriterium ethischer Reflexionskunst: Grundlegend für eine hermeneutische Verfahrensweise in der Ethik ist die Hin- und Herbewegung zwischen Einzelfall und den faktisch geltenden Normen (Rückverknüpfung), die dabei einer wechselseitigen Kritik unterworfen werden. Der Einzelfall wird insbesondere durch Situationsanalyse im Sinne eines Handlungsentwurfes im Möglichkeitsfeld anderer Handlungen und Folgenanalyse im Sinne eines Potentialitätsfeldes analysiert und zwar im Hinblick auf ein Handlungsziel, in dem konkret zu Erreichendes mit allgemeinen sittlichen Verpflichtungen in Einklang gebracht werden muss. In den ständig durchzuführenden Prozessen wechselseitiger Kritik der Einzelverfahren manifestiert sich die kritische Funktion einer Hermeneutischen Ethik. Diese wird insbesondere bei Interpretationskonflikten ansetzen, fragt nach der Legitimation sittlicher Verpflichtungen und legt dabei einen praktisch-normativen hermeneutischen Zirkel zugrunde.

Die Realisierbarkeitsregel besagt, dass jedes Sollen ein in-der-Lage-Sein impliziert und niemand über sein Können hinaus zu etwas zu verpflichten ist. Die Realisierung sittlich zurechenbaren Handelns aber verweist auf menschliche Dispositionen, Einstellungen, Haltungen, traditionell Tugenden genannt. Damit hat die Frage, warum wir überhaupt moralisch handeln sollen, in einen Bereich menschlichen Handelns geführt, in dem Normatives und Deskriptives ineinander greifen. Sie können hier nur noch unter methodischer Rücksicht voneinander unterschieden werden. Ausgangspunkt für eine hermeneutische Ethik sind daher realisierte sittliche Verpflichtungen, konkrete Verpflichtungserfahrungen und konkretes sittliches Verstehen. Instrumentelles Umgangswissen ist durch den Gebrauch von Artefakten verursacht, wobei dieses Umgangswissen nicht willkürlich gewählt werden kann. Nützlichkeitserfahrungen und Erfolg sind Kriterien für die Richtigkeit eines instrumentellen Umgangswissens. Moralisches Umgangswissen wird durch Tradition und Vorbild verursacht, wobei ein Umgangswissen sich ebenfalls an Nützlichkeitskriterien und am Erfolg, der Anerkennung durch andere Menschen orientiert. Um Erfolg und Anerkennung „einplanen" zu können, ist ein Regelwissen hilfreich, das auch theoretisch expliziert werden kann. Dies ist insbesondere auch für den Übergang vom moralischen zum ethischen Urteil von Bedeutung.

Die Realisierbarkeitsregel ist spezifisch für eine anwendungsorientierte Ethik. In ihr geht es darum, das strategische, auf Folgen orientierte Handeln so zu kanalisieren, dass es zu allgemein wünschenswerten, konsensfähigen Ergebnissen führt, also zu Ergebnissen, die sittlichen Verpflichtungen in ihrer Realisierung entsprechen. Die Realisierbarkeitsregel als Verfahrensregel verpflichtet, sittliche und strategische Vernunft aufeinander zu beziehen und damit die Umstände, überhaupt die Situation und die Folgen zu einem zentralen Beurteilungsgesichtspunkt für die Formulierung sittlicher Verpflichtungen werden zu lassen. Die Realisierbarkeits-Regel wird in der klassischen philosophischen Ethik vergeblich gesucht. Vorläufer dieser Regel finden sich in der juristischen und moraltheologischen Kasuistik, aber auch bei Aristoteles in seiner Konzeption der Epikie oder der Güterabwägung. Dies liegt nicht zuletzt daran, dass hier empirische Tatbestände zum Maßstab ethischer Urteile werden. Die Realisierbarkeitsforderung ist Ausdruck praktischer Rationalität. Praktische Rationalität ist daher in der Lage, eine Klammer zwischen deskriptiven Aussagen und präskriptiven Imperativen anzugeben. Dies liegt daran, dass die Rationalitätstheorie offenbar sowohl eine normative wie eine empirische Theorie ist. Theorien der praktischen Rationalität sind viel schwieriger als die der theoretischen Rationalität, weil sie eben umfassender sind als letztere (Eckensberger 1993, 154–157). Plausibilisierungsargumente für ethische Imperative sind da gefragt.

Es gibt drei Typen empirischer Argumente im Rahmen praktischer Rationalität, nämlich das Möglichkeitsargument sowie die negative und die positive Rationalitätsvermutung. Das Möglichkeitsargument in der Ethik korrespondiert dem Satz „Sollen impliziert Können". Dieser Satz wurde jedoch eher im moralischen oder im juristischen Sinne denn als genuin ethischer Satz aufgefasst. Eine metaethische oder metatheoretische Klärung dieses eher anwendungsorientierten Satzes könnte allerdings einen Beitrag leisten zur Theoriebildung der anwendungsorientierten Ethik. Das Möglichkeitsargument legt einen ersten normativ empirischen Zusammenhang nahe. Die Frage ist, ob man den Inhalt einer Norm als rational qualifizieren kann oder nicht. Für Handlungen kann man nach Ursachen und Gründen fragen. Rationalität gilt dann als eine Form mentaler Kausalität, nämlich als Schluß von moralischen Tatsachen auf ihren Verpflichtungsgehalt und auf den von ihm ausgehenden zwanglosen Zwang der Einsicht in eine sittliche Verpflichtung, die auf Realisierung drängt. Moralische wie ethische Urteile verweisen aber auf Tatsachenzusammenhänge. Mentale Verursachung impliziert, dass Kausalität in diesem Zusammenhang genauer als eine Form intramentaler Kausalität zu bestimmen ist. Rationalität ist diejenige Form intramentaler Kausalität, bei der ein Grund das Begründete gerade über die zwischen ihnen bestehende Begründungsbeziehung begründet (Eckensberger 1993). Handlungsgrund ist dann die Einsicht in die Plausibilität einer sittlichen Verpflichtung wie in die Realisierbarkeit einer Handlung.

„Sollen impliziert Können": Bei einem schwachen Sinn von Können besagt diese Formel, dass moralische Normen insgesamt widerspruchsfrei bzw. für die Fälle, in denen sie widersprechende Anweisungen geben, mit Prioritätsregeln versehen sein müssen. Denn logisch unerfüllbaren Anforderungen lässt sich nicht genügen. Versteht man „Können" allerdings im Sinne einer adressatenbezogenen Position als „für uns Menschen möglich", so besagt die Formel, dass Heroismus und andere moralische Überforderungen, denen wir nicht genügen können, sich nicht zur moralischen Norm erheben lassen. Dies impliziert eine Rehabilitation der praktischen Rationalität. Auch die zweite Traditionslinie, die moralisches Sollen an die Kompetenz zur Handlungsausführung zurückbindet, entstammt eher der juristischen Tradition. Ausgehend von dem juristischen Diktum „ultra posse nemo obligatur" kommt

Hoche zu dem Schluß, Wollen schließe Können pragmatisch mit ein, das Müssen impliziert das Bestehen einer moralischen Verpflichtung. Hoche geht es nicht darum, die implizite Allgemeinheit in einer formalsprachlichen Verpflichtungssatz-Analyse deutlich zu machen. Universelle ich-will-Sätze sind nicht objektiv, sondern nur subjektiv begründbar, obwohl sie allgemeingültig sind. Universelle ich-will-Sätze erweisen sich als die eigentliche Grundlage von Verpflichtungssätzen. Diese lassen sich in die Goldene Regel übersetzen: Was ich dem Nächsten zum Vorwurf mache, werde ich selber nach Kräften nicht tun. Damit wird das Gebot so verstanden, andere so zu behandeln, wie man hier und jetzt, und zwar ein für alle Mal will, dass andere einen in einer hypothetischen Situation dieser Art behandeln sollen. Die Goldene Regel ist somit ein bedingter, universeller Verpflichtungssatz (Hoche 1992).

Hoches Überlegungen eröffnen einen interessanten Weg der Analyse moralischer Verpflichtung. Er will noch schärfer als Hare das „Muss" der Moral vom „Sollte" der Klugheit abgrenzen (Hoche 1992, 303). Im Unterschied zu „muss" – oder Verpflichtungssätzen der Moral und „sollte"-Sätzen der Klugheit stellen uns „soll"-Sätze bei dem Versuch ihrer logischen Analyse vor zusätzliche Probleme. Mit den Vokabeln „muss", „sollte" und „soll" ist nicht bereits das gesamte moralisch praktische Wortfeld abgedeckt (Hoche 1992). Und so ist die Vermutung erlaubt, dass z. B. die Analyse des sittlich Erlaubten und seiner Abgrenzung vom Nicht-Erlaubten ein vielleicht dringlicheres Desiderat metaethischer Überlegungen darstellt als die Analyse der moralischen Verpflichtung. Die Direktive methodischer Art „Sollen impliziert Können" postuliert somit einen Zusammenhang von kategorischen und hypothetischen Imperativen und impliziert eine Aufwertung des Erlaubten im Rahmen einer Klugheitsethik, die strategisch-praktische Vernunft mit ethisch-praktischer Vernunft verknüpft. Damit allerdings wird Empirie zum Maßstab für bestimmte ethische Theorie. Und letztlich könnten sich dann zumindest einige ethische Theorien empirisch falsifizieren lassen.

Das Realisierbarkeitskriterium führt damit zu einem moralischen Realismus, zu einer Orientierung auch am äußeren Erfolg. Dieser moralische Realismus macht es z. B. erforderlich, Verfahren zu entwickeln, mit deren Hilfe Kooperation trotz unterschiedlicher Risikobereitschaft möglich ist. Vor allem aber fordert es Ethiker auf, Übersetzungsregeln von sittlichen Verpflichtungen in die Logik von Recht, Politik, Gesellschaft, Wirtschaft, Wissenschaft, Technik und Kultur zu explizieren oder zu konstruieren, insbesondere wenn es sich um innovative Bereiche handelt, in denen noch kaum Erfahrung und Umgangswissen vorliegen. Gemäß dem Realisierungskriterium schlägt die Implementierung moralischer Ideen auf ihre Geltung durch. Wer Verantwortung für eine mit Risiken verbundene Praxis übernehmen möchte, sollte dies tun dürfen, sofern das Schadensausmaß in vernünftigem und überschaubaren Maße bleibt, sofern die Praxis misslingt.

Für eine Hermeneutische Ethik spielen Realisierungen und die Realisierungsrichtung eine zentrale Rolle. Aus dem Gedanken der Realisierbarkeit sittlicher Verpflichtung ergibt sich der Gedanke und das Konzept der Gradualität praktisch von selbst. Eine Möglichkeit der Hermeneutik sittlicher Verpflichtung ist der Aufweis der Gradualität der Verpflichtung, der Aufweis einschränkender Geltungsbedingungen und Ausnahmen im Sinne der Epikie. Im Unterschied zur Kasuistik beschränkt sich hermeneutische Ethik nicht auf die Lösung von Fällen und verzichtet nicht auf ethische Theorie. Vielmehr entwickelt sich hermeneutische Ethik als eine ethische Theorie, die aufgrund des Realisierbarkeitskriteriums immer schon das Lösen von Fällen im Auge hat. Hermeneutische Ethik ist nicht die Praxis selbst, sondern eine Erwägungskultur und Reflexionskultur der Praxis, mithin Theorie. Hermeneutische Ethik stellt damit eine Verknüpfung von Fragen der anwendungsorientierten Ethik mit normativ-materialer Ethik dar, verbindet situationsangemessener Ethik mit metaethischen Fragestellungen, mit Fragen menschlicher Praxis und einer phänomenologisch-hermeneutischen Anthropologie.

Für diese leitend ist das Konzept des ethischen Paradigmas, das an die Stelle des Prinzipbegriffes in der Ethik tritt. Es umschreibt das methodische Zentrum einer hermeneutischen Ethik. Ein ethisches Paradigma kann folgende Aspekte erfassen:

(1) grundlegende Perspektiven, die beim Übergang vom Deuten zum Werten beachtet werden müssen;
(2) Beispiele für grundsätzliche Bewertungsperspektiven;
(3) Leitlinien für den methodisch abgesicherten Übergang vom Deuten zum Werten; und
(4) Horizonte für Deutungen und Wertungen, die letztlich auch Kohärenz in der ethischen Argumentation erlauben;
(5) Leitbilder für kollektive Praxen;
(6) ethisches Ideal, Visionen usw.

Ein solches zentrales Paradigma ist das der „ethisch eingebetteten Autonomie" oder der sozial verantwortbaren Selbstverwirklichung. Adressat einer Hermeneutischen Ethik kann ein Individuum bzw. eine menschliche Person sein, in indirekter Weise auch eine Institution bzw. eine Organisation.

## 1.3 Interpretationshorizonte für eine nachmoderne Ethik zwischen „cooler" Defensivethik und humaner Selbstverwirklichung

Methoden setzen Menschen voraus, die sie generieren und anwenden, Ethik kann es nicht geben ohne Menschen, die sie erzeugen und verwenden. Damit stellt sich die Frage nach dem sittlich handelnden Menschen. Dieser wird seit der Aufklärung unter den Gesichtspunkten Autonomie, Emanzipation und Selbstverwirklichung gesehen, wobei durch die modernen Ideologien, Bürokratisierung und Technologisierung der angebliche Individualismus durch Kollektivierungsbestrebung vielfältigster Art bedroht wird. Die neueste Form wird Globalisierung genannt. Es gibt auch ethische Gründe und ethische Konzepte, die gegen die moderne europäische Individualisierung eingewandt werden.

Entgegen modernen Individualisierungsbestrebungen in der Idee der Selbstverwirklichung geht es dem Kommunitarismus um die Ausdehnung von Gemeinschaftsbezügen auf alle Gesellschaftsbereiche. Der Kommunitarismus versteht sich als kritische Selbstreflexion der Grundlagen der westlichen Gesellschaften von innen her. Er geht von einer Kritik der universalistischen prozeduralen Ethik Kants aus, plädiert für die Restaurierung eingelebter Verhaltensweisen und Traditionen und liegt quer zum klassischen rechts-links Denken. Die arbeitsteilige Verflochtenheit unserer Gesellschaft widerlegt ihre atomistische Selbstbeschreibung. Die individuellen Rechte bedrohen den Erhalt einer Gesellschaft. Das freie Individuum setzt eine bestimmte Kultur und Gesellschaft bereits voraus (Reese-Schäfer 1994). Aber die liberale Tradition ist längst die Tradition unserer gegenwärtigen westlichen Gesellschaft geworden. Auch wenn der Liberalismus als solcher selbstzerstörerisch

## 1.3 Interpretationshorizonte für eine nachmoderne Ethik

sein sollte, ist die befreiende Wirkung von Formen von Freiheit nicht zu ignorieren, von denen einige sogar technisch generiert werden wie z. B. Automobilität, allerdings mit ökologischen Nebenwirkungen.

In der Neuzeit tritt mit Hobbes Gesellschaftsvertrags-Konzeption der Egoismus in den Vordergrund. In diesen Konzeptionen wird Gemeinwohl nicht konstitutiver Bestandteil der Sozialethik, ist aber im Vertragsabschluss impliziert. Der Staat wird Zentrum und Garant der Selbsterhaltung des Menschen, weil der Mensch im Naturzustand zerstörerisch wirkt. Er wird indirekt durch das Wohl aller Menschen, die diesem Staat und diesem Vertrag beitreten, definiert. In dieser Konzeption fallen privates und öffentliches Interesse zusammen. So läßt auch in der marktwirtschaftlichen Ökonomie des Adam Smith die unsichtbare Hand aus dem ökonomischen Eigeninteresse aller Menschen das größtmögliche Gemeinwohl entstehen. Auch der hedonistische Utilitarismus eines Jeremy Bentham lässt mit seiner Bestimmung des größten Glücks der größtmöglichen Zahl eine Art von Gemeinwohl zum leitenden Interesse werden.

Die politische Philosophie der Neuzeit unterstellt, dass die Selbstregulierung der naturwüchsigen Interessen durch die Gesellschaft geleistet werden kann. So begründet Jean Jacques Rousseau mit seiner Formulierung der Volonté Générale das Gemeinwohl. Allerdings wird angesichts der Krise des Wohlfahrtsstaates diese Begründung immer fragwürdiger, so dass in zunehmendem Maße auf Begründungen des Sozialen zurückgegriffen wird, die auf vorneuzeitliche Begründungsmuster hinauslaufen. In immer geringerem Maße wird auf die Selbstregulierungskräfte der einzelnen Egoismen und Interessen gebaut, wenn es darum geht, die Zukunftsaufgaben des Staates zu bewältigen.

Hermeneutische Interpretationen weisen Bewährungszusammenhänge im Hinblick auf Lebensformen und moralische Traditionen auf. Moralen unterliegen dem ständigen Streit um die richtige Auslegung. Kann man Menschen eine spezifische Lebensform vorschreiben? Philosophen verweisen hier auf unterschiedliche Lebensformen und Schemata des menschlichen Zusammenlebens. Dabei nimmt der Kommunitarismus nicht ausreichend zur Kenntnis, dass wir in rapide wachsenden technologischen Zivilisationen leben. Er übersieht die technisch-instrumentelle Zivilisation und die von ihr geprägte Kultur. Es kann nicht darum gehen, wie es beim Kommunitarismus bisweilen geschieht, die Lebenswelt als moralische Tatsache einfach hinzunehmen, sondern die Lebenswelt von ihrer Handlungsstruktur her zu rekonstruieren und dann zu Bewertungen vorzudringen.

Zuviel Autonomie hat in der modernen Gesellschaft die Fundamente der sozialen Tugenden ausgehöhlt. So kam es zu unsozialen Folgen exzessiver Freiheit. Elemente der Tradition (auf Tugend basierende Ordnung) mit Elementen der Moderne (gut geschützte Autonomie) sind zu verbinden. Dies entspricht in etwa dem Ansatz einer Hermeneutischen Ethik und dem methodischen Paradigma des „Sowohl – als auch". Hermeneutische Ethik versteht das Individuum, das mit universellen Rechten ausgestattet ist, neu, nämlich nicht im Gegensatz zum Gemeinwohl. Eine „ethisch eingebettete" Autonomie oder Selbstverwirklichung erscheint als selbstkritisch-modernes Leitbild für die Selbstverwirklichung von Individuen geeignet, die im Sinne einer eher skeptisch ausgerichteten Hermeneutischen Ethik zumindest „sittliche Selbsterhaltung" angesichts einer technologischen Gesellschaft unterstützt.

Sollte man darauf verzichten, die Pocken auszurotten, um den Kult von Sittala Devi nicht zu zerstören und eine gelebte Tradition zu beenden? Müssen alle regionalen kulturellen Traditionen erhalten werden? Beantwortet man diese Fragen konservativ-erhaltend, unterstellt man einen ethnologischen Relativismus: alle Traditionen sind gleich und erhaltenswert. Der Kommunitarismus versucht in dieser Situation, Eigenschaften menschlicher Lebensformen herauszuarbeiten, die unverzichtbar im Sinne eines aristotelischen Essentialismus wie elementare menschliche Bedürfnisse und Tätigkeiten sind (Reese-Schäfer 1994). So sehr sich eine kommunitaristische Ethik auch dagegen sträubt, ohne prozedurale Elemente kommt eine moderne Form der Ethik nicht aus. Traditionelle Ideen von Gemeinwohl und Gemeinschaft werden zudem der modernen technisch transformierten Alltags- und Lebenswelt nicht mehr gerecht. Es geht dabei um eine Idee einer moralisch guten Gesellschaft, nicht um die Verteidigung des technischen Fortschritts. Aber die Natur des Menschen verändert sich im technischen Fortschritt rapide. Die Frage nach einer guten bzw. moralischen Gesellschaft läßt sich nicht allein auf dem Boden der Traditionen entscheiden. Erforderlich ist eine entsprechende Modernisierungstheorie (Irrgang 2006). Der Kommunitarismus plädiert für die Gemeinschaft, eine hermeneutische Ethik für die Wiederkehr des Individuums mit Gewissen und Verantwortungsbewusstsein, also für ein Individuum, das sich seiner Eingebundenheit in Gemeinschaften, Institutionen und Organisationen bewusst ist. Die berechtigten Anliegen einer Dezentralisierung, einer Rückbesinnung auf Tradition und ethische Prinzipien der Subsidiarität sind von einer reflexiven Theorie der Moderne aufzunehmen, die nicht einseitig auf Gefühlsmoral und Irrationalität setzt. Andererseits sind Technokratie und vereinsamtes Individuum als Ergebnis einer instrumentell radikalisierten Moderne keine Basis für die Bewältigung der Zukunftsprobleme.

Die Wiederkehr eines sittlich verantwortlichen Individuums und sittlich handelnder Institutionen wäre die richtige Antwort auf die Krise der Moderne, insbesondere ihrer ökologischen Probleme, nicht der Rückgriff auf kleine Formen der Gemeinschaft, die globale Fragen nicht lösen können, wobei auch hier kein Anlass für ein „Entweder – oder" besteht. Der Kommunitarismus ist für eine hermeneutische Ethik zu konservativ und traditionsverhaftet (Irrgang 1998; Irrgang 1999a), um offen und selbstkritisch die anstehenden Zukunftsprobleme angehen zu können. Vor allem aber ist der Gemeinwohlbegriff nicht wie im Kommunitarismus vergangenheitsabhängig zu definieren, sondern vom einem Zukunftsmodell nachhaltiger Entwicklung her – bei allem Wohlwollen gegenüber Traditionen. Es empfiehlt sich also auch für diesen Ansatz eine Ethik des „Sowohl als auch", indem der Versuch unternommen wird, das autonome Individuum ethisch sozial einzubinden und die Konzeption einer „sittlich eingebundenen Autonomie" zu formulieren und zwar konkret für die gegenwärtige Situation einer globalisierten Technologisierung.

Das Selbstbestimmungsrecht impliziert ethisch gesehen, dass der Mensch die Sinnbedingungen seines Daseins in der Handlungssituation selbst entwerfen muss (Czuma 1974), wobei er auch die Beurteilungskriterien für die Sinnbedingungen der Anwendung selbst in eigener Verantwortung entwickeln muss. Angesichts des Pluralismus der praktischen Vernunft des Menschlichen ist nicht mehr zu leugnen, dass es unterschiedliche gruppenspezifische Humanitätsideale gibt, die sich um Universalisierung bemühen. Das Fehlen eines allgemein anerkannten Verbindlichkeitskriteriums für praktische Vernunft macht es erforderlich, Kriterien der eigenen subkulturell gedeuteten Vernunft zu entwickeln, wobei Selbsterhaltung Grund aller subkulturellen Pluralität darstellt. Dabei basiert Autonomie auf der abendländischen universalen Idee des Menschlichen, deren Ursprung mit dem historischen Streben des Christlichen vergleichbar ist. Christliche Universalität ist in der Gleichheit aller Menschen vor Gott begründet (Czuma 1974).

Eine spezifische Form der Autonomie des Menschen stellt der Begriff der Menschenwürde dar, der in die Naturrechtstradition verweist. Als Begriff wurde er erst spät geprägt. Dennoch hat der zugrundeliegende Gedanke eine lange Tradition. Er verweist auf Cicero, der im ersten vorchristlichen Jahrhundert das Ideal der Humanitas, der Menschlichkeit, formuliert hatte. Cicero verstand unter der Würde einer Person ihren ehrenvollen Platz in der Gesellschaft und bestimmte Personwürde damit im Unterschied zu anderen Lebewesen. Diese Auffassung verschmilzt bei Pico della Mirandola mit der biblisch-augustinischen Lehre von der Gottebenbildlichkeit des Menschen vor dem Hintergrund des Künstler-Genius der Renaissance-Philosophie (Irrgang 1986).

Den Höhepunkt in der philosophischen Durchdringung des Themas Menschenwürde stellt Kants Bestimmung der Sittlichkeit dar. Für Kant ist die Sittlichkeit und die Menschheit allein das, was Würde hat. Die Autonomie des Menschen als eines freien und sittlichen Wesens drückt sich im Kategorischen Imperativ aus. Friedrich Nietzsche hingegen hält den Begriff der Menschenwürde für eine Ausgeburt der Eitelkeit des Menschen. Eigentlich könne der Mensch seine unwürdige Existenz nur entschuldigen, sofern er der Vorbereitung des Übermenschen diene. Nach der Schreckensherrschaft des Dritten Reiches erfolgte eine Rückbesinnung auf die Menschenwürde. Auch verfassungsrechtlich handelt es sich um einen recht neuen Begriff, der erstmals 1937 in der Verfassung Dänemarks auftaucht. Der Begriff der Menschenwürde hat daher eher negativ-ausgrenzenden, nicht positiv-festlegenden Charakter. Fundamentalistische Positionen mit ihren klaren Begriffsbildungen und absoluten Grenzziehungen erfreuen sich zwar in der Öffentlichkeit hoher Beliebtheit, ethischen Forderungen genügen sie jedoch nicht. Die kantische Formulierung der Selbstzweckformel läuft darauf hinaus, dass der Mensch und seine Befähigung, den sittlichen Anspruch wahrzunehmen und eine sittlich zurechenbare Entscheidung zu treffen, Quell der Personenwürde ist. Demgegenüber wird heute eine biologistische Verkürzung vorgenommen, wenn behauptet wird, der Mensch und sein Leben stellten den höchsten Wert dar.

Die Einsicht in die Personwürde des Menschen und der damit verbundene Anspruch auf sittlich richtige Behandlung lässt von sich aus offen, worin diese jeweils besteht. Die Personwürde nivelliert nicht die Unterschiede zwischen den Menschen (Schüller 1980). Nicht selten wird zudem mit Blick auf Kants Selbstzweckformel (Kant 1975) behauptet, jede Instrumentalisierung des Menschen sei sittlich nicht zu verantworten. Doch Kants Formulierung fordert zu Recht alleine, dass der Mensch nicht nur, nicht ausschließlich als Mittel zu vorgegebenen Zwecken benutzt werden dürfe. Denn was jemanden zu einem bestimmten Beruf qualifiziert, ist nicht seine Personwürde, sondern gewisse instrumentelle Fähigkeiten. Und bisweilen glaubte man sogar, man dürfe aus Gründen des Gemeinwohles über das Hab und Gut, unter Umständen über das Leben eines Menschen wie über bloße Mittel zu einem vorrangigen Zweck verfügen. Es gibt also Formen des sittlich legitimen instrumentellen Gebrauches des Menschen, wenn die Anerkennung der freien Selbstbestimmung des anderen angesichts sittlicher Forderungen nicht angetastet wird. Die instrumentell-technische und sittlich-kategoriale Dimension der praktischen Frage darf nicht auseinandergerissen werden.

Der Rückgriff auf die Personenwürde gibt kein Entscheidungskriterium an die Hand, wenn das Wohl der einen Person im Konkurrenzverhältnis zum Wohl einer anderen Person steht. Denn wenn ich z. B. angesichts einer Typhusinfektion den Infizierten isoliere, betrachte ich ihn als Instrument, falls nicht, dann die anderen, die von ihm infiziert werden.

Bei derartigen Konflikten greift der Instrumentalisierungsvorwurf nicht. Sittlich relevant ist vielmehr die Frage, unter welchen Bedingungen es gerechtfertigt sein könnte, zugunsten der einen Betroffenen anderen Nachteile zuzumuten. Daher ist der Gedanke des Selbstbestimmungsrechtes des Handelnden durch den Gerechtigkeitsgrundsatz zu ergänzen, damit die Autonomie des Handelnden und die Autonomie des Betroffenen gemeinsam aufrecht erhalten werden können. Die Verknüpfung beider Prinzipien entspricht einem handlungstheoretischen Ansatz, wie er hier zugrunde gelegt wurde. Der hat allerdings seine eigenen Schwierigkeiten, auf die am Ende dieses Kapitels hingewiesen wird.

Cool meint in der gegenwärtigen Jugendkultur etwas positiv lässiges. Es stilisiert die Aura einer selbstbewussten Modernität. Jedoch als Metapher verwendet beschreibt „Kälte" das zwischenmenschliche Klima in modernen Massengesellschaften. Hier gibt es einen Widerspruch oder einen Gegensatz in der Bedeutung. Die negative Besetzung der Kältemetapher reicht bis in die Anfänge der Neuzeit zurück, doch allgegenwärtig wird sie erst im 20. Jh. Der Begriff „Cool" ist wesentlich jünger und hat doch viel mit der gesellschaftlichen Kälte und dem inflationären Gebrauch der entsprechenden Metapher zu tun. Cool umschreibt jene Haltungen, die den Eiswinden der Entfremdung trotzen. Cool ist der Versuch, den Kältepassagen der Existenz affirmative Strategien entgegenzusetzen. Der Begriff umschreibt einen kulturellen Code, der sich bei seinem Bezug auf die Kälte zweier, scheinbar widersprüchlicher Arten bedient. Zum einen avanciert die Kälte zur Leitlinie einer ästhetischen Haltung, zum anderen erscheint die entsprechende Ästhetik als Leitlinie einer Lebenspraxis, die versucht, das Zerstörungspotential der Kälte für den Menschen zu überwinden. Coolness ermöglicht dem Menschen in der Kälte, im existentiellen Frost zu leben und das Überwinden einer kalten Gesellschaftsordnung. Cool sein heißt, nicht verführt werden zu können, wenn man es nicht will, nicht verletzt werden zu können, wenn man es nicht will, Kontrolle als Schutz und Schutz als Kontrolle zu verstehen – analog zu den Alpinisten und Polarforschern, die sich mit Schutzkleidung die tödliche Kälte vom Leib halten, um sich in ihr zu bewegen. Im Geiste des Coolseins begegnet man dem Terror der Entfremdung mit Selbstvertrauen. Es geht darum, die Kälte als Effekt von Rationalismus und Funktionalismus zu nutzen, um sich in der Affirmation der Entfremdung selbst zu stilisieren. Nicht als Opfer der modernen Zeiten, sondern als ihr Konsument und Vordenker. Entscheidend ist der Moment, in dem aus einer Abwehrhaltung eine Angriffshaltung wird. Nur durch diese Schubumkehr entwickeln sich Freiräume, wird die Gängelung überwunden, die noch im bloß Reaktiven durchschlägt, entsteht Freiheit (Poschardt 2002, 9–12).

Als Erprober aktiver Anpassungsprozesse sind die Vertreter des Coolen weitgehend systemfunktional. In dem Maße, in dem die Integrationskräfte der kapitalistischen, pluralistischen, sich globalisierenden Gesellschaft die klaren, alten Frontstellungen zerstört haben, sind die Angriffe auf das Individuum so umfassend geworden, dass weder der Anfang noch deren Ende definiert werden können. Das nicht-idyllische Cool Sein ermöglicht eine Geborgenheit, die auch eine konstante Abwehrhaltung bietet, erstarrt aber nicht in der Beschütztheit des Etuimenschen und seiner Langeweile. Das Beharren, angesichts der allgegenwärtigen Eiswinde der Entfremdung eine Lebenspraxis der Verweigerung zu entwerfen, die sich nicht in der Opferrolle erschöpft, zeugt von Restbeständen einer störrischen Unversöhnlichkeit, die zum Kristallisationspunkt zukünftiger Gesellschaftspraxis werden könnte. Das Leben in der Kälte ist die Lebensform der Zukunft. Das Unmittelbare des Gefühlten entschwindet und mit ihm die pulsierende Wärme. Die Verdinglichung des Menschen wird

## 1.3 Interpretationshorizonte für eine nachmoderne Ethik

von Kälte begleitet. Das Misstrauen Gefühlen gegenüber könnte die Zivilisation nachhaltiger erschüttern als das mangelnde Vertrauen in die Vernunft. Die gefährlichsten Killer sind die hochrationalen Stoiker, deren Unerschütterlichkeit und Präzision den Stil ihrer Morde und Anschläge vorgibt (Poschardt 2002, 12–17).

Radikale Freiheit erschien nur möglich in der Befreiung von allen nostalgischen Anwandlungen, auch wenn den Künstlern bewusst war, wie sehr sie selbst mit diesen Forderungen in der Tradition einer fortschrittlichen Intellektualität standen. Das Individuum musste den funktionalen Anforderungen der Gesellschaft entsprechen. Und diese sah in Gefühlen wie Leid und Schmerz, die das 19. Jh. noch verehrt hatte, eine Beeinträchtigung der seelischen Gesundheit der Menschen, ein Problem für die zwischenmenschlichen Beziehungen. Die Verweigerung hat so gesehen zugleich einen rebellischen und elitären Gestus. Die Ästhetik des Coolen hat eine ihrer Wurzeln in einer Form von Individualismus, die in der antiken Sorge um das Selbst beginnt und sich bis in die aktuellen Spielarten der Selbststilisierung abwandelt. Die Arroganz und Distanz einer solchen Verweigerungshaltung verströmt ihre unterkühlte Aura seit über zweitausend Jahren. Wie ambivalent dieses Rebellentum der Coolness sich gestaltet, zeigt das Beispiel des Diogenes von Zinobe, der trotz oder gerade aufgrund seiner Verweigerung eines bürgerlichen Lebensstils zu einem Idol der hellenistischen Antike wurde. Gefühle sind kulturelle Artefakte. In den Anfängen der Musikgeschichte des Coolen im 20. Jh., z. B. beim Cool Jazz, blieb die meisterhafte Inszenierung eines heißen Herzens vorbildhaft. Das Leidenschaftliche blieb seine Grundbedingung. Doch diese Leidenschaft wurde kontrolliert und temperiert, bis sie als solche nicht mehr identifizierbar war. Im afroamerikanischen Slang taucht der Begriff des Coolen schon in den 30er Jahren auf, als sich die Jazzmusiker untereinander als Coolcats bezeichneten. Der streunende Kater als einzelgängerisches, wendiges und nicht domestiziertes Tier symbolisierte Schönheit ebenso wie Unberechenbarkeit und Gefährlichkeit (Poschardt 2002).

Auch die Todesnähe gehört zum Pathos des Coolen. In William S. Borroughs „Junkie" aus dem Jahr 1953 erscheint der Weg in die Sucht als Element absoluter, emotionsferner Lebenspraxis. Weltflucht als Genussmittel kann mit und ohne Drogen bewerkstelligt werden. Rock n' Roll, so geht die Sage, war ein Hort der Freiheit und der Selbstverwirklichung für Künstler und Bücherkonsumenten. Er war leidenschaftlich, laut, nach vorne drängend und in der Lage, die Erhitzung seiner Hörer zu übertragen. Die Konsumenten dieser heißen Musik waren in den westlichen kapitalistischen Gesellschaften zunächst einmal die Marginalisierten, zu denen sich aber nach kurzer Zeit der Nachwuchs der gesellschaftlichen Mehrheit hinzugesellte. Hinzu kommt das Anwachsen der Bedeutung des Androiden als Gestalt der Kälte und des Frostes insbesondere in neueren Science Fiction Filmen. Die alte Ästhetik des Coolen lebte von einer Strenge des Entwurfs, die Stil im Sinne von Präzision existentiell erfahrbar machen konnte. In „Blade Runner" wird die nostalgische Unterkühlung des Film noir mit der futuristischen Kälte der Science Fiction zusammengebracht. Die futuristische Coolness am Ende des 20. Jh.s wird ausschließlich von Menschen betrieben, die sich ihrer Menschlichkeit so sehr bewusst sind, dass ihnen deren Preisgabe ungefährlich scheint. Zu ermessen, was der Verlust der Menschlichkeit im Androidentum bedeutet, ist unmöglich. Im Bewusstsein wie am Körper des Menschen entstehen Schnittstellen zur Technologie, die Grenzziehungen verunmöglichen und das Einswerden von Mensch und Maschine lustvoll gestalten. Die Inversion der Kälte von Computern und Maschinen wird von futuristischen

Intellektuellen und Ingenieuren gefeiert. Eine neue Selbsterschaffung des Menschen steht an (Poschardt 2002; Irrgang 2005a).

In diese Richtung geht auch der Automatensex. Lebende Körper sind warm, das Kunstfleisch ist kalt. Die Leichenstarre beginnt mit dem Erkalten des Körpers. Das Erstarren der Menschen in Isolation selbst in ihrer Intimität ist Gegenstand der Kunst. Dargestellt wird das Leben im Panzer. Die Praxis des Coolen reitet auf dem Wellenkamm zwischen Anpassung und Verweigerung, zwischen systemkonformen und systemabweichenden Verhalten. Die narzisstischen Tendenzen der Extremsportarten nicht zuletzt im fernen Eis sind deutlich. Die Schemata der Mortificatio erweisen sich als Erklärungsmuster für die Tendenzen der Erkaltung. Befreiung soll in Gestalt von Panzerungen und Mortificationes vorgenommen werden. Die Freiheit, als neuzeitliches Megaphantasma, muss dabei kleingeträumt werden. Das ist die Rache der Geschichte an ihrem liebsten Kind.

Die Minimalethik der Selbsterhaltung hat viel gemeinsam mit der Grundeinstellung des Coolseins, doch „some like it hot" wie letztlich auch der Vorbildethiker. Sie haben eine andere Ansicht von der Motivation des sittlichen Handelns. Der Coole ist in seiner Destruktivität zu selbstsicher. Auch der Zyniker erreicht nicht die philosophische Qualität des echten und qualifizierten Skeptikers im Blick auf die Ethik. Hermeneutische Ethik ist in diesem Sinne Cool und Hot zugleich, und damit einer kulturalistischen Coolness überlegen. Die Globalisierung und die Angriffe auf das Individuelle bedürfen einer anderen Antwort als die Coolness des Posthumanen. Der übersteigerte Individualismus und die Verweigerungshaltung gehören zusammen. Verweigerung ist nun die neue Form von Souveränität. Die Kälte kann als Antwort auf die Maßlosigkeit der neuen Technologie verstanden werden, wogegen hermeneutische Ethik die skeptische Selbsterhaltung als Grundlage für ein neues Welt- und Selbstverständnis empfiehlt. Das Abkühlen der Werte, das Abstrakter Werden der Welt, der Vormarsch des Instrumentellen, die überbordende Information und die phrasenhafte Kommunikation sind auch eine Konsequenz der Technologisierung der Welt, die nicht aufgearbeitet wurde. Ich würde unterstellen, dass nicht die Technologie als solche die Ursache für die Kälte ist, in der wir zu leben glauben, sondern dass es uns in zunehmenden Maße nicht mehr gelingt, die Technik, die wir haben, und die daraus folgenden Gesellschaftsstrukturen menschlich, gedanklich und kulturell zu bewältigen. Die Macht des Coolen ist eine kontrollierte Leidenschaft und insofern bleibt der Coole im Bannkreis des Modernen.

Die Einstellung des „Cool-Seins" und des „Coolen" sind für eine Hermeneutische Ethik ein interessantes Experimentierfeld, denn auch ihr geht es um die Herausarbeitung einer Grundhaltung, die das sittlich qualifizierte Überleben des modernen Individuums in einer technologisierten Gesellschaft gewährleistet. „Cool-Sein" ist allerdings für die Hermeneutische Ethik eine Defensivstrategie, die letztlich in posthumanes Menschsein umschlägt (Irrgang 2005b), die also eigentlich das befördert, was sie zu bekämpfen vorgibt. Daraus ergibt sich für die Hermeneutische Ethik die Verpflichtung, nach Alternativen für die Selbsterhaltung und Selbstverteidigung des Humanen angesichts einer technologisierten Gesellschaft zu suchen.

Selbst gilt als ein Konzept, das erst innerhalb der Subjektivierungstendenzen des neuzeitlichen Denkens philosophische Bedeutung gewinnen konnte und deshalb keine Vorgeschichte hat. Einer der Autoren, die ansatzweise ein Subjektivitätskonzept vertreten haben, war Augustinus. Bei Augustinus begegnet sich das Ich ebenfalls nur in der Umkehr ins eigene Innere und zwar im Gedächtnis als authentisches Selbst. Dieses Selbst wird von Augustinus als der „innere Mensch", d. h. als nur ein Teil des ganzen Menschen bestimmt. Häufig wird hierbei im christlichen Kontext auch eine Identifizierung des inneren Menschen mit dem Gewissen vorgenommen. Der Ausdruck „Selbst" wird in substantivischer Form zuerst im Englischen seit dem Anfang des 18. Jh. in Anlehnung an das englische self auch im Deutschen zunächst in religiösen Zusammenhängen gebraucht. Dabei ist der vorgegebene Problemzusammenhang mit persönlicher Identität, Unsterblichkeit der Seele, Einheit des Geistes und dem moralischen Selbst umschrieben. Die substantivistischen Verwendungen des Ausdrucks von Selbst wird zuerst von R. Cudworth belegt. Für Locke ist Selbst gleichbedeutend mit Person. Bei Berkeley werden die Ausdrücke Selbst, Geist und Seele weitgehend synonym verwendet (Schrader 1995).

Eine zentrale Stelle in der Problementwicklung des Begriffes Selbst nimmt Kant ein. In der ersten Auflage der „Kritik der reinen Vernunft" charakterisiert Kant das reine, ursprüngliche, unwandelbare Bewusstsein, das als transzendentale Apperzeption den Grund der Einheit des Bewusstseins bildet, als stehendes oder bleibendes Selbst im Flusse innerer Erscheinungen. Dagegen wird in der zweiten Auflage der Kritik der reinen Vernunft die reine und ursprüngliche Apperzeption als ein Akt der Spontaneität gedeutet und dasjenige als Selbstbewusstsein bezeichnet, was indem es die Vorstellung „ich denke" hervorbringt, die alle anderen Vorstellungen muss begleiten können und in einem Bewusstsein ein und dasselbe ist, von keiner weiteren begleitet werden kann. Während der Begriff des Selbst bis hin zu Kierkegaard seine wesentliche Bestimmtheit durch die Bezugnahme auf Selbstbewusstsein (Ich, Ichheit) und Reflexion erhielt, kehrt Friedrich Nietzsche durch die Umwertung des Leibes dieses Verhältnis um. Selbst wird nun ausschließlich in Verbindung mit dem menschlichen Leib gesehen. Auch für Martin Heidegger sind die Begriffe Ich, Subjekt und Bewusstsein ungeeignet zur Thematisierung der Selbstheit des Selbst, denn das Bewusstsein des Selbst kann nur aus dem Sein des Selbstes, nicht umgekehrt geklärt werden. Also stellt sich nun die Frage nach dem Wert des Daseins. Im Rahmen der analytischen Philosophie führt der Gedanke von Ludwig Wittgenstein der Familienähnlichkeit zu einem Zusammenhang von Selbst, Selbstbewusstsein, Ich, Person zu einer Verwendungsweise jener Begriffe, die nur zum Teil sehr schwer gegeneinander abgrenzbar erscheinen und zugleich den Problembereich der Probleme des Selbst insbesondere in Bezug auf Fragen der Ethik ausweitet (Schrader 1995).

In der naturrechtlichen Begründung der Freiheit geht die Idee des Rechtes des Menschen von der Gleichheit aller Menschen aus. Die Rechtsordnung dient der Konfliktvermeidung. Gesetze müssen insgesamt beschlossen werden. Abfassung, Inkraftsetzung und Vollziehung der Gesetze müssen dem Wollen der Vertragspartner entsprechen. Auch eine festgelegte Eigentumsordnung ist in diesem Sinne Teil des Rechts. Recht ist mit Zwang verbunden, allerdings nur unter empirischen Bedingungen. Alle Rechte sind negative Freiheitsrechte, etwa Verbote von Behinderungen usw. Je nach Menschenbild werden Menschenrechte unterschiedlich interpretiert und definiert.

Glück wird normalerweise als eine Art Hochgefühl dargestellt. Der abendländische Individualismus, der vom Hellenismus seinen Ausgang nahm, betrachtet Glück als die Erfüllung der Wünsche. Wünsche werden angesehen als Ausdruck eines objektiven Wollens. Es gibt Güter und Übel. Eine Harmonie der Wünsche ist möglich, denn ein Chaos der Wünsche ist nicht der normale Zustand. Gelungene Maximenbildung ist ebenfalls möglich, wobei die Suche nach alternativen Handlungsmöglichkeiten hilfreich ist. Man kann dabei den Wünschen, oder auch dem Willen folgen. Das Glück ist aber nicht notwendig für jeden das höchste Gut. Der Gedanke des Telos formuliert das Konzept eines höchsten Gutes und eines letzten Zweckes. Die Aufgabe der industriellen Neuzeit ist es, immer mehr Wünsche zu erzeugen. Propagiert wird eine Übereinstimmung von Wollen und Können. Die Erfüllung von Wünschen hängt aber von empirischen Kriterien ab. Der Reiche hat keinen Hunger, aber Angst um sein Geld. Auch der neuzeitliche Weg führt letztendlich zu einer Wunschökonomie.

Negative Freiheit meint die Nichtdeterminiertheit in unserem Handeln. Eine Entscheidungs- oder Willensfreiheit setzt Alternativen voraus. Alternativen müssen als absolut gleichrangig angesehen werden, eine Entscheidung darf aber auch nicht zufällig getroffen worden sein, denn dann ist sie nicht zurechenbar. Hossenfelder meint, dass der negative der einzig mögliche Freiheitsbegriff ist. Der Freiheitsbegriff legt die Annahme zugrunde, dass wir nicht vollständig determiniert sind (Hossenfelder 2000). Außerdem wird eine absolute Gleichrangigkeit der Handlungsalternativen unterstellt. Maximen können jederzeit in Zweifel gezogen werden, darin besteht eine fundamentale Freiheit. Auch die Möglichkeit, seine Maxime zu ändern, ist Ausdruck dieser Freiheit. Der Handelnde könnte sich durch Änderung seiner Maxime auch anders verhalten. Wollen ist änderbar, darum frei, ist das Fazit dieser handlungstheoretischen Überlegungen. Weil Wollen änderbar und frei ist, ist der Handelnde voll verantwortlich.

Der freie Wille ist nicht unmittelbar einsichtig, sondern wird interpretativ rekonstruiert. Er ist also immer mittelbar zu erschließen. Determinieren also Maximen die Handlung eines Menschen gänzlich? Nein, die Mittelbarkeit des Wollens erklärt die Freiheit nicht, erklären kann man sie auch nicht, ohne sie zu zerstören. Folglich ist unser Handeln vollständig durch die Maximen determiniert. Maximen aber immer wieder ändern zu können, ohne an ein Ende zu kommen, kann dem Indeterminismus zugerechnet werden. Die nie endende Möglichkeit, Entscheidungen zustande zu bringen, ist ein starkes Argument für die praktische Philosophie (Hossenfelder 2000). Eine Maximenänderung geschieht nie aus bloßer Willkür und reiner Zufälligkeit. Die Änderung einer Maxime ist nur durch eine andere Maxime möglich. Daher bereitet die Zurechnung der Handlungen keine Probleme. Eine Ethik basierend nur auf dem Begriff der Maxime, könnte eine wissenschaftliche Ethik sein.

Hossenfelders Freiheitsbegriff impliziert, dass es keine oberste Maxime geben darf, sonst wären alle anderen durch sie festgelegt. Eine Letztbegründung unseres Handelns, so lange es als frei begriffen wird, ist nicht möglich, wenn unter Letztbegründung die vollständige Ableitung aus einem obersten Prinzip verstanden wird. Eine gewisse Letztbegründung von Maximen ist jedoch möglich. Maximen müssen begründbar sein, sie sind nicht frei gewählt. Der Wille zum Recht und das Streben nach Glück sind insofern den Menschen gemeinsam. Der Determinismus bleibt eine rein theoretische Position und ändert für die Praxis nichts (Hossenfelder 2000). Der Begriff der Autonomie wurde in der ethischen Diskussion bislang herangezogen, um ein Set verschiedener Bedeutungen zu bezeichnen unter Einschluss von Freiheitsrechten, von Selbstbestimmung, von Privatheit, von individueller Wahl, von der Freiheit, dem eigenen Willen zu folgen oder sein eigenes Verhalten hervorzubringen oder die eigene Person zu sein. Autonomie verlangt Schutz und Berücksichtigung, selbst wenn die Wahl einer Person nicht individuelle oder soziale Wohlfahrt fördert. Der Gedanke der Autonomie als Selbstbestimmungsrecht (des Betroffenen von einer Entscheidung bzw. Handlung) kann in unterschiedlichen Versionen ausgelegt werden (Irrgang 1998). Für die

Ethik ist damit nicht das eher juristische Prinzip des „informed consent" (Zustimmung nach Aufklärung in der medizinischen Ethik) wichtig, sondern das Prinzip der situationsangemessenen Entscheidung im Rahmen einer nicht nur individuellen Praxis, die durch den Diskurs der Beteiligten vorbereitet sein muss. Inkompetent ist nach diesem Verständnis der, der keine situationsangemessene sittliche Entscheidung treffen kann. Dann müssen andere für den Inkompetenten entscheiden.

Kant sieht das Abgrenzungskriterium zwischen sittlichen und nichtsittlichen Entscheidungen in der Idee der Autonomie der Sittlichkeit, ihrer völligen Unabhängigkeit von Gefühlen, Neigungen und anderen anthropologischen Charakteristika. Kant versucht in der Ableitung des Kategorischen Imperatives und in der Begründung des Gedankens der Menschenwürde dieser Autonomie in der Selbstzweckformel eine inhaltliche Ausrichtung zu geben (Kant 1785, Irrgang 1998). Ausdruck der Autonomie des sittlich handelnden Individuums in dieser Traditionslinie ist jede eigenständig, aufgrund eigener sittlicher Einsicht getroffene Entscheidung, die sich nach Kant dem Universalisierungstest unterwerfen lässt, oder die nach ethischen Kriterien und Grundsätzen überprüfbar zu einer ethisch ausgereiften und verantwortbaren Entscheidung für eine bestimmte Situation gekommen ist. Eine handlungstheoretische Deutung der kantischen Position macht zudem deutlich, dass eine autonom getroffene Entscheidung nicht nur universalisierbar, sondern auch situationsangemessen im Sinne der Gerechtigkeit sein sollte.

Autonomie bei Kant bedeutet so zwar, dass jede Abhängigkeit und Determination durch äußere Faktoren oder Gesetze als unsittlich auszuschließen sei, allerdings impliziert sie keine Willkür oder gar Freiheit vom Zwang sittlicher Selbstverpflichtung, die sich durch das Universalisierungsverfahren selber überprüft. Kants Autonomieverständnis hat die ihm vorausgehende Konzeption vom Gewissensurteil modifiziert, darf aber in die gleiche Traditionslinie gestellt werden. Diese ist christlich und kann auf die Ethik des Apostels Paulus zurückgeführt werden, der die Lehre von der Gewissensfreiheit und vom Gewissensurteil in die christliche Ethik eingeführt hat. In Röm 2,15 stellt er fest, dass auch den Heiden das Sitten-Gesetz ins Herz geschrieben ist. In Röm 14,23 formuliert er dann ganz pointiert: Was nicht aus innerer Überzeugung geschieht, was also gegen das Gewissensurteil unternommen wird, ist Sünde.

Das Gewissen ist nicht subjektive Willkür, sondern fordert, dem Urteil der eigenen Vernunft zu folgen. So liegt das Gute nicht einfach in der „inclinatio naturalis", sondern in der Beurteilung des Ziels im Gewissensurteil. Die Würde des Menschen liegt letztlich darin, dass er selbst Ursprung seines Handelns ist und dass darin ein Moment von Unbedingtheit aufscheint. Aus der Struktur der praktischen Vernunft ergibt sich so die Letztinstanzlichkeit des individuellen Gewissens (Honnefelder 1983, 13 f.). Das Gewissen hat eine breite Bedeutungsvielfalt sowohl in der antiken wie jüdisch-christlichen Literatur. Das Problem für die meisten Menschen liegt nicht in der theoretischen Frage, ob es ein Gewissen gibt, sondern in der praktischen Frage: Was gebietet mir mein Gewissen hier und jetzt zu tun? Und: Warum soll ich und wie kann ich meinem Gewissen folgen, wenn andere offenbar gewissenlos handeln und dabei sogar noch Erfolg haben? (Fonk 2004, 13).

Eine allzu individualistische oder gar egoistische Interpretation des Gewissens wird man hier sowieso nicht finden. Die Selbstverwirklichung eines autonomen Wesens bedeutet, dass ich die Visionen für meine Praxis aus mir heraus entwerfe in dem Sinne, dass ich dies nicht aus gesetzlichem Zwang, nicht aus bloßem Gehorsam einem Pflichtenkodex oder der Alltagsmoral gegenüber oder aus meinem vermeintlichen Wollen heraus geschieht, sondern dass ich mein Leben und meine Praxis als sittliche Aufgabe begreife. Es geht um die Verwirklichung des Gesamtcharakters eines Menschen im Sinne eines guten Lebens. Es gibt dabei Berufungen und Spezialberufungen, unterschiedliche Kompetenzen, alltägliche und meisterliche Realisierungsformen des eigenen Selbst. So ist also die Vision der Hermeneutischen Ethik die Interpretationsgemeinschaft, die ihre Interpretationskonflikte produktiv aufzuarbeiten, Dissense abzuarbeiten und gemeinsame Visionen zu suchen hat. Selbstverwirklichung ist kein Recht auf Verweigerung, sondern eine Aufgabe und Vision.

Die Menschen leiden unter verschiedenen Mängeln des Wissens, Denkens und Urteilens. Ihr Wissen ist notwendigerweise unvollständig, ihre Denk-, Merk- und Konzentrationsfähigkeit immer begrenzt, und ihr Urteil wird oft durch Angst, Voreingenommenheit und Eigeninteresse getrübt. Einige dieser Mängel ergeben sich aus moralischen Fehlern, aus Selbstsucht und Nachlässigkeit; doch im hohen Maße gehören sie einfach zur natürlichen Situation des Menschen. Dem gemäß haben die Menschen nicht nur verschiedene Lebenspläne, sondern auch ganz verschiedene philosophische, religiöse, politische und gesellschaftliche Anschauungen. Diesen Bedingungskomplex nennt Rawls die Anwendungsverhältnisse der Gerechtigkeit. Sie entsprechen denen, die eine hermeneutisch begründete anwendungsorientierte Ethik unterstellt.

Wie man sozial verantwortbare menschliche Selbstverwirklichung verstehen kann, macht uns Thomas Rentsch am Begriff der Gerechtigkeit deutlich. Die formal-prozedurale Bestimmung des Rechts, die mit den transzendental- bzw. universalpragmatischen Verständnissen des Begründungsrationalismus zusammenhängen, führten praktisch und faktisch zu einer Entpolitisierung des Gerechtigkeitsbegriffs angesichts tiefgreifender sozioökonomischer Unrechts- und struktureller Gewaltverhältnisse. Die konkreten politischen Forderungen nach Gerechtigkeit nötigen auch die sich in einem genuinen Sinn philosophisch verstehende Reflexion dazu, inhaltliche Antworten auf materiale, kontextbezogene Probleme der Praxis des menschlichen Zusammenlebens zu geben, statt es lediglich bei einem methodologischen, begründungsrationalistischen, formal-prozeduralen, transzendentalen oder auch sozialtechnologischen oder funktionalistischen Zugang zum Recht zu belassen. Es geht um politisch deutlich konturierte materiale Bestimmungen von Gerechtigkeit im Sinne eines konkreten Humanismus der Menschenrechte (Demmerling/Rentsch 1995, 11 f.).

Prozedurale Gerechtigkeits-Theorien stellen die Problemlage auf den Kopf. Die Gerechtigkeit eines Rechts solle nicht mehr davon abhängen, ob sein Inhalt gerecht ist, sondern davon, ob es auf gerechte Weise erzeugt worden ist. Prozedurale Gerechtigkeitstheorien beruhen auf dem intellektualistischen Fehlschluss, verbindliche Normen aus den bloß formalen Bedingungen sozialer Kommunikation ableiten oder den Geltungsgrund normativer Verbindlichkeiten in diesen Bedingungen aufdecken zu wollen. Proceduralisten üben häufig Enthaltsamkeit gegenüber den bestehenden Ungerechtigkeiten in der Welt von heute. Materiale Gerechtigkeitstheorien lassen sich unterscheiden in naturrechtliche, marxistische und positivistisch-völkerrechtliche. Die größten Akzeptanzchancen unter den materialen Gerechtigkeitstheorien hat die völkerrechtliche Version. Dieser völkerrechtliche Menschenrechtskatalog, der sowohl das Selbstbestimmungsrecht der Individuen wie der Völker enthält, hat den Vorteil, mit ansonsten durchaus verschiedenen, ja gegensätzlichen Gerechtigkeitsvorstellungen kompatibel zu sein. Diese Vorstellung hütet sich auch vor der Illusion, die zwischenmenschlichen Beziehungen in einer Gesellschaft oder die zwischen-

## 1.3 Interpretationshorizonte für eine nachmoderne Ethik

staatlichen Beziehungen der Weltgesellschaft als den Ort herrschaftsfreier Dialoge misszuverstehen. Je abstrakter ein Gerechtigkeitsprinzip formuliert ist, desto größer ist die Gefahr, verallgemeinerungsunfähigen Interessen eine Verallgemeinerungsfähigkeit zu unterstellen. Formelkompromisse pflegen genau die Widersprüche zu kaschieren, auf deren evolutionärer oder revolutionärer Austragung die Hoffnung derer gerichtet sind, die nicht in Macht und Wohlstand sitzen (Demmerling/Rentsch 1995, 139–141).

Thomas Rentsch geht von der Frage aus, wie Gerechtigkeit auf unterschiedliche Weise verunmöglicht wird. Aus den Formen der Unmöglichkeit begründet er die Notwendigkeit, in Reflexion und Praxis die Gerechtigkeit zu überschreiten, zu kontextualisieren und zu relativieren. Er versteht Gerechtigkeit nicht als eine Eigenschaft einzelner Subjekte, sondern als eine soziale und kommunikative Form gemeinsamen Lebens, als intersubjektive Beziehung und als Relation. Gerechtigkeit wird unmöglich, wenn wir sie von einem idealen, unparteilichen Standpunkt der Universalität aus konstruieren und dann versuchen, sie auf die konkrete, situative Beurteilung von Personen, sozialen Gruppen und ihren Handlungen anzuwenden. Wir wissen von einer solchen Perspektive der Unparteilichkeit, Unbetroffenheit, Neutralität und Allgemeinheit nicht, wie wir sie jeweils angesichts konkreter Fälle in konkreten Situationen einnehmen sollen. Universalisierungsgrundsätze und Verallgemeinerungsimperative bleiben daher formal und leer. Ein Indiz für die Unmöglichkeit der Gerechtigkeit als Idee ist deren Abdrängung in die Quantifizierung (Demmerling/Rentsch 1995, 191 f.).

Die faktische Unmöglichkeit der Gerechtigkeit besteht in der untilgbaren Unterdrückungs-, Gewalt- und Schuldgeschichte der Menschheit. Vergangene Ungerechtigkeit an den jetzt Toten kann nicht wieder gutgemacht, sondern nur als solche erinnert werden. Die Unmöglichkeit der Gerechtigkeit im individuellen Nahbereich wird in den konkreten, individuierten Beurteilungssituationen sichtbar, in denen wir uns angesichts komplexer situativer Bedingungen fragen: Sehe und beurteile ich eine Person angemessen? Der Blick auf die Praxis zeigt die überaus große Schwierigkeit gerechter Urteile angesichts individueller, psychischer, physischer, sexueller, generationeller, ethnischer, intellektueller, sozialer, ideeller, religiöser und lebensformbezogener Differenzen. Die unaufhebbare Negativität der individuellen Differenz im Nahbereich der sozialen Interaktion reproduziert und steigert sich im Makrobereich der interkulturellen Differenzen und erschwert internationale Gerechtigkeit (Irrgang 1994b). Faktisch war es die westliche technische und kapitalistische Zivilisation, die im Wege des jahrhundertelangen Kolonialismus, Rassismus, Imperialismus die Erde nach ihrem Bild gewaltsam veränderte und dabei menschliche Kulturen, Lebensformen und Völker auslöschte (Demmerling/Rentsch 1995, 193 f.).

Angesichts der ideellen, faktischen, individuellen und interkulturellen Unmöglichkeit, zu befriedigenden Formen der Gerechtigkeit im Sinne eines kommunikativen Gerecht-Werdens zu gelangen, ergibt sich nach Auffassung von Thomas Rentsch die Notwendigkeit einer Selbstüberschreitung bzw. Selbstüberwindung der Gerechtigkeitsvorstellung, die er als ihre hermeneutische bzw. moralische Selbsttranszendenz bezeichnet. Hinsichtlich untilgbaren Unrechts, ständig möglicher Verfehlung, der Vorläufigkeit allen Urteilens und Gebrochenheit allen Rechts muss zunächst eine Sensibilisierung und Selbstrelativierung aller derjenigen erfolgen, die die Macht zu urteilen besitzen (Demmerling/Rentsch 1995, 195 f.). Für eine gerechte Güterverteilung lassen sich keine unmittelbaren allgemeinen Regeln aufstellen, da die Rechtfertigung von der individuellen und kollektiven Bedürfnisabwägung in Diskursen abhängt, über die sich apriori nichts sagen lässt. Die materiale Verteilung ist eine

Sache der Moral und nicht eine Frage ethischer Regeln. Bedürfniseinschätzungen und deren Erkundungen unterliegen keiner moralischen Jurisdiktion (Grunwald/Saupe 1999, 148). Die Frage nach Momenten der Gleichheit und der gerechtfertigten Ungleichheit sind nicht kulturinvariant und abstrakt zu bestimmen.

Menschliche Praxis ist gemäß Hermeneutischer Ethik so zu gestalten, dass Gerechtigkeitsfragen situationsgebunden, mit Augenmaß und mit nicht allzu großer und hoher Theorie unter starker Berücksichtigung des Selbstbestimmungsrechtes der Betroffenen entschieden werden (Irrgang 1994b). Gerechtigkeit imliziert entweder eine Position der Gleichheit von Menschen oder des Ausgleichens. Weltweite Gerechtigkeit ist nicht zu realisieren. Daher ist die Grundforderung der Hermeneutischen Ethik nicht Gerechtigkeit, sondern Hilfe zur Selbsthilfe und Pluralität im einzelnen, aber auch im nationalen wie internationalen Bereich. Das „Sowohl – als auch" leitet an, das sittlich Verpflichtende als „Objektives" (Kategorischer Imperativ bei Kant; Gerechtigkeit in verschiedenen Ethiken) interpretiert aus der liberalen Perspektive des Selbstbestimmungsrechtes zum Maßstab zu machen, um neben dem Leitbild individueller Selbstverwirklichung auch Versuche zu initiieren, anderen möglichst gerecht zu werden und Strukturen technologischer Kultur so zu transformieren, dass möglichst viel Humanität realisiert zu werden vermag.

Mit der ethischen Einbettung des Informed Consent verbunden ist eine gewisse Wiederkehr des Individuums und des Subjektiven in die Ethik, dessen Verabschiedung angesichts von Superstrukturen, Vermassung, Anonymität und Verantwortungsdiffusion bereits beschlossene Sache zu sein schien (Irrgang 1999a). Da aber Normen sich nicht selbst umsetzen können, muss eine Ethik auf der Basis des Paradigmas Realisierbarkeit immer auf das Handeln einzelner setzen, die sich heute ihrer Praxiskontexte allerdings bewusst sein müssen, um letztlich das Richtige und sittlich Verantwortbare auch tun zu können. Das neue Autonomieverständnis beruht allerdings nicht auf dem Modell rationaler Entscheidung aufgrund von Kosten-Nutzen Erwägungen, sondern zielt auf die Ermöglichung gemeinschaftlicher Praxis aufgrund der Interpretation des Sachstandes aus der Tradition heraus mit Blick auf zukünftige Gestaltungsperspektiven. Das Umgangsmodell mit der Realität in gemeinschaftlicher Praxis verändert den Begriff der Handlung und der Freiheit und damit auch das Konzept des Informed Consent. Hinzu kommt ein verändertes Verständnis von Praxis aufgrund des Modells des impliziten Wissens, welches Praxis unter dem Umgangsaspekt interpretiert. Vor allem verschieben sich in der Durchführung der Praxis durch die Mittel die Ziele der Praxis, werden Visionen, Ideale und Leitbilder verändert und neu ein- und angepasst. Selbstkorrektur ist ein zentrales Strukturelement sittlicher Praxis.

Im Zentrum steht der Vollzug der eigenen Sittlichkeit als Praxis. In meinem Vollzugswissen kann ich mich nicht täuschen, nur in seiner Auslegung. Dass meine Praxis trotz aller Determinierungen insgesamt als frei erfahren wird, kann ich nicht bezweifeln. Ein nur scheinbarer Vollzug ist unmöglich. Allerdings kann meine Interpretation, meine Konzeption oder meine Theorie der Freiheit wie der Determination im einzelnen falsch sein. Autonomie im Kontext der Hermeneutischen Ethik meint nicht die isolierte und atomisierte Einzelentscheidung, sondern die sich im Vollzug der Praxis herausbildende Einsicht in das, was in einer Situation zu tun ist sowohl unter Erfolgs-, Nützlichkeits- wie Ethik-Gesichtspunkten, was die fokussierende Signatur der gesamten Praxis einschließlich ihrer Resultate und Konsequenzen wie technische Strukturen, Institutionen und Organisationen werden soll.

Autonomie ist der existentielle Handlungsraum von Menschen für ihre gesellschaftlich

## 1.3 Interpretationshorizonte für eine nachmoderne Ethik

anerkannte Selbstverwirklichung. Die Sorge des Menschen um sich selbst in seiner Praxis (ob instrumentell, pragmatisch oder theoretisch) ist der Ansatzpunkt für eine Verantwortungsethik auf mehreren Ebenen (Irrgang 1998) wie Institutionenethik, Ethiken der Strukturen und des Handelns angesichts ökologischer Probleme. Gemäß Heideggers Umgangsthese sind Subjekt und Objekt Perspektiven menschlicher Praxis, die sich nicht trennen lassen. Das transformiert die ursprünglich atomistische Interpretation der Autonomie und des Informed Consent radikal. Menschliche Autonomie kann sich nur durch Abarbeiten am Anderen (seien es Subjekte oder Objekte) konstituieren. Auf dem Weg in eine hypertechnologische Moderne plädiert Hermeneutische Ethik nicht für eine modische bzw. postmoderne Verabschiedung des autonom handelnden Subjektes, sondern für seine Kontextualisierung in der jeweiligen Praxis und vermittelt das methodische Rüstzeug zur Selbstverteidigung als sittliches Subjekt wie der damit verbundenen Werte wie Humanität, Privatheit, Identität und Subjektivität.

Ist für die Moderne seit Descartes und Kant Fundamentalismus, Dualismus und Universalismus charakteristisch, so ist Hermeneutische Ethik nachmodern. Aber technologische Moderne mit Innovation, technologischem Fortschritt und Verbesserung der Lebensumstände wird reflektiert befürwortet, wenn sie nicht in Hyperaktivität, Naturzerstörung, passiven Konsum und Vermassung als Erscheinungen einer überbordenden Moderne führen. So lässt sich Hermeneutische Ethik nicht eindeutig zuordnen. Sie verknüpft moderne und postmoderne Eigenschaften und plädiert für die Wiederkehr des modernen, aufgeklärten Individuums unter nun neu bestimmten Umständen. Hermeneutische Ethik ist keine Ethik der präzisen Kontrolle der Phänomene, sondern der Erschließung des Bedeutsamen aus einer personalen Perspektive heraus. Sie beruft sich explizit auf den Urteilenden und den Beobachter und begleitet ihn auf seinem Weg zum ethischen Experten. Jeder kann zum ethischen Experten werden, vorausgesetzt, er unterzieht sich der Mühe, ethische Kompetenz zu erwerben. Die Kunst des Interpretierens und Bewertens muss erlernt, eingeübt und ausgeübt werden. Das pragmatisch-skeptische „Sowohl – als auch" in den basalen Bewertungsperspektiven eröffnet Horizonte für eine Erwägungs- und Abwägungskultur, welche die aristotelische Mitte zwischen zwei Extremalperspektiven mit einschließt.

Das Erkennen von Verpflichtungen im Sinne der Hermeneutischen Ethik führt zur Formulierung von Aufgaben, Zielen und Idealen für mich, meine Firma, mein Institut. Sie schließt die Frage ein: was lässt sich verbessern? Die Regionalisierung von Verpflichtungen wird verbunden mit der Hinwendung zu Adressaten in konkreten Handlungssituationen. Es handelt sich dabei nicht um eine Verbots- und Disziplinierungsmoral. Sie stellt keine Ethik der Vergangenheit dar, obwohl diese zu berücksichtigen ist, sondern der Erhellung der Gegenwart aus der Perspektive der Zukunft. Dabei gilt die Suche nach einem guten Leben als gemeinsame Aufgabe.

Hermeneutische Ethik als Erwägungskunst verändert traditionelle Konzepte:

(1) Der Informed Consent als Reduktionsformel und Ausdruck moderner Autonomie wird in seiner Perspektivität und Notwendigkeit neu fokussiert.
(2) Der Freiheitsbegriff im Autonomiekonzept wird aus der Perspektive einer ethischen Interpretationskunst neu akzentuiert.
(3) Der Informed Consent bedarf einer ergänzenden Konzeption einer Anthropologie des Wertes menschlichen Lebens und menschlicher Praxis.

74                                1. Hermeneutik des Sittlichen

(4) Der Freiheitsbegriff wird vom Vollzug her als Kompetenz, Hermeneutische Ethik als Kunst ausgelegt.
(5) Menschliche Praxis hat eine existential-fürsorgliche und eine instrumentell-technologische Dimension.
(6) Der Wert von Einbettungsfaktoren kultureller wie natürlicher Art wird anerkannt.
(7) Das Konzept eingebetteter Autonomie und Kompetenz fokussiert Expertentum, Ethiktransfer und ethische Abwägungskulturen.
(8) Schadensvermeidung und Langzeitverantwortung sind ethische Paradigmen und Leitbilder.

Die Thematisierung des gelingenden Lebens enthält keine Wiederkehr des Eudaimonismus, sondern eine Fokussierung auf eine Ethik eines Lebens, das wert ist, gelebt zu werden. Dazu dient eine pragmatistisch-phänomenologische Eruierung der Werte und Verpflichtungen, die mit leiblichem Menschsein in einer technologischen Kultur verknüpft sind. Die herrscherliche Konzeption der kantischen Urteilskraft in ethischen Fragestellungen ist zu ersetzen durch die selbstkritische Kunst des angemessenen Interpretierens. Insgesamt ist der philosophischen Skepsis größerer Respekt zu zollen, wobei ich unter Skepsis insbesondere eingehende Untersuchung verstehe. Ziel ist die Durchdringung der Praxis mit Ethik, nicht die Aufstellung einer ethischen Theorie, von der deduziert werden könnte. Hermeneutische Ethik ist in politischer Perspektive die Ethik eines progressiven Liberalismus mit dem Leitbild Nachhaltigkeit (Irrgang 2002c) und sozialer Verantwortlichkeit (Irrgang 1998). Selbstverwirklichung und Freude am eigenen Leben stehen gegen nationale und internationale Kollektivismen mit ihrem Bürokratismus. Dabei darf der Liberalismus nicht einfach vorausgesetzt werden. Vielmehr muss er wie jeder andere ethisch abgesicherte Standpunkt, der als solcher möglich und ausgewogen ist, erst herausgearbeitet werden. Liberalismus als Dogmatismus wäre eigentlich ein Widerspruch in sich selbst. Selbstverwirklichung ist die Bearbeitung und Erfüllung der Aufgabe im Sinne einer Fundamentaloption, die man verfolgt, sowohl als Person, Organisation oder Institution. Dies meint sittliche Verpflichtung im Rahmen einer Praxisanalyse.

Inhaltlich orientiert sich Hermeneutische Ethik an folgenden Paradigmen:
(1) Selbstverwirklichung und Kreativität in der Verantwortung für sich selbst;
(2) Eröffnung von Chancen auf Selbstverwirklichung für andere (Förderung der Kreativität bei Anderen);
(3) maßvolle Schuldzuweisung (Epikie und Verständnis für Schwächen, Endlichkeit und Verletzlichkeit des Menschen);
(4) abgestufte Verantwortung für Nahes und Fernes im Sinne der Subsidiarität;
(5) Gemeinwohl als Verantwortung für das Soziale, im globalen Maßstab Nachhaltigkeit.

Eine Ethik der Selbstverwirklichung im gemeinschaftlichen und natürlichen Kontext (konkreter Verantwortlichkeit) opponiert gegen die traditionelle Pflichtethik als reine Verbotsmoral. Seit Hegel bedeutet Selbstverwirklichung Realisierung des wahren Selbstes oder des eigenen Selbstes, wobei das Selbst nicht vorliegt, sondern sich als permanente Aufgabe darstellt. Selbstverwirklichung sollte im Hinblick auf Langzeitverantwortung als Vision für den stets neu erforderlichen Selbstentwurf gesehen werden, die selbst die Alltagsroutine durchwebt. Für Selbstverwirklichung sind unterschiedliche Visionen möglich. Selbstverwirk-

## 1.3 Interpretationshorizonte für eine nachmoderne Ethik

lichung ist wohl nur im Rahmen einer gemeinschaftlichen Praxis erreichbar, in ihr konstituiert sich das Selbst erst in einem permanenten Rückkoppelungsprozess in der Auseinandersetzung mit der Umwelt, so dass Selbstverwirklichung jedenfalls in der Interpretation der Hermeneutischen Ethik nicht als egoistisch-hedonistische oder narzisstische Lebenseinstellung verstanden werden kann.

Gemeinwohl wird traditionell durch das Interesse aller oder das Interesse einer Gemeinschaft definiert, wobei es naturrechtliche, vertragstheoretische und utilitaristische Interpretationsvarianten gibt. Der Definitionsversuch der Hermeneutischen Ethik zielt nicht auf Interessen ab, sondern auf Ziele, Visionen, Leitbilder, die das Wohl bzw. das Gemeinsame Gute und Wertvolle einer Gemeinschaft befördern können. Es geht um ein Gemeinwohl ohne Kollektivierung (Irrgang 1999b). Gemeinschaften sind zunächst soziobiologisch Sippe und Clan, die wandern. Dorfgemeinschaften setzen die neolithische Revolution voraus. Staaten im Sinne von Gesellschaften entstehen erst mit massiver Hilfe von Technik zunächst in den städtischen Zivilisationen Mesopotamiens und sind die Konsequenz einer kollektiven technischen Praxis. Das Gute und das gelingende Leben hängen also von unterschiedlichen Ausprägungen gemeinschaftlicher Praxis ab und sind in der Menschheitsgeschichte zutiefst mit unterschiedlichen technischen Paradigmen verbunden. Für die Formulierung entsprechender Leitbilder ist also die Konvergenz des Sittlichen und des Nützlichen entscheidend, nicht die Formulierung von Interessen. Die Vision eines lebenswerten Lebens auf der Erde für möglichst viele Menschen unter Einschluss der Sicherung der Grundbedürfnisse, Ermöglichung gemeinschaftlicher wie individueller Selbstverwirklichung in Solidarität mit anderen, Nachhaltigkeit und Langzeitverantwortung erfordert ständige Interpretation und Diskussion darüber, was ein lebenswertes Leben ist. Hermeneutische Ethik ist eine Ethik der radikalen Zukunftsverantwortung und der ständigen Suche nach ihren Konkretisierungen (Irrgang 2002c).

Die Individualisierung der ethischen Urteilsbildung angesichts von Systemzwängen, Sachzwängen und institutionellen Zwängen beruht auf der Wiederkehr des menschlichen Individuums in den technologischen Strukturen, die von ihm geschaffen wurden, was der Mensch allerdings weitgehend vergessen zu haben scheint. Insofern bleibt das Eigenleben des Technischen immer noch begrenzt. Zwangsmoralen, Verbotsethiken und Disziplinierungsexzesse produzieren Menschenmaterial, das man verheizen kann. Dagegen stellt sich eine Ethik des aufgeklärten Selbstbestimmungsrechtes im sozialen Kontext. Dieses steht in der Skepsis-Tradition und umfasst folgende Wertebasis:

Eine Ethik des aufgeklärten Selbstbestimmungsrechtes als Grundlage für Selbstverwirklichung umfasst:

(1) reflektiertes, aufgeklärtes und informiertes Selbstbestimmungsrecht (Informed Consent);
(2) Leitbild konkreter Humanität, Toleranz und Fairness;
(3) Ethos nüchterner Sachlichkeit;
(4) Allgemeinwohl und Langzeitverantwortung;
(5) Leitbild des leiblichen Menschen in seiner Verletzlichkeit;
(6) Vision einer nachhaltigen und ein gutes Leben ermöglichenden technologischen Struktur.

In einer Hermeneutischen Ethik verbindet sich eine Konzeption der Ethik als Interpretationskunst mit dem Leitbild einer sozial verantwortbaren menschlichen Selbstverwirklichung im Hinblick auf die Realisierung von Zukunftsverantwortung. Ohne autonome und kompetente Individuen gibt es auch keine Interpretationsgemeinschaft. Angestrebt wurde in der Ethik die apriorische Begründung allgemein verpflichtender Normen. Trotz einer Wollensethik im Rahmen einer Ethik menschlicher Autonomie sind Verpflichtungen keineswegs unwichtig. Sollensethik ist historisch gesehen eine religiöse Ethik. Kant wollte seine Ethik auf ein unbedingtes Sollen gründen. Die Wollensethik bleibt hingegen durchgängig im Deskriptiven. Daher muss für eine Wollensethik die Hürde des naturalistischen Fehlschlusses verweigert werden (Hossenfelder 2000). Die Vertragstheorie geht von den Zielen der Menschen aus. In diesem Kontext können zukünftige Generationen genauso wenig befragt werden wie alle Individuen einer Generation. Die Idee des Rechtes basiert auf der Verhinderung von Zweckkonflikten. Recht ist erforderlich in einer Gemeinschaft. Es geht um gemeinsame Ziele. Da also eine Gemeinschaft nie unmittelbar handlungsfähig ist, sondern ein gemeinsamer Wille immer erst für die Einzelwillen hergestellt werden muss, so ist das Individuum das eigentliche Subjekt aller Zwecksetzungen.

## 2. Anthropologische Fundierung: Menschlich-technische Praxis als Interpretationsansatz einer Hermeneutischen Ethik

Ziel dieses Buches ist es, eine Kunstlehre ethischer Abwägung herauszuarbeiten, die es Menschen ermöglichen soll, in komplexen, meist technisch induzierten Alltagssituationen pragmatisch brauchbar und sittlich verantwortbar zu handeln. Damit soll die Kluft zwischen Alltagsmoral und Expertenurteil etwas vermindert werden. Traditionell war der Nutzen technischer Handlungen so klar, dass der klassische Utilitarismus glauben konnte, an den Folgen von technischen Handlungen unmittelbar ihren (sittlichen) Wert für die Beförderung menschlichen Glücks ablesen zu können. Andererseits meinte Kant, sittlichen Wert und Nutzen menschlicher Handlungen voneinander so abgrenzen zu müssen, dass beide nichts miteinander zu tun haben dürften. Eine genaue akademische Diskussion und Interpretation von Bentham und Kant habe ich in Irrgang 1998 vorgelegt und brauche sie hier nicht zu wiederholen. In den letzten gut zweihundert Jahren erfolgte eine solche Expansion des Dienlichen und des Nützlichen, dass sich beide Positionen heute nicht mehr eignen, als Leitmethode für die Suche nach den jeweils angemessenen Weisen menschlicher Handlung herangezogen werden zu können. Ethik als Wissenschaft auf der Basis des kategorischen Imperativs (Kant) oder als Ökonometrik des Kosten-/Nutzenkalküls bzw. Glücks-/Leidenskalküls sind als Grundlage für anwendungsbezogene Ethik ungeeignet.

### 2.1 Personal realisierte Freiheit, Situationsangemessenheit der Handlung und sittliche Zuschreibung

Serienmörder und Triebtäter werden immer wieder als Beispiele gegen die Willensfreiheit des Menschen angeführt. Denn offenbar ist ein Großteil der Kriminellen für ihre furchtbaren Verbrechen biologisch prädisponiert. Das Augenmerk der Forscher gilt dabei vor allem dem Stirnhirn, einem Areal direkt hinter den Augen, das für den Erwerb sozialer Fähigkeiten und die Kontrolle unserer Emotionen eine zentrale Rolle spielt. In der Kindheit machen Menschen die Erfahrung, dass unsoziales Verhalten Sanktionen nach sich zieht. Wenn sie daher künftig im Begriff sind, eine wichtige Verhaltensregel zu brechen, versucht das Stirnhirn dies durch eine Hemmung des Handlungsimpulses zu verhindern. Aus diesem Grund wird Moral offenbar auch weniger abstrakt gewusst als intuitiv empfunden. Fällt diese Kontrollinstanz aber aus, schreckt der Mensch auch vor Aggression, Lüge und Gewalt nicht mehr zurück. Wessen Frontalhirn bei der Geburt durch Sauerstoffmangel geschädigt wird oder wer als Kleinkind in diesem Areal eine Kopfverletzung erleidet, wird möglicherweise kein voll funktionsfähiges Gewissen entwickeln (Spektrum Dossier 1/2003, 59). Wer immer sich heute über Schuldfähigkeit Gedanken macht, ist gut beraten, die Erkenntnisse der Hirnforschung zur Kenntnis zu nehmen. Dass Täuschungen und Schwindeleien unsere ständigen Begleiter sind, gilt längst als wissenschaftlich erwiesen. Die Forschungsergebnisse nehmen der Lüge Stück für Stück ihren negativen Nimbus. Viele Anthropologen meinen, das so ausgeprägte menschliche Talent für subtile Finten und gerissene Betrügereien sei keineswegs eine bedauerliche Fähigkeit. Sie entspringe keiner Neigung zum Bösen, sondern sei vielmehr essentieller Bestandteil unserer sozialen Intelligenz. Das Lügen dient vor allem dem persönlichen Profit und der Übervorteilung von anderen. So kann die Lüge als soziales Schmier- und Betäubungsmittel gelten, das jedem von uns genehm ist (Spektrum Dossier 1/2003, 72–74).

Das Argument, dass den Menschen ein freier Wille charakterisiert, der eine einzigartige Unvorhersagbarkeit impliziert, die völlig verschieden ist von der Determinierung der Maschinen, bedarf sowohl der Erklärung als auch der Erhärtung. Aber Verantwortungszuschreibung und Strafe ist völlig vereinbar mit Determinismus und der Möglichkeit, Voraussagen in der dritten Person zu machen. Das Gefühl der freien Wahl ist keine Illusion in irgendeinem brauchbaren Sinn. Illusionen können sich auflösen, aber einem Menschen die Illusion nehmen zu wollen, dass er seine Wahl doch nicht getroffen habe, ist logisch unmöglich, da jede Mitteilung über seine Wahl unmittelbar falsifiziert wird (Scriven 1994, 103).

Handlungsleitende Gründe zeichnen sich u. a. dadurch aus, dass sie eine Handlung nicht einfach bewirken, so wie ein Reiz oder ein Affekt eine Reaktion herbeiführt, vielmehr vermag eine Person zu ihren Gründen Stellung zu nehmen, sie kann sie akzeptieren oder verwerfen. Die entscheidende Frage, ob Gründe physisch realisiert sein können, ist daher, ob Überlegungen, in denen Gründe wirksam werden, neuronal realisiert oder mit physischen Prozessen identisch sein können (Pauen 2005). Um das Phänomen erfassen zu können, muss man vielmehr nur behaupten, dass die kognitiven Prozesse, in denen Gründe wirksam werden, neuronal realisiert sind. Gründe sind als Kriterien freier Handlungen anzuerkennen. Zweifellos sind unterschiedliche Verfahren zur Bestimmung derjenigen Präferenzen denkbar, die für eine Person konstitutiv sind. Das sinnvollste scheint mir in der dispositionalen Fähigkeit einer Person zu bestehen, sich wirksam gegen eine Präferenz zu entscheiden, die sie faktisch besitzt. Sofern der Weintrinker nicht alkoholabhängig ist, könnte er seine Präferenz ändern, z. B. wenn ihm ein anderes Getränk besser schmeckt oder gesünder erscheint. Dem Alkoholabhängigen wie dem Drogensüchtigen dagegen dürfte die dispositionale Fähigkeit fehlen, sich gegen Zwang bzw. Sucht zu entscheiden. Es liegt auf der Hand, dass ein solcher Vorschlag wesentlich ausführlicher diskutiert werden müsste. Dennoch zeigt er, dass der Kompatibilismus über Alternativen verfügt, wenn Gründe kein geeignetes Kriterium für freie Handlungen liefern – und dafür gibt es gute Gründe (Pauen 2005).

Libet untersucht die Beziehung zwischen Ereignissen im Nervensystem und dem Bewusstsein. Dabei geht es insbesondere um die zeitlichen Beziehungen zwischen neuronalen Ereignissen und bewusster Erfahrung. Die Hirnereignisse, die willkürliche Bewegungen hervorbrachten, traten 350 ms vor dem Zeitpunkt auf, zu dem der Teilnehmer ein Bewusstsein von seiner Entscheidung hatte. Dieses Ergebnis scheint nahe zu legen, dass das Bewusstsein einer getroffenen Entscheidung am besten als Resultat von Gehirnprozessen aufgefasst wird, die in Wirklichkeit die ganze Arbeit leisten, anstatt Teil der kausalen Kette von Ereignissen zu sein, die zu einer Entscheidung führen. Zweitens weist Libet darauf hin, dass es trotzdem genügend Zeit gibt, um ein Veto gegen eine Handlung einzulegen, sobald man sich seiner Absichten bewusst ist. Libet glaubt, dass diese Beobachtung die Tür für traditionelle Vorstellungen von Willensfreiheit offen hält. Was man kann, wird durch das bestimmt, was man schon ist. Ob man die Handlung unterdrücken wird oder nicht, ist genauso deter-

## 2.1 Personal realisierte Freiheit, Situationsangemessenheit, sittliche Zuschreibung

miniert wie die Faktoren, die die Handlung überhaupt erst einleiten. Kann also die Natur des Gehirns selbst Willensfreiheit ermöglichen? Die Gründe für die Entscheidungen und die vorweggenommenen Konsequenzen werden konstruiert, die für die spezifisch vorliegende Situation geeignet sind. Wie Libet bemerkt, können wir tatsächlich eine Handlung unterbinden, und diese Entscheidung ist nicht im voraus festgelegt. Wir treffen Entscheidungen aus Gründen, und diese Gründe sind unsere Gründe (Libet 2005).

Vielleicht beginnen alle bewussten geistigen Ereignisse in Wirklichkeit unbewusst, bevor überhaupt ein Bewusstsein erscheint. Gedanken verschiedener Art, Vorstellungen, Einstellungen, kreative Ideen, das Lösen von Problemen usw. entwickeln sich anfänglich unbewusst. Solche unbewussten Gedanken erreichen nur dann das Bewusstsein einer Person, wenn die geeigneten Gehirnaktivitäten lange genug andauern. Der Gebrauch der Stimme, das Sprechen und das Schreiben fallen unter dieselbe Kategorien, d. h. sie werden wahrscheinlich unbewusst eingeleitet. Das Spielen von Musikinstrumenten, wie etwa Klavier oder Geige, oder das Singen beinhalten notwendig ebenfalls einen ähnlichen unbewussten Vollzug von Handlungen. Alle schnellen motorischen Verhaltensreaktionen auf ein sensorisches Signal werden unbewusst vollzogen. Viele Kategorien im Sport fallen unter diese Kategorie. Auch schnelle Reaktionen auf Signale. Unbewusste geistige Funktionen können schneller ablaufen, wenn sie von kürzer dauernden neuronalen Aktivitäten realisiert werden. Das Erscheinen von bewusster Erfahrung hat einen „alles oder nichts" Charakter. Das Schwellenbewusstsein taucht ziemlich plötzlich auf. Der vorbereitenden Vorstellung, dass Menschen einen kontinuierlichen Bewusstseinsstrom haben, wird von der Time-on-Bedingung für Bewusstsein widersprochen. Bewusste Denkprozesse bestehen aus diskontinuierlichen separaten Ereignissen (Libet 2005).

In den letzten Jahren wurden neue Arten von Gehirnzellen entdeckt, die unsere Vorstellungen von der Arbeitsweise unseres Gehirns möglicherweise revolutionieren können. Spiegelzellen als neue Formen von Neuronen lassen uns z. B. den Schmerz der fremden Frau empfinden. Sie ermöglichen das Einfühlen in Andere, das auch die Phänomenologie beschrieben hat. Auch Arten von „Greifzellen" wurden als Neuronen erkannt, die das Greifen und Festhalten von Dingen auch bei anderen Personen notieren. Die Motorik ist von der Sensorik zwar in der Regel strikt getrennt, aber bei Spiegelzellen können sowohl Wahrnehmungen wie Bewegungen fremder Personen nachempfunden werden. Aufgrund von Spiegelzellen können wir uns in den anderen hineinversetzen. Wir simulieren sein Vorgehen und sein Erleben uns gegenüber. Dass nicht unsere Handlungsimpulse aktiviert werden, liegt daran, dass Spiegelzellen um den Faktor 1000 weniger auftreten als die eigene Sensomotorik, so dass das Hineinfühlen in andere als solches auch erkannt wird. Die Reaktionen sind daher andere, als wenn wir selbst betroffen werden. Man nennt dies auch Echopraxie. Diese kann aber auch zu Fehlinterpretationen führen, z. B. das Lächeln des Delfins wird von uns in das Gestaltmuster des Delfins schlicht und ergreifend bloß hineingelegt (Kast 2003).

Das Bewusstsein der Freiheit ist nach Libet nicht identisch mit Freiheit selbst, wenn man beides punktuell auffasst. Offenbar ist das Modell der Entscheidungsfreiheit das falsche Konzept. Dann sind aber auch spiel- und entscheidungstheoretische Modelle zu abstrakt und letztlich nicht mehr als Spielerei. Wir müssen Freiheit und Bewusstsein als leiblich induziert und eingebettet denken lernen, nicht atomisiert und punktuell, sondern als Momente menschlicher Praxis. Praxis beruht auf Lernen und setzt implizites Wissen und Können, feinmotorische Intelligenz und Sprachkompetenz voraus. Teile menschlicher Praxis sind selbstverständlich determiniert: durch den menschlichen Leib, die geschichtliche Situation, die ökologische Umgebung. Damit steht Lernen im Möglichkeitsraum von Determinierungsfaktoren, die letztendlich menschliche Praxis überdeterminiert haben. Damit ist menschliche Praxis selbst höchstens in einem weichen Sinne determiniert. Unsere Handlungsziele sind nicht willkürlich, sondern hoffentlich vernünftig, d. h. situationsangemessen. Ich interpretiere das als weiche Determiniertheit, aber nicht als sklavischen Zwang wie die traditionellen Determinismusbefürworter.

Erlebte Urheberschaft ist erlebte Bedingtheit durch den Willen. Es geht um die Ideen des Tuns, der Urheberschaft und des Handlungssinns. Ein Wunsch muss also eine bestimmte Rolle erfüllen, um ein Wille zu werden: Er muss uns in Bewegung setzen. Ein Wunsch muss also handlungswirksam werden. Dass ein Wunsch das Verhalten im Sinne eines Willens zu lenken beginnt, bedeutet, dass ein gedanklicher Prozess in Gang kommt, der sich mit der Wahl der Mittel beschäftigt. Es kennzeichnet die Entstehung eines Willens, dass sich eine Bereitschaft entwickelt, die nötigen Schritte auch wirklich zu tun. Der Wille hat Grenzen. Sie bestehen darin, was die Wirklichkeit zulässt und was nicht. Die Begrenztheit des Willens ist das eine, die Begrenztheit unserer Fähigkeiten das andere. Ein anderer Fall ist der erfolglose Versuch im Sinne eines vereitelten Handelns (Bieri 2005).

Unser Wille entsteht nicht im luftleeren Raum. Instrumentelle Entscheidungen führen oder setzen auch einen instrumentellen Willen voraus. Anders ist es, wenn die Situation neu und kompliziert ist oder wenn der erforderliche Wille einen zeitlich größeren Spannungsbogen haben soll. Dann treten wir in einen Prozess ausdrücklichen Abwägens verschiedener Möglichkeiten ein, an dessen Ende die sorgsam abgewogene Entscheidung und der langsam gereifte Entschluss steht. Entscheidend ist Willensbildung durch Überlegen. Die Qual der Freiheit ist nötig, denn wir brauchen sie, um uns als Subjekt zu erfahren, das Urheber seines Willens ist. Wir können an der Erfahrung der Freiheit drei Komponenten ablesen, die sich dadurch, dass sie ineinander greifen, zur Gewissheit der Offenheit verdichten. Die eine ist die Erfahrung des Entscheidens überhaupt: Sie sind es, der durch sein Überlegen und seine Phantasie darüber bestimmt, ob sie gehen oder bleiben. Froh sind sie zweitens darüber, dass Entscheidungen widerrufbar sind oder genauer: dass die eine durch eine nächste gegenteilige abgelöst werden kann. Es ist unmöglich, im voraus abschließend zu wissen, was wir wollen und tun werden. Mit einer Variation der Umstände würde auch der Gehalt des Willens variieren. Die Freiheit des Willens liegt darin, dass er auf ganz bestimmte Weise bedingt ist: durch unser Denken und Urteilen (Bieri 2005).

Es ist ein fundamentaler Fehler, den Unterschied zwischen Freiheit und Unfreiheit des Willens mit dem Kontrast zwischen Unbedingtheit und Bedingtheit in Verbindung zu bringen. Beides, die Freiheit ebenso wie die Unfreiheit, sind Phänomene, die es, begrifflich gesehen, nur im Rahmen vielfältiger Bedingtheit geben kann. Wir brauchen kein reines Subjekt, um die Erfahrung von Freiheit und Unfreiheit zu beschreiben. Also muss man für eine gewisse moderate Unbedingtheit plädieren (Bieri 2005). Die Anstrengung, das Verständnis des eigenen Willens zu vergrößern, ist oft das einzige Mittel, um eine Lebenskrise zu bewältigen. So ist es auch bei der Erfahrung der Revolte gegen die innere Zensur. Es gehört zum Wesen von Selbstbildern, dass sie Zensur mit sich bringen: was ihnen nicht entspricht, ist verboten. Das Selbst ist etwas, das sich erst durch Aneignung herausbildet (Bieri 2005). So kommt es zu Facetten der Selbstbestimmung. Das Erlebnis selbst des anderen können wir nicht nachvollziehen, wohl aber die Art Erlebnis, die der andere in Analogie zu mir hat. Da das gesunde Gehirn in der Regel bei allen Menschen sehr ähnlich funktioniert, ist diese Unterstellung nicht unplausibel.

Das Kompetenzmodell menschlich leiblicher Freiheit geht nicht von Rationalisierungen wie Handlungsgründen aus, sondern von empirisch gesättigten anthropologischen Interpretationskonstrukten. Das implizite Wissenkönnen macht den größten Teil unserer Praxis aus. Der größte Teil unserer Praxis wird unbewusst ausgeführt – das ist nichts neues. Wissenschaftliche Reflexion und Konstruktion sowie alltagsweltliche Selbsterfahrung sollten einander ergänzen. Die wesentliche Verzögerung beim sensorischen Bewusstsein bedeutet letztendlich, dass das Bewusstsein unserer Sinneswelt bereits interpretiert ist, wenn wir seiner bewusst werden. Implizites Wissen und implizites Können sind Bestandteile der vorbewussten Freiheit. Dies scheint ein Widerspruch in sich selbst zu sein, ist aber Teil der leiblich eingebundenen menschlichen Freiheit und Kreativität, welche sich in menschlicher Praxis ausdrücken. Das Mentale schließt das implizite Wissen und Können mit ein, also auch das Unbewusste.

Erfolgreiche Handlungen sind nicht willkürlich oder zufällig, sondern angemessen. Eine freie Handlung entsteht aus dem Erfassen, aber Situationen determinieren sie nicht. Ein adäquater Begriff freier menschlicher Praxis übertreibt weder in der einen noch in der anderen Hinsicht. Unsere Handlungen sind geworden, aber auch gewollt und frei, mal mehr, mal weniger. Routine und Innovation sind keine Gegensätze, sondern im „Sowohl – als auch" der Interpretationshorizont für Praxis. Letztlich ist absolute Freiheit ein christliches Theologumenon. Es ist unrealistisch angesichts der menschlichen Natur. Handlungsfreiheit ist ein Interpretationskonstrukt, das auf vielfältigen Wurzeln beruht. Freiheit setzt die reflexive, die sprachliche und die interpretative Ablösung von den Dingen und den Handlungen, also ein gewisses Selbstverhältnis voraus. Dieses Selbstverhältnis kann vermutlich nicht nur in einer Weise realisiert sein. Implizites und explizites Wissen und Können ermöglicht unterschiedliche Freiheitsgrade. Auch der Glaube im Sinne des impliziten Wissens kann als Disposition verstanden werden. Dispositionen ermöglichen „geringere" Freiheitsgrade als explizite Reflexion, sind aber für das Alltagsleben vermutlich wichtiger. Wir glauben, dass wir moralisch verantwortlich sind, weil wir Teilnehmer einer moralischen Praxis sind. Dieser Glaube beruht auf der Annahme, dass wir Menschen eine einzigartige Fähigkeit besitzen, einen freien Willen. Dabei gibt es eine stärkere und schwächere Lesart der Willensfreiheit (Lohmar 2005).

Man wählt keinen Charakter, man kann sich überlegen, seine Ernährungsgewohnheiten zu ändern, um seinen Gesundheitszustand zu verbessern. Insofern gibt es Relevanzbedingungen für Optionen. Überlegungen und Motivationsstrukturen haben ebenfalls rationale Komponenten. Es gibt auch wünschenswerte Effekte für die Entwicklung meines Charakters. Verantwortlichkeit und charakterliche Kontinuität spielen offenbar eine Rolle. Die Persönlichkeit ist die Grundlage der für die Zurechenbarkeit von Handlungen geforderten Verbindung zwischen Charakter und Handlung. Die Bedingungen für die Übertragung moralischer Verantwortlichkeit ist charakterliche Kontinuität. Es bedarf also für die Übertragung moralischer Verantwortlichkeit nicht einer Freiheit des Willens (Lohmar 2005). Moralische Zurechenbarkeit gehört zu den moralinternen Problemen, die von der metaphysischen Frage, ob der Determinismus wahr oder falsch ist, nicht affiziert wird. Der Zugang zur Frage nach der Berechtigung der Verantwortungszuschreibung über die Qualität des menschlichen Charakters stellt also eine Alternative für die moralische Bewertung im Rahmen der herkömmlichen Begründung mit dem freien Willen dar. Dieser kann gerechtfertigt werden auch ohne den Rückgriff auf eine moralische Praxis.

Philosophie befindet sich nicht auf dem Rückzug, im Gegenteil: neues Wissen erzeugt philosophischen Bedarf. Bisher wird Willensfreiheit entweder als Thema der Naturphilosophie oder der Ethik behandelt. Alle wesentlichen Elemente des philosophischen und des alltäglichen Diskurses über Willensfreiheit umfassen Alternativismus, Intelligibilität und Urheberschaft (Walther 1999, 17). Für Freiheit als Anderskönnen steht das Determinismusproblem, für die Willentlichkeit das Phänomen der Intentionalität und die Frage nach deren Naturalisierbarkeit und für die Urheberschaft das Problem der Rechtfertigung der Zuschreibung moralischer Verantwortlichkeit bzw. persönlich zurechenbarer Reaktionen (Walther 1999, 26). Henrik Walther formuliert alle drei Komponenten der Willensfreiheit so um, dass sie neurophilosophisch plausibel werden. Dies führt in allen Fällen zu einer schwächeren Interpretation der drei Komponenten Alternativismus, Intelligibilität und Urheberschaft. Was resultiert, nennt Walther „natürliche Autonomie" als Selbstbestimmung ohne übernatürliche Kräfte, die auch in einem vollkommen deterministischen Universum möglich ist. Wir sind keine unverursachten Verursacher, die es völlig in der Hand haben, wie ihr Leben verläuft. Wir sind aber auch nicht Marionetten, deren Gedanken und Überlegungen keinen Einfluss auf das haben, was mit ihnen geschieht. Die Nichtexistenz einer starken Form der Willensfreiheit bedeutet nicht, dass jede moralische Ordnung zusammenbrechen wird oder wir den Begriff der Verantwortlichkeit fallen lassen müssen. Wir müssen aber einige Illusionen über uns aufgeben (Walther 1999, 12–14).

Der Begriff der Freiheit umfasst einfach zu viele Dinge (Walther 1999, 30). Die These des Determinismus stellt eine Bedrohung für das Konzept der Handlungsalternativen dar, denn wenn es für alles, was geschieht, Bedingungen gibt, die nur eine Möglichkeit zulassen, dann haben wir gar keine echten Alternativen (Walther 1999, 35). Determinismus und Voraussagbarkeit werden in vielen Diskussionen nicht scharf auseinandergehalten. Es ist bedauerlich, denn Determinismus ist nicht dasselbe wie Voraussagbarkeit. Schon in der klassischen Physik gibt es instabile Systeme, bei denen beliebig kleine Änderungen der Anfangsbedingungen zu großen Änderungen des Systemverhaltens führen (Walther 1999, 38). Eine Handlung mag durch den Charakter des Handelnden sowie die Umstände vollständig bestimmt sein; sein Charakter kann aber durch ein indeterministisches Anderskönnen in der Vergangenheit geformt sein (Walther 1999, 46). In unserer Vorstellung der Willensfreiheit ist nicht nur die Idee eines Anderskönnens enthalten, sondern auch die Idee, dass unsere willentlichen, d. h. auf ein Ziel ausgerichteten, Handlungen und Entscheidungen aus verständlichen Gründen erfolgen. Dieses Charakteristikum der Willensfreiheit nennt Walther Intelligibilität. Um das Intelligibilitätsargument bewerten zu können, müssen wir also eine Theorie darüber haben, wie Gründe in unserem Handeln kausal wirksam werden können. Und dies wiederum setzt eine Theorie der Intentionalität voraus. Urheberschaft bezeichnet die Vorstellung, dass unsere Handlungen und Entscheidungen bei uns liegen. Wir sind ihre Urheber, ihre Quelle, ihr Ursprung, sozusagen ihre Erstauslösung (Walther 1999, 54 f.). Das Hauptproblem für die Theorie der Akteurskausalität besteht darin, dass ihr zufolge Gründe keine Ursachen für freie Handlungen sein können (Walther 1999, 98).

Das Hauptargument für die Annahme einer Akteurskausalität, nämlich die Angemessenheit für eine Alltagserklärung, wendet sich gegen sich selbst. Denn es entsteht die Frage, was in einem solchen Konzept der Handelnde eigentlich ist. Unsere Alltagserklärungen ge-

## 2.1 Personal realisierte Freiheit, Situationsangemessenheit, sittliche Zuschreibung 83

hen davon aus, dass das Wesen eines Handelnden in einer Art innerem Kern liegt, der entweder als Seele oder als Homunkulus bezeichnet ist. Reaktionsfähig zu sein bedeutet, Gründe für eine Handlung sowohl mit ihren möglichen Konsequenzen als auch mit konkurrierenden Motiven abzuwägen und sie in Beziehung zu der eigenen Person zu setzen (Walther 1999, 319–321). Bei Entscheidungen stehen nicht alle notwendigen Informationen zur Verfügung um eine kluge und angemessene Entscheidung zu treffen, oder die Konsequenzen von Entscheidungen sind nicht vorhersehbar. Dies gilt gerade für wichtige Lebensentscheidungen, wie ein Berufswechsel, eine Heirat oder ein Umzug. Solche Entscheidungen müssen bekanntermaßen oft eine Weile reifen, bis einem klar wird, was man tun will. Hier hat das Netzwerk des Gehirns länger gebraucht, bis es in ein Energieminimum relaxieren konnte. In solchen Fällen haben sich nicht Pro- und Kontraelemente geändert, sondern ihre Gewichtung. Plötzlich wissen wir einfach, was falsch und was richtig ist. Dafür ist ein wiederholter Reflexionsprozess nötig, der die Argumente so lange in unsere Emotionsschleife einfüttert, bis wir eines Tages fühlen, was richtig und was falsch ist (Walther 1999, 346 f.).

Die Antwort auf das Regressproblem lautet also: der Regress höherstufiger Volitionen wird beendet, indem sich eine Person mit ihren Selbstrepräsentationen gefühlsmäßig identifiziert. Der gefühlsmäßige Abgleich unserer Entscheidungen ist zwar auf den Körper selbst angewiesen, kann aber auch mit höherstufigen Selbstmodellen erfolgen. Zum einen verknüpfen die somatischen Marker Entscheidungen mit autobiografischen Schlüsselerlebnissen, zum anderen können auch sprachlich repräsentierte Selbstmodelle und narrative Selbstkonzepte in den Identifikationsprozess eingeschlossen werden. Doch alle Selbstmodellierungen basieren auf unserem neuronalen Körper selbst. Es ist gewissermaßen die Matrize, auf der die kognitiven Inhalte unseres Selbst geschrieben sind. Denn wenn eine Person eine Entscheidung trifft, die in Einklang mit dem steht, was sie bis jetzt erlebt, getan und entschieden hat, dann ist es gerechtfertigt zu sagen: diese Entscheidung war die Entscheidung der Person, sie gehört zu ihr. Denn woraus besteht eine Person oder ein Selbst sonst, wenn nicht aus der Summe ihrer Dispositionen oder Erfahrungen, die sich in jedem Augenblick neu als ein Ganzes präsentieren muss (Walther 1999, 347 f.)?

Die Vorstellung, dass wir unter identischen Bedingungen auch anders handeln könnten, zugleich aus verständlichen Gründen handeln und der Ursprung unseres Handelns allein bei uns liegt, ist eine Illusion. Damit wird auch der traditionelle Freiheitsbegriff als Illusion akzeptiert. Wir sind dann verantwortlich, wenn unsere Handlungen durch Gründe bestimmt sind, die unsere eigenen sind. Dafür ist es einerseits notwendig, dass wir unsere Gründe reflektieren und bewerten können (Intelligibilität). Andererseits ist aber ein gewisser Handlungsspielraum erforderlich, ein gewisses Maß an Flexibilität und Offenheit, das zur Folge hat, dass wir nicht stur nach einem vorgegebenen Schema handeln (abgeschwächtes Anderskönnen; Walther 1999, 352 f.).

Voraussetzungen für den freien Willen und Verantwortlichkeit sind traditionell alternative Möglichkeiten und letztverbindliche Verantwortlichkeit. Dabei lässt sich aber zeigen, dass beide Konzeptionen nicht gerade konsequent durchdacht sind. Die Position der alternativen Möglichkeiten setzt ein Konsequenzargument voraus, in dem Prinzipien des Krafttransfers geklärt sein müssen genauso wie das Konzept des Könnens. Bei der letztverbindlichen Verantwortlichkeit wird eine Verfügungsmöglichkeit und eine Kontrollmöglichkeit vorausgesetzt, die möglicherweise menschliche Fähigkeiten radikal übersteigt. Im Hinblick auf die

Bedeutsamkeitsfrage ist der Gedanke der Kreativität einzuführen. Die Kreativität des Menschen hängt zusammen mit seiner Autonomie bzw. mit seiner Selbstverwirklichung bzw. Selbsterschaffung. Damit besteht ein enger Zusammenhang zwischen Kreativität und Menschenwürde. Es geht um konkrete Lebensentwürfe und offene Zukunft, um Liebe und Freundschaft aber auch um die Dialektik der Selbstheit. Der sich selbst formende Wille setzt Freiwilligkeit und Kontrolle voraus. Praktische Wahl und praktische Überlegung sind Bestandteile der kreativen Problemlösung. Allerdings können teilweise die Intentionen während der Durchführung der Handlung auch geändert werden (Kane 1996).

Die Entwurfsmöglichkeiten des Menschen, seine Zukunftsbezogenheit, die es in der Natur nicht gibt, gehören mit zu den wesentlichen Kategorien des Tier-Mensch-Unterschiedes. Das Wissen um den eigenen Tod begründet eine endliche, begrenzte Freiheit. Die Willensfreiheit ist ein Phantom und sollte Platz machen für die personale Freiheit, die eine auf den eigenen Charakter bezogene Kreativität ermöglicht. Es geht auch um die Freiheit, andere begleiten zu wollen und dies auch zu können, die Freiheit einer anderen Interpretation und gelegentlich auch die einer anderen Praxis, aber nicht die läppische Freiheit, meinen Arm auf Anweisung heben zu können oder auch nicht. Freiheit ist daher die dem Menschen eigene Form der Menschlichkeit, ein Leben in halbwegs eigener Regie zu führen. Freiheit der Handlung meint nicht die Freiheit auf Befehl meinen Arm oder Finger heben zu können, sondern die Ermächtigung zum eigenen Werk, zur Gestaltung des eigenen Lebens wie zur Selbstverwirklichung.

Die theologische Zuspitzung auf die Willensfreiheit und die Entscheidungsfreiheit für oder gegen Gott impliziert eine Grundhaltung des „Entweder-oder". Sie stellt einen völlig anderen Interpretationshorizont dar als die Handlungsfreiheit. Die Handlungsfreiheit ist bestimmt durch die Wahl der Mittel, wobei die Zwecke quasi naturhaft oder durch Nützlichkeit bestimmt sind. Insgesamt kann im Bereich der instrumentellen Vernunft bzw. einer instrumentellen Geistigkeit von einer Zweck- oder Nützlichkeitsorientierung ausgegangen werden, die nicht zu den höchsten Motivationen geistiger Art menschlichen Handelns gehören, aber trotzdem ihre Berechtigung erhalten. Der Charakter stellt Handlungsdispositionen zur Verfügung, genauer Kompetenzen, die menschliches Handeln ermöglichen, schließt aber das Konzept der Handlungsfreiheit nicht aus. Allerdings wird Freiheit von dem Konzept der Handlungsfreiheit in gewisser Weise eingeschränkt. Der Charakter gibt Rahmenbedingungen für Freiheit vor. Die Rahmenbedingungen für menschliches Handeln sind keineswegs willkürlich, aber auch nicht unveränderlich gegeben. Freiheit realisiert sich in kleineren Änderungen der Rahmenbedingungen, der Bevorzugung von Alternativen, die nicht immer erwartet wurden, ganz selten nur in der heroischen Tat.

Aber auch für seinen Charakter ist Verantwortungsübernahme erforderlich, auch wenn dieser Charakter nur teilweise frei ist. Es gehört zu den gewöhnlichen Entschuldigungsmechanismen, dass der Mensch glaubt, für seinen Charakter nicht verantwortlich zu sein. Dabei gibt es Möglichkeiten seinen eigenen Charakter zu verändern und zu transformieren. So ist eine ständige Überprüfung und Veränderung der Fundamentaloption erforderlich, solange sich diese noch nicht in einem optimalen Zustand befinden. Dies wird für die große Mehrzahl der Menschen der Fall sein, die an ihrer sittlichen Selbstverwirklichung immer noch arbeiten müssen. Dies macht Sinn und erlaubt eine Interpretation von Heraklits Spruch „Sein Charakter ist dem Menschen sein Geschick" (Fragment 119). Geschick wird im Griechischen mit dem Begriff daimon wiedergegeben, wobei daimon der Vorbe-

## 2.1 Personal realisierte Freiheit, Situationsangemessenheit, sittliche Zuschreibung

griff ist des sokratischen „daimonion", des göttlichen Spruches bzw. des Spruches der Seherin, die als Vorläufer des Konzeptes des Gewissens gilt, welches ja ebenfalls Anweisungen vermittelt.

Der Charakter eines Menschen wird konstituiert sowohl durch sein implizites Wissen und Können wie durch sein explizites Wissen und Können. Entscheidend ist das implizite Wissenkönnen, das die Subjektivität zunächst konstituiert, wobei beim Menschen das implizite Wissenkönnen durch höhere Schichten immer wieder beeinflusst wird. Demente Patienten oder andere können zeitweise Teile, auch größere Teile ihrer bewussten Persönlichkeit verlieren, nicht aber die durch implizites Gedächtnis erworbene Persönlichkeit. Gleiches gilt vermutlich auch für sehr viele, auch geistige Behinderungen wie bei Patienten mit dem Downsyndrom. Die Persönlichkeit ist an das Gesamtgehirn gebunden, teilweises Fehlen von Gehirnfunktionen zerstört sie nicht.

In gewisser Weise hat Heraklit eine Position der Interpretation des menschlichen Denkens in seiner verleiblichten Form vorweggenommen, die auch mit den Ergebnissen der modernen Neurophilosophie konvergieren könnte. Von ihm ist in diesem Fragment 119 der so vieldeutige Satz: „Ethos anthropo daimon" überliefert, wobei „ethos" mit Charakter, Persönlichkeit, Wesen, Eigenart und Sitte übersetzt werden kann, während „daimon" mit göttlichem Schicksal oder Geschick übersetzt werden kann. Seine eigene Persönlichkeit oder sein Wesen bzw. seine Eigenart ist dem Menschen also sein Geschick oder, wie wir modern interpretieren würden, seine Aufgabe, die seine göttliche Qualität oder evolutionär betrachtet den Tier-Mensch-Unterschied markieren würde. Es sind also nicht so sehr ethische Prinzipien oder auch theoretische Prinzipien, die das Wesen des Menschen ausmachen, sondern dass er gelernt hat, also Kompetenzen entwickelt hat, mit Wissen und Können umzugehen, auch mit ethischem Wissen und Können. Hermeneutische Ethik hat bereits von dieser grundlegenden Wendung im Ansatz der Ethik Kenntnis genommen, die eine lange Tradition in der Geschichte der Ethik hatte (Irrgang 1998). Der neue Aspekt, der durch die Neurophilosophie mit ins Spiel gebracht wurde, ist der der Kompetenz, d. h. der Befähigung, umgehen zu können. Diese Konzeption der Kompetenz ist nicht identisch mit der traditionellen Lehre naturaler Dispositionen, die auch in den Bereich der traditionellen Tugendlehre hineinpasst, sondern sie besagt, dass naturale Kompetenzen in einer kulturellen Umgebung dazu geführt haben, dass menschliche Gehirne letztendlich Kompetenzen entwickelt haben, die weit über naturale Dispositionen hinausgehen. Sie ermöglichen aufgrund enormer Gedächtnisleistungen auf den unterschiedlichsten Ebenen ein Umgehenkönnen mit Situationen sowohl unter theoretischen wie bewertenden Aspekten. Deuten und Werten gehören in der Beurteilung von Situationen zusammen.

Axel Honneth weist darauf hin, dass das Anerkennen dem Erkennen vorausgeht. Die Entstehung der kindlichen Denk- und Interaktionsfähigkeiten muss als ein Prozess gedacht werden, der sich vermittels des Mechanismus der Perspektivübernahme vollzieht. Wichtig ist auch die Notwendigkeit der Perspektivenübernahme für die Entstehung des symbolischen Denkens (Honneth 2005, 46–48). Die Entstehung des menschlichen Geistes ist an die Voraussetzung einer frühen Nachahmung der geliebten Bezugsperson gebunden (Honneth 2005, 51). Dies entspricht auch den Ergebnissen der modernen Hirnforschung. Anerkennen, to acknowledge, bedeutet dementsprechend, eine Haltung einzunehmen, in der Verhaltensäußerungen einer zweiten Person als Aufforderungen zu einer irgendwie gearteten Reaktion verstanden werden können. Das Gewebe der sozialen Interaktion ist nicht, wie in der Philosophie häufig angenommen, aus dem Stoff kognitiver Akte, sondern aus dem Material anerkennender Haltungen gewebt. Der Grund, warum wir gewöhnlich keine Schwierigkeiten haben, die Empfindungssätze anderer Subjekte zu verstehen, liegt mithin darin, dass wir vorgängig eine Einstellung eingenommen haben, in der uns der handlungsauffordernde Gehalt solcher Äußerungen wie selbstverständlich gegeben ist (Honneth 2005, 57 f.).

Zu berücksichtigen ist dabei, dass der Vorrang der intersubjektiven Anerkennung auf die Idee einer ursprünglichen Nachahmung bezogen bleibt (Honneth 2005, 75). Dabei muss auch die Idee einer möglichen Selbstverdinglichung berücksichtigt werden (Honneth 2005, 90). Wenn der Kern aller Verdinglichung in einer Anerkennungsvergessenheit besteht, dann müssen ihre sozialen Ursachen in Praktiken oder Mechanismen aufzusuchen sein, die ein solches Vergessen systematisch ermöglichen und bestätigen. Nun wird bei Lukacs die Entstehung einer verdinglichenden Haltung durch das Ausüben einer vereinseitigten Praxis unterstellt. So wird der Unterschied zwischen Entpersönlichung und Verdinglichung unberücksichtigt gelassen (Honneth 2005, 99 f.). Es gibt in unserer Gesellschaft Verdinglichungszwänge und Selbstverdinglichungszwänge. Der Charakter derartiger Institutionen, die vom Einzelnen verlangen, sich selber öffentlich darzustellen, kann in hohem Maße variieren. Es gibt Inszenierungszumutungen und Formen der standardisierten Kontaktaufnahme (Honneth 2005, 104 f.). Moral basiert also auf der Aufforderung zu einem bestimmten, qualifizierten Handeln, Ethik die Aufforderung zum ethischen Urteil vor dem Hintergrund einer emotional eingefärbten Praxis, die darauf beruht, sich und den Anderen als jemanden mit einer Ersten Person Perspektive anzuerkennen.

In meinem Aufsatz „Globalisierung der technologisch-ökonomischen Entwicklung und die Wiederkehr des Verantwortungssubjektes" (Irrgang 1999a) habe ich ein Phänomen diskutiert, welches zu den Ausgangspunkten dieses Buches gehört, die Wiederkehr des Verantwortungssubjektes in „Technologiezivilisationen". Gesellschaftliche Selbstorganisation angesichts der Komplexität moderner Technologie und ihrer Gestaltung basiert auf persönlicher Kompetenz von möglichst Vielen, während Einheitsparteien und zentrale Planungsstäbe mit Steuerungsaufgaben überfordert zu sein scheinen. Die Komplexität moderner Technologisierung erfordert Experten- und Laienkompetenz in technischen wie ethischen Fragen. Zugrunde liegt ein älterer Streit zwischen Günther Ropohl und Walther Zimmerli.

Günter Ropohl expliziert in seinem Aufsatz „Die Ambivalenzen technischen Fortschritts und neue Ethik": Politische Techniksteuerung setzt auf Technologiefolgenabschätzung oder Technik-Bewertung. Ethik ist für Ropohl verknüpft mit dem Konzept der ethischen Techniksteuerung. Die traditionelle Konzeption individualistischer Verantwortungsethik versucht, einen gesellschaftlichen Strukturkonflikt auf dem Rücken von Individuen auszutragen (Lenk/Maring 1991, 49). Den technischen Fortschritt kennzeichnet aber weniger eine Zielkrise, sondern eher eine Steuerungskrise. Sollen setzt Können voraus; aber die Verantwortungsfähigkeit der Ingenieure wird von Restriktionen praktischer und theoretischer Art begrenzt. Es handelt sich um schmale Handlungsspielräume, z. B. durch arbeitsvertragliche Restriktionen. Dennoch kann es manchmal zu Arbeitsverweigerungen aus Gewissensgründen kommen. Diese wird aber oft genug gar keinen Beitrag zur Techniksteuerung leisten können.

So bleibt der Ethik nur der wirksame Anruf externer Instanzen oder die unmittelbare Alarmierung der Öffentlichkeit. Moralisches Heldentum wird nicht besonders oft gewählt.

## 2.1 Personal realisierte Freiheit, Situationsangemessenheit, sittliche Zuschreibung

Das Arbeitsrecht spiegelt die Grundsätze der liberalistischen Wirtschaftsauffassung wider. Diese Form aber entzieht sich einer Wirtschaftsethik. Jede Techniksteuerung, ob ethisch oder politisch, wäre ein Sakrileg wider den Geist der unsichtbaren Hand im marktwirtschaftlichen System. Die Arbeitsteilung zwischen Konsumenten und Produzenten führt aber dazu, dass Technikfolgen nicht mehr eindeutig zuzurechnen sind. Der Hersteller hat oft keine Macht über Nutzungsform und Nutzungsmenge, z. B. beim Fernseher. Und technisches Handeln wird oft als Teamarbeit organisiert. Selbstverständlich wird zugestanden, dass kooperatives Handeln individuell übersetzbar ist. Was sich aber systemisch vollzieht, kann nicht mehr personal verantwortet werden (Lenk/Maring 1991, 54–57).

Hinzu kommen Restriktionen einer ethischen Techniksteuerung durch den moralphilosophischen Pluralismus. Der Skandal der Philosophie bestehe darin, kein verbindliches Ziel aufzeigen zu können. Ethik kann höchstens einen wohlbegründeten Minimalkanon materialer Moral entwickeln. Das kleinste Leid der kleinsten Zahl, ein negativer Utilitarismus könnte ein solches Leitbild sein. Technisches Handeln ist wesentlich intermediär, kooperativ und kollektiv, also viel mehr soziales als individuelles Handeln. Hinzu kommt die Arbeitsteilung. Verantwortlich ist nicht der einzelne, sondern die industriewirtschaftliche Organisation (Lenk/Maring 1991, 60–64). Da kollektives Handeln im Gegensatz zu korporativem Handeln nicht koordiniert ist, gibt es in diesem Falle nicht einmal ein überindividuelles moralisches Subjekt.

Die paradoxen Effekte kollektiven technischen Gebrauchshandelns treten häufig als negative Technikfolgen in Erscheinung. Die ethische Besonderheit des intermediären Handelns ist hervorzuheben. Probabilistische Modelle restringieren kollektives Verwendungshandeln auf Risiken. Eine probabilistische Ethik auf individualistischer Grundlage ist aber zum Scheitern verurteilt (Lenk/Maring 1991, 65–68). Eine solche Ethik hat ein stufentheoretisches Defizit. Die theoretische Stimmigkeit und die pragmatische Wirksamkeit der Moralphilosophie ist gefragt. Alle indivdualethischen Anworten auf die Frage „warum überhaupt moralisch sein?" überzeugen nicht. Stufentheoretisch ist zwischen einer individuellen Handlungsebene und einer überindividuellen Beurteilungsebene zu unterscheiden. Ethik ohne Politik ist wirkungslos. Daher müssen Prozesse der Sozialisation, der Sanktionierung und der Gewissensbildung überprüft werden (Lenk/Maring 1991, 70–72).

Walther Zimmerli bezieht im selben Band mit seinem Aufsatz „Verantwortung des Individuums – Basis einer Ethik von Technik und Wissenschaft" eine Gegenposition zu Ropohl und spricht von einer Wiederkehr des Individuums, wobei er allerdings nicht für die Wiederkehr der klassischen Verantwortungsethik plädiert, sondern technologisches und klassisches Handeln unterscheidet. Eine Aufschaukelung aufgrund von Rückkoppelungsprozesse widerspricht dem klassischen kausalen Prinzip, welches klassisches Handeln von technologischem Handeln unterscheidet. Das klassische Prinzip beruhte darauf, dass die Wirkung nicht mehr enthalten kann als die Ursache. Damit werden kumulative Effekte und Toleranzgrenzen nicht mehr bestimmbar. Der Lauf einer einzigen Kugel, obwohl vollständig determiniert, bleibt unvorhersehbar (Lenk/Maring 1991, 79–81). Hinzu kommt die kognitive Unschärfe und die Unmöglichkeit, alle Folgen zu prognostizieren. Darin manifestieren sich Dilemmata der Verantwortungsethik.

Technologisches Handeln produziert unter Bedingungen von Nichtwissen selbstverschuldetes Wissen. Aus der Unabsehbarkeit der Folgen ergibt sich nicht, dass man keine Verantwortung beim Handeln hätte, sondern die Verpflichtung zur Technologiefolgenbewertung.

Der praktische Syllogismus basiert auf dem Verursachungsmodell des linear kausalen Naturdenkens. Er beschränkt sich auf Zielvorstellungen und Mittel. Handeln bei nicht-linearer Kausalität verändert das Handlungsmodell. Diese Tendenz wird noch dadurch verstärkt, dass wir im nicht-linearen Naturmodell handeln müssen. Technologisches Handeln spielt sich im Regelfalle auf überindividuellem Niveau ab (Lenk/Maring 1991, 83–85). Bei technologischem Handeln kann man moralisch für Folgen verantwortlich werden, die man selbst nicht verursacht und auch nicht vorhergesehen hat.

In dieser Situation kommt es häufig zu einer Flucht ins Institutionelle. Wer sich aber nur auf Institutionen verlässt, drückt sich vor der moralischen Verantwortung. Moralische Verantwortung richtet sich an den Menschen persönlich, Haftungsverantwortung an eine bestimmte Rolle. Verantwortlich fühlen kann man sich auch für etwas, das man als Folge noch gar nicht wissen kann. Daraus, dass im technologischen Handeln Handlungssubjekt nicht mehr das Individuum ist, folgt nicht, dass dieses aus der Verantwortung entlassen wäre. Nur individuelle Menschen sind Verantwortungssubjekte. Falls man dies nicht berücksichtigt, kommt es zu einem Abschieben der Verantwortung. Das technologische Handeln hat eine zweistufige Verpflichtung, Modelle und Verfahren für die Umsetzung von objektiven Haftbarkeitsstrukturen in der institutionellen Ebene in Verantwortungsstrukturen der individuellen Ebene zu erarbeiten (Lenk/Maring 1991, 85–87).

Gegen Ropohl ist einzuwenden, dass selbst dann, wenn die Ethik das Steuerungsproblem von Technik nicht lösen kann, sie damit keineswegs sinnlos wird. Nicht allein die Steuerungsfähigkeit, wie im systemtheoretischen Modell unterstellt, ist das ausschlaggebende Charakteristikum von Ethik, sondern die Fähigkeit, neue Modelle des individuellen wie des technologischen Handelns zu erarbeiten. Neben dem praktischen Syllogismus, der bereits eingetretene Fälle beurteilt oder Situationen allgemein bewertet, treten Modelle zukunftsgerichteten menschlichen Handelns und Entscheidens, Leitbilder der Technikverantwortung, die zwar kollektive Projektionen darstellen, aber auf individueller Ebene umgesetzt werden müssen. Je komplexer technologische Gesellschaften werden, umso erfolgreicher werden dezentrale, demokratische Steuerungs- und Gestaltungsmodelle technologisch-ökonomischer Entwicklung, die mit ständig auftretenden Rückkoppelungseffekten besser und schneller zurecht kommen als schwerfällige Bürokratien in Diktaturen oder Staaten mit Einheitsparteien und Fünf-Jahres-Plänen.

Verantwortung im Modell des technologischen Handelns ist erweitert, aber trotzdem individuell zugeordnet. Steuerungsprobleme sind abhängig von der Rahmengestaltung für politisches, ökonomisches, juristisches und technologisches Handeln, wobei in all diesen Bereichen ethisch Normatives in den Rahmenbedingungen der gesellschaftlichen Selbstorganisation enthalten ist. Gerade wenn heute die Rahmenbedingungen menschlichen Handelns in zunehmendem Maße kollektiv ausgerichtet sind, bedarf es, wie Zimmerli zu Recht schreibt, einer Wiederkehr des Individuums, das in der Lage ist, unter bestimmten definierten Rahmenbedingungen moralisch zurechenbar zu handeln. Den Gegensatz, den Ropohl zwischen individuellem sittlich zurechenbarem und verantwortbarem Handeln und technologischem Handeln als kollektivem Handeln konstruiert, kann ich so nicht sehen und nachvollziehen. Vielmehr müssen ethische Leitbilder für Technologiegestaltung so formuliert werden, dass sie individuelles sittlich zurechenbares Handeln ermöglichen.

## 2.2 Menschliche Alltags-Praxis bei Heidegger und Wittgenstein

Das Konzept technischer Praxis verdankt einen nicht unerheblichen Anstoß Gedanken Martin Heideggers zum Umgangswissen, welche eine Öffnung für den Pragmatismus von Phänomenologie und Hermeneutik erlaubt. Martin Heidegger entwirft in den §§ 14 bis 18 von „Sein und Zeit" im Rahmen seiner Analyse der „Sorge" eine Philosophie der Technik, die ganz anders ansetzt als die bis dahin bekannte Philosophie der Technik. Er stößt bei der Analyse des menschlichen Daseins als eines In-der-Welt-Seins auf das Phänomen der Alltäglichkeit des alltäglichen In-der-Welt-Seins. Die Weltlichkeit als All des Seienden ist durch die Räumlichkeit der Umwelt und des Daseins gekennzeichnet. Der grundlegend neue Ansatzpunkt von Heideggers Existentialanalyse ist der Ausgang des Menschen vom Umgang mit der Welt und vom Umgang in der Welt und mit innerweltlich Seienden (Heidegger 1972, 66). Der Umgang hat sich für Heidegger zerstreut in eine Mannigfaltigkeit der Weisen des Besorgens. In der Analyse des Besorgens arbeitet Heidegger das vernehmende Erkennen heraus. Das hantierende, gebrauchende Besorgen hat seine eigene Erkenntnis. Das menschliche Dasein in der Welt ist immer schon in der Weise des Gebrauchens. Auf diese Art und Weise hat Heidegger den vorphänomenologischen Boden erreicht. Durch das sich Versetzen in solches Besorgen ist auch die Struktur der Dinge zu erhellen. Die Dingen hießen bei den Griechen Pragmata. Bei Heidegger meint Praxis aber besorgender Umgang. Bei den Griechen waren mit Pragmata bloße Dinge gemeint. Heidegger eröffnet einen Weg, den Gebrauch der Dinge im Sinne einer Praxis zu verstehen. Im Gebrauch der Dinge kann auch eine Struktur von Wertbehaftetheit eruiert werden (Heidegger 1972, 68).

§ 15 bestimmt zunächst das alltägliche In-der-Welt-Sein des Daseins als Besorgen, das darin begegnende Seiende als Zeug und dessen Sein als Zuhandenheit. Damit wird der Vorrang der Praxis vor der Theorie behauptet, zweitens die Verkürzung der praktischen Sphäre auf das Herstellen von Praxis auf Poiesis, drittens der Zugang zur Welt über das Seiende, das Korrelat eines Besorgens sein kann. Nicht das gemeinsame Sein der Menschen in einer öffentlichen Welt steckt den Horizont ab, sondern das instrumentelle Verhalten des einzelnen Daseins. Die verschiedenen Weisen des um-zu wie Dienlichkeit, Beiträglichkeit, Verwendbarkeit, Handlichkeit konstituieren eine Zeug-Ganzheit. Dieses ist das Phänomen einer Verweisungsmannigfaltigkeit einer vorgängig entdeckten Zeug-Ganzheit, das die Grundlage für den im § 18 entwickelten Weltbegriff abgibt. Die Begriffe, die hier in diesen Zusammenhang gehören, werden mit Auffälligkeit, Aufdringlichkeit und Aufsässigkeit beschrieben (Rentsch 2001, 55–57). Philosophie setzt an bei der Störung des alltäglichen Besorgens. Die Deutung der Angst in Sein und Zeit geht von der Irrelevanz des Seienden aus und zielt auf den Nachweis, dass dessen Belanglosigkeit die Erfahrung der konstitutiven Bedeutung ermöglicht, die der Weltlichkeit der Welt im Weltentwurf zukommt.

Ein weiterer zentraler Punkt bei Heidegger ist die Auslegung des menschlichen Lebens in seiner Alltäglichkeit. Die Philosophie muss zu einer Hermeneutik des Alltags und einer Auslegung des menschlichen Lebens werden bzw. mit einer Erfassung alltäglicher Lebensvollzüge beginnen, die vor allen Beschreibungen der Einzelwissenschaften wie z. B. der Biologie und der Psychologie ansetzt. Heidegger analysiert das menschliche Leben unter drei Gesichtspunkten: Dasein, Mitsein und Selbstsein. Obwohl Heidegger in diesem Zusammenhang durch seine mitunter pejorative Rhetorik und eigenwillige Wortwahl suggeriert, das alltägliche Sein des Daseins als Man sei eine im normativen Sinne mindere Form der Existenz und von dem eigentlichen, d. h. eigens ergriffenen Selbst zu unterscheiden, macht er andererseits expressis verbis immer wieder darauf aufmerksam, dass es ihm nicht um eine Herabminderung der Faktizität des Daseins geht. Heidegger begründet so eine Ethik der Authentizität, in der der Gedanke der Fürsorge allerdings anklingt. Fürsorge ist der Name für die charakteristische Gestalt, welche die Sorge im Kontext des Mitseins annimmt. Dabei kann die Fürsorge eine paternalistische Tendenz entfalten oder aber sich als vorspringend-befreiende Fürsorge und als Hilfe zur Selbsthilfe begreifen (Rentsch 2001, 95–97).

Dass wir sind und zu sein haben, das drückt gemäß Heidegger die Faktizität und Geworfenheit unseres Lebens aus. Auch wenn wir in unserem Leben vieles verändern können – Wohnorte, Berufe, Partner, Freunde und Lebensstile lassen sich austauschen –, können wir uns der Tatsache, dass wir leben und diesem Leben eine bestimmte Gestalt verleihen müssen, nicht entziehen. Das Dasein wird vor allen Dingen als Verstehen und Auslegung, d. h. als entwerfendes Leben verstanden. Wir gebrauchen zuweilen in ontischer Rede den Ausdruck „etwas verstehen" in der Bedeutung von „einer Sache vorstehen können", „ihr gewachsen sein", „etwas können" (Rentsch 2001, 99–101). Die Betonung des Entwurfscharakters, die sich in unmittelbarer Folge der Befindlichkeitsanalyse insofern eigenartig ausnimmt, als dass mit den vorhergehenden Analysen ja gerade der Umstand der Geworfenheit des Daseins akzentuiert wurde, ergibt trotz aller Spannungen, die Heidegger sich an dieser Stelle einhandelt, einen Sinn, da er sich darum bemüht, das Verhältnis von Passivität und Aktivität, von Rezeptivität und Spontaneität, fundamentalontologisch zu reformulieren. Der Begriff der Auslegung, der sich traditionell vorrangig auf den Umgang von Lesern mit Texten bezogen hatte, wird im Rahmen der existentialen Analytik nun für den Umgang des Menschen mit Welt insgesamt verwendet (Rentsch 2001, 103 f.).

In der Hermeneutik der Alltäglichkeit des In-der-Welt-Seins wird Gerede, Neugier und Zweideutigkeit von Heidegger als die Formen des Verfallens an die Alltäglichkeit hervorgehoben. Das Verfallen ist ein Strukturmoment des Daseins, für welches der Einzelne nicht zur Verantwortung oder Rechenschaft gezogen werden kann. Sich im Strom öffentlicher Ausgelegtheit treiben zu lassen, zu reden, was man redet und zu schreiben was man schreibt (Gerede, Geschreibe), aufzumerken wo man aufmerkt (Neugier) und gar nicht ermitteln zu können, was einem selbst tatsächlich zugehört und was man nur mittels der unreflektierten Teilnahme an einem überlieferten Bestand institutionalisierter Praktiken als zu sich gehörig erfährt (Zweideutigkeit), dies macht uns aus, ob wir dies wollen oder nicht (Rentsch 2001, 112 f.).

Heideggers Dasein ist heroisch. Angesichts des Todes ergreift das Dasein emphatisch sich selbst. Es ist das Man, das sich vor dem Tode fürchtet und zittert (Rentsch 2001, 147). Heidegger macht die für das moderne Denken charakteristische Trennung von Sein und Sollen, Tatsachen und Werten, Beschreibungen und Vorschriften systematisch nicht mit und unterläuft diese, wodurch die von ihm benutzten Ausdrücke starke normative Assoziationen auslösen. Die Versuchung ist groß wegen darin vorkommenden Ausdrücke wie Gewissen, Schuld und Entschlossenheit hier so etwas wie eine Ethik der Authentizität aus dem Heideggerschen Text zu rekonstruieren. Auf der anderen Seite sind seine Beteuerungen seiner Ethikabstinenz nicht zu übersehen (Rentsch 2001, 150 f.). Nicht zu leugnen ist jedenfalls seine Ethik der Eigentlichkeit. Selbstwahl, Gewissen, Verantwortung und Entschlossenheit sind die Wege, wie man eigentlich wird (Rentsch 2001, 157). Mitsein also ist für

## 2.2 Menschliche Alltags-Praxis bei Heidegger und Wittgenstein

Heidegger ein Existential und das, was er Gewissen nennt, ist eigentlich die aristotelische Klugheit (Rentsch 2001, 166 f.).

Die Zukünftigkeit fundiert und ermöglicht das verstehende Existieren (Rentsch 2001, 200). In der an Husserl anknüpfenden Schule der Phänomenologie und in der neuen Phänomenologie rückt Leiblichkeit und Sinnlichkeit ins Zentrum der Analysen. Eine weitere Bedingung der Möglichkeit, sein Dasein sein zu können, ist sicherlich neben der Jemeinigkeit das Mitsein mit anderen. Erst in der interexistentiellen Differenz vermag sich auch so etwas wie ein – uneigentliches wie eigentliches – Selbstverständnis zu konstituieren (Rentsch 2001, 215). Es ist sehr wichtig auf das hinzudeuten, was auch Thomas Rentsch als den Mangel der Heideggerschen Daseinsanalyse empfindet und hier ein Interexistential als Ergänzung an die Seite stellt. Ebenfalls zentral ist seine Aussage über die Leiblichkeit. Beiden Punkten möchte ich ausdrücklich zustimmen, die mir für eine Interpretation Heideggers aus der Perspektive einer Philosophie der Praxis als unverzichtbar erscheinen. Die gesamte Analyse lässt sich konstitutionstheoretisch als Existentialpragmatik bezeichnen, sie lässt sich in die Nähe der Gebrauchsanalysen des späten Wittgenstein zur Bedeutungskonstitution rücken. In den Analysen Heideggers zum Hantieren, zum Zuhandenden und Vorhandenen ist indirekt immer auch von der lebendigen menschlichen Hand die Rede. Menschliche Leiblichkeit wird in den Analysen aber ausgeklammert (Rentsch 2001, 217).

In diese Richtung gehen auch meine eigenen Analysen (Irrgang 2005a, Irrgang 2005b). Alltäglichkeit war einer der ersten innovativen Grundbegriffe, die Heidegger als Existential einführte, und zwar in § 9. Die Ebene des zunächst und zumeist Üblichen, Bekannten, Vertrauten und so Selbstverständlichen wurde methodisch bewusst als Ausgangspunkt der Analyse gewählt (Rentsch 2001, 224). Der Grund, warum Heidegger seine Analysen in „Sein und Zeit" abgebrochen hat, bevor er sein eigentliches Ziel erreichte, ist nicht zuletzt darin zu sehen, dass er in zunehmendem Maße Philosophie nicht mehr für eine Wissenschaft hält, sondern für eine anweisende, auffordernde Protreptik (Rentsch 2001, 275). Ich würde dieses unterstützen bzw. für die Ethik verschärfen, indem ich vom Kunstcharakter der hermeneutischen Ethik spreche.

Thomas Rentsch fragt im Anschluss an Martin Heidegger nach der Konstitutionsart des menschlichen Welt- und Selbstverhältnisses. Er entwickelt eine existenziale Grammatik und eine Interexistentialanalyse. An der Basis der unhintergehbaren lebensweltlichen Alltäglichkeit lassen sich kommunikative Interexistentiale in der Rede und Praxis herausarbeiten, die für unsere Weltorientierung und unser praktisches Selbstverständnis vor jeder subjektiven, privaten und ebenso vor jeder bloß theoretischen, reduktiven einzelwissenschaftlichen Orientierung konstitutiv sind. In der Alltagspraxis sind deskriptive und präskriptive Aspekte der Semantik pragmatisch verschränkt. Rentsch verortet seine Analyse des Begriffs der Praxis in einer systematisch weitreichenden Verbindung in der Fein- und Tiefenstruktur der Werke von Wittgenstein und Heidegger. Dies ist möglich, denn (1) Heidegger wie Wittgenstein destruieren eine Vorhandenheitsontologie bzw. eine Vorhandenheitssemantik; (2) wird diese Destruktion ermöglicht durch eine Radikalisierung der Sinnkritik und der sinnkritischen Konstruktionsanalysen und (3) führt die sinnkriteriale Destruktionsbewegung der Analyse sowohl bei Heidegger als auch bei Wittgenstein zu einer tiefgreifenden anticartesianischen Kritik der klassischen Bewusstseinsphilosophie. (4) An die Stelle der klassischen Ontologie, Bewusstseins- und Transzendentalphilosophie wie auch Semantik tritt nun bei beiden der Rekurs auf die Unhintergehbarkeit lebensweltlicher Alltagspraxis. Diese werden verbunden mit pragmatischen Analysen der Sinnkonstitution. (5) Die pragmatischen Elemente wie Zuhandenheit, Sorge, Bedeutung und Gebrauch führen zu einem Holismus, der auch die traditionelle Wahrheitskonzeption kritisiert. (6) Ist eine Tiefenhermeneutik herauszuarbeiten. (7) Die tiefenhermeneutische Komponente soll das Verdeckte und Verborgene im doch offen zu Tage Liegenden freilegen. (8) Aspekte der Tiefenhermeneutik sind dann als in der Alltäglichkeit verborgene herauszuarbeiten (Rentsch 2003, 12–17).

Erster Anknüpfungspunkt ist Wittgensteins Gebrauchstheorie der Bedeutung (Rentsch 2003, 23). Endlichkeit und Leiblichkeit sind weltkonstitutiv. Zentral ist dabei der Gedanke des Hintergrundes (Rentsch 2003, 39 f.). Den unvordenklichen Ort der vorgängigen Erschlossenheit und des Normativen vor jeder theoretischen Konzeption, den Ort des Sinns des Seienden nennt Heidegger das Dasein im Menschen (Rentsch 2003, 55). Dabei ist von einer Gleichursprünglichkeit von Sprache, Welt und Selbst ohne Platonismus auszugehen (Rentsch 2003, 56). Rentsch interpretiert Heideggers Fundamentalontologie und Existentialanalyse als Bedeutungstheorie (Rentsch 2003, 61). Menschen befinden sich immer schon in Situationen. Zur sprachlichen Vergegenwärtigung von Situationen reicht eine einfache Prädikation ohne weiteres nicht hin. Wichtig hierfür ist die Situationsbeschreibung, insbesondere die von Grundsituationen. Eine Handlungs- und Widerfahrnistheorie greift aber zur Situationsbeschreibung letztendlich zu kurz. Endlichkeit ist kein objektivierbares Faktum am Anfang und Ende einer Datenzeit wie eine vorgestellte Ereignisreihe, sondern eine fundamentale Form des Lebens. Menschen leben in Geschehniszusammenhängen, wie auch in Situationen. Diese sind von Ereignissen in der dinglichen Welt zu unterscheiden (Rentsch 2003, 77–86).

Zentral sind hier Expositionsaussagen. Der Satz: „Zucker ist wasserlöslich" konstatiert gar keinen beobachtbaren Vorgang. Vielmehr muss man in diesem Zusammenhang Dispositionen und deren Manifestationen unterscheiden. Dabei sind hinreichende Gültigkeitsbedingungen zu formulieren. Die dispositionelle Rekonstruktionsmethode von Ryle ist hier heranzuziehen. Im Hinblick auf Manifestationen lassen sich Dispositionen unterscheiden (Rentsch 2003, 114–117). Ryle nennt das knowing-how, das Wissen – wie, logisch primär in Unterscheidung zu dem Wissen, dass etwas so und so ist. Das entspricht Heideggers Analyse. Die Irrwege der Philosophie resultieren daraus, dass die alltäglichen und vertrauten Zusammenhänge menschlichen Lebens und Handelns übersehen werden und durch ihre theoretische Thematisierung und Stilisierung verstellt werden. Zuhandenheit (Gegenständlichkeit im Zusammenhang eines Umgehens mit ihr) und Vorhandenheit (Gegenständlichkeit im Blick theoretischer Anschauung) wird so an entscheidender Stelle bei Ryle thematisiert (Rentsch 2003, 121 f.). Der Beobachter ist nicht der Beschauer einer Imitation seines Kinderzimmers, sondern er ist die Imitation eines Beschauers seines Kinderzimmers. Daher ist die Aufgabe die dispositionelle Rekonstruktion mentaler anthropologischer Termini; sie gestattet allerdings nicht die Unterscheidung von Dingen und Menschen (Rentsch 2003, 128 f.).

Bei Ryle bleibt aber die Form menschlichen Lebens im Unklaren. Was ist der Mensch? Ein Bündel von Dispositionen (Rentsch 2003, 131)? Die Möglichkeit als Form menschlichen Lebens – Heidegger nennt solche Formen Existentiale – sind existentielle Dispositionen. Es gibt Dispositionen der Dingwelt. Die Differenzierung in der Logik dispositioneller Rede war aber bei Ryle noch nicht ausgearbeitet worden (Rentsch 2003, 136). Der Begriff des In-der-Welt-Seins ist neben dem des Zu-Seins (d. h. existentiell verstandener Intentionalität als

## 2.2 Menschliche Alltags-Praxis bei Heidegger und Wittgenstein

einer Lebensform) der zweite Begriff, mit dem Heidegger das Subjekt-Objekt-Thema durchbrochen hat. Bereits die dispositionelle Verdinglichungskritik Ryles ließ sich am Glaubensverständnis der Tradition erläutern und bestätigen. Ein Begreifen des Lebens als eines ganzen Lebens, das jedes Ich, jeder Mensch, zu leben habe, wird zuerst im Umkreis des christlichen Zeugnisses und der gnostischen Mythen artikuliert. Der johanneische Christus konfrontiert zwei Unterscheidungssysteme miteinander: das Unterscheidungssystem derjenigen, die sich nur aus und in der Welt verstehen, und das Unterscheidungssystem derjenigen, die In-der-Welt-Sein selbst verstehen (Rentsch 2003, 174–177).

Heidegger legt das Gewicht auf das Phänomen der Jemeinigkeit des menschlichen Selbstverständnisses, des sich-zu-sich-Verhaltens, ebenso wie Wittgenstein den Solipsismus als Form des Lebens hervorhebt. Der Tod ist je die Grenze des eigenen Lebens (Rentsch 2003, 195). Die sogenannte faktische oder existentielle Zirkularität der Anthropologie ist für deren Tode nicht eine lästige Erschwernis. Die existentiale Analytik ist letztlich existentiell fundiert (Rentsch 2003, 211). Die Stimmung überfällt, das Gestimmtsein bezieht sich nicht zunächst auf Seelisches, ist selbst kein Zustand drinnen (Rentsch 2003, 240). Heidegger entwickelt einen ontologischen Schuldbegriff (Rentsch 2003, 252). Damit verbunden ist die Eröffnung der Perspektive der Geschichtlichkeit. Horizont wird im Kontext von Sein und Zeit dabei etwa im Sinne von transzendentaler Lebensform verstanden. Die Grenzen meiner Zeitlichkeit bedeuten die Grenzen meiner Welt. Als transzendentales Existenzial benennt Dasein Möglichkeitsbedingungen des Menschen: Der Mensch ist nur Mensch (Rentsch 2003, 257–260).

Wenn wir Heidegger nicht nur psychologistisch-subjektivistisch verstehen, so heißt es doch: Wir sind bereits mit bestimmten grundlegenden existenzialen Formen in unserem alltäglichen Leben vertraut, haben unser eigentliches Leben kennen gelernt. Sie basieren auf gemeinsamen Lebensformen. Diese Vertrautheit mit Lebensphänomenen ist zunächst unthematisch und implizit. Heideggers Ausführung zur Räumlichkeit und des alltäglichen Besorgens deuten schon an, dass diese das Existenziale bezeichnen. Er knüpft in hermeneutischer Art und Weise an alltägliche Erfahrungen und an die Alltagssprache an. Es geht um die Möglichkeitsbedingungen und ihre Auslegung. Das Existenzial der Möglichkeit ist seinerseits Möglichkeitsbedingung für die Offenheit und schließlich Freiheit des Daseins. Wer nun Möglichkeiten bestreitet, der muss im Akt dieses Leugnens eben eine Möglichkeit ergreifen. Er bestätigt so im Bestreiten das Bestrittene (Rentsch 2003, 268–275). Die Strukturganzheit des Daseins und die Gleichursprünglichkeit aufgrund des Prinzips der Gleichberechtigung existenzialer Bestimmungen gehören zusammen (Rentsch 2003, 276–278). Das Leben im Ganzen, Lebensganzheit im Sinne der Identität führt zu der Frage: Wie gewinnt der Mensch eine authentische Identität? Welches sind die Formen der menschlichen Grundsituation (Rentsch 2003, 284 f.)?

Wittgensteins implizite Anthropologie geht von zwei existenziellen Haltungen aus, nämlich der Technik und der Kontemplation. Dabei konstatiert er, dass die der technischen Machbarkeit verfallene Zivilisation die Rede von der Kontemplation überhaupt nicht mehr verstehen kann (Rentsch 2003, 289 f.). Der "Tractatus" wie auch "Sein und Zeit" erheben den Anspruch, Kants transzendentalen Idealismus kritisch fortzusetzen und ins Ziel zu bringen (Rentsch 2003, 292). Beide verstehen sich als Radikalisierung der traditionellen Transzendentalphilosophie. Für Wittgenstein ist das Anrennen gegen die Grenze der Sprache Ethik (Rentsch 2003, 329). Wie auch immer die tragende außersprachliche Ontologie des Mentalen konstruiert wird, sie gehört zum Scheingesims, das nicht trägt. Dabei sollte sie die authentische Subjektivität begründen – aber genau das war der entscheidende Fehler: Der Versuch, Subjektivität in ihrer Einzigartigkeit erklärend zu sichern, führte zu einer verdinglichenden Ontologie. Die Metaphysik der Subjektivität ist die pseudowissenschaftliche Konstruktion einer Vorhandenheitsontologie mit Hilfe einer Vorhandenheitssemantik, die eine Privatwelt subjektiver Entitäten erklärend sichern will (Rentsch 2003, 359). Weder kann die Faktizität des überkommenen, unbezweifelbaren Weltbildes erklärend gesichert werden, noch kann das spontane sich-vorweg-Sein des intentionalen Regelgebrauchs reflexiv eingeholt werden. Alles Zweifeln und Kritisieren, alles Begründen und Rechtfertigen kann selbst nur statt haben im transzendental-existenzialen Rahmen dieser doppelten gleichursprünglichen Verfügbarkeit (Rentsch 2003, 378).

Rentsch hält für eines seiner wichtigsten Ergebnisse bei Wittgenstein und Heidegger die Parallelisierbarkeit von Sprach- und Existentialanalyse (Rentsch 2003, 383). Ganz wichtig ist die transzendentale Lebensform der Leiblichkeit (Rentsch 2003, 411). Diese Existentiale benennen Möglichkeitsbedingungen von Erscheinungen im Leben. Sie sind gleichursprünglich, aufeinander irreduzibel und kosignifikant. Ihr rhapsodischer Charakter entspricht der Einsicht in ihre Unableitbarkeit aus Prinzipien (Rentsch 2003, 416). Der Mensch lebt sprachlich (Rentsch 2003, 427). Dass wir in der Grundsituation leben, ist uns unverfügbar. Dass die aufgezeigten Formen Möglichkeitsbedingungen jeden Lebensvollzuges sind, ist uns pragmatisch entzogen, weil Voraussetzung allen Handelns. Dass wir die aufgewiesene Redemöglichkeit haben, ist unerklärlich (Voraussetzung allen Erklärens). Und dies wissen wir nicht theoretisch bzw. abstrakt, sondern das ist es, was wir tun. Jeder mag es bezweifeln, jedoch wird der Zweifel rasch ein Ende nehmen. Die Endlichkeit unserer symbolischen Vollzüge ist unableitbar selbstgegeben. Die Grenzen unseres Lebens sind die Grenzen unseres Handelns. Eine wesentliche ethische Einsicht besteht in der Anerkennung der Unverfügbarkeit und Unerklärbarkeit der Mitmenschen. Die personale Unverfügbarkeit ist konstitutiv für Verhältnisse nicht instrumenteller, positiver Interpersonalität, für personale Freiheit und Würde. Die Achtung vor dem unerklärlichen Sein des Anderen ist für moralische Verhältnisse konstitutiv (Rentsch 2003, 461–465).

Die Sozialtheorie hat sich in der Regel in zwei Hauptkonzepte aufgespalten: das der Totalität eines Ganzen und des individuellen Zuganges. Bei beiden handelt es sich um mächtige Metaphern. In der Moderne wurden beide Zugänge meist als entweder/oder konzipiert. So stritten sich Liberalismus und Sozialismus. Man sollte aber das soziale Leben und dessen Konstitution in der sozialen Theorie und im sozialen Denken berücksichtigen. Foucault rekonstruierte die soziale Strukturierung durch Macht und Gewalt mit den Begriffen Kontrolle, Herrschaft, Formierung, Ermächtigung und Konflikt und bezog sich dabei auf eine lokale Strukturierung. Giddens untersuchte die Bildung ganzer sozialer Einheiten in bestimmten Epochen. Er sprach vom sozialen Organismus in einer funktionalistischen Interpretation. Es geht aber um die theoretische Durchdringung der sozialen Welt, die sich aufbaut in Institutionen und Strukturen und zwar aus Praktiken, die nicht definiert werden in Relation zu irgendwelchen Ganzheiten. Es geht also um die verbindenden Rahmenbedingungen von Regeln und Ressourcen. Hier geht es um die Quellen der sozialen Macht (Schatzki 1996, 1–4).

Aber die neuere Sozialforschung hat zumindest klar gemacht, dass Gesellschaft keine Systeme oder Totalitäten darstellen. Vielmehr ist die Fragmentierung die Grundstimmung der

## 2.2 Menschliche Alltags-Praxis bei Heidegger und Wittgenstein

neuen Theoriebildung. Es geht um die Theorie lokaler Mächte häufig auch im Zusammenhang mit einer antikapitalistischen Bewegung. Partikuläre Bewegungen orientieren sich an Individualismus und Utilitarismus und an Ideen von persönlicher Identität. Die Idee eines sozial konstituierten Subjekts ist in gewisser Weise prekär und instabil. Man kann darauf eigentlich nichts begründen. Viele Identitäten, auf die soziale Theorien gesetzt haben, sind illusorisch. Die Fragmentierung und Destabilisierung des Subjektes in der gegenwärtigen poststrukturalistischen Theoriebildung ist offenkundig. So gibt es Wellen der zeitgenössischen Vorsicht von Theorien gegen die Theoretisierung der Struktur des sozialen Lebens (Schatzki 1996, 5–9).

Einen Zugang zum Thema Praxis lässt sich über Wittgensteins Theorie der Sprachspiele finden. Wittgenstein identifiziert eine breitere Basis für Individualität und Sozialität. Sprache ist nicht in der Lage, alle sozialen Phänomene auszudrücken. Daher muss man an soziale Ordnung herangehen. Es geht um den Zusammenhang und die Koexistenz von menschlichen Individuen (Schatzki 1996, 10–14). In spezifischen Umständen gibt es vorhandene Bedingungen des Lebens, die in einzelnen körperlichen bzw. leiblichen Aktivitäten des Menschen begründet sind. Wittgenstein spricht von Lebensmustern (Eigenschaften des Lebens), die auf leiblichen Aktivitäten, letztendlich auf mentalen Bedingungen und Seelenzuständen bzw. Gemütseinstellungen beruhen. Für Wittgenstein ist zentral der Zusammenhang zwischen Geist und Handlung. Leiblich vollzogene Handlungen gelten als Basis des Sozialen. Ein sozialer Indikator für das Beherrschen einer Praxis ist für Wittgenstein das Beherrschen der Sprache (Schatzki 1996, 21–51).

Für eine Theorie der Praxis lassen sich Wittgensteins sehr späte Texte heranziehen. Wittgenstein ist nicht gerade als Sozialphilosoph bekannt, aber die Beschreibungen von Handlungen als Formationen des expressiven Leibes werden von Wittgenstein durchaus theoretisch durchdrungen. Er vergleicht die Beherrschung einer Technik mit den gewöhnlichen, eingeübten und regularisierten Wegen der Reaktion mit Hilfe von Sprache. Die Beherrschung von Sprache und von Technik wird in gewisser Weise parallelisiert. Beide gehören zu den sozialen Dimensionen der verleiblichten Handlung. Es gibt damit ein intransitives Verständnis vom Menschen. Die Institutionen der Lebensbedingungen weisen auf eine Vertrautheit, die aus normalen Umständen heraus entwächst. Diese konstituieren letztendlich das Individuum. Auch die Sexualität gehört zu der sozialen Formierung des körperlichen Ausdrucks. Die sozialen Bedingungen machen sich in Vorstellungen bemerkbar. Sexualität ist dabei eine zentrale Kategorie für die persönliche Identität. Das Verhältnis von Geist und Handlung ist eine zentrale Komponente der Individualität. Für Wittgenstein ist leibliche Aktivität eine Erscheinungsweise des Geistes (Schatzki 1996, 56–87). Kausalverknüpfungen sind Teil einer Praxis. Wichtig ist vor allen Dingen die Organisation einer Praxis. Für die Handlungsorientierung ist die organisationsbedingte Bedeutung von Praktiken wichtig. Davon zu unterscheiden sind nicht intendierte Folgen von Handlungen. Es gibt ausgebreitete und integrierte Praktiken. Gepflogenheiten, Gebräuche und Institutionen gehören genauso zu Praktiken wie die Fähigkeit, etwas ausführen zu können, die Fähigkeit es identifizieren zu können und die Fähigkeiten, reagieren bzw. antworten zu können (Schatzki 1996, 88–91).

Verstehen ist die Voraussetzung für situationsangemessenes Handeln. Für Wittgenstein ist das Sprachspiel eine Lebensform. Eine Praxis ist ein Set von Betrachtungen, die ausrichten, wie Menschen handeln. Die Praxis ist zu unterscheiden von den Handlungen, die sie leiten. In der Praxis geht es um Weisen des Gebrauchs. Die Organisation einer Praxis entwickelt eine gewisse Normativität. Es geht um akzeptable Handlungen. Was jemand als eine Praxis identifiziert, hängt ab von seinem Verständnis von seiner Position innerhalb der Kultur. Es gibt kulturgebundene Erwartungen und Erfahrungen. Auf diese Art und Weise kann sich die Einsichtigkeit artikulieren. Es geht darum, wie etwas Sinn macht. Davon abhängig ist die Einsehbarkeit der Welt. Etwas im Handeln und Sagen ausdrücken, was verstanden werden kann, darauf basiert Kultur. Es geht um die Einsehbarkeit von Handlungen. Und die Beziehung von Dingen, die einen angehen (Schatzki 1996, 94–118).

Institutionen sind als Hintergrund für Praktiken anzusehen. Sozialität und soziale Ordnung sind korrespondierend. Es gibt einen Zusammenhang des menschlichen Lebens. Dies ist der Gegenstand der sozialen Analyse. Die Strukturen der Lebenswelt sind als Koexistenz der Strukturen aufzufassen. Eine eminente Bedeutung in diesem Zusammenhang haben Kommunikationsmittel. Die Einbettung innerhalb Tradition, Sprache und Gebräuche ist für Sozialität und Praxis entscheidend. Es geht um die Sozialität, die in Praktiken enthalten ist. Praktiken bestehen in diesem Sinne aus Handlungsketten, sie sind soziale Gebilde und ermöglichen spezifische soziale Formationen. Auch das Teilhaben an einem Brauch kann als Praxis verstanden werden (Schatzki 1996, 168–208).

Technisches Alltagshandeln dient der Kontingenzbewältigung, der Bedürfnisbefriedigung, der Organisation des Überlebens und ist charakterisiert durch technisches Umgangswissen, durch Tradition, bisweilen durch Erfindungen und Innovationen, durch Gelingen, aber auch durch Misslingen. Lebenswelt ist also nicht die beobachtende, wahrnehmende, teilnahmslose Theoria, sondern ein Machtfaktor aufgrund technischer Praxis. Zu unterscheiden sind (1) poietisch-instrumenteller Machtaspekt technischer Praxis (Machbarkeit) und (2) sittlich-gemeinschaftsbezogener Machtaspekt technischer Praxis (Legitimität). Traditionell wurde die Mensch-Technik-Interaktion unter dem Begriff der Arbeit und des Herstellens abgehandelt. Die High-Tech-Gesellschaft hat aber traditionelle Begriffe der Arbeit und des Herstellens verändert. Hier setzt eine Phänomenologie technischen Handelns ein und zeigt auf, dass menschliche Alltagswelt von Anfang an auch vor ihrer Ökonomisierung von technischen Handlungen durchwebt war. Als Umgang mit Artefakten und mit Natur weist technisches Handeln zumindest eine unspezifische Tendenz zur Symbiose mit Naturwissenschaften auf, sofern sie vorhanden sind. Intendierte Effekte, Ziele, Zwecke und nicht-intendierte Effekte sind entscheidende Ansatzpunkte einer solchen Theorie der Verwendungszusammenhänge von Technik, die kommunikativ und instrumentell geprägt ist. Technisches Handeln orientiert sich traditionell zunächst an Vorbildern, Entwürfen, Modellen, Leitbildern usw. technischer und nicht-technischer Art. Darin besteht ihre kulturelle Einbettung. Die Interpretation von handlungsleitenden Bildern und Modellen gehört daher zu den wesentlichen Aufgaben einer Interpretationslehre technischen Handelns (Technikhermeneutik). Die die technisierte Lebenswelt prägenden Strukturen und die sie leitenden Metaphern in ihrer sozialen (z. B. im Modell der autofreien Innenstadt) und in ihrer ökologischen Dimension (z. B. im Bild von unserem blauen Planeten) richten technische Praxis, erschließen und ermöglichen sie. Und ohne kommunikatives Handeln ist die soziale Dimension technischen Handelns nicht zu verstehen.

Es ist nicht das Instrument als solches, das einen Zweck oder Wert darstellt, wie es traditionelle Theorien der Technik implizieren, sondern bestimmte Verwendungen, die ein Artefakt näher qualifizieren. Andererseits implizieren insbesondere spezialisierte technische

## 2.2 Menschliche Alltags-Praxis bei Heidegger und Wittgenstein

Artefakte bestimmte Verwendungsweisen. Diese können mit Arbeit, mit Jagd, mit Vergnügen, Tanz und Spiel, d. h. mit verschiedenen Stufen kommunikativer Interaktionsformen verknüpft sein, die menschliches Zusammenleben in einer ganz spezifischen Form ermöglichen. Allerdings sind technische Artefakte als technische Mittel nicht völlig wertneutral, da sie für bestimmte Verwendungsweisen geschaffen wurden und normalerweise dementsprechend auch gebraucht werden. Das technische Artefakt erhält seine Bedeutung in der technischen Praxis. Dies gilt sowohl für die Erfindung wie für die Verwendung.

Wir beschreiben unsere Kultur durch das Paradigma der Modernisierung (Irrgang 2006). Häufig werden damit technologische Produktion, wissenschaftliches Management und Bürokratie verbunden (Higgs u. a. 2000). Borgmann entwickelt als Gegenkonzeption zum Aufgabenparadigma die Konzeption der Dinge, die im Blickpunkt stehen (fokussierende Dinge). Heidegger nennt dies Aufmerksamkeit auf das Dingen der Dinge. Wichtig für das Herausfinden zentral bedeutender Dinge sind traditionelle Ausdrucksweisen wie Einstellungen und Gewohnheiten. Es geht darum, die Ambivalenzen technischer Kultur verdeutlichen zu können, den baren Unsinn vom Sinn zu unterscheiden. Zentral für die Bewertung und für das Verstehen des Technischen sind die Unterscheidung von dem Dinglichen bzw. Nützlichen und dem Guten. Es geht um das Verhältnis von instrumenteller und ethisch reflektierter Praxis. Das Dingliche und das Gute sind die beiden Sinndimensionen technischer Praxis. Die Arbeit der Technikhermeneutik besteht in der Selbstvergewisserung philosophischen Denkens, dass technische Praxis überhaupt einen Sinn angesichts der bohrenden skeptischen Nachfrage hat. Ein technisches Artefakt ist kein Ding, sondern eine Aufgabe, nämlich angemessen, d. h. sinnvoll mit ihm im Sinne des Nützlichen und Guten umgehen zu lernen. Dabei sind das allgemeine Nützliche und das Gute zu unterscheiden. Zu entwickeln ist eine philosophische Terminologie, die nach dem Zusammenhang des Dinglichen und des Nützlichen fragt.

Der Umgang mit technischen Mitteln bedarf einer gewissen Bestimmtheit und Bereitschaft, den Sinn technischer Praxis in ihren beiden Dimensionen eines technischen Mittels und der technischen Praxis herausfinden zu wollen, nämlich seiner technischen Aufgabe gerecht zu werden. Technologie befreit in erster Linie zu mehr Technologie. Technologien erfüllen Aufgaben, die uns Leistungen abnehmen und so das Leben angenehmer machen oder zumindest machen sollen. Es gibt fokussierende Dinge, die Aufmerksamkeit sammeln, wie Tempel und Kathedralen. Es gibt aber auch verschließende technische Paradigmen, insgesamt jedenfalls eine Bedeutung, die über das bloße Artefakt selbst hinausgeht. Kulturelle Dinge möchten Aufmerksamkeit erregen. Es gibt eine autonome oder scheinbar autonom agierende Technologie im Alltag, die keine weitere Aufmerksamkeit erregt, weil sie von anderen bedient und gewartet wird. Es gibt aber auch aufregende und erregende Technik. Das Dingliche, das Nützliche und das Gute müssen als das dreifache Maß der Technik angesehen werden. Sie leidet aber an dem selben Problem wie das Konkurrenzmodell des Fortschritts, es lässt sich höchstens indirekt quantifizieren und damit nicht definitiv bestimmen sondern bedarf der andauernden Revision. Sie muss daher Gegenstand permanenter Reflexion werden.

Technische Medien stellen jeweils eine spezifische Aufgabe, verlangen eine besondere Aufmerksamkeit, eine ausgezeichnete Art der Zuwendung, durch die der Umgang mit technischen Artefakten konstituiert wird (im Unterschied etwa zum Umgang mit Menschenwissen oder Ähnlichem). Es geht um die Suche nach dem Maß des pragmatisch Vernünftigen und des sittlich Vernünftigen. Dies ist z. B. Gegenstand einer Hermeneutischen Ethik. Die

Antwort darauf ist eine Sache des reflektierten Common Senses. Die Frage nach dem Dinglichen und dem Sittlichen einer Praxis kann nur in der gegenseitigen Kritik einer Reflexion der jeweiligen Praxis und der Situationsparadigmen für Dinglichkeit und Sittlichkeit ausgemacht werden. Autonome, d. h. artefaktorientierte oder aufgabenorientierte Technologien ermöglichen ein ausbalanciertes, gutes Leben. Der Betreff oder Bezug eines technischen Artefaktes ist aus seinem Verweischarakter, der zeigend ist, herauszuinterpretieren. Praxen mit ihren impliziten Rollenerwartungen sind Konstituentien gesellschaftlichen Handelns geworden. In diesen ist die Subjektkonstitution prekär. Dieses macht das Konzept des Subjektes und der Selbstverwirklichung höchst schwierig. Humane Selbsterhaltung angesichts fortschreitender gesellschaftlicher Definitionsversuche des Menschen ist erforderlich, aber nicht einfach. Daher unterstützt Hermeneutische Ethik dieses Ziel, indem sie hilft, eine eigene Ethik aufzubauen, die praxisleitend sein kann.

Nicht zuletzt deswegen entstehen Interpretationskonflikte, die argumentativ, interpretativ und diskursiv so weit wie möglich abzuklären sind. Eine Hermeneutik technisch-instrumentellen Handelns verknüpft geisteswissenschaftliches Verstehen der kulturellen Einbettung, naturwissenschaftlich-technisches Erklären von Handlungszusammenhängen, empirische und sozialwissenschaftliche Modellbildungen sowie technikphilosophische Reflexionen auf den Sinn und Zweck von technischen Gebilden (und ihrer Bewertung) in spezifischen sozialen Verwendungsweisen methodisch reflektiert. Hermeneutik ist zwar traditionellerweise eine Methode der Geisteswissenschaften, aber sie ist fruchtbar zu machen für eine Handlungswissenschaft der instrumentell-experimentellen und technischen Vernunft. Die Reflexion der Methodologie der Technikwissenschaften und der Technologie gehört zu den Voraussetzungen für eine Technikphilosophie der Interpretation technischen Handelns.

Beenden wir dieses Kapitel mit einer technischen Metapher, die die Aufgabe hermeneutischer Philosophie sehr schön illustriert. Don Ihde hat in seinem Buch „Expanding Hermeneutics" auf die Differenzen des europäischen und des polynesischen Navigationssystems hingewiesen, die beide Wege auf See weisen und finden sollen. Der Sternenhimmel ist verschieden, der Schiffstyp (schnelle Katamarane für extreme weite Distanzen ohne Landungsmöglichkeit), die Instrumente und die herangezogenen Indikatoren (Wellenform und -höhe, Wasserfarbe, Vogelflug usw.). Anpassungen sind erforderlich, wenn man in das jeweils andere Gebiet wechselt. Ähnliches gilt für Kalender mit ihrer Orientierungsfunktion: Der Maya-Kalender unterscheidet sich wesentlich vom Ägyptischen, vom Mesopotamischen, dem Altchinesischen, dem der Indus-Zivilisation und dem Gregorianischen. Viele waren schon lange vor dem Gregorianischen Kalender erheblich genauer. Europa übernahm von dem Maya-Kalender nichts (Ihde 2000b), wohl aber von Ägypten. Es ist faszinierend, unterschiedliche kulturelle Hermeneutiken zu rekonstruieren, mit deren Hilfe dieselbe technische Lebensform (Bewässerungsfeldbau in großen urbanen Zivilisationen) in Orientierungsabsicht des Lebenszyklus interpretiert wurden. Hermeneutische Ethik kann in diesem Bereich genau so viel lernen wie Technikphilosophie, insbesondere dann, wenn sich technische Lebensformen so dramatisch ändern wie in den letzten fünfzig Jahren.

## 2.3 Innovation, Entwurf und Kreativität: das Neue in der menschlichen Praxis als Problem der Ethik

Wir müssen technische Praxis so denken lernen, dass sittlich verantwortbares Handeln in ihr möglich ist. Dazu brauchen wir ein kreatives Verständnis von Technik. Die Neugierde und die Präferenz für das Neue sind kulturell gesehen nicht selbstverständlich. Die Zukunft ist nicht gleichzusetzen mit dem Neuen, das Neue kann auch in der Vergangenheit entdeckt werden. Das Neue muss hereingeholt werden in die vertraute Welt. Das Verlangen nach Kontrolle der Zukunft ist auf die Wahrung des Bestandes ausgerichtet, auf Sicherung des Erreichten. Die Faszination des Neuen hingegen wird von der Neugier angestoßen, um das Unbekannte zu explorieren. Diese Neugierde verleitet dazu, den nächsten Schritt zu tun, der über das vertraute Terrain hinausführt. Wahrhaft unersättlich ist diese Neugierde, weil der zu explorierende Möglichkeits- und Wirklichkeitsraum noch immer ans Unendliche grenzt und die zu seiner Erforschung erforderlichen und zur Verfügung stehenden Mittel zunehmend mehr werden. Kultur wird üblicherweise mit der Vergangenheit in Verbindung gebracht. Dies kann ein Entwicklungshindernis darstellen. Wichtig ist für kulturelle Belange die Fähigkeit, sich Zukunft vorstellen zu können. Dabei gibt es kollektive Wünsche und kollektives Begehren (Nowotny 2005, 9–12).

Die Fähigkeit, die Zukunft für sich beanspruchen zu können, ist eine kulturelle Ressource. Angesichts der Fülle der Neuerungen stellt sich das Gefühl der Überwältigung, das Gefühl des Verlustes der Kontrolle über das eigene Leben ein. Dies führt zu neuen psychischen Erkrankungen. Außerdem kann das Gefühl der ständigen Überwachung auftreten. Abhängigkeiten und Verschiebungen können sich durch die Umstellung der klassischen Industrieproduktion auf Denk- und Wissensindustrien ergeben. Nowotny spricht von einem fatalen Fortschrittsglauben des 20. Jh., der in den Fundamentalismus geführt habe. Die Zukunft zu denken, erfordert aber Wissen und Imagination. Der Name des Neuen ist Innovation. Glänzende wissenschaftliche Erkenntnisse und hungernde Millionen sind aber die ambivalenten Folgen und Konsequenzen der weltweiten Innovationen. Innovation allerdings erinnert daran, dass die Möglichkeit des Scheiterns immer gegeben ist, ermutigt jedoch weiter, die Fahrt fortzusetzen (Nowotny 2005, 13–18).

Die immer größer werdende Vielfalt und die klare Differenz zum Bestehenden sind Kennzeichen der Innovation. Der Neuanfang wiederholt sich ständig und ist doch je neu. Die Definition des Neuen ist trotz aller konstruktiven Elemente niemals beliebig. Wir generieren einen dritten Ursprungsmythos, den der wissenschaftlich-technischen Zivilisation. Dabei gibt es eine kulturelle Innovationsmaschinerie, basierend auf konvergierenden Technologien, die zu einer Transformation des Menschlichen führt. Die Vervielfältigung der Möglichkeiten und deren Ausweitung haben zu einer Art naturwissenschaftlichem Deutungsmonopol geführt. Das wahr-falsch oder das entweder-oder sind die Grundlage des naturwissenschaftlichen Deutungsschemas. Innovation ist prinzipiell offen, obwohl sie heute zunehmend konditioniert, sozialisiert und methodisch verfeinert wurde. Innovation bedeutet die Öffnung gegenüber dem Reich des Möglichen. Visualisierungstechniken erschließen neue Wirklichkeitsräume (Nowotny 2005, 19–26).

Die Neuerungsmaschine weist eine Vielzahl blinder Flecken auf. Technisch-wissenschaftliche Neuerungen setzen soziale Neuerung voraus. Die Verfügungsrechte über wissenschaftliches Wissen, Daten, Methoden und die im Labor hergestellten Lebensformen oder Organismen sind zu klären. Außerdem ist ein wesentliches Kriterium die Effizienz der Wissensproduktion. Für viele bedeutet die andauernde Neuerung einen Verlust des Selbst in einer verwirrend komplexen Welt. Die Figur des frei wählenden Konsumenten und Wählers ist eine soziale Konstruktion. Sie ist ein Zwillingsbruder des authentischen freien Individuums der Aufklärungsepoche. Symboltechnologien und kognitive Werkzeuge unterstützen die Neugierde. Bild und Schrift gehören in den Bereich der Symbolsprache. Es kam in der Gattungsgeschichte zu einer kognitiven Reorganisation des Gehirns durch Sprache und Schrift. Beim Lesen chinesischer Schriftzeichen sind andere Gehirnregionen beteiligt als bei europäischen Schriftzeichen. Schriftlichkeit ist nicht das Ergebnis einer Darwinschen Evolution. Für den Menschen charakteristisch ist die Hybridnatur zwischen Biologie und Kultur. Er ist zu einer multivokalen Aufmerksamkeit in der Lage. Die Mobilität in Europa hat zu einer Verlagerung der Aktivitäten vom Süden in den Nordwesten geführt (Nowotny 2005, 27–43).

Die Natur kennt das Futurum nicht. Bei der umstrittenen Einführung des Neuen wird oft auf die Natur rekurriert. Der Glaube an die Unwandelbarkeit der Natur ist jedoch letztendlich nicht zu halten. Die wissenschaftliche Qualitätskontrolle soll die Verlässlichkeit des von ihr erzeugten und beglaubigten wissenschaftlichen Wissens garantieren. Wissenschaft wurde damit zu einer Schiedsrichterinstanz. Nicht zu leugnen ist jedenfalls das Anwachsen des Anteils technisch-sozialen Wissens. Wissenschaftliche Objektivität ist historisch wandelbar. Es kam zu einer Allianz zwischen Wissenschaft und Staat im 20. Jh. Der Verlust an Glaubwürdigkeit dieser wissenschaftlichen Objektivität ist Teil des Akzeptanzproblems. Der Blick in die Zukunft ist getrübt, die Sprache des Neuen ungenau. Das Projekt der Moderne basiert auf der Realisierung von Freiheit und ihrem Scheitern. Darwins Theorie ist eine Theorie des Findens des Neuen und der Begründung des Neuen. Um über den wissenschaftlichen Fortschritt und Innovationen zu sprechen, sollte man den Adressaten mit einbeziehen. Es gibt eine künstliche und eine natürliche Auslese. Natur steht in der ethischen Argumentation für dauerhaft und universell. Dies ist aber keine adäquate Betrachtungsweise der Natur mehr (Nowotny 2005, 44–61).

Die Angst vor dem Neuen hemmt die Neugier. In der Bifurkation gibt es eine absurde Zweiteilung der Natur in Natur und Kultur, in Natur und Wissenschaft. Wissenschaft und Technik haben sich in autoritären wie in demokratischen Regimen entfaltet. Kreativität bedeutet Entfaltung des Individuums. Die Sprache ist nicht die Quelle von Kreativität, sondern ihre Vermittlung. Im Labor lässt sich eine Beschreibung der Mikrostrukturen der Kreativität erreichen. Dort finden sich die institutionellen Bedingungen des Neuen. Das Interesse an der Forschungspolitik steht heute nicht mehr im Zentrum öffentlicher Aufmerksamkeit. Es besteht ein weit verbreiteter Wunsch, das Unvorhersehbare zu kontrollieren. Die Grenzen der Nichtmachbarkeit sind für die biologische Evolution enger als für den menschlichen Konstrukteur. Innovation kann zu technokratischer Gewissheit führen, wenn die Bedeutung von Experimentalsystemen überschätzt wird. Das Neue muss gesellschaftlich integriert und mit dem Bestehenden verträglich gemacht werden. Dies bringt Konflikte mit sich und Widerstand formiert sich. Die soziale Ordnung ist der Rahmen, in dem Innovationen zum Tragen kommen können (Nowotny 2005, 66–107).

Eine innovative Idee überrascht. Die Vorstellungen über die Zukunft haben sich eher diffus und schwierig entwickelt. Man kann dies anhand der Prognostik in den Naturwissen-

## 2.3 Innovation, Entwurf und Kreativität

schaften sehen. Heute ist das gesamte Wissen der Menschheit und ihre beeindruckenden technischen Fähigkeiten auf eine Zukunft gerichtet, die weniger einen Neuanfang verspricht, als eine weitere Steigerung und dynamische Fortsetzung des bisher Erreichten. Der Übergang vom Labor zum Markt wird immer schneller. Und die Untersuchung gilt weniger der Vergangenheit unserer Kultur wie der Griechen und Römer, sondern des Universums und der Evolutionsgeschichte. Damit hat sich auch der Kern des Humanitätsgedankens verändert. Es geht nicht um Renovatio, sondern um Innovatio. Noch vor 30 Jahren galt die Zukunft als vorhersehbar und gewiss. Die Zukunftsforschung und der Bericht des Club of Rome sind Geist dieser Zukunftsforschung und markieren die Dialektik dieser Zukunftsforschung, die glaubt, exakte Prognosen vornehmen zu können. Interessant ist daher der Blick zurück in eine vergangene Zukunft. Im Umgang mit der Zukunft ist heute vor allem Kreativität gefragt. Die Planungseuphorie der 70er Jahre hat sich hier in sein Gegenteil verkehrt. Heute ist die Frage wichtiger geworden, wie sich verschiedene Akteure die Zukunft vorstellen. Dabei gibt es eine größere Heterogenität der agierenden Gruppen, woraus sich ebenfalls eine geringere Planbarkeit der Zukunft ergibt (Nowotny 2005, 133–135).

Die Versprechungen der Moderne und das Zutrauen in die wissenschaftlich-technischen Errungenschaften sind neu zu formulieren. Der vor einigen Jahrzehnten verbreitete Glaube an die technokratische Plan- und Machbarkeit wurde auf ein Maß reduziert, das Grenzen anerkennt und bereit ist, auf die Wünsche weiterer Bevölkerungskreise einzugehen. Dies schließt die Anerkennung von Unsicherheiten mit ein. Woher kommt aber die kollektive Obsession mit der Innovation einerseits, der Kontrolle andererseits? Die Lust auf Entdeckung, Innovationserwartung und die gegenwärtige Fokussierung auf Innovationen gehören oder greifen ineinander. Daher ist das Innovationsgeschehen zu einem zentralen Begriff der Gegenwart geworden. Innovation setzt ein begriffliches Vakuum in unserer kollektiven Imagination der Zukunft. Eine begriffliche Leerstelle im Denken über die Zukunft ist hier vorhanden. Je wirkungsvoller eine Neuerung ist, desto größer sind die Veränderungen, die auftreten werden. Die großen sozio-technischen Systeme, die das Wahrzeichen und der Stolz der Moderne waren, sind nicht verschwunden. Aber Unüberschaubarkeit und Komplexität sind ihre Kennzeichen, die immer stärker zu Forderungen nach Dezentralisierung geführt haben. Dies führte zu einer Verlagerung hin zu den Mächten des Marktes (Nowotny 2005, 123–146).

Technowissenschaften und Wissensproduktion gehören aber in den Bereich der Planung. Forschungsinstrumente und Forschungstechniken sind ebenfalls entweder marktförmig oder gemäß Planungshierarchien zu organisieren. Es ist also eine ambivalente Antwort der Innovation zu erwarten, die nicht in eindeutiger Art und Weise organisiert werden muss. Der Begriff der Innovation beginnt die Lücke zu füllen, die das Unbehagen in der Gesellschaft hinterlassen hat. Die Mehrzahl der Versprechungen der Moderne wurden eingelöst, doch anders als erwartet. Gesellschaftlichen Wohlstand und Wohlbefinden haben die meisten Menschen in den Industrienationen bekommen. Sie wollten aber möglicherweise etwas anderes als das, was sie letztendlich bekommen haben. Innovation kann das Vakuum, das aus der gemeinen und genuinen Unsicherheit erwächst, die wiederum ein unverzichtbarer Bestandteil des Innovationsprozesses selbst ist, nicht ausfüllen. Der Begriff der Innovation spielt mit den Mehrdeutigkeiten, die von Veränderungen ausgehen, die keine genauen Ziele kennen (Nowotny 2005, 147–166).

Das Wunschbild nachhaltiger Innovation wird immer wieder formuliert. Wir sind modern geblieben und werden auch in Zukunft modern bleiben müssen. Allerdings bedarf das alte Leitbild der Korrekturen, um Leitlinie für zukünftiges Handeln sein zu können. Gewisse Grunderwartungen sind zu berücksichtigen. Das Ringen um die Autonomie des freien Individuums wird nicht mehr vorrangig in Kunst und Literatur oder in der Philosophie ausgefochten, sondern im Alltag. In der Moderne kann man sich in den anderen versetzen. Diese Fähigkeiten dürfen nicht zugunsten einer Tabula rasa zerstört werden. Ein verändertes Menschenbild und eine veränderte Bewusstseinskultur sind die Folge der Moderne. Die Zwiespältigkeit der Moderne lässt sich so nicht aufheben. Das Fehlen des sozialen Wissens macht technische Visionen blind (Nowotny 2005, 170–195).

Eine zu große Technophilie beschleunigt das Verschwinden des Humanen. Die Projektion des Abendlandes in ein technisches Jenseits wird vorbereitet. Hier manifestiert sich ein technologischer Donjuanismus. Das Auto ersetzt für den Mann die Frau. Es entsteht eine Massenproduktion im Bereich der Fortbewegung. Der Techniker wird zum Opfer der Bewegung, die er selber hervorgerufen hat. So entsteht der Mensch im Zeitdruck. Er hat einen kinematischen Motor. Technophilie und Geschwindigkeit gehören zusammen. Es ist die Gestalt der Geschwindigkeit, die die Welt beherrscht. Dagegen müsste eine kulturhumane Geschwindigkeit entwickelt werden (Virilio 1986, 98–113). Die Jagd nach hoher Geschwindigkeit ist von Anfang an mit dem Militärischen verbunden. Die Bewegung, die der Krieg mit sich bringt, ist eine technische Bewegung. Beweglichkeit in der Zusammenschau verschiedener Deutungsmöglichkeit meint hermeneutische Kunst, auch auf eine Eroberung der Geschwindigkeit hinauslaufend. Die Reise durch die Weitläufigkeit der Leere begründet eine eigene Choreografie der Zeit. Daraus erwächst eine neue Lebensform, eine kulturelle Innovation. Ein enormes Problem ist auch die Verwaltung von Transport und Verkehr (Virilio 1986, 112–123).

Kreativität hat sich nie zu einem wissenschaftlichen Begriff präzisieren lassen. Er kann für die Beschreibung von Personen, Handlungen und Ergebnissen einer Handlung herangezogen werden und bezieht sich auf Begriffe wie den schöpferischen Geist, Phantasie, Begabung, Originalität, Inspiration, Erfindung und künstlerisches Schaffen. Allerdings gibt es Probleme mit dem Messen und Interpretieren von Kreativität. Häufig wird eine Kombination von Vermögen und Kompetenzen oder dispositioneller Merkmale herangezogen und Vergleiche mit der Intelligenz angestellt (Matthäus 1976, 1194–1199). All dies gilt auch für die Beschreibung und Analyse technischer Kreativität. Dabei wurde lange technische Kreativität für technische Erfindungen reklamiert und so dem (erfinderischen) Ingenieur die zentrale Rolle bei der Zuschreibung technischer Kreativität zugebilligt. Aber schon Aristoteles unterscheidet technisches Handeln (1) als Gebrauch technischer Mittel und Produkte wie der Steuermann das Steuerruder braucht und (2) technisches Handeln des Schiffbauers, der das Steuerruder herstellt. Damit unterscheidet Aristoteles die Konstruktion eines technischen Hilfsmittels von seinem Gebrauch und stellt fest, dass ein geübtes Gebrauchswissen keinesfalls ein Konstruktionswissen voraussetzt. Den für uns interessanten Fall, ob ein Konstruktionswissen zumindest ein gewisses Wissen von dem späteren Gebrauch voraussetzt, diskutiert Aristoteles nicht. Allerdings ist es für diese Zeit nicht unplausibel zu unterstellen, dass Konstruktions- und Gebrauchswissen nicht auseinanderfallen, weil Konstruktion und Gebrauch rückgekoppelt sind.

Aus kulturtheoretischer Sicht sind technische Produkte Teil eines komplexen Systems von Beziehungen und Bedeutungen, Momente soziokultureller Konstruktion von Realität

## 2.3 Innovation, Entwurf und Kreativität

und deren Bedeutung. Die materiale Kultur in ihrem Wechselverhältnis mit symbolischen und sozialen Strukturen ist zu untersuchen. Dabei wird der Kulturbegriff auf unterschiedliche Handlungsfelder angewendet. Versteht man unter Kultur in Anlehnung an Clifford Geertz ein geordnetes System von Bedeutungen und Symbolen, vermittelt über gesellschaftliche Interaktion, so lassen sich Produkte als materiell objektivierter Teil von Kultur fassen. Produktkultur ist die Summe zeitgenössischer Produkte und Teil einer Organisationskultur. Die Bedeutung technischer Artefakte erschöpft sich nicht in ihrem Nutzen. Materielle Artefakte sind nicht nur der objektivierte Ausdruck von kulturell erzeugter Wirklichkeit, sondern sie tragen auch zu deren Konstruktion bei. Sie sind Modelle von und für Kultur. Als Manifestationen kollektiver Werte fungieren sie nur ebenso als Symbole sozialer Integration wie Differenzierung und Klassifikation. Der soziale Gebrauch von Produkten ist weder aus ihren Eigenschaften erschließbar oder nur einfach aus der Gebrauchsanleitung abzulesen. Die Unterscheidungen von Nützlichem und Überflüssigem, Natürlichem und Künstlichem ist das Resultat kulturell generierter Selektionen (Irrgang 2001a).

Innovation meint die Verbesserung der alten und die Entwicklung von neuen Fähigkeiten von Menschen und ihrer gesellschaftlichen Organisation. Technologische Innovation bedeutet Wachstum in der Macht der menschlichen Technologie, neue und verbesserte Produkte und Dienstleistungen zu etablieren. Die Wirkungen technologischer Innovation auf den Menschen und seine Umgebung waren sowohl gut und nützlich wie zerstörerisch. Seine anwachsenden Fähigkeiten, Energietechnologien zu etablieren und Transporte zu leisten, befreiten den Menschen von den begrenzten Kräften der Muskeln von Tieren. Aber dieselben Technologien haben genauso seine Luft, sein Wasser und seinen Boden vergiftet. Der Gebrauch des Menschen von technologischer Innovation, um seine physikalische Umwelt zu bewältigen, hat zu einer sich sehr schnell ändernden Welt und zu einem anwachsenden Komplex von sozialen und physikalischen Eigenschaften geführt. Innovation ist ein in sich verknüpfter Prozess, in dem viele und hinreichend kreative Handlungen, von der Forschung über Dienstleistung, untereinander verbunden in einer integrierten Weise zur Realisierung eines gemeinsamen Zieles dienen. Der Innovationsprozess ist nicht nur technische Entwicklung, sondern muss eine wohlverstandene soziale Unternehmung sein. Technologische Innovation ist der Prozess der Wahrnehmung oder Erzeugung eines relevanten Wissens und dessen Transformation in neue und bewährte Produkte und Dienstleistungen, für die Menschen bereit sind zu zahlen (Morton 1971). Innovation meint also insbesondere den ökonomischen und sozialen Wandel.

Zahlreiche Fallstudien zu technisch-wissenschaftlichen Entwicklungen haben einzelne Erfindungen, Industriezweige, die Geschichte von Unternehmen und Erfinder- bzw. Unternehmerbiografien zum Gegenstand gehabt. Gemeinsam ist diesen Fallstudien die Beschränkung auf kleine Sektoren der Technik. In dieser Hinsicht wurden technologische Archetypen formuliert. Es kam zum Postulat einer ökonomischen Determinierung der technischen Entwicklung. Außerdem wurden Niveauunterschiede zwischen Hersteller- und Verwenderwissen postuliert. Das weithin punktuelle Vorgehen bei der Analyse der technischen Entwicklung hat zu unzureichender Theoriebildung geführt, weil man versuchte, technische Entwicklung allein mit ökonomischen Kategorien zu beschreiben (Pfeiffer 1971).

Zu unterscheiden sind Großinnovationen, die das Paradigma verändern und ganz neue Formen des technischen Handels eröffnen, von Kleininnovationen, die sich aus der Umgangsstruktur technischen Handelns ergeben. Das Umgangswissen resultiert aus einem kontingenzdurchgriffenen Prozess der Übertragungen und Analogiebildungen. Das Umgangswissen ist abhängig von einem Technikstil und damit auch die Innovationsfreudigkeit einer technischen Routine. Interpretationsmuster werden dabei zu einem zentralen Teil innovativen Verhaltens. In der traditionellen ingenieurmäßigen Ideologie folgte der Erfinder einem Grundmuster linearer Folgerichtigkeit, wodurch Innovationen planbar und berechenbar waren. Bei dem Versuch einer Anwendung von Kuhns Modell der Wissenschaftsentwicklung auf die Technologieentwicklung ergeben sich andere Ergebnisse. Dazu muss die Alltagspraxis einer technologischen Gemeinschaft sowohl wie die Anomalien untersucht werden. Die Anomalien sind dabei funktionale Fehler oder das Misslingen technischen Handelns. Technologische Revolutionen sind Veränderungen von jeweils traditionell herrschenden technischen Paradigmen, die eine neue Tradition ins Leben rufen (Laudan 1984). Kognitiver Wandel in der Technologie ist das Ergebnis von überlegten Problemlösungsaktivitäten der Mitglieder von relativ kleinen Gemeinschaften technisch Handelnder. In allen Fällen handelt es sich um Formen technischer Kreativität, in denen technische Kompetenz zu Lösungsstrategien führt.

Die Grundpfeiler der Technologie sind Ideen. Und Technologie ist beides, ein privates und ein öffentliches Gut. Technologischer Wandel ist sowohl sozial konstruiert wie politisch und ökonomisch. Auch dafür bedarf es der Leitbilder wie sozialer Verantwortlichkeit (Irrgang 2002b) und Nachhaltigkeit (Irrgang 2002c). Die Ausrichtung und Zuspitzung des technologischen Wandels geschieht durch die Umgebung, Ressourcenanforderungen, durch Regierungsaktivitäten, durch nationale wie lokale Politik, durch Klassen- und Gruppenzugehörigkeiten, durch die Steuerpolitik und Investitionsprioritäten von Regierung und Unternehmen, unterstützt von öffentlichen und privaten Quellen und ausgerichtet an den Präferenzen der Konsumenten. Invention, Innovation und Entwicklung sowie der Transfer von Technologie sind die Hauptvektoren technologischen Wandels und diese Agieren untereinander und folgen nicht einer gesetzesähnlichen Regel. Technologischer Wandel ist ein kontinuierlicher und kumulativer Prozess, eine problemlösende Aktivität und eingebettet wie ausgerichtet durch soziale Interessen und Kräfte (Parayil 1999).

Traditionen und technische Routinen sind eher beharrend. Dies ändert sich jedoch in Zeiten verstärkten Wertewandels. Erfindung, Akkumulation, Austausch und Anpassung sind die treibenden Faktoren technischer Entwicklung. Die Übernahme bzw. Imitation ist jedoch noch viel mehr eine Quelle von Erfindungen und damit von technischer Kreativität. Innovationen können auf dreifache Weise zustande kommen: Als originale Entdeckung, durch Übernahme und durch Anpassung an andere Umgebungen. Diese Anpassungen geschehen nicht sofort, sondern mit einer gewissen Verzögerung. Anpassung in diesem Sinne kann sehr schwierig sein und die Bildung völlig neuer gesellschaftlicher Institutionen erfordern, sie kann aber auch zu völliger Desorganisation führen (Ogburn 1969). Es sind nur ganz wenige Erfindungen, die sich sehr schnell weltweit durchgesetzt haben. Sie betreffen nicht selten Kommunikationsstrukturen wie das Telefon, den Rundfunk und Fernsehen, Multimedia und das Internet, die zu den spezifischen Kulturtechniken gehören.

Im Hinblick auf die Bestandteile innovativer Prozesse, Innovationstrends und ihre Determinanten gibt es die Nachfragesogtheorie und die technologische Anstoßtheorie bzw. Theorien des Angebotsdruckes. Marktkräfte wurden als die Hauptdeterminanten technologischen Wandels angesehen. Dabei gingen Nachfragetheorien vom Bedürfnis bzw. Konsumenten oder Nutzer von Nützlichkeitsfunktionen aus. Gemäß diesen Theorien konnte man a priori wissen, ob eine Innovation Erfolg haben wird oder nicht. Der Angebotsdruck unterstellt ebenfalls den Markt als Determinante für Innovationen. Beide Theorien können aber den Zeitplan von Innovationen nicht erklären. Insgesamt sollte eine eindimensionale Konzeption einer Wissenschaft-Technologie-Produktion vermieden werden. Zu berücksichtigen sind bei der Erklärung innovativer Effekte die anwachsende Rolle des wissenschaftlichen Inputs, die anwachsende Komplexität von Forschung und Entwicklung (F. u. E.), eine signifikante Korrelation zwischen F. u. E.-Anstrengungen und innovativen Ergebnissen, die Bedeutsamkeit eines Lernens durch Tun, die anwachsende institutionelle Formalisierung von Forschung, kulturelle und staatliche Einbettungsfaktoren (z. B. das Recht), die institutionellen und internationalen Rahmenbedingungen sowie der Ausbildungsstand der Mitarbeiter wie der Konsumenten.

Die Diffusion selbst ist als innovativer Prozess anzusehen. Es gibt eine Diffusion von Innovationen zwischen den Unternehmen selbst und eine Diffusion in der Nachfrage von technologischen Produkten. Es handelt sich um einen kontinuierlichen Fortschritt entlang einer technologisch definierten Linie. Hinzu kommen die endogenen Mechanismen des Wettbewerbes, die ebenfalls Innovation und die technologische Vernetzung verschiedener Sektoren befördern (Dosi 1984). Der Zusammenhang von technologischen Niveaus und von technologischen Entwicklungspfaden ist hervorzuheben. Nur im Rahmen von technischen Entwicklungspfaden lassen sich technische Niveaus und technologische Lücken definieren. Bei allen strukturellen Theorien der Beschreibung von Rahmenbedingungen von Innovationen wurden aber bislang kulturelle Faktoren nahezu vollständig übersehen. Dabei spielen sie bei der Formulierung technologischer Kompetenzen sowohl im Herstellungs- wie im Anwendungsbereich eine ganz zentrale Rolle (Irrgang 2001a).

Kreativität beruht auf erkundender, gestaltender und sinnstiftender Phantasie. Die Voraussetzungen der Kreativität können eruiert und bestimmt werden. Ihre Eigenart manifestiert sich in drei Wegen zur Kreativität. Die Ontogenese der Kreativität des Selbstbewusstseins ist gegen Ende des ersten Lebensjahres des Kleinkindes abgeschlossen. Es ist ein wunderbares Zeichen menschlicher Kreativität. Dabei entsteht das Selbstbewusstsein in der Konfrontation mit der Normativität sozialen Handelns und manifestiert sich im Spielen (Popitz 2000). Max Weber hat die Grundkategorie des sozialen Handelns eingeführt. Es geht dabei um menschliches Handeln einschließlich dem Unterlassen, Dulden usw. Inneres Handeln gegenüber äußerem Handeln ist nur durch seinen subjektiven Sinn adäquat bestimmbar, d. h. durch denjenigen Sinn, den der Handelnde von sich aus mit seinem Handeln verbindet. Dementsprechend besteht speziell die soziologische Erkenntnis und insbesondere die Kausalerklärung darin, empirisches Sozialverhalten in Verlauf und Wirkung von seinem subjektiv gemeinten Sinn her zu erfassen. Unter Sinn werden dabei sowohl Erkenntnis wie Wertvorstellung des sozial Handelnden verstanden (vereinfacht: Vorstellungen über Ausgangslage, Zweck und Mittel des Handelns einerseits, Werte, Normen, Postulate andererseits). Die individuelle Sinnsetzung des Handelnden hat dabei immer geschichtlich bedingte überindividuelle Erkenntnis- und Wertvorstellung zur Voraussetzung, die konstitutive Bedeutung für den Sinngehalt seines Handelns haben. Nach dem Tode Max Webers hat seine Konzeption des sozialen Handelns in der Arbeit des Phänomenologen Alfred Schütz eine bedeutende Fortführung erfahren. Er unterscheidet zwischen Handeln als etwas zeitlich Andauerndem und Handlung als abgeschlossenem Ereignis. Hinsichtlich des Handlungssinnes muss nach Schütz unterschieden werden zwischen dem Um-zu- und dem Weilmotiv des Handelns.

Auf der Suche nach analytischen Werkzeugen bzw. Methoden für das Verständnis von Wechsel und Entwicklung innerhalb der Technologie hat die Technikgeschichte bislang am meisten zur Erhellung der Technik beigetragen. Es geht darum, Modelle für technologischen Wandel zu konstruieren. Bisher wurden hierzu am häufigsten ökonomische Modelle vorgelegt. Diese aber sind daran gescheitert, Licht auf die interne Dynamik technologischen Wandels zu werfen. Ökomische Modelle beschreiben technologische Entwicklung als Anwachsen der Produktivität. Allerdings ist die überwältigende Bedeutung ökonomischer und sozialer Faktoren in der Stimulierung und in der Selektion neuer Technologien nicht zu übersehen. Es gibt große Unterschiede beim Verständnis von Technologie und von technologischem Wandel. Rachel Laudan weist darauf hin, dass Modelle, die die Erzeugung und Ausbreitung technologischen Wissens und technologischen Handelns rekonstruieren, bisher zu wenig untersucht worden sind (Laudan 1984).

Die Quelle für den Wechsel des technischen Wissens sind das Misslingen technischen Handelns oder technischer Praxis wie Unfälle, z. B. Brückeneinstürze. Dabei gibt es ganz unterschiedliche Arten technologischer und technischer Probleme. Eine zweite Quelle technischer Probleme sind funktionelles Misslingen eingeführter Technologien. Techniken werden eingeführt weniger, weil sie benötigt werden, als deshalb, weil sie erfolgreich arbeiten. Ein dritter Weg ist die Extrapolation von vergangenem technischem Erfolg. Hierbei entsteht ein Problem des kumulativ wachsenden Verbesserns einer technischen Praxis. Die Richtung technischen Wandels ist oft definiert durch den Stand der Kunst bzw. den Stand der Technik, den die Technologien bereits im Gebrauch erreicht haben, d. h. also tatsächlich wichtig ist die Funktion des erreichten technologischen Levels bzw. Niveaus. Mit der Konzeption der Wandlungspfade für Produkte und Prozesse haben wir ein erstes Modell der Determinanten und der Ausrichtung technologischen Wandels gefunden (Dosi 1984). Technische Errungenschaften, einmal gemacht, werden nicht wieder aufgegeben, weil sie von bleibender, ja kulturinvarianter Zweckmäßigkeit sind. Diese Sichtweise ist zu technikoptimistisch und ist einer der Ansatzpunkte für eine hermeneutische Kritik an einer konstruktivistischen Technikphilosophie. Mit einer einmal erreichten Kulturhöhe des technischen Wissens sind auch Begründungs- und Rechtfertigungsanfänge gewonnen, die nicht kulturrelativistischen Einwänden offen stehen. Der Artefaktcharakter aller technischen Produkte ist einer strikten Beurteilung durch eine Mittel-Zweck-Rationalität ausgesetzt (Janich 1998). Die Tauglichkeit bestimmter Mittel für bestimmte Zwecke ist stets durch Erfolg und Misserfolg, d. h. durch Erreichen und Verfehlen des bestimmten Zwecks durch bestimmte Mittel beurteilbar.

Technisches Know-how hat nicht nur die Züge der Fortsetzbarkeit und Unumkehrbarkeit, sondern auch der Nichtrevidierbarkeit. Es zeigt damit klar einen kumulativen Charakter. In diesem Sinne durchläuft Technik prinzipiell eine Fortschrittsrichtung. Technischer Fortschritt als Fortschritt der Erkenntnis ist (nachträglich!) methodisch rekonstruierbar als ein hierarchisch gegliedertes, sich ausdifferenzierendes und immer reicher werdendes Handlungsvermögen. Selbstverständlich gehen in die Kulturgeschichte der Konstruktion, Herstellung und Verwendung von Rädern und Getrieben sukzessiv errungene Störungsbeseitigungsvermögen ein. Dabei müssen die Übergänge von der praktischen zur theoretischen Bewährung und von technischer Praxis zur Theorie geklärt werden, die einer technikvergessenen philosophischen Tradition eher fremd geblieben sind. Mit Kulturhöhe

## 2.3 Innovation, Entwurf und Kreativität

ist der jeweilige Stand technischen Verfügungswissens gemeint, der in einer fortsetzbaren und unumkehrbaren Entwicklung zu unaufgebbaren Resultaten geführt hat. Mit dieser Formulierung sollte bereits das Missverständnis abgewehrt sein, dass die Rede von Kulturhöhe wertend gemeint oder für einen wertenden Kulturvergleich herangezogen werden sollte. Es geht lediglich um den Versuch, mit Kulturhöhe einen von menschlichen Gemeinschaften historisch erreichten Stand des Handlungsvermögens zu benennen, wobei die Beschränkung auf die Beispiele der Technik im engeren Sinne, eine Beschränkung auf bestimmte Kulturen durch transsubjektive und transkulturelle Nachvollziehbarkeit der Zweckmäßigkeit technischer Mittel ausschließen soll (Janich 1998).

Technische Niveaus sind aber keinesfalls allein durch den technischen Stand der Technik bestimmt. Sie sind Resultat von Standardisierungsprozessen und Folge eines gelungenen Einbaus von Techniken in gängige technische Praxen. Voraussetzungen für Standardisierungsprozesse und gelungenen Technologietransfer sind Akzeptanz und kulturelle Assimilation sowie die Verschränkung von technologischen Paradigmen. Dabei muss die Notwendigkeit von Führern für diese Prozesse betont werden. Zur Durchsetzung eines Paradigmas bedarf es der Kooperation und der Koordination. Nicht die technische Funktionalität ist unterschiedlich kulturell codiert, sondern die organisatorische Höhe, ohne die eine Maschine nicht funktioniert oder sicher ist. Technologie ohne entsprechenden Kulturtransfer alleine reicht nicht aus und erzeugt in der Regel mehr Umweltprobleme als sie zu vermeiden ermöglicht. Sichere Technik, ist eine Technologie in ihrem entsprechenden Kontext (Technik und Wartung). Angepasste Technologie ist ein sozialer und kultureller Status, der Technik nicht inhärent ist. Technik muss daher auf ein bestimmtes Ideal der Sicherheit, des Nutzens oder der Umweltfreundlichkeit hin entworfen werden. Und diese sind jeweils kulturell geprägt im Unterschied zur technischen Funktionalität, die häufig von Naturgesetzen konstituiert ist und daher als objektiv und wertneutral angesehen wird. Handhabung bzw. Handhabbarkeit ist ein kulturelles Bewertungsmuster, häufig von Vorurteilen geprägt (z. B. über den Nutzer) oder durch eigene Vorstellungen von Sicherheit und Umweltfreundlichkeit. Diese uneingestandenen Vorurteile und kulturellen Prägungen gilt es zu reflektieren und zu thematisieren.

Das Ergebnis ist eine nichtlineare, multikulturelle, vernetzte, rückkoppelnde Konzeption von Entwicklungspfaden, die vielfach gebrochen, zufallsgetränkt und geschichtlich signiert (Ihde 2000b) mit dem traditionellen Modell technischen Fortschritts nur noch eine vage Ähnlichkeit und weitläufige Verwandtschaft besitzen. Es geht dabei um die Formulierung der technologischen Front und der technologischen Spitze. Diese ist Gegenstand der Innovationspolitik und versucht, bestehende technologische Trends zu verstärken. Sie basiert auf einer entsprechenden Infrastruktur. Damit wird der technologische Fortschritt zum Resultat eines asymmetrischen Prozesses. Die Grenzen und die Schwäche der Theorie der Marktkräfte und ihres Einflusses auf die technologische Entwicklung werden sichtbar. Ein technologischer Level ist dadurch definiert, dass Marktstrukturen abhängig sind von vergangener Innovationsfähigkeit, vergangenen technologischen Gelegenheiten und Fähigkeiten sowie vergangenen Graden der Geeignetheit bzw. Anwendbarkeit von Innovationen. Damit ist dies eine innertechnologische Variable. Marktstrukturen und der dynamische Wettbewerb sind höchstens äußere Determinanten technologischer Entwicklung. Die Emergenz neuer technologischer Paradigmen und der normale technische Fortschritt sind zu unterscheiden. Ein wesentlicher Faktor für Innovation ist die Möglichkeit, zumindest zeitweise auf Grund des Patentrechtes eine monopolistische Position einnehmen zu dürfen. So haben wir technologische Diskontinuitäten zwischen einzelnen Firmen und andauernd innovativen Firmen, national und international. Firmen haben nur begrenzte Preisgestaltungsspielräume. In der Regel führen individualistische Ansätze uns nicht sehr weit. Imitation und Lernen durch Ausprobieren sind erfolgreiche Strategien. Die anfänglich monopolistische Situation in einer innovativen Firma ist sehr wichtig. Nachfrageelastizitäten und Preislevel bedingen sich wechselseitig, Dabei werden Firmenstrategien zu Strukturen, neue und innovative kleine Firmen treten auf den Plan. Wichtig sind die Faktoren, die den Eintritt neuer Unternehmen betreffen. Hier ist die Kapitalintensität und die Gewinnerwartung von Bedeutung (Dosi 1984).

Die Theorien technologischer Lücken heben die Asymmetrien zwischen verschiedenen Firmen hervor, die hervorgerufen werden durch die unterschiedlichen Fähigkeiten im Hervorbringen und in der Kommerzialisierung von Innovationen. Die Lücke zwischen der ersten absolut innovativen Einführung eines neuen Produktes und der ersten Imitation definiert diese technologische Lücke. Sie wird bestimmt durch Diffusionsraten. Ein Faktor hierbei ist die Elastizität der Marktnachfrage. Das in einer spezifischen Technologie führende Land ist hier ebenfalls wichtig. Der Lebenszyklus eines technischen Produktes ist sehr kurz, die Rate des technologischen Wandels sehr hoch. Dies beschleunigt Asymmetrien zwischen den Firmen. Es gibt aber auch internationale technologische Asymmetrien. Die Rolle technologischer Führer ist durch eine Reihe von Rahmenbedingungen bestimmt. Es gibt einige Produkte, die nur der technologisch Führende produzieren kann. In diesem Falle sind die Unterschiede in einzelnen Ländern irrelevant. Dies führt zu einer internationalen Spezialisierung und Arbeitsteilung. Für Länder mit unterschiedlichem technologischem Level empfiehlt sich oft eine kreative Imitation. Länderspezifische Kenntnisse und Fähigkeiten, der Ausbildungsstand, regionale Besonderheiten und die Lohnhöhe, dies alles beschreibt nationale Marktspezifitäten, die eine zentrale Rolle spielen bei der Erzielung bzw. Durchsetzung von Innovationen. Dies alles erzeugt strukturelle Bedingungen, unter denen Unternehmen agieren (Dosi 1984). Der Zusammenhang von technologischen Niveaus und von technologischen Entwicklungspfaden ist hervorzuheben. Nur im Rahmen von technischen Entwicklungspfaden lassen sich technische Niveaus und technologische Lücken definieren. Bei allen strukturellen Theorien der Beschreibung von Rahmenbedingungen von Innovationen wurden aber bislang kulturelle Faktoren nahezu vollständig übersehen. Dabei spielen sie bei der Formulierung technologischer Kompetenzen sowohl im Herstellungs- wie im Anwendungsbereich eine ganz zentrale Rolle. Hier liegt ein neues Aufgabenfeld für die Technikphilosophie.

Insofern kann von einer technischen Entwicklungslinie als von einem Innovationsweg gesprochen werden. Technologische Paradigmen stellen einen Konsens zwischen Gruppen von technologischen Experten in Unternehmungen oder in unternehmensübergreifenden Organisationen dar. Im Unterschied zur Situation in der Grundlagenforschung, in der der Konsens über ein neues Paradigma im Wesentlichen nur zwischen den Fachleuten des betreffenden Wissenschaftsgebietes erforderlich ist, kann sich ein neues technologisches Paradigma erst herausbilden, wenn der Konsens auch die Anwender mit einschließt, wenn also ein doppelter Konsens bei Paradigma und Leitbild erfolgt. Voraussetzung für die Entstehung eines neuen technologischen Paradigmas ist die Bewährung in der Herstellung und Anwendung. Zu einer Einigung auf ein neues Paradigma, zu einer sog. Schließung, wird es

## 2.3 Innovation, Entwurf und Kreativität

erst kommen, wenn durch die Kaufentscheidung der Anwender deutlich wird, welche der Produkteigenschaften für die Anwender von besonderer Bedeutung sind, gegebenenfalls für verschiedene Anwendergruppen, so dass technologische Alternativen erhalten bleiben (Esser u. a. 1998).

Die Bell'sche Vision vom Telefon sowie die Durchsetzung des Telefonparadigmas und des Telefonleitbildes eines „universal Service" waren nicht das Ergebnis eines Wettbewerbsprozesses, sondern das Ergebnis eines vereinbarten und gesetzten Telefon-Standards, der Voraussetzung für die Realisierung eines umfassenden Netzes war. Dazu waren Standardisierungsprozesse erforderlich. Außerdem ist in diesem Fall die Notwendigkeit von Systemführern demonstriert worden. Außerdem ist auf die Entwertung von Humankapital bei Paradigmenwechsel hinzuweisen. Bei diesem Modell der Steuerung durch Nachfrage kann die Gesellschaft mit nicht-effizienten Produkten und Technologien überflutet werden, die die gegenwärtige und die zukünftige Generation belasten. Wir fahren immer noch mit dem falschen Typ von Automobilen, wir benutzen immer noch die falschen Typen von Kernreaktoren, arbeiten mit einem nicht-optimalen Design von Schreibmaschinen, Tastaturen und einem technisch nicht optimalen Video Format. Wir partizipieren an solchen Interaktionen und Technologietransfers z. B. in Computernetzwerken und Telekommunikationssystemen. Es gibt eine ganze Reihe von Produkten, für die die Nützlichkeit für den Nutzer und für den Konsum nicht nachgewiesen ist. Allerdings erhöht sich die Nutzung eines Gutes mit der wachsenden Anzahl von Konsumenten dieses Gutes (Esser u. a. 1998).

Charakteristisch für Innovationen ist die Diffusion neuer Techniken. Eine Erfindung hat wenig oder keine ökonomische Bedeutung, bevor sie nicht angewendet wird. Die Lücke von der Erfindung zur Innovation gilt es zu schließen. Diese Lücken sind oftmals sehr lang. Die Entscheidung für die Innovation bedeutet eine Kapitalinvestition, wobei Innovationen leichter in großen Firmen geschehen. Die Bedeutung der externen Quellen und Ressourcen ist nicht zu unterschätzen. Die Ideen, die Innovationen zugrunde liegen, haben durch Übernahme von fremder Technologie und durch die Formation in kleinen neuen Firmen stattgefunden. Diese sind wie die ersten Vorläufer, die von außen aus der Industrie kommen. Der Diffusionsprozess ist wesentlich ein Lernprozess. Dieses Lernen findet statt zwischen den Produzenten der Innovation genauso wie bei deren Nutzern. Dabei gibt es bestimmte Diffusionsraten. Kleinere Firmen haben weniger Geld bzw. Kredit für Investitionen. Die Profitabilität ist der entscheidende Anreiz. Entscheidende Quellen der Information für den künftigen Absatz sind wichtig. Es geht um die möglichen Anwender. In vielen Fällen lohnt sich der Ersatz der alten Technik durch die neue nicht, bevor die neue Technik nicht funktionsuntüchtig geworden ist. Eine Folge von Innovationen ist strukturelle Arbeitslosigkeit. Die Antwort darauf sind Wandlungen in den Kompetenzanforderungen. Die Gefahren der Automatisierung scheinen aber weit überbewertet worden zu sein. Es gibt keinen Grund, warum ein schneller technologischer Wandel das Resultat in einer anwachsenden Beschäftigungslosigkeit haben müsste, wenn die staatlichen Rahmenbedingungen stimmen. Es geht um einen adäquaten Level einer aggregativen Anforderung (Mansfield 1968a).

Die Lücke zwischen Erfindung und Innovation ist sehr groß. Ganz zentral für das Gelingen ist die zeitliche Planung und das zeitliche Management einer Innovation. Mansfield hält kostenreduzierende oder angebotserweiternde Innovationen für sehr nützlich. Die Innovationsrate aber variiert für den Produktzyklus. Mechanische Innovationen erfordern das kürzeste Intervall, elektronische Innovationen das größte. Die Rate der Imitation variiert in hohem Umfang. Wichtig sind hierbei die Profitabilität des Gebrauchs einer Innovation. Diese abzuschätzen ist höchst schwierig und das bloße Faktum, dass eine große Gewinnerwartung und eine hohe Kompetenz bei ihrem Gebrauch erforderlich sein wird, lässt auch darauf schließen dass ihre Einführungsphase mit Schwierigkeiten verbunden ist. Firmen bevorzugen einfache Geräte, die nur geringe Kompetenz voraussetzen. Kleinere Firmen nehmen im übrigen Innovationen schneller an als ihre größeren Rivalen (Mansfield 1968b).

Die Interpretation technischen Fortschrittes als begründet in einem ständigen Anwachsen unzähliger kleinerer Verbesserungen und Modifikationen mit nur sehr wenigen und seltenen großen Innovationen wurde durch S. C. Gilfillan in seinem Buch „Inventing the Ship" (1935) und „Sociology of invention" (1935; beide Chicago) formuliert. Louis Hunter legte in seinem Buch „Steamboats on the western Rivers" (1949) ebenfalls Wert auf die unzähligen kleineren Verbesserungen und Anpassungen einer anonymen Anzahl von Vorarbeitern und Mechanikern. Der kumulative Charakter und der Mangel an einzelnen herausragenden Innovationen greifen dabei ineinander (Rosenberg 1982). In der Zwischenzeit haben induzierte Innovationsmodelle wie die von Ruttan und Hayani von 1971 eine stärkere Beachtung gefunden. Rahmenbedingungen haben Metaproduktionsfunktionen. Der Anpassungsprozess wird verstanden als die Fähigkeit, sich zu effizienteren Punkten der Metaproduktionsfunktion zu bewegen, speziell als Antwort auf die Gelegenheiten, die herausgearbeitet werden durch die Industrie, die einen speziellen Fluss neuer Inputs anbieten kann. Jacob Schmookler war ein Vertreter der exogenen Variablen, die technologischen Wandel vorantreiben. Die Direktion des technologischen Wandels ist abhängig von ökonomischen Kräften. Schmookler schrieb 1966 das Buch „Invention and economic Growth". Die Nachfrage determiniert die Innovationsrate. Die Rate, mit der neue Technologien angenommen werden und in den Produktionsprozess eingebettet und angepasst werden, ist jedoch ganz wichtig und charakteristisch. Die Produktivität und anwachsende Effekte höherer Technologien hängen ab von ihrem Gebrauch an geeigneter Stelle. Daher sind Studien des Produktivitätswandels erforderlich. Die Verbesserungen der Schiffskonstruktion durch die Mannschaft waren Ansatzpunkte. Es gab extensive ökonomische Forschung über die technologische Diffusion. Die Diffusion von Technik und der technische Entwicklungsstand korrespondieren. Die kumulative Auswirkung auf unzählige technologische Verbesserungen, Modifikationen und Adaptationen beeinflussen die Art und Weise der Annahme und Einbettung einer Innovation. Mansfeld selbst weist auf seine Analyse des Diffusionsprozesses in seinem Werk „Technical Change and the Rate of Imitation" von 1961 hin (Rosenberg 1982).

Zentral ist für die Diffusionsrate und die Durchsetzungsrate einer Innovation das Lernen durch den Gebrauch neuer Technologien. Die Einführung technologischer Innovation ist als Lernprozess zu modellieren. Dabei geht es um die ökonomische Implikation des Lernens durch Praxis. Es ist ein Fortschritt von Maschinen. Dabei ist eingebettetes und nichteingebettetes technisches Wissen zu unterscheiden. Hochspezialisiertes Wissen ist das Umgangswissen von heute. Learning by doing, dies wurde in der Flugzeugindustrie anhand der Geschichte der DC 8 aufgewiesen. Zentral war hierbei das Ansinnen der Reduktion des Benzinverbrauchs. Auch die Instandhaltungskosten von Motoren sollten reduziert werden. Eine größere Verfügbarkeit von Flugzeugen sollte mit größerer Verantwortbarkeit ihres Verbrauchs einhergehen. Die hohen Arbeitskosten der Erhaltung und der Reparatur von

## 2.3 Innovation, Entwurf und Kreativität

Flugmaschinen ist hier ein zentraler Faktor. Er ist eine mächtige Motivation für Verbesserungen der Reparaturfähigkeiten und der Instandhaltung. Dabei wird auch auf die systemische Komplexität der Telefonindustrie hinzuweisen sein (Rosenberg 1982).

Das Konzept der Pfadabhängigkeit und die neue positive Rückkoppelungsökonomie wurde von Brian Arthur 1990 formuliert. Mit Hilfe dieser Theorie lässt sich Technologietransfer anders als vorher erklären. Gemäß diesem Modell lässt sich nicht hundertprozentig vorhersagen, welche Technologie erfolgreich transferiert wird und welche der Innovationen sich letztendlich am Markt durchsetzen werden. Es hängt in gewisser Weise mit der Anzahl von Nutzern zusammen, die in einer gewissen Zeitspanne gewonnen werden können. Deshalb bieten manchmal Unternehmer Rabatte, um bei Anfangskäufern das Interesse an bestimmten Konsumgütern zu wecken, damit die alten Standards, die den Gebrauch eines bestimmten technischen Gutes sinnvoll gemacht haben, sich wandeln können, um neuen technischen Gütern mit z. B. größerer Umweltfreundlichkeit eine Chance zu geben. Es geht darum, Anreize zu schaffen für Kunden, die bereits Investitionen in den alten Standard gemacht haben und nun neue Investitionen tätigen müssen, um mit dem Einkauf einer neuen Technologie auch die Kosten zu amortisieren, die entstehen, wenn die Nutzung neuer technischer Güter im Umfeld von Anwendern möglich gemacht werden soll. Denn die Übernahme einer bestimmten Technologie kostet nicht nur den Preis dieser Technologie selbst, vielmehr entstehen auch Transformationskosten bisheriger Standards und Anwenderparadigmen, die nun verändert werden müssen (Esser u. a. 1998).

In einer ganzen Reihe von Fällen setzt sich auch keineswegs das technisch ausgereiftere oder gar technisch bessere Konzept durch. Vielmehr setzen sich Systeme durch, für deren gesellschaftliche Akzeptanz mehr investiert worden ist. Es genügt eben heute nicht mehr, nur noch Technologien zu entwickeln und sie anzubieten, sondern es müssen gewisse Entwicklungs-, Transfer- und Nutzerpfade angeboten werden, damit sich eine bestimmte neue Technologie vor dem Hintergrund bereits eingeführter Standards und angesichts der Notwendigkeit, neue Umgangsformen und neue Standards lernen bzw. vorgeben oder vormachen zu müssen, durchsetzt. So werden auch weiterhin in vielfacher Form wenig umweltfreundliche Technologien verwendet, obwohl rein theoretisch bereits bessere technologische Lösungen möglich sind. Dabei ist es nicht nur eine Frage der ökonomischen, sondern auch der gesellschaftlichen „Kosten", die entstehen, wenn neue Standards des Gebrauchs für neue Technologien entwickelt werden müssten. Außerdem muss berücksichtigt werden, dass Arthurs These von den Entwicklungspfaden und Technologietransferpfaden nicht in dem Sinne missbraucht werden sollte, dass sie als Rechtfertigung für verschiedene Arten von staatlichen Industrielenkungsmaßnahmen gebraucht werden, die auf das Argument zurückgreifen können, dass sie letztendlich konstruiert wurden, um die Entwicklung von niedrigeren Technologisierungsstufen zu verhindern (Esser u. a. 1998).

Pfadabhängige Prozesse führen zum Aufbau von Makrostrukturen. Die Entstehung von Technologiestrukturen lässt sich aus Pfadabhängigkeiten und der darin unterstellten Wechselwirkung erklären. Zu berücksichtigen sind dabei unterschiedliche Weltsichten. Professionelle Käufer und Verkäufer sind in Informationsfeedbackkreisen verbunden. Auch die Ablehnung von Risiken beeinflusst Entwicklungspfade. So gibt es eine nichtantizipierte Effektivität, die konstitutiv ist für Pfadentwicklungen. Auch Lerneffekte über neue Produkte gehen in eine Pfadentwicklung ein. Das Learning-by-doing, Anpassung, Einbettung sind Formen, die mit diesem Pfadabhängigkeitsmodell erklärt werden können. Formal mathematische Modelle erweisen sich hier als unzureichend. Außerdem sind Verteilungsannahmen von Bedeutung (Arthur 2000).

Die technologische Infrastruktur ist ein Set von kollektiven spezifisch industrierelevanten Fähigkeiten und Fertigkeiten, die für verschiedene Anwendungen installiert wurden und in zwei oder mehr Firmen oder Benutzerorganisationen eine Rolle spielen. Sie sind Voraussetzung für eine effektive Kooperation, um öffentliche Güter zu produzieren, z. B. öffentliche Sicherheit. Infrastruktur muss als Gesamtsystem entworfen werden. Sie ist multinutzerorientiert und im Rahmen eines technologischen Regimes angeordnet. Infrastruktur gilt als multifunktionales Rahmenwerk. Es geht um unterstützenden Wettbewerb, um Transportinfrastruktur, um Telekommunikationsinfrastruktur, um Wissensinfrastruktur, um industrielles Wissen und fundamentale technologische Fähigkeiten (Edquist 1997).

Die Verknüpfung zwischen Verkäufern und Käufern führt zu einer gewissen Spezialisierung und Standardisierung sowie zur Reorganisation und zur Verknüpfung von Innovationen. Mit Pfadabhängigkeit und Technikhöhe ist der Machtaspekt der Technik verbunden. Auch wenn Technikpfade nicht determinieren, macht technische Entwicklung Vorgaben, wie Marktführerschaft oder Patente, über die eine Firma verfügt, die nötigend wirken können. Technische Kompetenz wirkt sich in Dispositionen aus. Die Fähigkeit, handeln zu können, führt zu Macht, wenn auch nicht notwendigerweise automatisch zu Herrschaft oder gar Zwang. Gelingen oder Misslingen sind Phänomene der Macht und des Könnens, Herrschaft verlangt Gehorsam und Zwang nötigt. Es gibt zweifelsohne technikinduzierten Zwang oder Nötigung, z. B. im Krieg, aber technisches Können zwingt nicht, auch nicht zum Technologietransfer, wenn es keine guten Gründe oder Handlungsziele dafür gibt. Allerdings sind Differenzen im technischen Können Voraussetzungen für die Überlegung, ob ein Technologietransfer sinnvoll und ethisch vertretbar oder sogar wünschbar ist. Globalisierungsgegner machen diesen Machtaspekt der Technik deutlich, wenn sie auch häufig die kulturelle Einbettung von Technik nicht mitbedenken, denn nur eine Technik ohne Berücksichtigung ihrer kulturellen und wertbedingten Einbettung impliziert Sachzwänge, Nötigungen und dergleichen. Genau genommen macht der Machtaspekt der Technik im Globalisierungskontext nur deutlich, dass eine Welt-Technologie-Reflexionskultur erforderlich ist. Erst durch Weltbilder, Weltanschauungen oder ethische Überlegungen, die alle Kulturphänomene sind, kann man entscheiden, ob eine Technik und ein Techniktransfer wünschenswert oder erforderlich ist. Technologien in ihrer Gesamtheit sind wahrscheinlich mehr Kulturen als Werkzeuge (Ihde 1993; Irrgang 2006).

Inzwischen ist Technik in der technischen Modernisierung selbst zum Leitbild geworden. Technik, Technologie und Technoscience haben sich zur dominanten Leitkultur entwickelt. Der Umgang mit Technik und Wissenschaft wird mit jedem Modernisierungsschub technischer. Technologische Modernisierung war in der Entwicklung der frühen Industriestaaten (England, Mitteleuropa, USA) eingebunden in einen Aufklärungskontext, später in den einer instrumentellen Rationalisierung. Der Erfolg des Internets und der Informationstechnologien in Indien, China und Lateinamerika zeigt, dass für den Transfer westlicher Technologie die Einbettung in einen Aufklärungshorizont heute übersprungen werden kann und dass instrumentelle Rationalität nicht ausreicht, ihn zu erklären, sondern zumindest ergänzt wird durch eine globale Faszination durch modernste Technik, die sich unsere akademische Technikphilosophie und Technikkritik nicht mehr hatte träumen lassen. Sie sollte uns ermutigen, beherzt an die Aufgabe zu gehen, weltweit regionalisierte Formen globaler Uni-

## 2.3 Innovation, Entwurf und Kreativität

versalisierung und technologischer Modernisierung herauszuarbeiten, indem wir nach dem Sinn von Technik, dem Nützlichen wie dem Guten im jeweiligen kulturellen Kontext fragen und nicht nur Prestige-Projekte in Länder verpflanzen, die sich dieses leisten können. Da Technik und Technologie immer mehr zur Leitkultur werden, müssen wir uns nach ihrem Sinn fragen, insbesondere wenn es um ihren Transfer geht (Irrgang 2006).

Traditionell wurde die „technologische Lücke" von der technischen Konstruktionskultur her definiert. Hier ereignet sich im Zeitalter der Globalisierung eine Konsumentenrevolution. Betrachtet man Technologie aus der Perspektive des kreativen Anwenders, so spielt diese Lücke praktisch keine Rolle mehr. Der Umgang mit High-Tech kann genauso leicht oder schwer sein wie der mit einer anderen Maschine. High-Tech kann immer mehr so konstruiert werden, dass der Nutzer den Umgang selber lernen kann. Dies erleichtert den Technologietransfer, sollte aber auch zu größerer Vorsicht mahnen, um Fehlerquellen auszuschließen und Technik möglichst sicher zu machen. Dies hat Auswirkungen auf die Produzenten. Man muss nicht immer an der technologischen Front die Spitzenposition einnehmen, um technologischer Trendsetter zu werden. Vorangegangene Überlegungen haben gezeigt, dass technische Praxis als Ethosform gestaltet zu werden vermag. Nicht nur der Konstrukteur, sondern auch der Nutzer hat Handlungsspielräume. Dazu muss jeder einen kreativen Umgang mit Technik lernen. Technische Praxis ist ein kultureller Entwurf, nicht ein Prokrustes-Bett der technischen Entwicklung im stählernen Gehäuse.

## 3. Umgang mit technologischer Macht – Ethik humaner Selbsterhaltung

### 3.1 Umgang mit technischer Macht und technischem Risiko – nüchterne Sachlichkeit zwischen Minimalethik und Leitbildorientierung

Bislang wurde in der kritischen Theorie oder auch bei Jürgen Habermas Technik unter den Kategorien der Herrschaft und Knechtschaft, der Instrumentalisierung, Unterwerfung und Versklavung von Natur und Menschen begriffen. Nun sind Herrschaft und Knechtschaft primär politische bzw. soziologische Begriffe der Über- und Unterordnung, also eine Frage der gesellschaftlichen Hierarchisierung. Sie entstammt der gesellschaftlichen Ordnungstradition von Aristoteles und geht über Hegel zu Marx. Der Herrschaftsbegriff lässt sich nicht besonders gut auf Technik anwenden, denn Technik ist charakterisiert durch Ungleichheit in der Ausformung und Gleichheit der Funktionsprinzipien. In der Tat mündet eine solche Betrachtungsweise von Herrschaft angewandt auf die Technik bzw. moderne Technologie in die Technokratiebewegung, den Kontroll- und Steuerungswahn ingenieurmäßiger Prägung, der insbesondere den Produktionsablauf festlegen will und direkt in die Planwirtschaft führt.

Nach marxistisch-leninistischer Auffassung ergibt sich Macht aus den jeweiligen gesellschaftlichen Verhältnissen. Der marxistische Herrschaftsbegriff bleibt also genau in dieser Interpretationstradition seit Aristoteles. Technik aber ist ein wesentlicher Faktor bei der Konstitution der Gesellschaft. Die neolithische Revolution und die Urbanisierung als technische Paradigmen sind überhaupt Voraussetzung für die Konstitution von Gesellschaften. Technische Lebensformen konstituieren Gesellschaften seit mindestens 10 000 Jahren. Es sind also nicht allein die zwischen Menschen bestehenden Herrschaftsverhältnisse, die eine Gesellschaftsstruktur konstituieren, sondern auch die entsprechende Technikhöhe und das leitende technologische Paradigma, natürlich auch die technisch induzierte und hervorgebrachte Infrastruktur. Neben die ökologischen Rahmenbedingungen von Zivilisationen treten die technologischen Strukturen als fundamentale Rahmenbedingungen für die gesellschaftliche Entwicklung. Beide Faktoren wurden in der klassischen Theorie von Aristoteles bis Marx übersehen. Technik ist in ihrer anthropologischen Interpretation gerade durch die Macht von Institutionen charakterisiert, die letztlich auf der Macht menschlicher Praxis beruht. Die Frage der Koordination, Organisation und Kooperation menschlicher Praxis bemüht im Inneren auch die Frage nach der Macht der Technik.

Häufig wurden technische Macht und ihre sozialen Folgen kulturell legitimiert. Technische Macht ist in gewissem Sinne die Grundlage für die Ökonomie. Der Handel mit Artefakten, die zunächst durch ihren Gebrauchswert gekennzeichnet sind, und mit Rohstoffen für den Herstellungsprozess sind der Ansatzpunkt für die Ökonomie. Die von technischen Artefakten und von technischer Praxis ausgehenden Kräfte sind es, die Macht ausüben. Diese Macht lässt sich zunächst kulturell-anthropologisch rechtfertigen. Die Ausübung von Macht, sei sie technisch, sei sie gesellschaftlich (beides sind Aspekte technischer Praxis), ist zu legitimieren und zu rechtfertigen. Die technische Macht beruht auf den zur Verfügung stehenden technischen wie gesellschaftlichen Hilfsmitteln (Dispositionsmacht).

Der Begriff der Macht hat drei Bedeutungsdimensionen, die auch für Technik eine Bedeutung haben, nämlich:

(1) ein Können bzw. ein Vermögen oder eine Kompetenz;
(2) Kraft, Stärke, Autorität und
(3) Befugnis, Vollmacht, Herrschaft, Gewalt bis hin zur Wucht.

Das Phänomen der Macht ist eine sophistische Entdeckung. Diese haben insbesondere die instrumentell-strategische Seite der Macht hervorgehoben. Der Machtfaktor stellt vermutlich nicht zuletzt auf Grund dieser sophistischen Entdeckung eine von der Philosophie eher vernachlässigte Thematik dar. Aristoteles beschränkt das Phänomen der Analyse der Macht auch im wesentlichen auf das Thema von Herr und Knecht. Unter diesen Voraussetzungen wurde über die Macht der Technik in der Philosophie nicht ausreichend nachgedacht, eigentlich relativ selten. Tatsächlich gibt es Ansatzpunkte zur Frage nach einem vernunftgemäßen Gebrauch von Macht, der sich auch auf technische Macht anwenden lässt. Hierbei spielen ebenfalls drei Dimensionen eine Rolle, nämlich

(1) die instrumentelle Seite vernünftiger Machtanwendung (Erfolg);
(2) die pragmatische Seite des Gebrauchs von Macht (der Nutzen) und
(3) die sittlich-moralische bzw. ethische Dimension der Anwendung von Macht (die Sittlichkeit).

Der Machtaspekt kann nicht alleine der Theorie zugeschrieben werden. Vielmehr wurde häufig von einer gewissen Ohnmacht der Theorie und einer Macht der Praxis bzw. Poiesis gesprochen. Es ist daher zuförderst die technische Praxis, bisweilen auch in ihrer rudimentären Routineform, der Poiesis, die Anlass wird, über die Macht der Technik nachzudenken. Dabei ist nicht von einem Gegensatz von Theorie und Praxis auszugehen, sondern insbesondere technische Praxis ist eine von Anfang an überlegte Form der Praxis, eine theoriegeleitete Form der Praxis, auch wenn Versuchen und Erproben und damit die Irrtumsmöglichkeit immer eine Dimension an der technischen Praxis sind. Technischer Praxis geht es um Bemächtigung, Ermächtigung, Bewältigung, Überwältigung von technischen Aufgaben und technischen Problemen unter Heranziehung geeigneter Ausgangsmaterialien und der Beteiligung von kompetenten Arbeitern bzw. Technikern. Macht ist damit zunächst eine kulturelle Tatsache, auch im Bereich des Technischen, dann aber auch Erlaubnis und Lizenz entweder rein rechtlich betrachtet, aber auch im sittlich-ethischen Sinne. Da ist faktische Macht von Autorität zu unterscheiden. Ausgeübte Macht, auch technische, stellt zumindest implizit die Legitimitätsfrage.

Technische Praxis beruht wie jede Praxis auf der Möglichkeit, etwas zu leisten. Dabei hängt effektives Handeln, wie es insbesondere in den strategischen Handlungsformen des Technischen, des Ökonomischen und des Militärischen auftritt, die in engem Maße Teil von technischen Praxen sind und auf technischen Praxen basieren, Ausdruck einer geordneten Macht. Geordnete Praxis gilt als regelgeleitete Praxis, als regelgeleiteter Gebrauch und Umgang technischer Mittel zu technischen, aber auch außertechnischen Zwecken. Damit gibt es in der technischen Praxis eine gewisse Aneignungsmacht, nämlich die Macht, technische Mittel gebrauchen zu können. Dazu muss eine Gesellschaft oder müssen Menschen bzw.

## 3.1 Zwischen Minimalethik und Leitbildorientierung

Gruppen von Menschen über technische Artefakte und technische Mittel verfügen. Herrschaft der Menschheit über die Natur ist ein abstrakter Begriff, der eine Jahrtausende lange Menschheitsgeschichte und deren technische Praxis nicht abdeckt. Dort ging es meistens um Selbstverteidigung und das Überleben der menschlichen Gemeinschaften angesichts der Bedrohungen der Natur.

Sprachlich verfasste Macht z. B. impliziert das Recht, Anweisungen zu geben mit der Aussicht auf Befolgung. Demgegenüber ist die technisch verfasste Macht indirekter, nämlich eine implizite Macht, bei der Befolgung der immanenten Regeln die Aussicht auf Erfolg und Erreichung des Gewünschten zu haben. Technisch und sprachlich verfasste Macht liegen damit auf unterschiedlichen Ebenen. Dies ignoriert die undifferenzierte Anwendung der Herrschaftsthese auf Technik. Die politische Macht beruht auf Universalisierung von Handlungsaspekten des Willens und berief sich meist auf den Willen aller oder auf den universalen Willen. Wir müssen daher von einem doppelten Aspekt der Macht im Hinblick auf Technik ausgehen nämlich die Macht der Technik selbst im Sinne der Verfahren und Artefakte und die Macht der Einbettung von Technik, den Rahmenbedingungen technischer Praxis, die häufig genug auch die Ziele der Technik vorgeben, die eben dann nichttechnischer Art sind so z. B. den Bau von Pyramiden, Tempeln, Grabstätten usw.

Zwischen der Macht der Technik und der Macht der Einbettung der Technik besteht ein wechselseitiges Implikationsverhältnis, in der Realität ein Verhältnis der wechselseitigen Einwirkung, die zu neuen Formen der Entwicklung führen. In einem neuzeitlichen Sinn ist für Machiavelli die Machtfrage nur kasuistisch, d. h. von Fall zu Fall, zu entscheiden. Sie sollte entschieden werden gemäß der sozialen Natur des Menschen im Sinne des Allgemeinwohls und des guten Lebens. Allerdings ist aus technischer Perspektive die Frage des Allgemeinwohls und des guten Lebens eingebettet in instrumentelle und pragmatische Faktoren, die für das Funktionieren von Technik vor aller Frage nach der Sittlichkeit technischer Praxis eine zentrale Rolle spielen.

In der Neuzeit ist Wissen Macht; naturwissenschaftlich, d. h. technologisch anwendbares und verwertbares Wissen wird als Macht im Sinne einer technischen bzw. technologischen Praxis gedeutet. Es basiert auf der Verfügungsmacht über kausales Wissen über die Natur. Technische Macht liefert Chancen der Verwirklichung des Möglichen und unterstützt so die Macht des Menschen zumindest in der Neuzeit. Die Aneignung neuer Materialien im Sinne von Ressourcen, neuer Energien sowie neuer Fähigkeiten und Wissen sind die Grundlage für die expandierende Macht bzw. Mächtigkeit der Technik im Sinne einer immer weiter gehenden Ermächtigung zu neuen Taten und zu neuen Formen technischer Praxis. Im 19. Jh. erfolgte die Ablösung monarchischer Macht durch nationale Machtpolitik. Im zunehmenden Maße wurde technische Praxis durch das Militär benutzt und in zunehmendem Maße auch selbst erzeugt. Es entstand der militärisch-universitär-industrielle Komplex, der im Hinblick auf die Erzeugung die Anwendung neuer Formen von Militärtechnik eine rasante Beschleunigung der Entwicklung technischer Praxis hervorbrachte.

Technische Macht durch technische Praxis wird insbesondere durch Kontrolle der Macht nicht zuletzt durch Recht im Sinne der Vertragstheorie ausgeübt. Technische Praxis soll nicht Gewalt und unkontrollierter Zwang sein, sondern kontrollierte Macht. Dabei sollten auch die positiven Dimensionen der Macht analysiert und berücksichtigt werden. Foucault hingegen hat sich auf die ausschließlich negativen, repressiven, und ausschließenden Funktionen der Macht im Sinne von Disziplinierung und Normierung spezialisiert. Damit allerdings ist eine Analytik technischer Macht nicht zu leisten. Denn technische Praxis ist die Grundlage aller Kultur, nicht nur der von der Norm abweichenden, sondern auch aller Formen der normalen Kultur, und kann daher nicht nur unter ihrem negativen Aspekt gesehen werden.

Die Macht der Technik beruht nicht auf der Singularität eines einzelnen technischen Artefaktes, sondern auf einer damit verbundenen technischen oder außertechnischen Praxis. Nicht die Existenz des Panzers oder der atomaren Interkontinentalrakete allein ist Ausdruck technischer Macht, sondern zumindest die im Rahmen einer militärischen Praxis implizierte Androhung, tatsächlich unter bestimmten Bedingungen von diesen Geräten Gebrauch zu machen. Damit ist technische Macht an technische oder zumindest technisch begründete Praxis zurückgebunden und durch keine durch irgendeine von Menschen unabhängige Struktur begründete Bedrohung konstituiert. Die Macht der Technik ist an technische Kompetenz des Menschen zurückgebunden, die technische Mittel zu beherrschen und kontrollieren oder gar zu meistern versucht. Die Beherrschung technischer Artefakte oder die sachgemäße Anwendung technischer Artefakte im Sinne des Meisterns von Technik ist damit nach wie vor ein wesentlicher Bestandteil technischer Artefakte. Für den Machtaspekt technischer Praxis ist die Schaffung und Kontrolle technologischer Apparate und Geräte, von Maschinen bis hin zu technologischen Strukturen (Versorgungs- und Infrastrukturen) ganz zentral. Damit wird die Kreativität bzw. die Schaffung des Neuen propagiert.

Andererseits ist es auch Ausdruck des Machtaspektes von Technik, dass technische Strukturen Abhängigkeiten erzeugen können, die tödlich sein können, wenn die technischen Strukturen nicht mehr funktionieren. Abhängigkeiten von technologischen Strukturen ohne Alternative können sich im Misslingensfall zu Zwang und Versklavung der abhängigen Menschen ausweiten. Außerdem gehört zur Macht technischer Praxis die Macht der Vermeidung unerwünschter Nebenfolgen. Die Macht der Technik war ursprünglich eine Frage der Kompetenz. Insbesondere mit der Neuzeit kommt es zu einer zunehmenden Anzahl von Simulationen menschlicher Kompetenzen in technischen Artefakten. Es kommt zur Schaffung eigener technischer Strukturen und einer künstlichen Umwelt (Stadt und Verstädterung). Die Macht über Technik (An- und Abschalten, Einführen oder Abschaffen bzw. Entsorgen) sind ebenfalls ein weiteres wichtiges Element des Machtfaktors von Technik. Charakteristisch für die moderne Form von Technik ist die Raumschiffmetapher. Sie impliziert die völlig künstliche Umgebung für die Menschen. Sie ermöglicht dem Menschen aber auch, in eine ihm völlig fremde und feindliche Lebensumwelt vorzudringen und dort ebenfalls zu leben.

Jeder redet von Innovationen, tatsächlich herrscht aber traditionelle Beharrlichkeit, die Macht technischer Traditionen, die Gewalt eingefahrener Entwicklungspfade, die sich nur sehr schwer wenden und in eine andere Richtung lenken lassen (außer in Ausnahmesituationen). Die Macht technischer Traditionen ist nahezu grenzenlos, auch dann, wenn sie technische Innovation selbst umfasst. Damit kann von einer gewissen Beschleunigungsfalle ausgegangen werden. Das Versprechen der Technologie am Beginn der Aufklärung war nicht die Vision eines neuen Wissenshorizontes, sondern die einer menschlichen Ermächtigung. Vernunft wird endlich ihre Macht entfalten. Traditionell wird dieses Programm gelesen als Herrschaft über die Natur, aber es war die Vision der Selbstermächtigung der technischen Lebensform. Es geht um die Befreiung des Menschen von aller Natürlichkeit und Kontingenz. Das Versprechen der Befreiung von allen Mühen gestaltet die moderne Welt.

## 3.1 Zwischen Minimalethik und Leitbildorientierung

Die Maschine (Struktur) kann bei technischen Artefakten von ihrer Funktion verschieden sein, analog zu technischen Mitteln und Zwecken bzw. Zielen. Das Aufgabenparadigma (Borgmann 1984) zeigt die transformative Macht der Technologie. Die Macht, eine Aufgabe auszuführen, einen Plan durchzuführen oder einen Entwurf zu realisieren ist Teil der technischen Praxis. Dabei muss der gewöhnliche und der professionelle Umgang mit Technik unterschieden werden, wodurch sich unterschiedliche Machtverhältnisse begründen. Der neue Mittelcharakter der Technik läuft darauf hinaus, dass ein einzelner Mensch per Knopfdruck heute technische Kräfte freisetzen kann wie noch nie in der Geschichte zuvor. Technische Mittel drängen zu ihrem Gebrauch, sie geben durch die Art ihrer Konstruktion und in ihrer Spezialisierung immer mehr Ziele vor. Dies führt in eine Spirale bei den Definitionen von Zielen und Mitteln. Die Vervielfachung der technischen Routine und ihrer Implementierung in Maschinen führt zu Massenproduktion, Massenkonsum, zu eigenen sozialen und ökologischen Problemen. Beim Routinehandeln gibt es eine feste Relation zwischen Mitteln und Zielen. Dies führt zur Bedeutungslosigkeit des einzelnen Produktes, des einzelnen Exemplars, sowohl was die technischen Artefakte betrifft wie diejenigen, die es konstruieren oder konsumieren.

In der Technikhermeneutik geht es um zentrale Zeichen technischer Bedeutung wie die mittelalterliche Kathedrale, die die technische Vision eines Zeitalters ausmacht. Es geht um fokussierende Paradigmen (Borgmann 1984) technischer Realisierung im epochalen Kontext, um paradigmatische Fälle von Technik. Eine Ethik der Grenzen für die Technologie lässt sich vermutlich nicht entwickeln, sondern nur der Aufweis von Bezugshorizonten bzw. paradigmatischen Zentren (z. B. Visionen von angepasster und nachhaltiger Technologie), Visionen des guten und erfüllten Lebens bzw. der Lebensqualität. Folgende destruktive Aspekte ergeben sich aus der modernen Technologie:

(1) Arbeitsteilung und die Entfremdung der Produktion;
(2) Technologisierung des Alltags und des Haushaltes und die Zerstörung der Familie;
(3) Technologisierung der Freizeit und Ersetzung von Erholung durch passiven Konsum;
(4) nicht zu verachten ist die Stabilität der Technologie als Machtfaktor, der Reformen der Technologie im Wege steht und diese auf breiter Front verhindert.

Die Anwendung der Kategorie Herr-Knecht in der antiken Gesellschaft auf Technik war insofern möglich, als Sklaven die Arbeit ausführten. Aber diese wurden nicht durch die Arbeit selbst versklavt, sondern waren bereits vor ihrem Arbeitseinsatz bzw. vor ihrer technischen Nutzung Sklaven. Ich versklave meinen Hammer nicht, wenn ich ihn verwende, auch nicht, wenn ich damit einem anderen Menschen den Schädel einschlage. Die Verkennung des Machtaspektes von Technik und ihre Interpretation unter dem Herrschaftsverhältnis hat zu schweren Fehlinterpretationen der Technik, vor allen Dingen des Machtaspektes von Technik geführt. Die staatliche Förderung allein der technologischen Front führt in die Beschleunigungsfalle, die als Kostentreiber wirkt, z. B. im Automobilbau oder im Gesundheitswesen. Wir benötigen nicht mehr nur eine Förderung der technologischen Front, sondern vielmehr auch eine gezielte Förderung der Imitation und der Anpassung von Technologie.

Macht wird mit Kultur in Verbindung gebracht und als Unterdrückung des Begehrens verstanden. In dieser Sichtweise wird Macht als Verbot, als Gesetz und Nein-Sagen interpretiert. Im Hinblick auf Regierungstechnologien kann das Modell der Zentralgewalt und das des pastoralen Fürsorgestaates unterschieden werden. Technik wird als Umweg interpretiert, der nach der Lustunterdrückung (Arbeit) die Lusterfüllung verheißt (z. B. gutes Wohnen und Essen). Das Modell der Kultur als Triebunterdrückung, das von Freud propagiert worden ist, geht eigentlich auf Kant zurück. Auch das römische Recht gilt als Disziplinierungsmittel, das einer militärischen Zentralmacht entsprang. Die zentrale und dezentrale Organisation der Technik führt zu unterschiedlichen Machtkonzeptionen von Technik. Die tatsächliche Quelle der Macht der Technik bestand in ökologischen Faktoren, Ressourcen und der technischen Kompetenz der Bevölkerung, sie beruht letztendlich auf dem Zusammenhang von Bevölkerungswachstum und technischer Lebensform. Nicht die Gesellschaft ist die Quelle der Macht, die alles bestimmt, sondern letztendlich eine technische Lebensform, die eine Gesellschaftsform hervorbringt. Technik ruft immer wieder neue technische Lebensformen hervor, indem sie sich an neuen Paradigmen wie der neolithischen Revolution oder der Urbanisierung orientiert. Die Ermöglichung dieser Lebensform und die Ausbildung von neuen Aufgaben und Zielen, aber auch die damit verbundene Disziplinierung sind Machtfaktoren. In technischen „Revolutionen", wie der Urbanisierung, entstehen neue Organisationsformen und Kulturtechnologien. Macht ist innig verbunden mit dem Erwerb von Kompetenzen, mit Ausbildung und Schule usw. Auch hier ist die andere Seite technischer Macht gesellschaftliche Disziplinierung. Oftmals ist mit der Kontrolle der Technik auch die Kontrolle der Menschen verbunden, die diese Technik nutzen. Technokratie ist dabei eine Bewegung, die den Menschen als Material, als eine Maschine betrachtet und ihn so vollständig instrumentalisiert. Dies ist sicher problematisch, aber Technik kontrollieren zu wollen, ist ethisch vollkommen legitim.

Technik wird in der Regel als Hybris und Maßlosigkeit verstanden und für den Machtaspekt von Technikgrenzziehung empfohlen. Aber damit wird das „Wesen" der Technik selbst vergewaltigt, die in ihrer Realisierung als Entwicklungspfade der Ziele und Horizonte bedarf, um einen angemessenen Beitrag zu einem guten Leben möglichst vieler Menschen leisten zu können. Auf Grund der angewachsenen Mächtigkeit moderner Technologie wird Grenzziehung aber immer mehr zu einer hilflosen Geste. Neue Tabuisierungsversuche werden zu Atavismen, überhaupt Moral zum Erfüllungsgehilfen konservativer Ängste. Man braucht sich hier nur die Geschichte der sexuellen Verbote anzusehen. In den Grenzerfahrungen, die in den technischen Grenzüberschreitungen immer wieder gemacht werden, manifestiert sich jedoch nicht die Ohnmacht der Technik, sondern wird häufig genug die Möglichkeit einer Technik präziser definiert und damit letztendlich die Macht der Technik erhöht. Nur wenn man das singuläre katastrophale Ereignis isoliert, wird es tragisch, schicksalhaft oder sinnlos. Allerdings ist es ganz wichtig für die Ermöglichung eines guten Lebens, das Katastrophenpotential einzelner Techniken abzuschwächen.

Technische Praxis ist charakterisiert durch eine Netzstruktur, zusammengesetzt aus Individuen mit technischer Kompetenz und Apparaten, Maschinen und Instrumenten, die technische Kompetenzen simulieren. Wenn man nur die technischen Artefakte betrachtet, kommt der Machtaspekt der Technik nicht richtig in den Blick. Er hängt mit technischer Praxis und den technisch Handelnden zusammen. Macht ist keine abstrakte Größe, sondern wird ausgeübt. Die bürokratische und die neue technokratische Macht ist als disziplinierende und normierende Macht anzusehen und nur indirekt technologisch begründete Macht. Die Quelle technischer Macht ist nicht das Artefakt, sondern das „herrliche, geniale, kreative Können" sowohl des Ingenieurs wie des Konsumenten, der sein Instrument meisterlich

## 3.1 Zwischen Minimalethik und Leitbildorientierung

nutzt. Die Alternative ist das kreative Ausweiten der Grenzen des eigenen oder fremden technischen Könnens – ein technisches Projekt wird zunächst in den Sand gesetzt, um zu weiteren Entwürfen anzustacheln.

Die These, Quelle oder Vereinigungspunkt der Macht sei der Staat, greift immer deutlicher zu kurz. Denn Staaten liegen jeweils technische und technologische Lebensformen zugrunde. Eine Gesellschaft hat nur Macht, wenn ihr Lebensentwurf der tatsächlich ausgelebten Lebensform formal äquivalent ist. Es geht dabei um die Gesamtheit des Kräfteverhältnisses in einer gegebenen Gesellschaft. Die Sicherheit und Kontrolle der Technik ist eine Aufgabe von Institutionen, auch staatlicher. Im Hinblick auf den Machtaspekt von Technik sollte eigentlich rationalerweise von einer Krise der Disziplinargesellschaft ausgegangen werden. Die Macht des Staates, die früher auf seiner Gerichtsbarkeit beruhte, die Menschen nahezu alles vorenthalten konnte und bis zur Todesstrafe über das Leben seiner Bürger verfügte, basierte auf der Macht der staatlichen Institutionen. Diese aber braucht letztlich Waffen, Kommunikationsmittel und Gebäude in einem Umfang, wie sie einzelnen Bürgern und selbst bürgerlichen oder antibürgerlichen Gemeinschaften nicht zur Verfügung standen. Heute hat diese Funktion weitgehend der technische Versorgungsaspekt übernommen, den der Staat garantiert.

Die Macht ist letztlich etwas Diffuses, konkreter sind schon die Interessen, die durchgesetzt werden sollen. Folgende Aspekte technischer Macht lassen sich unterscheiden:

(1) Durchsetzung von Interessen (Realisierung des Willens und Wollens Einzelner oder Gruppen);
(2) Normierung, Maß, Prüfung, Untersuchung, Kontrolle;
(3) Gewalt (Raub, Militär, Mord usw.); Technik ist hier Hilfsmittel und Zwang kollektiver und individueller Art einschließlich ihrer Gegengewalt;
(4) Schaffung von Abhängigkeiten (von technischen Strukturen);
(5) richtungsweisende Macht der bestehenden materialen Kultur (technischer Bestand, Tradition);
(6) Bedürfnisbefriedigung;
(7) Souveränität des technischen Könnens.

Die Formen der Macht, die sich aus der Konstruktion, und die, die sich aus dem Gebrauch von Technik ergeben, sind unterschiedlich. Macht ist eine Frage der Menschen-Technik-Interaktion, eine Frage technischer Praxis. Technologische Strukturen basieren auf simulierter technischer Praxis.

Wir brauchen nicht nur neue Visionen für Technologie, sondern langfristige Technologiepfade. Wir brauchen realistische Visionen für die Gestaltung von Technologie, realitätsgesättigt und mit guter Aussicht auf Realisierbarkeit. Träumereien und Science Fiction sind nicht gefragt. Defensive Technologievisionen wie Verteidigung der verletzlichen menschlichen Leiblichkeit und positive Visionen wie Verbesserung der Qualität des Lebens sind zu unterscheiden. Dabei sollten wir von der Machtlosigkeit technischer Artefakte ausgehen. Gewehre schießen sich nicht selbst ab, es bedarf hochausgebildeter und kompetenter Menschen, die mit der jeweiligen Technik umgehen können, das sogenannte Humankapital. Hohe technische Kompetenz kann bislang auch nicht durch Maschinen oder Expertensysteme ersetzt werden. Machtspiele und Wahrheitsspiele bilden strategisches Verhalten ab. Es geht darum, das Verhalten anderer bestimmen zu wollen.

Gewalt bedeutet, Verfügungsfähigkeit zu haben. Insgesamt gehören die Begriffe Macht, Herrschaft, Gewalt zusammen und sind Ausdruck der Freiheit des Menschen, seines Strebens, seiner biologisch-anthropologischen Kraft und Mächtigkeit und ein Grundzug menschlicher Praxis. Die Durchsetzung der eigenen Interessen und die Realisierung des eigenen Könnens gehören zusammen. Das Phänomen der Macht wie der Herrschaft ist gekennzeichnet durch eine grundsätzliche Ambivalenz. Macht ist im Gegensatz zur Kraft ein sozialer Zuschreibungsbegriff und ein soziales Interpretationskonstrukt und geht bis hin zur Erfindung von Machtverhältnissen. Macht ist auch ein Faktor des Bestehens und Durchstehens von Konflikten.

Im 20. Jahrhundert ist die Macht unserer Maschinen und unserer Erfindungen dramatisch angewachsen, zugleich aber auch ihre nicht vorhergesehenen Konsequenzen. Moderne Technologie ist grundlegend verschieden von früheren Formen von Technik. Der Hauptgrund dafür ist ihre Komplexität. Komplexität erschafft Unsicherheiten, begrenzt das, was wir wissen oder vernünftig überlegen können über eine Technologie und ihre Entwicklung in die Zukunft. Obwohl die Shuttle-Technologie gewisse Befürchtungen geweckt hatte, was ihr passieren könnte, war es nicht möglich, diese genauer zu spezifizieren und in einem System das aufziehende Unglück exakt vorauszusehen. Aus all diesen Gründen ist moderne Technologie nicht nur das rationale Produkt von Wissenschaftlern und Ingenieuren, welches es häufig zu sein behauptet. Technologie als die treibende Kraft hinter dem Großteil unserer menschlichen Geschichte, dieses ist die These des technologischen Determinismus. Andererseits haben nur wenige Wissenschaftler die quasi umgekehrte These vertreten und behauptet, dass die Gesellschaft und das, was um die Technik herum ist, diese zuspitzt und damit mitkonstruiert (Pool 1997).

Zentral für den Erfindungsprozess und den Prozess von Innovationen ist die Macht der Ideen und die Macht der Visionen. Spezifische Haltungen von Individuen oder Gruppen von Menschen spitzen die Entwicklung von Technologie in verschiedenen Arten und Weisen zu. Vor hundert Jahren betrachteten Amerikaner Technologien grundsätzlich als gute Sache. Heute gibt es Länder, in denen Vorsicht eine zentrale Rolle spielt und eine Grundhaltung gegenüber von Technologie ist. In einigen Ländern ist diese Vorsicht und die Verdächtigung von Technologie so weit gegangen, dass bestimmte technische Entwicklungen beendet wurden, wie z. B. Gentechnologie und Kerntechnologie. Der Prozess der Invention selbst ist geleitet vom Glauben und von Praktiken, die vorher durch Jahre von Erfahrungen mit Versuch und Irrtum entstanden sind und die resistent sind gegenüber radikal neuen Ideen, welche technologisch völlig neue Wege eröffnen. Eine dieser Beispiele ist die Erfindung des Düsentriebwerkes (Pool 1997).

Der Kontrollierbarkeits-These liegt Wunschdenken zugrunde. Selbst traditionelle handwerkliche Technik, die Werkzeuge benutzt, ist nicht vollständig unter Kontrolle. Jeder Hammerschlag des professionellen Handwerkers kann daneben gehen, wenn handwerkliche Routine auch das Risiko des Misslingens verringert. Was für traditionelle handwerkliche Technik gilt, gilt für moderne Technologie in unterschiedlichem Maße. Die These einer autarken Entwicklung moderner Technologie unterstellt zu Unrecht, dass moderne Technologie menschenfrei ist. Die wissenschaftliche Entwicklung hat zu einer Expansion der Technologie und zu einer Beschleunigung sowohl der Industrialisierung wie der Modernisierung geführt. Philosophen haben Unsicherheit, Nichtvorhersagbarkeit und Unkontrollierbarkeit als Charakteristika aller menschlicher Handlungen herausgearbeitet. Sie

## 3.1 Zwischen Minimalethik und Leitbildorientierung

haben auch auf die nicht gewollten Nebenfolgen von Handlungen hingewiesen (Winner 1992). Die Möglichkeiten schwerer Zusammenbrüche in hochtechnologisierten Systemen sind nicht zu unterschätzen. Das Problem des Gebrauchens und Kontrollierens stellt sich auch auf dieser Ebene. Was wir bei hochtechnologisierten Strukturen finden, ist nicht die Passivität eines Werkzeuges, was darauf wartet, gebraucht zu werden, sondern ein technisches Ensemble, das routinisiertes und trainiertes Verhalten und Handeln erfordert, welches gleichfalls im Umgang erworben werden muss. Das technische Medium hat sich verändert, es ist kein Werkzeug mehr, nicht aber die grundsätzliche Struktur technischen Handelns.

Technologische Strukturen als sich selbst hervorbringende, sich selbst fortsetzende und sich selbst programmierende Mechanismen machen die spezifische Bedeutung technischer Entwicklung aus. Das technologische System kontrolliert oder beeinflusst in umfangreicher Art und Weise den politischen Fortschritt, und reguliert offensichtlich den Output und die Operationsbedingungen der gesellschaftlichen Strukturierung (Winner 1992). Wie steht es aber um die gesellschaftliche Kontrolle technischer Strukturen? Komplexität und Autonomie der Technik stehen in einem Wechselverhältnis. Die hohe Spezialisierung des Wissens führte zu einer Arbeitsteilung sowohl in Forschung wie in Technologie. Diese brachte eine umfangreichere soziale Komplexität hervor. Insofern kann von einem gewissen Verlust der Handlungsmacht des Menschen in technologischen Systemen gesprochen werden. Andererseits ist sie immens gewachsen, weil auch technologische Strukturen so viel mehr technisch zu bewirken vermögen als ein Hammer. Energie wird heute benutzt, ohne ein technisches Verständnis der Verknüpfungen zu haben, die die Entstehung bzw. Erzeugung dieser Energie und die Transport- bzw. Lieferungsmodalitäten ausmachen. Aber auch das ist Kennzeichen nicht nur der modernen Technologie sondern auch schon früher Formen der Technik, in denen Apparate und Maschinen benutzt wurden, deren technische Wirkungsweise dem einzelnen Arbeiter keineswegs bekannt war. Gleiches trifft auf das Automobil und andere technische Gegenstände zu.

Die mangelnde Kenntnis technischer Gegenstände durch den Gebrauchenden, ihre Struktur im Einzelnen betreffend, ist Teil der Komplexität technischen Handelns und nicht auf moderne Technik beschränkt. Man konnte jahrtausendelang Brot backen, ohne genau zu wissen, wie das geht. Die Unkenntnis ist kein Problem, wenn die Apparate technisch sicher und der Gebrauch eindeutig ist. Einen Fernsehapparat, einen CD-Player oder ein Automobil kann man im Hinblick auf technisch gewünschte Wirkungen hervorragend bedienen, ohne im Einzelnen den Apparat kennen zu müssen. Selbstverständlich sind wir heute im Alltag nicht mehr in der Lage, all die technischen Geräte zu reparieren, die uns umgeben, aber der erfolgreiche Gebrauch eines technischen Artefaktes oder auch der erfolgreiche Umgang mit technischen Strukturen setzt nicht voraus, dass wir Details der Konstruktionspläne technischer Artefakte und technischer Strukturen kennen müssten. Nicht nur der Ingenieur ist ein erfolgreich technisch Handelnder. Dies impliziert selbstverständlich eine gewisse Demokratisierung technischen Handelns und der technischen Entwicklung. Diese widerlegt nicht die Professionalisierung technischen Handelns, sondern ist eine Folge der Veralltäglichung professioneller Technik und erweitert sie: Der Nutzer muss einbezogen werden. Winner stellt aufgrund dieser Analyse nicht die Forderung nach dem Ausprobieren neuer technischer Handlungen in Frage, sondern er fordert anwachsende Reflexionskompetenz im technischen Handeln selbst (Winner 1992).

Vertrauen ist die dunkle Seite der entzauberten Welt – und das Vertraute die Seite des Selbstverständlichen, unvermeidlicher Boden der technisierten Lebenswelt. Die Realgeschichte der Technik in der Moderne ist die eines erstaunlichen Triumphes – die gesellschaftskritische Semantik besteht darauf, diese Erfolge als Marginalisierung nicht-technischer Kommunikation zu deuten, anstatt nach der Vertrauenswürdigkeit der technischen Entlastungen zu fragen. Wie ist es also möglich, dass im alltäglichen Umgang mit Technik ganz unspezifische Vertrauensleistungen mit frappierender Mühelosigkeit aufgebracht werden? Gemeint sind jedenfalls technische Artefakte, also technische Gegenstände, eben Sachen, die im Unterschied zu Techniken im Sinne erlernbarer, regelgeleiteter Handlungsabläufe funktionieren. Es geht also um technische Gebilde in Form von bereits eingeführten, praktisch erfahrbaren Sachen, typischerweise gängige Verbrauchertechnik, Technik für Laien, wie sie tagtäglich zur Verfügung steht. Es geht um die Vertrauenswürdigkeit technischer Gebilde. Dabei sollte vielmehr gefragt werden, warum trotz der vielfach erfahrenen Gefahrenpotenziale von Technik und ihrer sozialen Kosten unsere Gesellschaft – vergleichbar dem, worauf Webers „Einverständnisgemeinschaft" zielte – als Vertrauensgemeinschaft in Technik bezeichnet werden kann. Ansätze einer Normalform der Technik in ihrem Funktionieren sind weiter zu entwickeln. Doch das – im Sprachgebrauch Heideggers – Unheimliche der technisierten Welt ist aber doch das Funktionieren der Technik und nicht ihr erwartbares Scheitern (Wagner 1992).

Technikvertrauen als Autoritätsvertrauen oder die moderne Gesellschaft als technische Vertrauensgemeinschaft finden sich bereits ansatzweise bei Max Weber. Weber unterscheidet Einverständnis in eine rationale Ordnung (sei sie technischer, sozialer oder symbolischer Art) vom Verständnis ihrer Komplexität: Einverständnis und Verständnis sind nicht identisch. Einverständnishandeln wird von Weber als Gewohnheitshandeln klassifiziert. Je mehr wir uns mit technischen Artefakten umgeben, desto kleiner wird der Ausschnitt des verstandesmäßig nachvollziehbaren und desto größer der funktional notwendige Bedarf an Vertrauen. Jeder Versuch, zu tatsächlicher Sachbeherrschung zu kommen, wirft neue verborgene Kontingenzen und latente Unsicherheiten auf. Allerdings ermöglicht der Zwang zur Selektion die Bewährung erfolgreicher Realisationen (Wagner 1992). Vertrauen in Technik wird nicht durch ethische Überlegung, sondern durch den alltäglichen Gebrauch erzeugt. Expertentechniken, wie Nukleartechniken oder Gentechnologie, haben es daher nicht leicht. Sie müssten Artikel für den alltäglichen Konsum anbieten, um so eine Chance für Akzeptanz zu bekommen. Dies sieht man z. B. an der roten Gentechnologie. Das Beispiel grüne Gentechnik zeigt, dass Schwellenländer die Chance nutzen, die Industrieländer aufgrund einer falschen Naturideologie nicht nutzen wollten.

Vertrauen in Technik ist eine Sache des Umgangswissen, des tacit knowledge. Man kann es durch Beweise und Legitimationsstrategien nicht vor der Benutzung erzeugen. Man kann bestenfalls dazu überreden, den Umgang doch einmal durch Benutzung auszuprobieren. Es ist letztendlich eine Frage der Routine, des Aufbaus und des Einübens von Routine, des bewährten Umgangs mit technischen Artefakten, die Vertrauen in Technik schaffen. Man kann Vertrauen in Technik keinesfalls erzwingen. Die Wiederholung von Resultaten, die Routine und die Bewährung führen letztendlich zu Vertrauen in Technik. Der Gedanke der Beherrschung von Technik im Sinne der Beherrschung eines Dinges ist grundsätzlich nicht richtig. Es geht eher um das Einüben und das Beherrschen von eigenen Kompetenzen. Die Reproduktion des erfolgreichen Abschlusses eines Experimentes im Sinne der Bewährung schafft Vertrauen. Es ist also die Wiederholung, nicht die rationale Argumentation, die Vertrauen in Technik schafft. Wenn man einer Technik überhaupt keine Möglichkeit gibt, sich bewähren zu können, dann hat man dieser Technik niemals die Chance gegeben, ihre Legitimität unter Beweis stellen zu können. Dies ist aber in der Regel ein dogmatisches Verfahren, es sei denn, es sprechen gute Gründe für eine extreme Gefährlichkeit einer bestimmten Technik.

Die technologische oder die dritte industrielle Revolution, in der wir uns gegenwärtig wohl befinden, ist gekennzeichnet durch Verselbstständigungstendenzen des Konglomerates aus Wissenschaft, Technologie und Ökonomie. Auch dieser Prozess lässt sich noch gesellschaftlich-kulturell gestalten und steuern, außer es gelingt Wissenschaft, Technologie und Ökonomie selbst, die Definition der kulturellen Rahmenfunktionen für die eigene Entwicklungsrichtung zu übernehmen und damit Moral und Ethik als gesellschaftlich wirksame Mächte an den Rand zu drücken. Ernst Cassirer oder Martin Heidegger forderten, dem verselbstständigten technischen Fortschritt eine freie Beziehung zur Technik entgegenzusetzen. Nicht Technikkritik oder Technikpessimismus sondern kritische Analyse und Technologiereflexionskultur sind die richtige Antwort. Es geht um eine Philosophie der Wissenschaft und Technik in ihrer sozialökonomischen Einbettung. Dann wäre die Formulierung von Technikvisionen nicht ausschließlich die Sache von Technikern. So könnte sich Nachhaltigkeit als Leitbild für die neue Allianz von Technologie, Wissenschaft und Ökonomie herausbilden.

Technische Entwicklung verläuft nicht naturwüchsig, sondern historisch-zufällig im Sinne von nicht geplant, auch wenn die ursprünglich zugrunde liegenden Projekte jeweils entworfen und projektiert worden waren. Dahinter können dann andere Determinanten stehen, etwa gesellschaftliche oder kulturelle. Eine allgemeine Bestimmung der technikbezogenen Kulturhöhe ist nicht möglich. Sie ist vielmehr abhängig von Paradigmen und technisch-ökonomischen Entwicklungspfaden. Die Technik ordnet sich nicht der Ökonomie unter, vielmehr stellt die Ökonomie die Selektionsmechanismen für technische Entwicklung bereit. Außerdem schafft die Verknüpfung von Wissenschaft und Technologie Sachzwänge für die Wirtschaft, die wiederum produktiv bewältigt werden müssen. Technik dient nicht primär dem guten, sondern dem angenehmen Leben. Die komplementäre Betrachtungsweise des nützlichen und des ethischen, des angenehmen und des sittlichen Wertes technischer Praxen können als die zwei Weisen der Bewertung technischer Praxis gelten. Eine Ausdifferenzierung des Praxisbegriffes ist erforderlich. Technische Visionen verknüpfen den Nützlichkeits- und den Ethikaspekt in der Ausrichtung und Gestaltung technischer Praxis und technischer Entwicklung durch Anleitung und Entwurf zur Ausrichtung bestimmter technischer Entwicklungspfade (Irrgang 2002a).

Der Wert des Nutzens, genauer gesagt des Dienlichen im Sinne eines ethisch qualifizierten Nutzens, eines am Humanen orientierten Nutzens empfiehlt die Einübung dieser komplementären Betrachtungsweise der Nützlichkeits- und der Ethikdimension technischer Praxen. Das technisch Machbare ist definiert durch das Gelingen, durch das Können; das Dienliche durch das Glücken. Wenn etwas nicht gelingt, kann es auch nicht glücken. Technikhöhe als Zivilisationshöhe bedarf dieses doppelten Maßes des Gelingens und Glückens, auch wenn dieses auch nicht immer leicht zu beurteilen ist. Die Beurteilungsmaßstäbe liefern die Klugheit und das Gemeinwohl. Das naturhafte Gelingen technischer Handlungen und das vernünftige Glücken technischer Handlungen sind als komplementär zu betrachten. Der zufällige und der planmäßige Gebrauch der Technik sind ebenfalls zu unterscheiden.

Die Welt ist prekär und gefährlich, darin besteht die primitive Erfahrung. Erkenntnis besteht dabei in der Verbindung des Zufälligen und des Stabilen. Inmitten einer problematischen Welt sehnen wir uns nach vollkommenem Sein, das sich insbesondere in platonischen Ideen manifestiert. Reflexives Denken verwandelt Konfusion, Zweideutigkeiten und Diskrepanzen in Erhellung, Definitheit und Konsistenz (Dewey 1995, 78). Erfahrung ist eine Sache des sich Vergewisserns, nicht des Ergreifens fertig gegebener Sicherheit. Die Natur ist nicht so abgeschlossen, wie die traditionellen Philosophenschulen unterstellten. Ganz zentral sind Kontingenzen in der Natur. Anwendung gilt vielen als schwer erträgliches Wort. Es legt den Gedanken an ein fertiges und vollständiges äußeres Werkzeug nahe, das dann Nutzungsarten zugeführt wird, die seiner Natur äußerlich sind. Die Künste Anwendungen der Wissenschaft zu nennen, heißt dann, irgend etwas ins Spiel zu bringen, das den Wissenschaften fremd ist, dem die letzteren irrelevanterweise und zufällig dienen. So ist eine Humanisierung der Wissenschaft nicht möglich.

Unsicherheitsbewältigung hat in einer Hermeneutischen Ethik nicht nur theoretisch, sondern auch praktisch zu erfolgen. In der modernen Technologie wird in zentralem Maße nicht über technische Zwecke oder Ziele diskutiert sondern ausschließlich über die Struktur und Sicherheit technischer Mittel. Ganz wichtig ist dabei die Berücksichtigung des radikal neuen Mittelcharakters moderner Technologie. Um es deutlich auszusprechen, die Reduktion technischer Praxis in der Technologie zu einem bloßen Mittel führte in die Degradation der meisten Formen von technischer Praxis zu dem, was Borgmann im allgemeinen Arbeit nennt. Technologie hat eine ganz eigentümliche Art der Stabilität und der Selbststabilisierung erreicht (Borgmann 1984). Es geht Borgmann und einigen neueren Technikphilosophen in den USA (Higgs u. a. 2000) in besonderem Maße um die Definition und inhaltliche Bestimmung dessen, was ein gutes Leben ist, angesichts der Möglichkeiten, die die Technologiezivilisation zweifelsohne bietet. Daher plädiert Borgmann dafür, dass wir für die moderne Technologie die Frage nach dem guten Leben wieder eröffnen und wieder diskutieren. Die liberale Tradition glaubt, dass Erfindungen und Technologien Fragen kultureller Art offen lassen bzw. eröffnet haben, die mit einem reichen kulturellen Pluralismus gefüllt werden sollten. Kritiker des Liberalismus erkennen diese Offenheit der Kultur an, aber finden sie chaotisch und desolat. Die liberale technizistische Gesellschaft ist die, in der wir leben. Seitdem die liberale Demokratie in der Tat die Frage nach dem guten Leben offengelassen hat und wir sie als eine kollektive Position in unseren Handlungen akzeptiert haben, stellt sich die Frage nach dem guten Leben. So gibt es Kämpfe über die globale und nationale Verteilung der Nutzenaspekte der Technologie (Borgmann 1984).

Während wir die technologische Frage in der technologischen Entwicklung thematisieren, stellen wir in der Tat Fragen nach dem moralischen Status der Technologie. Der zeigende Gestus wie beim späten Heidegger oder bei Borgmann enthüllt uns Ausgewähltes in einem aktiven Zustimmungsakt, wobei anderes ausgeblendet bleibt. Für die Technik zentral sind fokussierende Dinge und fokussierende Praxen. Fokussierende Dinge haben eine große Bedeutung und erheben mehrere hohe Ansprüche im Hinblick auf Technologie. Das Fokussierende erlaubt uns, unser Leben auszurichten und eine Reform der Technologie durchzuführen, die uns ein gutes Leben aus der Perspektive der Technologie ermöglicht. Technologische Gesellschaften besitzen den materiellen Überfluss, der notwendig ist für Reformen.

## 3.1 Zwischen Minimalethik und Leitbildorientierung

Technologie bietet den Raum für ihre eigene Transformation. Aber um diesen Raum freizusetzen, ist es erforderlich, die öffentliche Politik von der Technologie loszulösen (Borgmann 1984).

Der gegenwärtige gesellschaftliche Diskurs über Technologien ist risikofixiert und vom Risiko traumatisiert. Denn so kommt die Frage nach dem guten Leben erst gar nicht ins Blickfeld. Der Begriff Risiko von italienisch „risco", „rischio", Gefahr bzw. Wagnis, setzt sich seit dem 15. Jh. als Begriff aus der Kaufmannssprache für „pekuniäres Wagnis im Handelsgeschäft" bzw. für „zu vergegenwärtigende Gefahr" in Mittel- und Westeuropa durch. Der Begriff entwickelte sich in den norditalienischen Stadtstaaten und ist seiner Herkunft nach ungeklärt. Wahrscheinlich sind die älteren italienischen Begriffe Substantivierungen von „richiari" bzw. „risicare" im Sinne von „Gefahr laufen", „wagen". Sie sind wohl entlehnt von dem griechischen „rixa" eigentlich „Wurzel", aber auch „Klippe", so dass „risicare" ursprünglich wohl „Klippen umsegeln" heißt. Im weiteren Umfeld entstammt also der Begriff des Risikos der Seefahrt, dem Haupttransportmittel über lange Zeiten der Menschheitsgeschichte, in dem technisches und ökonomischer Handeln in einer engen Verbindung stehen. Venedig und Genua, aber auch Florenz und andere oberitalienische Städte profitieren von ersten Ansätzen eines beginnenden Kapitalismus, der von den Entdeckungsfahrten, Weltumsegelungen und dem beginnenden neuzeitlichen europäischen Kolonialismus fortgeführt wird (Rammstedt 1992).

Der Begriff Risiko wird um 1500 aus dem Italienischen entlehnt, wo es seit dem 14. Jh. im Seeversicherungswesen Verwendung findet. Im 15. Jh. finden sich auch in deutschsprachigen Texten italienische oder katalanische Bezeichnungen für Risiko als Fremdwort, das aber so geläufig sein muss, dass sich für den Schreiber eine Erklärung erübrigt. Insbesondere finden sich Verbindungen von Abenteuer und Risiko, welches immer dann versichert werden muss, wenn ein Schiff untergehen könnte. Dieses Verständnis von Risiko bezeichnet einerseits – als Gefahr – den zu vergegenwärtigenden Schaden beim misslichen Ausgang eines Handels wie andererseits – als Wagnis – die Vergegenwärtigung der Ungewissheit eines erwarteten Ausgangs des Handels. Voraussetzung für diesen Prozess der Begriffsbildung von Risiko waren ein Verständnis von kontingenter Zukunft und eine formale Rationalität des Wirtschaftens, die sich an der mit dem Geldsystem selbstverständlich werdenden Rechenhaftigkeit ablesen lässt. Im deutschsprachigen Bereich bleibt im Gegensatz zu den romanischen Sprachbereichen, in denen Risiko bereits im 16. Jh. in die Alltagssprache übergeht, der Risikobegriff bis ins 19. Jh. hinein weitgehend dem Ökonomischen vorbehalten (Rammstedt 1992).

Der nächste Schritt einer Verwissenschaftlichung und Mathematisierung des Risikobegriffs findet im 17. Jahrhundert statt. In den wahrscheinlichkeitstheoretischen Überlegungen B. Pascals wird Risiko auch umgangssprachlich verwendet. Bei D. Bernoulli und P. S. Laplace wird Risiko als Fachbegriff der Seeversicherung und bei J. F. W. Herschel als einer des allgemeinen Versicherungswesens angesprochen. Doch verwendet Laplace Risiko daneben auch als Fachterminus in seiner „Theorie des Zufalls". Die Wahrscheinlichkeit der Ereignisse verbindet sich mit der Hoffnung, aber auch der Angst des Menschen vor dem Morgen. Dabei definiert Laplace Hoffnung als den Nutzen desjenigen, den jemand aus den wahrscheinlichen Umständen zieht, die er mit seinem Handel verbindet. Und dieser Nutzen lässt sich mathematisch fassen. Und zwar als Produkt der erwarteten Summe multipliziert mit der Eintrittswahrscheinlichkeit. Diese mathematisierte Hoffnung bzw. der Vergleich der erwarteten Gewinne zu den wahrscheinlichen Verlusten ermöglicht die Mathematisierung des Risikobegriffs. In der allgemeinen mathematischen Theorie im ökonomischen Handeln wird dann auf die Wahrscheinlichkeitstheorie mit dem speziellen Risikoverständnis zurückgegriffen, was sich bereits bei Bentham, Smith und Mill abzeichnet (Rammstedt 1992).

Im 20. Jahrhundert setzt sich in den Arbeiten von J. Neumann und O. von Morgenstern die Entscheidungstheorie unter Einbezug der Wahrscheinlichkeitsrechnung durch. Es geht dabei darum, Entscheidungen unter Unsicherheit zu begründen und zu berechnen, wie viel Sicherheit erreicht werden kann. Risiko gewinnt dann im vorherrschenden technischen Verständnis z. B. im Rahmen der Technologiefolgenabschätzung zur Sicherheitserwartung eine dominante Bedeutung, dessen Defizite im Politischen zum Gedanken der Risikoakzeptanz und der Risikogesellschaft (Ulrich Beck) führten. Risiko wird hier im Sinne einer Schadenserwartung zum Modewort (Rammstedt 1992). Risiko bezieht sich primär auf Handlungen und Ereignisse, die der Handelnde als Ursache setzt, so dass eine Wirkung entsteht, die man dann als Folge der Handlung verstehen kann. Ein Mittel ist diejenige Handlung, die vermeintlich ausgeführt werden muss, damit sich der Zweck direkt oder indirekt als Folge einer Handlung ergibt. Damit ist die Unverfügbarkeit des Geschicks zu beachten. Der Gedanke einer präzisen Erfassung des Geschickes als Risiko gehört historisch in den Kontext der Bemühungen eines nicht resignativ eingestellten Menschen, Geschickbewältigung durch Glücks- bzw. Unglücksvorhersagen zu betreiben. Dazu gehören vor allen Dingen präventive Maßnahmen gegen drohendes Unglück. Vorformen des Schadenausgleichsansatzes für eine Geschickbewältigung sind schon in den frühen Hochkulturen nachweisbar. Es handelt sich dabei um variierende Formen der Solidarität. Je genauer Schaden und Wahrscheinlichkeit festgelegt und zueinander in Beziehung gesetzt werden, desto besser können die Versicherungsbedingungen einsichtig gemacht werden. Wahrscheinlichkeitsaussagen beziehen sich auf große Ereignisse und lassen keine Aussagen über den singulären Fall zu (Gethmann/ Kloepfer 1993, 5–8).

Der Ansatz des Risikobegriffs liegt in einer Typisierung von Handlungssituationen, die eine große Zahl von Menschen betreffen kann, beispielsweise Arbeitslosigkeit, Krankheit und Tod. Der Gedanke der Gefahrenvorsorge durch Risikobeurteilung ersetzt nicht die Gefahrenabwehr. Der Risikobegriff „Wahrscheinlichkeit x Schaden" ist somit eine Stilisierung einer bestimmten Strategie lebensweltlicher Handlungsgeschickbewältigung (Gethmann/ Kloepfer 1993, 9 f.). Unterscheiden kann man auch zwischen gegebenem und gewähltem Risiko. Zur rationalen Bewältigung und Bewertung von Risiken ist ein Risiko-Risiko-Vergleich erforderlich. Zu ihrer Bewertung sind Zielsysteme und das Ausmaß der Konsequenzen zu eruieren. Neben der Einschätzung der Zielerreichungsgrade ist ein Beurteilungsprozess zu initiieren. Bei Entscheidungen unter Unsicherheit müssen die Gesamtnutzenwerte der Konsequenzen noch mit der gegebenenfalls subjektiven Eintrittswahrscheinlichkeit gewichtet werden (Gethmann/Kloepfer 1993, 34).

In einer komplexen, technisch geprägten Zivilisation entsteht die Frage nach der Zumutbarkeit von Risiken, d. h. die Frage, welche Risiken wir uns von anderen zumuten lassen müssen und welche Risiken wir anderen zumuten dürfen. Dieses Problem der Akzeptabilität von Risiken ist streng von der faktischen Akzeptanz zu unterscheiden. Die Frage ist, wie überhaupt ein Risikovergleich mit Anspruch auf Allgemeinverbindlichkeit möglich ist. Dies zeigt, dass in jeder Risikobeurteilung ein keineswegs triviales normatives Element steckt. Die Akzeptabilität einer riskanten Handlung ist die Festlegung geforderter Akzep-

## 3.1 Zwischen Minimalethik und Leitbildorientierung

tanz aufgrund einer Prüfung gemäß rationalen Kriterien des Handelns unter Risikobedingungen. Dabei handelt es sich um eine gewisse Klasse von Aufforderungen (Gethmann/Kloepfer 1993, 36–38). Die Risikobeurteilung der Handlungsalternativen muss einen rationalen Risikovergleich erlauben. Dies ist sozusagen abzuheben von sozialwissenschaftlichen Untersuchungen zur Risikoakzeptanz.

Faktisches Akzeptanzverhalten ist häufig nicht rational. Hat jemand durch die Wahl einer Lebensform eine Risikobereitschaft gewählt, so darf diese im Hinblick auf eine zur Debatte stehende Handlungsoption als bindend unterstellt werden. D. h. die pragmatische Konsistenz einer Lebensform ist die Voraussetzung für einen rationalen Risikovergleich. Risiken verschiedener Handlungen bzw. Handlungstypen werden häufig für inkommensurabel gehalten. Die Aufstellung eines Vergleichsprinzips ist somit eine Sache zweckrationaler Konventionsbildung. Vergleichbarkeitskriterien müssen konstruktiv eingeführt werden (Gethmann/Kloepfer 1993, 43–47). Die Risikobestimmung beruht auf einer Prognose, der die im jeweiligen Zeitpunkt zur Verfügung stehenden Erkenntnismöglichkeiten zugrunde zu legen sind. Praktikabilitätserwägung müssen beim Risikovergleich eine zentrale Rolle spielen (Gethmann/Kloepfer 1993, 80). Für den Wandel der modernen Technik ist unter anderem maßgebend, dass die moderne Technik die Handlungsfolgenräume für gegenwärtig und zukünftig Betroffene unüberschaubar vergrößert hat, dass die moderne Wissenschaft unser Wissen um konditionale und kausale Zusammenhänge, die zwischen unseren Handlungen und ihren Folgen bestehen können, erheblich erweitert hat und dass unser modernes (auch durch die Aufklärung geprägtes) Menschenbild unterstellt, alle Betroffenen seien als gleichberechtigte Subjekte anzuerkennen (Gethmann/Kloepfer 1993, 2 f.).

Technische Entwicklung ist abhängig von Angebot, Nachfrage, Akzeptanz und Nützlichkeit bzw. Wirtschaftlichkeit der neuen Produkte. Diese Reflexionskultur, die Risikoabschätzung impliziert, hat die gesellschaftliche und kulturelle Einbettung von Technologie aufzuzeigen, denn Nachfrage, Akzeptanz, Nützlichkeit und damit letztendlich der Konsum spielen eine anwachsende Rolle für die Bedeutungskonstitution von Laborwissenschaften – und die ist kulturell geprägt. Der Anwender wird immer mehr zum Maßstab der Produktion. Im Rahmen der Biotechnologie sind die Anwender meist noch Professionelle, sowohl im Bereich der Nahrungsmittelproduktion wie in dem der Medizin. Der Schritt zum Normalverbraucher ist bisher in der Grünen Gentechnologie z. B. an Akzeptanzproblemen zumindest in Deutschland gescheitert. Die Nachfrage nach gentechnisch erzeugten oder gentechnisch veränderten Nahrungsmitteln konnte bisher noch nicht in befriedigender Weise angehoben werden. Hier liegt eine Aufgabe der Reflexionskultur Biotechnologie, sich auf andere Verbraucherkreise mit anderen Ansprüchen einzustellen (Irrgang 2003c).

Für viele, insbesondere Technikkritiker, hat die Risikothematik die Akzeptanzthematik heraufbeschworen und gefährdet die Autonomie technologisierter Forschung. Die immensen Summen, die eine Gesellschaft für technologisierte Forschung aufbringen muss, lassen es als zwangsläufig erscheinen, dass eine Gesellschaft von der Wissenschaft Rechenschaft verlangen kann. Außerdem werden die Folgen technologisierter Forschung auf die Gesellschaft immer dramatischer, so dass die Forderung nach einer reflexiven Technologiekultur einsichtig ist, die über ihre (ethische) Legitimität und (soziale) Akzeptabilität intern und extern nachdenkt und darin ihre Autonomie sieht, nicht in einem defensiven Abwehrrecht gegen Staat, Gesellschaft und Moral, die von außen die Autonomie technologisierter Forschungspraxis bedrohen.

Technischer Fortschritt bewegt sich zunächst im instrumentellen Bereich und bedarf einer pragmatischen, utilitaristischen Rechtfertigung. Fortschritte im technischen Handeln haben aber auch eine ethische Dimension, insofern lassen sich pragmatische und ethische Legitimitätsprüfung zwar methodisch unterscheiden, aber nicht vollständig voneinander trennen. Die Legitimierung im Hinblick auf eine Praxis muss die Grenzen der Tradierbarkeit und Lehrbarkeit einer Praxis mit einkalkulieren. Die Legitimierung kann nur im Hinblick auf die Unsicherheit der Technikfolgen und der zukünftigen Entwicklung überhaupt geschehen. Überkomplexität, Theoriedefizit und die mangelhafte Kausalität der Prognose erschweren zwar die Abschätzung zukünftiger Entwicklungen, verunmöglichen diese aber nicht gänzlich.

Eine Legitimationskonzeption technologischer Forschungspraxis kann zurückgreifen auf eine Philosophie der Praxis, die von der Korrekturbedürftigkeit technischen Handelns, aber auch der diese leitenden Institutionen (ethisch, gesellschaftlich, ökonomisch und rechtlich) ausgeht. Philosophie der Praxis meint, dass Handeln und implizites Wissen im Bereich der Technik eine untrennbare Einheit bilden, wodurch auch explizites Wissen mittelbar Eingang in eine Philosophie der Praxis findet. Trotz aller Bedeutung des Handelns und Erprobens, der Praxis und der Innovation, das eigentliche Worumwillen einer Praxis, ihr Ziel, ist Gegenstand des Wissens, auch wenn dieses Wissen ungenau und vage, also implizit ist. Eine Philosophie der Praxis, die Innovation und Heuristik in den Vordergrund stellt, hält als erste Rechtfertigungsstrategie den Erfolg fest. Erst in zweiter Linie ist eine Theorie der Wahrheitsbegründung bzw. der Richtigkeitsrechtfertigung im Rahmen einer Lehre der Argumentation anzusetzen. Der Erfolg aber bestimmt sich durch Zweckrealisierung, durch Erreichen des Ziels technischen Handelns. Wenn allein der Erfolg die Legitimität technischen Handelns entscheiden würde, würde allerdings der Zweck die Mittel heiligen und wir wären beim technokratischen Modell. Deshalb muss ethische Argumentation bei einer Beantwortung von Legitimitätsfragen Einspruch erheben können – zumindest grundsätzlich. Denn dieses schließt das technokratische Modell aus.

Die zentralen ethischen Themen und Aufgaben einer Technikethik sind daher: Die ethisch relevanten Schadens- und Nutzensdimensionen müssen bestimmt werden. Es muss geklärt werden, ob und inwiefern Technikfolgen und Risikoabschätzungen Bewertungen präjudizieren. Die Frage, ob die räumlichen und zeitlichen Fernwirkungen von Technikanwendungen bewertungsrelevant sind, ist zu beantworten. Es ist zu prüfen, ob der quantitative Risikobegriff zureichend ist oder ob gegebenenfalls auch qualitative Risikofaktoren ethisch relevant sind. Geklärt werden muss auch, ob neben real-möglichen Folgen (Risiken) auch hypothetisch mögliche Folgen einer Technikanwendung bei deren Bewertung berücksichtigt werden müssen. Die Kriterien der Anerkennung einer Entität als Moralobjekt müssen gerechtfertigt werden. Die ethische Relevanz der Verteilung aller Folgen ist zu prüfen, und gegebenenfalls müssen Kriterien einer allgemein akzeptablen Verteilung derselben angegeben und gerechtfertigt werden. Strategien zur Lösung von Wertkonflikten müssen entwickelt werden. Schließlich muss, unter Berücksichtigung der Ergebnisse für die vorgenannten Aufgaben, ein Schema für die Gesamtbewertung einer Technik entwickelt werden. Der Kern dieses Rechtfertigungsstandards wird als Gleichmäßigkeitsprinzip bezeichnet und besagt, dass moralische Normen und Werte dann allgemein gerechtfertigt sind, wenn alle gleichermaßen gute Gründe haben, diesen zuzustimmen. Gleichermaßen gute Gründe haben alle wiederum genau dann, wenn die allgemeine Befolgung dieser Normen und Werte die

## 3.1 Zwischen Minimalethik und Leitbildorientierung

Chancen aller auf Erfüllung ihrer individuellen Vorstellungen des guten Lebens gleichermaßen erhöht. Dabei geht es insbesondere um gerechte Verteilung von Schaden und Nutzen, die sich auf eine bloße utilitaristische Beurteilungsweise nicht reduzieren lassen (Mehl 2001).

Technologische und wissenschaftliche Innovation geht zwangsläufig mit Unsicherheit einher. Hierbei kommt es zu Fehleinschätzungen aus fünf Gründen, nämlich (1) zur fehlerhaften Erkennung von Bedrohungen durch übergroßes Vertrauen in die Vollständigkeit gegenwärtigen wissenschaftlichen Wissens. (2) Die vorgenommene Wahrscheinlichkeitsabschätzung kann aufgrund unvollständiger Information mangelhaft sein. (3) Zu einer fehlerhaften Einschätzung von Nebenwirkungen und Wechselwirkungen mit externen Faktoren, (4) zur mangelnden Berücksichtigung des menschlichen Irrtums und (5) zu Fehleinschätzungen hinsichtlich der Reaktionen der Menschen auf die Sicherheitsmaßnahmen selbst, kommt es zudem häufig. Hinzu treten generelle Probleme der Risikoeinschätzung und Risikoabschätzung, nämlich (1) der Mangel an einheitlichen und konsistenten Bewertungsstandards für Risiken und ihre Größe, (2) uneinheitliche und inkonsistente Behandlung von gravierend negativen zufälligen Ereignissen, deren Eintrittswahrscheinlichkeit gering ist, (3) Verletzungen der allgemein anerkannten Prinzipien rationaler Entscheidungsfindung, (4) Diskrepanzen in der Wahrnehmung von „realen" und „bloß wahrgenommenen" Risiken, (5) Variationen und Inkonsistenzen bei der Akzeptierung verschiedener Grade von Risiken und (6) Inkonsistenzen bei der monetären Bewertung des Verlustes von Menschenleben oder einer Verminderung der Lebensqualität (Rescher 1983).

Problematisch ist der Umgang mit Situationen mit großem Schadenspotential und geringer Eintrittswahrscheinlichkeit. Der Schluss von der großen Zahl auf einen einzelnen Handlungswert gibt im günstigsten Fall lediglich einen Korridor von akzeptablen Optionen (Gethmann 1991) an, so dass es weiterer Kriterien bedarf, um zu einer konkreten Entscheidungsfindung zu kommen. Die beiden Elemente eines rationalen Risikobegriffs, Wahrscheinlichkeit und Präferenz, sind durch subjektive Faktoren bestimmt, so dass sich eine objektive Präferenzordnung nicht etablieren lassen wird. Um einen Risikovergleich überhaupt durchführen zu können, müssen Begrenzbarkeitspostulate (Überschaubarkeitspostulat, Beherrschbarkeitspostulat, Zurückführbarkeitspostulat) eingeführt werden, denn eine Handlung mit unbegrenztem Handlungsfolgenraum wäre durch ein unendlich hohes Risiko gekennzeichnet. Der Handlungsfolgenraum ist durch eine Entscheidung darüber, was als Handlungsfolge anerkannt wird, zu begrenzen und wird damit zum Interpretationskonstrukt. Die häufig genannten Risiko-Akzeptanz-Kriterien wie Sicherheit, Freiwilligkeit, Vertrautheit und Kontrollierbarkeit sind ungeeignet, da sie Kriterien pragmatischer Konsistenz, die für alle Handlungsregeln gefordert werden müssen, nicht genügen. Daher dürfen in einen rationalen Risikovergleich nur direkte Handlungsfolgen einbezogen werden.

Risikomanagement ist eine Form der Beschränkung des Risikohandelns (Banse 2002) und bezieht das Moment der Überraschung, des Anders-als-erwartet-Seins in die Überlegungen mit ein. Man kann davon ausgehen, dass das Streben nach Sicherheit – verstanden als Abwesenheit von Gefahren, von Ungewissheit, von Kontingenz usw. – ein menschliches Grundbedürfnis ist, eine Wertidee hochdifferenzierter Gesellschaften. Risikowissen, Risikohandeln und Risikomanagement – Risikoüberlegungen generell – lassen sich der Erreichung dieses Ziels, dem Gewinnen bzw. Herstellen von Sicherheit, mithin der Überwindung von Unsicherheit zuordnen. Das Herstellen von Sicherheit ist in diesem Verständnis Überwindung nicht-handhabbarer Zusammenhänge (z. B. in Form von Kontingenz und Ambiguität), deren Überführung in handhabbare, strukturierte, systemische Formen angestrebt wird. In diesem Sinne der produktiven Handhabung (Beherrschung) von Unbestimmtheit soll Mehrdeutigkeit auf diese Weise in erster Linie nicht in Eindeutigkeit überführt werden, Zufälligkeit nicht auf Notwendigkeit zurückgeführt werden, sondern es geht um einen Umgang mit unvollständigem Wissen. Risiko ist zunächst ein spezifischer Ausdruck von Unbestimmtheiten hinsichtlich zukünftiger Ergebnisse (technischen) Handelns. Dem Programm der technischen Risikoanalyse liegt die Annahme der Wiederholbarkeit der Phänomene zugrunde: gleiche Schadensursachen führen – bei gleichen Bedingungen – zu gleichen Schadensfällen. Anzustreben ist also eine fehlerfreundliche Technik.

Risiken sind die möglichen Folgen und zwar im Wesentlichen reale, wobei auch hypothetische oder theoretische Möglichkeiten in Betracht gezogen werden können. Entscheidend ist der Definitionsbereich, in dem diese Möglichkeiten auftreten können. Er ist jeweils nicht vollständig bekannt (Hubig 1993). So ist eine Entscheidung zu treffen, die zur Berechnungsgrundlage unserer Folgenanalyse und unserer Verantwortungszuschreibung wird. Auch sogenannte Metamöglichkeiten, beispielsweise durch Schaffung neuer Organismen, schaffen hypothetische Risiken. Sehr inhomogen ist das Feld der möglichen Folgen. Kalkulierungsstrategien, Nutzenüberlegungen, Statistik und Ausfallanalyse treten an die Seite der Folgensimulation. Dabei tritt das Problem des Streites der Experten, Beweislastfragen und Beweislast-Umkehrungs-Strategien und Systemszenarien auf. In neuerer Zeit wird auch die Fehlerbaumanalyse herangezogen und im verstärkten Maße an Modellen für die sogenannte Ökobilanzierung und Technologiefolgenabschätzung gearbeitet. So unterscheidet man heute zwischen technikinduzierter und probleminduzierter Technologiefolgenabschätzung. Diese Unterscheidung ist allerdings nicht unproblematisch. Vier Punkte sind wichtig für die philosophische Risikobetrachtung, nämlich:

(1) die begriffliche Unsicherheit des Risikobegriffs;
(2) die Unterschätzung der subjektiven Risikohaltungen;
(3) die Sicherheitsphilosophie als problematische Reparaturethik und
(4) die daraus resultierende Neuartigkeit von Verantwortungsproblemen (Hubig 1993, 93).

Oft wird das objektive Risiko mit Gefahr gleichgesetzt, aber Sicherheit als Freiheit von Gefahr gibt es nicht, vielmehr ist Sicherheit als Freiheit von unakzeptablen Risiken zu definieren. Je mehr von unseren Lebensgewohnheiten wir selbst produzieren, um so weniger sind wir geneigt, die produzierten Risiken klaglos hinzunehmen, denn es könnte ja auch anders sein. Zudem werden heute die Schadensausmaße größer. Daher sind bezogen auf Handlungsstrategien oder entgangenen Nutzen die wichtigsten Kalkulationsgrößen im Sinne der Schadenswahrscheinlichkeit zu bestimmen. Insbesondere die soziale Dimension von Risiken ist zu beachten. Eine Dauerverkindlichung durch die Technisierung scheint eingetreten zu sein, eine subjektive Risikowahrnehmung ist hierfür ein entsprechendes Korrektiv (Hubig 1993). Der reparaturethische Ansatz plädiert für Haftungskartelle und ersetzt damit das radikalere Vorsorgeprinzip. Denn Haftungs- und Reparatursysteme begünstigen Schadensfälle, weil sie sich dadurch selbst stabilisieren.

Die traditionelle Identität von Erklärung und Prognose, wie sie im sog. Hempel-Oppenheim-Schema festgeschrieben ist, ist genauso wie die zugrunde liegende analytische Wissenschaftstheorie in den letzten Jahren in Bedrängnis geraten. Es erfolgte eine Hinwendung

## 3.1 Zwischen Minimalethik und Leitbildorientierung

zu pragmatischen und epistemischen Modellen genauso wie die Verabschiedung der Erklärens-Verstehens-Kontroverse. In besonderer Weise hat sich dabei die Theorie des deterministischen Chaos ausgewirkt. Gemäß dieser können wir erst „ex post" rekonstruieren, aber nicht „ex ante" prognostizieren. Zimmerli schlägt daher vor, eine Erklärungs-, Beschreibungs-, Modellierungs- und Simulationsprognose zu unterscheiden. Das Gebiet, innerhalb dessen Prognosen mit hoher Zutreffenswahrscheinlichkeit möglich sind, ist der Mesokosmos. Hinzu kommt eine Beeinflussung des zu Prognostizierenden durch den Prognostizierenden, ähnlich wie bei der Heisenberg'schen Unschärferelation und den von Robert Merton so genannten sich selbst erfüllenden Prophezeiungen. Gemäß der Theorie des deterministischen Chaos kommt es zu einer Beobachterpartizipation. Dabei ist zu berücksichtigen, dass sich im zunehmenden Maße Wissen als Machen begreift. Damit aber werden Prognosen zu Herstellungsanleitungen. Prognose, Utopie und Planung sind die drei Formen der denkerischen Antizipation der Zukunft. Die Antizipation aber bedarf eines Entwurfs (Zimmerli 1997a).

Sätze über die Zukunft haben keinen Wahrheitswert, sie haben aber einen pragmatischen Wert. Und futurische Sätze beziehen sich nicht auf Zukunft. Inhaltliche Prognosen über die Zukunft müssten Prophezeiungen sein. So stellt sich die Frage nach dem Verhältnis von lebensweltlicher Zukunft und wissenschaftlicher Prognostik. Dazu bedarf es eines Zeitindexes in Bezug auf eine lineare Zeitvorstellung. So beziehen sich Prognosen eigentlich auf Zukunftsentwürfe. Wir wollen deswegen die zukünftigen Technikfolgen jetzt abschätzen, weil wir in der Vergangenheit gelernt haben, dass es viele Folgen gibt, die wir nicht prognostiziert haben. Die Bereitschaft, Risiken, d. h. nicht Vorhergesehenes als nicht Vorhergesehenes zu akzeptieren, sinkt in dem Maße, indem wir Dinge nicht vorhersehen können. Das Prognoseproblem und das Zukunftsproblem unterscheiden sich dadurch, dass dieses im lebensweltlichen, jenes im logischen Raum zu verorten ist. Seine gegenwärtige Zuspitzung erhält dieser Zusammenhang durch das Dilemma der Prognostik. Aus derselben Einsicht, die die Notwendigkeit von Prognosen begründet, scheinen auch ihre Unmöglichkeiten zu folgen: aus der Einsicht nämlich in das vermehrte Auftreten nichtprognostizierter Folgen im Bereich der technologisch beeinflussten Lebenswelt. Im Prinzip sind fast alle Prognosen falsch. Die Wahrscheinlichkeit falscher Prognosen ist nicht nur dort sehr hoch, wo die Sachverhalte sehr komplex sind, sondern auch dort wo sie sehr elementar, einfach oder klein sind (Zimmerli 1990a, 6–10).

Vor allem ist darauf hinzuweisen dass es self-fulfilling und self-destroying bzw. self-denying-prophesies, d. h. sich selbst erfüllende oder sich selbst zerstörende Prognosen gibt. Dies umschreibt den Sachverhalt, dass allein die prognostische Aussage die Reaktionen des Menschen beeinflusst und so mögliche Folgen durch die Prognose verhindert oder geradezu herbeigeführt werden. Allgemein gesprochen handelt es sich dabei um die Beeinflussung des prognostizierten Ergebnisses durch die Prognose. Die Experten beherrschen viele Verfahren, die Prognosen erlauben, für die es aber keine erklärende Theorie gibt. Außerdem ist der Anteil der Werte an den Prognosen hervorzuheben. Insofern handelt es sich eigentlich eher um eine Zukunftsmodellierung als einer Verzweigungsprognostik. Insgesamt hat die Szenario-Pfad-Technik der Prognostik Hilfestellungen geleistet. Auch äußerst komplizierte Szenarien kommen im Regelfall mit rund 30 bis 35 Parametern aus. Für komplexe Zukunftsmodellierungen ergibt sich hieraus eine stärkere Bedeutung der Wert- und Emotionsdimension: Zukunft ist Gegenwartsanalyse plus Hoffnung minus Furcht. Daher ist neben die Umweltverträglichkeit und Sozialverträglichkeit sowie Zukunftsverträglichkeit insbesondere die Emotionsverträglichkeit von neuen Technologien als Kriterium bei der bewerteten Prognostik hinzuzufügen (Zimmerli 1990a, 14–17).

Obwohl wir die Zukunft niemals vollständig kennen, können wir trotzdem einiges über sie wissen, und das hängt damit zusammen, was wir seit der relativistischen Wendung in der Physik als das Zeit-Raum-Kontinuum bezeichnen. Zukunft ist in diesem Zusammenhang insbesondere als Möglichkeit zu interpretieren. Insofern wird ein Probehandeln mit computersimulierten Zukünften immer dringlicher erforderlich. Die Zukunftsproblematik und das Dilemma der Technikfolgenabschätzung führt so gesehen zur Entwicklung eines Nichtwissens-Managements, etwas, was als simulatives Training funktionaler Präferenzen im Mensch-Maschine-Tandem oder gar im Netz zu simulieren ist. Zu behaupten, virtuelle Realitätstechniken leisteten eine Vergegenwärtigung nicht nur der Vergangenheit, sondern auch der Zukunft, wäre ein Fehler. Wichtig ist aber, dass diese Techniken uns Menschen lehren können, unsere Zeit als Zukunft dadurch zu begreifen, dass wir sie selbst gestalten, wenn auch unter den überlieferten Bedingungen einer sich weiter technologisierenden Welt und deren Weltzeit, die so zugleich durch die Menschen koproduziert wird. Übersetzt in die Sprache der Technikfolgenabschätzung bedeutet dies: Ebenso wie wir Abschied nehmen mussten von der Konzeption einer Technikfolgenabschätzung als vollständiger Vorhersage möglichen folgentechnischen Handelns, müssen wir nun Abschied nehmen von der Annahme, Technikfolgenabschätzung sei eine Kombination aus prognostischem Wissen und normativen Präferenzen. Zwar trifft zu, dass beides, prognosefähiges Wissen und normative Entscheidungen über Präferenzen, in die Abschätzung der Folgen wissenschaftlichen technischen Handelns eingehen. Aber ebenso wie neuronale Netze nicht dadurch für neue Situationen vorbereitet werden, dass größere Bestände in die wissensbasierten Bestände aufgenommen würden, mit denen sie operieren, sondern dadurch, dass sie sukzessive trainiert werden, ebenso ist auch in der Technikfolgenabschätzung ein dauerndes begleitendes Monitoring samt Einspeisung von dessen Resultaten in den Bewertungs- und Gestaltungsprozess selbst der Weg der Wahl. Für eine vollständige Prognose wäre ein Laplace'scher Dämon vonnöten. Für die Konzeption einer gemischten deskriptiven normativen Schlussfolgerung unter Wissensbedingungen ist dies mindestens ein stetig verlaufender Prozess, möge man ihn nun Fortschritt nennen oder nicht (Zimmerli 1999).

Prognosen beziehen sich nicht auf die Zukunft, sondern auf Zukunftsentwürfe und Zukunftsmodelle. Das Dilemma der Prognostik besteht dabei darin, dass ein vermehrter Prognosebedarf mit wachsender Einsicht in die verstärkt auftretenden nichtprognostizierbaren Folgen im Bereich der technologisch beeinflussten Lebenswelt einhergeht. Zimmerli unterscheidet vier Prognosetypen, nämlich (1) Erklärungs-, (2) Beschreibungs-, (3) Modellierungs- und (4) Simulationstyp (Zimmerli 1990b). Dabei wurde der Anteil der Wertdimension häufig unterschätzt. Die Schwierigkeiten in der Prognosemodellierung oder -Simulation sind enorm. Wir verfügen nicht über eine ausgebaute, temporal unterschiedene Logik, die es uns gestattet, futurische Sätze aus präsentischen Sätzen oder aus der Vergangenheit abzuleiten. Genauso wenig haben wir eine Gesamt-Supertheorie, die es uns erlauben würde, Prognosen über den gesamten Bereich von natur-, technik-, geistes- und sozialwissenschaftlich erfassten Zusammenhängen unter Einschluss ihrer Wechselwirkungen zu deduzieren. Auch die Evolutionstheorie, Ökologie oder Evolutionäre Erkenntnistheorie könne diesen Status nicht einnehmen. Daher empfiehlt sich die Szenario-Pfad-Methode.

## 3.1 Zwischen Minimalethik und Leitbildorientierung

Sie skizziert einige Elemente von wünschenswerten Zukunftsmöglichkeiten, betrachtet diese als Äste eines Verzweigungsbaumes und fragt nach dem Weg dorthin (Zimmerli 1990c).

Die Akzeptanz eines Risikos ist abhängig von seiner Wahrnehmung. Technische Risikoanalysen betrachten Risiken als Gegebenes oder als Konstrukt, dem man mit Wahrscheinlichkeitsrechnung beikommen könne (Holzheu, Wiedemann 1993). Doch bei den meisten Menschen ist die intuitive Risikobeurteilung (qualitative Risikowahrnehmung) nicht durch Wahrscheinlichkeitsverteilungen (quantitative Risikowahrnehmung) bestimmt. Die individuelle Risikowahrnehmung ist sowohl eine Funktion von Eigenschaften unseres kognitiven und motivationalen Systems als auch von Bedingungen des sozialen, politischen und kulturellen Umfelds (Jungermann, Slovic 1993). Risiken werden leichter eingegangen, wenn sie freiwillig übernommen, vermeidbar, kontrollierbar, vertraut, gut verstanden, nicht erscheckend, nicht möglicherweise krankheitserregend und weit entfernt sind. Überschätzt werden gewöhnlich folgende Situationen: dramatische Unglücksfälle mit erschreckenden Folgen, relativ seltene Ereignisse (vor allem, wenn sie in der Vergangenheit bereits einmal eingetreten sind), wahrscheinlich anwachsende Ereignisse, Zufallsereignisse, die lange nicht vorkamen. Unterschätzt werden undramatische Ereignisse, die dennoch ein gravierendes Schadensausmaß aufweisen können, relativ häufig auftretende oder wohlvertraute Ereignisse, sowie sich wahrscheinlichkeitstheoretisch aufaddierende und aufschaukelnde synergistische Effekte. Kurz gesagt, Menschen neigen dazu, sehr wahrscheinliche Ereignisse zu unterschätzen und sehr unwahrscheinliche Ereignisse zu überschätzen (Rescher 1983).

Risiken werden heute sowohl wissenschaftlich wie sozial konstruiert (Beck 1986). Um einen Risikovergleich überhaupt durchführen zu können, müssen Begrenzbarkeitspostulate (Überschaubarkeitspostulat, Beherrschbarkeitspostulat, Zurückführbarkeitspostulat) eingeführt werden, denn eine Handlung mit unbegrenztem Handlungsfolgenraum wäre durch ein unendlich hohes Risiko gekennzeichnet. Der Handlungsfolgenraum ist durch eine Entscheidung darüber, was als Handlungsfolge anerkannt wird, zu begrenzen und wird damit zum Interpretationskonstrukt. Die fundamentalen Konflikte in der Technologiefolgenabschätzung bestehen nicht im Hinblick auf Risiken, sondern eher in bezug auf soziale Werte, und sie können nur durch Risikokommunikation gelöst werden (Jungermann u. a. 1988). Vor allem die Frage, wie sicher sicher genug ist, ist mit empirisch-wissenschaftlichen Mitteln nicht zu beantworten. Risikokommunikation betrifft alle Kommunikations-Prozesse, die sich auf die Identifizierung, Analyse, Bewertung sowie das Management von Risiken und die dafür notwendigen Interaktionen zwischen den Beteiligten beziehen (Jungermann u. a. 1990).

Verschärft wird das Problem der Technikgestaltung durch die prinzipiellen Ambivalenzen der Prävention. Zwei Arten der Prävention sind zu unterscheiden: (1) Primäre Prävention richtet sich auf den systemischen Anteil an der Entstehung sozialpolitischer Probleme und läuft auf institutionelle Veränderungen hinaus. Sie bringt längerfristige Wirksamkeit und Entlastung der Individuen. (2) Sekundäre Prävention zielt ab auf flexible, problemorientierte Anpassung der handelnden Subjekte in einer Institution (Votruba 1983). Allerdings bleibt Systemstabilisierung durch Selbstkontrolle im Rahmen einer instrumentellen Sichtweise von Gesellschaft riskant, weil prinzipiell aufkündbar. Denn die auf Systemunterstützung angelegten Interessensverzichte könnten kontraproduktiv und systemstörend werden. Aber auch die präventive Abschirmung des Systemzusammenhanges durch Selbstkontrolle des Individuums lässt systemische Adaptionsmechanismen verkümmern und bringt das System um Lernchancen. Dies kann dazu führen, dass Konflikte nach längerer Latenzzeit explosionsartig aufbrechen. Prävention durch Selbstkontrolle erhalte zwar die Systemstabilität, aber ihr Preis sei ein verschärfter Eigensinn der Subjekte und eine vermehrte Verletztlichkeit des Systems.

Die Legitimierung der Technik durch zukünftige positive Technikfolgen ist genauso problematisch wie ihre Delegitimierung durch hypothetische Gaus und Risiken. Wir müssen uns heute entscheiden, welche Formen von Technik wir haben wollen, weil wir sie für akzeptabel halten. Dies erfordert eine reflexive Durchleuchtung technischer Praxis. Technische Praxis lässt sich nicht im Vorhinein vollständig ausrechnen, berechnen oder modellieren. Es bedarf in gewisser Weise zur Beurteilung von technischer Praxis eines reflektierten Ausprobierens: Dies ist keine Frage des technologischen Imperativs, denn nicht alles, was technisch möglich ist, sollte umgesetzt werden, z. B. nicht die atomare Selbstvernichtung der Menschheit. Legalität und Legitimität liegen nicht auf einer Ebene, sind aber in gewisser Weise durchaus nicht unabhängig voneinander. Es geht dabei um Fragen der Gestaltbarkeit der technischen Entwicklung mit den Mitteln der Politik, der Ethik und des Rechtes. Besonders innovative Technik ist in ihren Folgen häufig nicht bekannt. Die Legitimitätsfrage für diese Form von Technik ist daher mit gewissen Schwierigkeiten verbunden. Unterschiedliche Dimensionen des technischen Fortschritts begründen unterschiedliche Bewertungsperspektiven und unterschiedliche Bezugspunkte der Bewertung.

Die Debatte um die Legitimität von Technik wurde lange Zeit nahezu ausschließlich auf die Risikodebatte beschränkt. Um zu einer angemessenen Antwort auf die Frage nach der Legitimität von Technik zu kommen, ist diese aus der Engführung einer Risikoverwissenschaftlichung von Einzeltechniken – so wichtig diese für Technikfolgenabschätzung im einzelnen auch sein mag – herauszuführen. Zur Diskussion stehen tiefer gehende Hintergrundannahmen, die ans Licht gehoben werden müssen. Die Befürworter des technischen Fortschritts verweisen auf den Nutzen und das gute Leben für die Mehrzahl der heute in den Industrienationen lebenden Menschen, Freiheit von Hunger und einer Reihe von Krankheiten, wachsenden Reichtum und Emanzipation von früher geltenden einschränkenden Werten. Sie machen anwachsende Handlungsspielräume geltend, die trotz verbreiteter „Angst vor der Freiheit" (Fromm) von vielen Menschen, nicht zuletzt Jugendlichen oder jungen Erwachsenen als solche wahrgenommen und in Anspruch genommen werden. Auch das Gelingen technischer Praxis trotz gelegentlicher Unfälle bis hin zu Katastrophen in einer umfassend vernetzten Struktur, der Technosphäre, wird als wesentliche Legitimationsinstanz moderner Technologie angesehen. Apologien technischen Fortschritts greifen häufig genug auf irgendeine Form gelingender technischer Praxis zurück. Akzeptierte Technik ist vertraute Technik, selbst dort, wo sie nicht ungefährlich ist. Eingeführte, routinisierte Technik wird aber von innovativer Technik in Frage gestellt. Hinter ihr steht am Anfang das Prinzip Hoffnung, utopische Potenz und das Wagnis, das im Beschreiten neuer Pfade liegt, selbst dann, wenn sich diese an Humanität oder Nachhaltigkeit orientieren. Innovative technische Praxis gelingt oder misslingt aber nicht zufällig. Rahmenbedingungen technischer, wissenschaftlicher, wirtschaftlicher, sozialer und kultureller Art sind hierfür maßgeblich, was überhaupt als Gelingen oder Misslingen angesehen wird oder werden kann.

Eine alleinige Legitimitätsprüfung nur für moderne innovative Technik ignoriert aber

## 3.1 Zwischen Minimalethik und Leitbildorientierung

den Wagnischarakter auch traditioneller handwerklicher Technik, der durch technische Routine gemäßigt ist. Auch Innovationen können durch Routinisierung in ihrem Wagnischarakter herunter gesetzt werden. Bei der Legitimitätsprüfung von Technologie sind zwei Dimensionen von Interesse:

(1) Legitimierung der Technik durch Routinisierung (Erhöhung der Sicherheit, Verminderung des Risikos), institutionelle Absicherung (rechtliche Regulierung) und organisatorische Bewältigung (Politik, Versicherungswesen).
(2) Legitimierung durch eine ethische Idee wie Humanität oder Gerechtigkeit oder im modernen Sinne der Nachhaltigkeit.

Technikentwicklung wird dann Teil einer Utopie und neigt dazu, weltanschaulich zu werden. Da eine Legitimierung von Technik sowohl in traditioneller wie innovativer Form durch Routinebildung nie vollständig geleistet werden kann (das Misslingen technischer Routine kann überall auftreten), müssen beide Legitimationsweisen miteinander verknüpft werden (Irrgang 2002c, 190).

Die Beurteilung der Legitimität von Technik geschieht im Rahmen der Daseinsgestaltung und Daseinsbewältigung. Auch eine menschengerechte Technosphäre bleibt kontingenzdurchgriffen. Insofern hat es Technik mit Kontingenzbewältigung zu tun. Dabei bleibt die Beurteilung der Legitimität uneindeutig. Im Hinblick auf die Akzeptabilität technischer Entwicklung ist zu berücksichtigen, dass Technik keine gerechte Gesellschaft schaffen kann, es sei denn, der technokratische Traum ließe sich verwirklichen. Wir brauchen eine realistische Erwartung bei der Legitimitätsbeurteilung der Technik. Technik ist nur ein Entwicklungsfaktor, wenn auch ein wesentlicher im Hinblick auf die Technosphäre. Technische Handlungen müssen letztlich ausprobiert werden, um eine adäquate Vorstellung der Handlungsmöglichkeiten zu bekommen, dieses ist nicht vollständig zu umgehen. Außerdem kann man sich die Frage stellen, ob dieses Ausprobieren nicht konstitutiv für die Bewertung technischer Handlungen ist. Dies impliziert zwar das Zurückschaudern vor einigen Handlungen des Ausprobierens, die zu große Katastrophen hervorrufen könnten. Hier müssten Gedankenexperimente einspringen. Die Akzeptabilität von Technik basiert auf unterschiedlichen Modi der Kontingenzbewältigung und bezieht sich damit auf nutzens- bzw. schadensorientierte Standards. Das Ideal des guten Lebens ist zu hoch angesetzt für eine Legitimitätsbewertung technischen Handelns. Daher bezieht sich eine hermeneutische Ethik auf realisierbare Humanitäts- und Gerechtigkeitsvorstellungen bei der Bewertung der Akzeptabilität technischer Entwicklungen (Irrgang 1998).

Kompetenzausbildung im Sinne der Verantwortungszuschreibung baut auf Selbstorganisationsprozessen auf und betont die Wiederkehr des handelnden Individuums in Organisationen. Allerdings müssen auch die Rahmenbedingungen in diesen Organisationen und Institutionen so geschaffen sein, dass innerhalb solcher Rahmenbedingungen sittliches individuelles Handeln möglich und wirkungsvoll bleibt. Auch Selbstorganisationsprozesse setzen bestimmte Rahmenbedingungen voraus, die moralfeindlich, aber auch moralförderlich gestaltet werden können. Mit der Wiederkehr des handelnden Individuums, d. h. mit der Wiederkehr der Kategorie Gewissen im Rahmen einer Verantwortungsethik, werden Reflexionen der Strukturen, in denen gehandelt wird, nicht überflüssig, sondern dringlicher. Auch die Forderung nach einer Umgestaltung der Strukturen, in deren Kontext wir handeln, wird zum dringlichen Desiderat einer anwendungsorientierten

Ethik. Sie muss auf den Zusammenhang zwischen Verbesserung der Strukturen des Handelns und Steigerung der Kompetenz der Handelnden abzielen. Beide Partner bzw. Konstituentien einer Handlungsstruktur bedürfen weitergehender Ausbildung.

Hier liegen Aufgaben einer anwendungsorientierten Ethik, die über ein Standesethos hinausgehen. Diese Ethik knüpft an die neuzeitliche Regel- und Prinzipienethik an, die wegen der Entwicklung eines Regelwissens nie zur Ausbildung einer moralischen Persönlichkeit oder eines Gruppenethos gelangt. Neuzeitlich orientierte sich Ethik an der wissenschaftlichen Erkenntnis und an der rationalen Beurteilung. Dadurch wurde das Ethos als identitätsvermittelnde moralische Größe zunehmend abgelöst durch zwei Formen der Rationalisierung, nämlich durch Methoden der Verallgemeinerung im Anschluß an die Transzendentalphilosophie und der Folgenabschätzung im Fahrwasser des Utilitarismus. Beide Verfahren wenden den Blick von der konkreten Handlungswirklichkeit einer Person hin zur Allgemeinheit, die zwar nicht die konkrete Entscheidungswirklichkeit beschreibt, aber die Handlung vor anderen zu rechtfertigen vermag. Die Form der Rationalisierung vermittelt uns einen anderen Zugang zu unserem eigenen Handeln als unser unmittelbares Selbsterleben, nämlich über ein Interpretationskonstrukt.

Erfahrungsorientierte praktische Ethiken neigen zur Betonung von Fallgeschichten. Doch woher kommen die Kriterien der Beurteilung gerade in den Bereichen, wo Neuland betreten wird? Und die meisten Fälle, die kritisch und kontrovers diskutiert werden, entstammen diesem Bereich. Hilfestellung bietet hier die professionelle Ethik-Diskussion. Sie befähigt dazu, die eigenen Kriterien zu klären sowie sich von konkurrierenden Kriterien begründet zu distanzieren. Viele halten dies nicht für möglich und verweisen auf die Pluralität der Ethik-Konzeptionen, die auch eine Professionalisierung anwendungsorientierter Ethik bisher nicht aufheben konnte. Eine hermeneutisch ausgerichtete anwendungsorientierte Ethik kann aber dazu befähigen, gerade mit der Pluralität umzugehen. Denn Ethik im Sinne materialer Normen und Werte könnte sich selbst aufheben, wenn sie im Singular erscheinen würde, nämlich als Diktatur des moralinsauren Zeigefingers, der – für andere – immer besser weiß, was sittlich verpflichtend ist.

Eine hermeneutische anwendungsorientierte Ethik setzt auf den Diskurs und die Argumentation – und vor allem auf neue Leitbilder. Ethische Argumentation richtet sich an den einzelnen und bemüht sich um seine personale Zustimmung, vollzieht sich dabei aber in unterschiedlichen Gemeinschaften. Eine strukturelle Besonderheit des sittlichen Urteils wie eine formale Besonderheit des praktischen Syllogismus konnte in den erörterten Argumentationen nicht plausibel gemacht werden. Die Besonderheit ethischer Argumentation liegt daher in der Verwendung zumindest einer ethisch qualifizierten Prämisse. Diese ergibt sich aus dem Zusammenhang im Hinblick auf letzte rechtfertigende Grundsätze, Kriterien oder Regeln ethischer Art oder eines gemeinschaftlichen Ethos, für die Hermeneutische Ethik im Hinblick auf ethische Paradigmen, Visionen und Leitbilder. Ethisches Argumentieren ist lernbar und hat Regeln und Kriterien für häufig wiederkehrende ethische Konfliktsituationen zu erarbeiten. Ethische Argumentation unterstützt die Wahrnehmung von Verantwortung, Flucht aus der Verantwortung lässt sich in Technologie-Zivilisationen nicht verantworten.

Hermeneutische Ethik baut nicht auf der traditionellen, auf Selbstreflexion, Selbstbewusstsein und Personalität beruhenden sittlichen Autonomie der Neuzeit auf, sondern legt eigentlich ein Praxiskonzept zugrunde, in dem Wollen, Handeln und Sollen eine Prozess-

## 3.1 Zwischen Minimalethik und Leitbildorientierung

Einheit bilden, sich wechselseitig konstituieren. Diese Praxis muss zur Selbstverwirklichung den Weg sowohl nach innen wie nach außen gehen. Eine verantwortbare bzw. eine verantwortliche Selbstverwirklichung ist die nachmoderne Form der Autonomie. Es geht um die richtigen Spielregeln für eine Praxis, die gemeinsame Autonomie verwirklicht. Dabei wird durch die Verwendung von ethischen Paradigmen eine Reduktion von Komplexität technischer Praxen und technologischer Strukturen erreicht werden. Ziel des vorliegenden Buches ist es, ein mehr oder weniger systematisches Training in einer Interpretationskunst unter dem Leitbild des „Sowohl – als auch" zu bieten. Über Gemeinwohl oder das Selbstbestimmungsrecht ist schon erheblich mehr geschrieben worden, so dass sich dieses Buch mehr der methodischen Perspektive des „Sowohl – als auch" widmet.

Das „Sowohl – als auch" gilt auch für Art und Umfang einer Ethik technischer Risiken: Sie diskutiert und interpretiert sowohl Konzeptionen einer Minimalethik wie eine Ethik der Ideale und Visionen. In diesem einführenden Werk möchte ich mich auf nur wenige Bemerkungen zur Minimalethik beschränken. Hermeneutische Ethik bewegt sich im Spannungsfeld der Weisheitslehren der guten Lebensführung bis hin in die ethische Diätetik und einer wissenschaftlichen Ethik als metaethisches, theoretisches Konstrukt. Dazwischen befindet sich die hermeneutische Ethik als eine Kunstlehre. Zentral ist der Gedanke einer minimalistischen Ethik, in der es zur Rekonstruktion einer geltenden Moral unter bestimmten Gesichtspunkten geht. Vor allen Dingen wird in einem solchen System ein Kern von Moral rekonstruiert, der von nahezu allen Menschen anerkannt wird. Insofern ist eine solche Minimalethik ein soziales Regelsystem, das aber auch für ein dynamisches Entwicklungssystem offen sein sollte. Der Minimalismus in der Ethik beschränkt sich auf Grundlinien (Birnbacher 2003, 77–84). Es geht um die Beschränkung der groben Umrisse der Moral. Die hermeneutische Ethik verbindet dazu im Unterschied Grobschliff mit Feinschliff. Der „harte Kern" ist ein kleiner Ausschnitt aus dem Moralsystem, ein theoretisch und praktisch wichtiges Unternehmen, wenn es um die konkrete Orientierung durch Ethik für die menschlichen Handlungen kommen soll. Die Prinzipien gelten in einer solchen Ethikkonzeption nicht bedingungslos, sondern sind offen für Ausnahmen. Es handelt sich bei einer Minimalethik um allgemein beurteilungsrelevante Gesichtspunkte.

Eine der Minimalethiken, die in letzter Zeit fundamental geworden sind und auch zu den Ausgangspunkten der hier vorgeschlagenen Version der hermeneutischen Ethik geworden sind, ist die „Bioethik" von Beauchamp Childress. Dieser bietet als Prima-Facie-Prinzipien ethischer Orientierung folgende Grundleitlinien an:

(1) Nichtschädigung;
(2) Selbstbestimmung (Autonomie) respektieren;
(3) Fürsorge und Wohltun und
(4) Gerechtigkeit.

Wir haben hier eine individualorientierte Minimalethik, die besonders wirkmächtig geworden ist und im Rahmen einer modernen Geschichtskonzeption auch durchaus plausibel ist. Es handelt sich nicht um eine deduktive, sondern um eine rekonstruktiv verfahrende Ethik. Es gibt keine obersten Prinzipien sondern Topoi ethischer Beurteilungen, die hermeneutische Ethik würde von Interpretationshorizonten ethischer Art sprechen. Reklamiert wird Konsensfähigkeit für die jeweils schwachen Formen einer Moral bzw. Ethik im Sinne einer Minimalethik als Rekonstruktion eines weithin anerkannten Prima-Facie-Prinzips, welches für jedermann ohne weiteres einsichtig ist. Solche Ethiken basieren auf Prima-Facie-Prinzipien und moralischen Regeln.

Eine weitere Minimalethik sind Gerts moralische Regeln, die sich an den Dekalog anlehnen. Gerts gibt eine sozialorientierte Minimalethik, die letztendlich auf einer Kleingruppenmoral beruht. Minimalethik beschäftigt sich mit der Rekonstruktion eines weitgehend konsensfähigen „harten Kerns" der Moral auf verschiedenen Ebenen. Sie ist offen für Ausnahmen und flexibel. Es gibt auch Verfahrensethiken ohne inhaltliche Festlegungen. Hermeneutische Ethik macht mit dem Hinweis auf Interpretationshorizonte, Paradigmen und Leitbilder gewisse durchaus inhaltliche Vorgaben und ist daher keine reine Verfahrensethik. Sie ist sowohl eine Verfahrensethik, wie im Ansatz eine normativ reflexive Ethik. Es handelt sich bei der Minimalethik um eine Ethik zwischen Realismus und Relativismus.

Bernard Gerts Regeln einer Minimalmoral ähneln den Zehn Geboten. Gerts Minimalmoral bzw. Minimalethik geht von der Grundannahme aus: Alle Menschen sollten die Regeln im Hinblick auf alle Personen befolgen, an denen ich interessiert bin, es sei denn, sie hätten Grund zu der Annahme, dass eine berechtigte Ausnahme vorliegt, die ich anerkennen würde. Die Grundmaxime lautet in diesem Zusammenhang: Beraube niemanden seiner Freiheit oder Chancen. Daraus folgen fünf Regeln:

(1) verursache keinen Tod;
(2) verursache keine Schmerzen;
(3) verursache keine Unfähigkeit;
(4) verursache keinen Verlust von Freiheit oder Chancen;
(5) verursache keinen Verlust von Lust.

Rationale Menschen werden nicht alle dieselben Güter wünschen, obwohl sie alle dieselben vermeiden wollen, bewerten sie diese doch nicht in der gleichen Weise (Gert 1983, 119–133).

Es gibt nicht nur gerechtfertigte Verletzungen moralischer Regeln, sondern auch ein ungerechtfertigtes Einhalten dieser Regeln. Wenn alle Menschen allwissend wären, alle Konsequenzen ihrer Handlungen kennen würden, dann bräuchten sie keine moralischen Regeln. Pflichten sind im Allgemeinen mit bestimmten Ämtern, Berufen und Rollen verbunden. Pflichten sind nicht identisch mit Regeln. Und Mitleid kann zu unmoralischem Handeln verführen. Es gibt keinen blinden Gehorsam gegenüber Pflichten. Gert formuliert weitere fünf Regeln seiner Minimalmoral. Sie umfassen:

(6) du sollst nicht täuschen;
(7) du sollst deine Versprechen halten;
(8) du sollst nicht betrügen;
(9) du sollst dem Gesetz gehorchen;
(10) du sollst deine Pflicht tun (Gert 1983, 175–179).

Jede der zweiten fünf moralischen Regeln ist mit einer Tugend gekoppelt. Die Frage, warum ich moralisch sein sollte, ist in direkter und universeller Weise mit den ersten fünf moralischen Regeln verbunden. Wer einen tugendhaften Charakter anstrebt, muss tugendhaft handeln, d. h. die moralischen Regeln befolgen. Die Vernunft fordert nicht, moralisch zu handeln, sie lässt dieses vielmehr zu. Die Vernunft kann nur zu dem Schluss kommen, dass es irrational ist, unmoralisch zu handeln (Gert 1983, 266–268). Eine moralische Antwort zu geben, heißt die moralischen Regeln als Spielregeln eines gelungenen Lebens zu akzeptieren. Stolz und Würde haben daher ein enges Verhältnis zueinander. Konservative legen normalerweise mehr Gewicht auf moralische Regeln, Liberale dagegen mehr auf moralische Ideale. Selbstverständlich bedarf es zur Auslegung dieser Minimalmoral und der zugrundeliegenden moralischen Regeln einer ethischen Hermeneutik im Sinne einer Interpretationskunst, die diese Regeln situationsangemessen anwendet und formuliert.

Die zweite Version einer Hermeneutischen Ethik ist die Ethik der Visionen und Ideale. Seit der industriellen Revolution wird der Zukunftsaspekt der Technik immer zentraler für das technische Handeln. Damit stellt sich die Frage nach dem Entwurf für die Zukunft der Technik, die wir wollen. Eine technische Utopie, vielleicht eine technische Weltanschauung sind erforderlich. Das Reflexiv-Werden der technischen Entwicklung in ihrer Ambivalenz und ihre Zukünftigkeit technischer Entwicklung löst das Paradigma des technischen Fortschritts ab. Auch die Gattungszukunft des Menschen, die der technische Fortschritt seit der Aufklärung propagierte, greift zu kurz, müsste verändert und in ein Konzept nachhaltiger Entwicklung integriert werden. Der konkrete Mensch in seiner Leiblichkeit sollte in den Mittelpunkt der Bewertung technischen Fortschrittes gestellt werden. Von der hier zufälligen technologischen Evolution mit Beschleunigungseffekten seit der industriellen Revolution ist zu einem Gestaltungsmodell stärker projektierter Technik überzugehen. Die meisten Gestaltungstheorien wollen der Technik Grenzen ziehen, nicht die Technologie transformieren. Üblich sind die Formulierung von moralischen Grenzen, die die Rückkehr zu einer neuen Einfachheit propagieren. Allerdings muss man auf die Begrenztheit moralischer und politischer Grenzziehungen hinweisen. Die westliche Theorie besagt, dass alternative Formen der Technologisierung (in anderen Kulturen und Gesellschaften) nicht möglich sind (Irrgang 2006). Mit einer kulturalistischen Theorie im Hintergrund kann die Idee einer alternativen Technologie entwickelt werden. Die ökonomischen Kosten der Regulation sind zu berücksichtigen und die dominante ökonomische Kultur in ihren Voraussetzungen zu hinterfragen. Technologie wird immer an sich ändernde Bedingungen angepasst, daher sind alternative Technologien möglich.

Zusammengefasst ergibt sich folgender Ansatz:
Minimalethik: Schadensvermeidung; humane Selbsterhaltung;
Leitbildethik: Allgemeinwohl, universalistische Ethik; Zukunftsverantwortung; humane Selbstverwirklichung.

Die Mächtigkeit und Trägheit eingeführter technischer Praxen ist nicht zu übersehen. Während die Ideologiekritik die Herrschaftsfrage in den Vordergrund der Betrachtung technischer Praxen und technischer Kulturen stellt, plädiert die hier praktizierte Form einer hermeneutischen Technikphilosophie und Ethik für die Anerkennung der Mächtigkeit technischen Handelns. Die Machtfrage stellt sich hier als Frage nach dem Änderungspotential gegenüber eingeführten technischen Praxen. In Zusammenhang mit Macht ist in erster Linie an den Druck von außen zu denken, an die Verknappung natürlicher Ressourcen und von Umweltgütern als die Verknappung von ökologischen Senken. Aber echte ökologische Knappheiten liegen für die Industrieländer noch kaum vor, da sie sich diese Ressourcen und Senken nahezu jeder Art in ärmeren Ländern hinzukaufen können. Politischer Druck als weitere Möglichkeit der Verhaltensänderung fängt erst langsam an, im internationalen Bereich eigentlich noch viel zu langsam. Insofern müssen wir im Bereich der Konsumenten und der Industrienationen auf Überzeugung und Überredung setzen, d. h. auf eine Änderung der Machtstrukturen technischer Praxen und technischer Kultur. D. h. Ethik muss in die technische Praxis eingebettet bzw. implementiert werden und mit Hilfe von PR z. B. müssen praxisverändernde Konzepte entwickelt werden. PR für einen alternativen Lebensentwurf und für alternative Konzepte für technische Praxen müssen eingeführt werden. Dabei stellt sich die Frage nach einer Lobby für umweltgerechtes Handeln und umweltgerechtes Verhalten. Hier entstehen gewisse Schwierigkeiten für praxisverändernde Bildung bzw. praxisverändernde Reflexion und deren institutionelle Gestaltung (Irrgang 2003c).

Eine große Zahl von Entscheidungen zur Technikgestaltung verläuft reibungslos, effizient, unauffällig; lediglich relativ wenige Gestaltungsfragen lassen Technikgestaltung als ein heikles konfliktträchtiges Geschäft erscheinen. Hier ist Hermeneutische Ethik als Expertise gefragt. Die große und inhomogene Gruppe der Technikgestalter ist so zu strukturieren, dass sich prinzipielle, für die Einbringung ethischer Fragen relevante Unterschiede erkennen lassen. Technikgestaltende Individuen haben in der Regel keine professionelle Ausbildung in Ethik erhalten. Ansätze zur Wirtschaftsethik finden in Industrieländern zunehmend Eingang in die betriebliche Praxis, aber die Anwendung ethischer Reflexion zur unternehmerischen Technikgestaltung steckt vergleichsweise noch in den Kinderschuhen. Technikgestaltende Praktiker stehen mit ihren Bedürfnissen, in konkreten Einzelfällen oder auch kontinuierlich ethische Hilfestellung zu erhalten, außerhalb des universitären Systems. Den meisten an Technikgestaltung Beteiligten fehlen Informationen über die jeweils andere Seite, wodurch bereits im Vorfeld mögliche ethische Beratung verhindert wird, zum anderen sind die Kontaktmöglichkeiten mit eher abschreckend hohem Aufwand verbunden. Es fehlt zum einen der Überblick über die vorhandenen Angebote bzw. die Nachfrage, zum anderen ein Mechanismus, Angebot und Nachfrage zusammen zu bringen. Ethische Gesichtspunkte sind ein integraler Bestandteil der neuen Modernisierungsdiskussion.

Eine technische Vision ist nicht mit Prognose zu verwechseln, sie möchte nicht aufzeigen, was sich in Zukunft ereignen möchte, sondern versucht eine Strukturierung einzelner Technologiebereiche, einer Absicherung von Technologie und ihrer Vernetzung, nicht zuletzt im Zeichen einer gelingenden technischen bzw. technologischen Praxis. Eine Praxis aber lebt von dem Wissen um ihre Rahmenbedingungen und um ihre Hintergrundrechtfertigungen. Wohlstand und Nutzen waren lange Zeit legitimierende Horizonte für technische oder technologische Praxis. Heute wird ansatzweise zumindest das gelingende Leben und eine gelingende menschliche Praxis, sei sie nun moralisch, pragmatisch, strategisch oder instrumentell technisch nach anderen Gesichtspunkten beurteilt als allein nach ihrem effizienten Gelingen. Dies ist ein Ansatzpunkt für eine bessere menschliche Praxis, zugleich aber auch eine Herausforderung für eine Technik, die glaubt, dass technische Funktionserfüllung bereits ausreicht. Ich möchte nun nicht leugnen, dass das Gelingen und Misslingen technischer Praxis zu den zentralen Indikatoren für die Bewertung technischer und technologischer Praxis gehört. Doch technische Gesichtspunkte allein reichen nicht aus, sondern kulturell-zivilisatorische Leitbilder mit einer moralischen Komponente wie Zukunftsfähigkeit oder Langzeitverantwortung werden Teil einer Technologie-Reflexionskultur, die anzuregen ist, um Fragen der Akzeptanz zwischen den beteiligten Technikern, Ingenieuren und wirtschaftlich Tätigen einerseits, wie andererseits Spezialisten für die Akzeptabilität von Technologien zu reflektieren. Kommunikation, Mobilität und Wissen Wollen im Hinblick auf Information müssen zusammengebracht werden mit ökologischen, zivilisatorischen und kommunikativen Einbettungsparadigmen, um letztendlich Akzeptabilitätsfragen technologischer Praxis klären zu können. Diese müssen transdisziplinär bearbeitet und untersucht werden.

Im Hinblick auf die Formulierung von Leitbildern kann man von einer utopischen Versuchung sprechen (Grin/Grunwald 2000). Dabei stellt sich die Frage, in welchem Ausmaß und auf welchen Pfaden Technologiefolgenabschätzung (TA) in der Lage ist, die technologische Zukunft durch eine kritische und konstruktive Begleitung bestehender Visionen und Versuche zu gestalten, diese philosophisch und ethisch zu begründen. Visionen müssen aus ihrem Kontext und von ihren Grundvoraussetzungen her verstanden werden. Moderne Gesellschaften haben einen wachsenden Bedarf an verantwortbarer Langzeitorientierung in der Technologie-, der Umwelt- und Wissenschaftspolitik. Die eigentliche Frage bei der Bewertung von technischer Entwicklung ist die der Akzeptabilität, nicht der Akzeptanz, denn soziale Akzeptanz hängt ab von vielen empirisch bestimmten Phänomenen, z. B. von sich sehr schnell ändernder Risikowahrnehmung vor und nach Großunfällen, wobei derartig eintretende Schadensfälle das eigentliche Risiko einer Technik nicht erhöhen. Vielmehr kann man feststellen, dass nach gravierenden Unfällen die Sicherheit einer Technik durch Verbesserung dieser Technik heraufgesetzt wird. Die Berücksichtigung tatsächlicher Akzeptanz ist prinzipiell eher antiinnovativ.

Akzeptabilität kann auf der Basis pragmatischer Rationalität abgeschätzt werden (Grin/Grunwald 2000). Die Rationalität des neuen Modells der Gestaltung technischer Handlungen als Grundlage technischer Entwicklungen bemisst sich nicht mehr an der sowieso nicht einlösbaren Behauptung, alles im Griff zu haben, Sicherheit zu produzieren, sondern daran, durch Reflexionskompetenzen offen zu sein. Wir müssen die Zukunft unserer technischen Entwicklungen von Reflexion begleitet ausprobieren, da wir nicht in der Lage sind, sie normalerweise detailliert und sicher vorauszuberechnen. Technikgestaltung unter den Bedingungen einer radikalen Offenheit ist das Modell für technische Entwicklung trotz aller determinierenden Faktoren. Der Wagnischarakter in der technischen Entwicklung bleibt erhalten. Hier kann sich Technikhermeneutik bewähren.

Visionen für die Gestaltung technischer Entwicklung impliziert ein Nachdenken über die Zukunft. Es geht um wissenschaftlich fundierte, konstruktive, kritische, reflektierte Visionen. Der Beitrag einer Philosophie der Technik zur Prüfung von Zukunftsentwürfen für die technische Entwicklung ist nicht Science Fiction, nicht die kritiklose Hochrechnung des gegenwärtigen technischen Könnens in die Zukunft mit einem Schuss Utopismus im Hinblick auf das technisch Machbare. Die Ambivalenz der Technik ist in vielen Fällen nicht eine Wesenseigenschaft der Technik, sondern eine Folge ihrer (mehr oder weniger gelungenen) Eingebettetheit in soziale und kulturelle Umstände. Der Stand der Technik (und seine Instandhaltung), die nur so zu gewährleistende „Sicherheit" der Technik und die Humanisierung bzw. Gestaltung von Technik in ethisch verantwortbaren Paradigmen haben ihren Preis, ein überzogener Sicherheitswahn einer Gesellschaft verhindert einen Teil der neuen Schlüsseltechnologien. Die Nukleartechnologie und die Grüne Gentechnologie in Deutschland sind Beispiele. Die wechselseitige Anpassung von Technologie und eines kulturell geprägten gesellschaftlichen Anwendungsfeldes ist eine der zentralen Aufgaben der Technikgestaltung. Diese kann gelingen, geht häufig genug jedoch auch daneben.

In der Globalisierung scheint es keine wirklich legitimierten Gestalter mehr zu geben. Welche Instanz könnte auf globaler Ebene legitime Technikentscheidungen treffen und auch durchsetzen? Beispiele sind Regulierungsfragen im Internet und die Sicherstellung bislang national vereinbarter Urheberrechte. Hinzu kommt die Beschleunigung durch Globalisierung. Die Beschleunigung der technischen Entwicklung bringt Effekte mit sich, die Gestaltungsmöglichkeiten beschränken. Vermeintliche Sachzwangargumente bekommen unter Zeitdruck eine höhere Relevanz (wie z. B. anhand der Diskussion um die Stammzellforschung zu beobachten war). Für sorgfältiges Abwägen zwischen verschiedenen Optionen und zu einer (z. B. ethischen) Reflexion verbleibt immer weniger Zeit. Pluralisierung in der Globalisierung meint: In einer zunehmend pluralen und heterogenen Weltgesellschaft wird es schwieriger, noch so etwas wie Gemeinwohl bestimmen zu können. Die funktionale und moralische Ausdifferenzierung der Gesellschaft führt dazu, dass Konsense über Technik kaum zustande kommen können. Gestaltungsbedarf gibt es also durchaus, problematisch aber bleibt die Frage nach den Gestaltern (Grunwald 2003).

Am plausibelsten erscheint unter diesen Rahmenbedingungen noch eine Technikgestaltung auf der Basis eines korrekturoffenen und entbürokratisierten Rechtes, welches innovative Technik zugleich ermöglicht und gestaltet. Es darf sich dabei allerdings nicht um ein Grenzziehungsrecht und eine Schuldmoral handeln, sondern zugrunde zu legen ist ein Recht und eine Ethik, die Freiräume bestimmt für das Experimentieren und Leitbilder und Visionen für eine innovative Technik formuliert, die ein glückendes Leben fördert. Angesichts der Grenzen des Technischen in der technischen Praxis brauchen wir keine Grenzziehungsethik, sondern positive Zielsetzungen, Leitbilder für eine Technik, die für möglichst Vielen ein gutes Leben ermöglicht, und Visionen für mein eigenes Leben in einer technologisierten Alltagswelt formuliert. Gefordert ist eine Ethik der Leitbilder und Visionen.

Technische Praxis ist ein Interpretationskonstrukt. Sie erscheint in vielfältiger Form als Fall-, Situations- und Handlungskomplex, aber auch als Sachsystem mit Systemzwängen und Sachzwängen, als Tradition oder Institution mit entsprechenden Zwängen, gegen die sich das selbstbestimmte Individuum zur Wehr setzen muss, um eine eigene Entscheidung überhaupt treffen zu können. Es setzt zum zweiten einen kompetenten Staat voraus, der im Sinne der Mehrheit seiner Bürger der Technikentwicklung korrekturoffen langfristige Ziele setzt, die der Forderung der Langzeitverantwortung genügen und realisierbar sind. Hermeneutische Ethik ist somit Aufklärungs- und Orientierungsinstrument für reflektierte Praxis und wesentlicher Bestandteil einer Technologiereflexions- und Technologiebewertungskultur.

Sie bedarf der schrittweisen sachlichen und metaethischen Reflexion:

(1) Herausarbeitung des Problems, Sachstandes (wissenschaftliche und technische Problembeschreibung) und relevanter empirischer Probleme (eventuell Problemgeschichte);
(2) gesellschaftlicher Umgang mit dem Problem in den Medien, in der Moral, im Recht usw.;
(3) Herausarbeitung der ethischen Grundpositionen zum bearbeiteten Problem (Taxonomie);
(4) Herausarbeitung der relevanten ethischen Bewertungsgrundlagen;
(5) Einbezug der gängigen Bewertungs- und Deutungsmodelle.

Hermeneutische Ethik begründet ein flexibles und korrekturoffenes Technikrecht auf folgender Basis:

## 3.1 Zwischen Minimalethik und Leitbildorientierung

(1) der Vision einer Technik mit Gemeinwohlorientierung und Langzeitverantwortung;
(2) dem Leitbild einer nachhaltigen Entwicklung und ökologisch orientierten Zukunft der Technologie;
(3) einer Korrekturoffenheit und Flexibilität bei der Formulierung rechtlicher Zielsetzungen;
(4) von Verantwortungszuschreibungen und Haftungsregeln für den Umgang mit Innovationen;
(5) einer gesellschaftlichen Mithaftung (Absicherung) in Technologiebereichen, in denen Innovationen erwünscht sind.

Hermeneutische Ethik leitet dazu an, die Aufgaben und Probleme herauszuarbeiten, die menschlicher (und technischer) Praxis zugrunde liegen, um für diese Visionen und Ziele für Lösungen herauszufinden. Insbesondere stellt sie dazu den Zusammenhang der als vorbildlich herausgestellten Praxis mit dem Leitbild des guten Lebens her. Dabei ist Umgangswissen für den Bezug der technischen Praxis bzw. des Alltagshandelns zum guten Leben wichtiger als theoretische Erklärungen (Higgs u. a. 2000). Werte sind spezifische, praxisnahe Interpretationskonstrukte in normativer Deutung. Früher galt Werterkenntnis bzw. Wertintuition als ein eigenständiges Vermögen. Werterkenntnis galt als eine philosophische, hermeneutische oder phänomenologische Teildisziplin. Aus hermeneutischer Sicht sind Werte aber eher Konventionen. Werte dienen der Rationalisierung von Handlungen und der Erzeugung einer positiven Einstellung zum Gegenstand der Wertungen. Sie können damit ideologische Funktion übernehmen, sie können aber auch für Handlungsrechtfertigungen herangezogen werden (Lenk 1994). Für eine Hermeneutische Ethik sind Werte allerdings Ergebnisse normativer und deskriptiver Interpretationen von Handlungs- und Beurteilungskonzepten. Sie sind projektierte Konstruktionen zur Präferenzbildung. Soziale Werte sind sozial entstandene, institutionell normierte und sanktionierte Interpretationskonstrukte zur Präferenzbildung, die über Normen Handeln sozial regeln. Werte können auch zur Handlungserklärung herangezogen werden. Die in sozialen Formen routinisierte oder wenigstens kanalisierte Handlung kann auch von Werten geleitet oder gar gesteuert sein. Problematisch ist die undifferenziert normative und deskriptive Verwendung des Wertbegriffes, wobei Pflichtwerte und Selbstentfaltungswerte nicht immer in wünschenswerter Deutlichkeit unterschieden werden.

Eine hermeneutische Erkenntnistheorie wird zugrundegelegt, weil moralischer Konsens in weiten Bereichen moralischer Diskurse kaum zu erzielen und eine anwendungsorientierte Ethik so unter Pluralismusbedingungen gestellt ist. Hier reicht Prinzipienreflexion und die Diskussion der Begründung sittlicher Prinzipien nicht mehr aus. Eine Ethik, beschränkt auf den Bereich des Grundsätzlichen, führt in nicht endende Glaubenskriege. Überzeugungskonflikte sind auf der Prinzipienebene nicht zu lösen, sondern bestenfalls im Hinblick auf konkrete Fragestellungen. Aber auch sittliche Verpflichtungen sind in bestimmten Situationen bisweilen nur schwer plausibel zu machen, insbesondere dann, wenn auch die empirische Sachlage bei Entscheidungssituationen uneindeutig ist. Die Pluralität der Lebensstile und Wertsysteme, der Weltanschauungen und Utopien scheint dabei auf den Konsensgedanken zu verweisen, wie ihn etwa die Vertragstheorie oder die Diskurstheorie anbietet. Aber moralischer Konsens ist ein Element der Kleingruppenmoral.

Zwei Auswege scheinen sich anzubieten: eine Reduktion von Konsens auf Mehrheit, wenn Konsens nicht mehr zu erzielen ist, also die Ersetzung von Ethik durch Politik, oder die Verlagerung der Frage auf die Verfahrensebene, nämlich die Umwandlung der Ethik in die Frage, wie moralische Diskurse strukturiert sein müssen, damit ein Konsens möglich wird. Dann geht es um die Eruierung und Etablierung des Umgangs mit dieser Vielfalt von Normen und Werten (Bayertz 1996). Auch der Konsens bietet daher keinen archimedischen Punkt, auf den eine Moral begründet werden kann. So wird der Ansatz einer hermeneutischen Ethik plausibel, die von der Überzeugung der Unmöglichkeit archimedischer Punkte in der Ethik ausgeht. Konsensbildung setzt moralische Autonomie des betroffenen kompetent entscheidenden Individuums voraus. Unterschiedlichen Deutungen sittlicher Verpflichtungen und divergierender Interpretationen von Tatsachen muss Rechnung getragen werden. Die drängende Frage nach gemeinsamem Handeln angesichts verschiedener Interpretation sowohl der Tatsachen wie der für konkrete Situationen geltenden sittlichen Verpflichtungen bedarf einer Antwort, um die sich eine hermeneutische Ethik bemühen muss. Dabei ist das Scheitern eines Rückgriffs auf die sog. „Natürlichkeit" sittlicher Verpflichtungen in Gestalt von Normen und Werten der Ausgangspunkt für eine hermeneutisch konstruierende Ethik, die nicht von einem angeblich archimedischen Punkt – etwa einem Kategorischen Imperativ oder einer ganz bestimmten Theorie der Gerechtigkeit – ausgeht, sondern bei Interpretations- und Rekonstruktionsversuchen sittlicher Verpflichtungen ansetzt, um diese aus bestimmten konkreten Situationen heraus zu interpretieren.

Die Leitbildforschung wird heute insbesondere in der Technikgeneseforschung betrieben. Die leitenden Konzeptionen, die als Visionen von möglichen und wünschbaren Szenarien größere Wirkungsdimensionen auf Technik und Technikgenese haben oder hatten, können Leitbilder genannt werden (Dierkes 1989). Leitbilder dienen im Rahmen ethischer Normierung einerseits der Rechtfertigung getroffener Entscheidungen oder ethischer Urteile, andererseits der Handlungsmotivation. Bereits Ludwig Wittgenstein hatte vom Weltbild als dem überkommenen Hintergrund geredet, durch welchen Menschen zwischen wahr und falsch unterscheiden (Wittgenstein 1970, 33). Parallel zum Begriff des Weltbildes als Hintergrund für theoretische Argumentation schlage ich den Begriff des Leitbildes zur Charakterisierung spezifischer Horizonte für ethische Argumentationen wie für Ethosformen vor. Leitbilder umfassen (1) Grundhaltungen einer Gruppe oder Gemeinschaft, (2) rechtfertigende Ideen und Prinzipien im Sinne von Rechtfertigungsgründen, (3) Zielvorstellungen und Utopien.

Der Leitbildbegriff steht für den Begriff des Ideals, der als Wunschbildvorbild übersetzt werden kann. Solche Leitbilder oder Ideale treten zunächst als Persönlichkeitsideal bzw. als soziale Leitbilder auf. Sie dienen der Bündelung von Intentionen, indem sie Machbarkeit und Wünschbarkeit beurteilen. Das gegenwärtig als machbar Erfahrene ist ein gemeinsamer Fluchtpunkt. Leitbilder können zwar gestaltet, jedoch nicht gemacht werden. Jede spezifische Wissenskultur hat ihr diskursives Regelsystem und ihren Rationalitätstyp. Da es aber keine Metawissenskultur gibt, besteht ständig die Gefahr eines diskursiven Kollapses. Dabei fungieren Leitbilder als funktionale Äquivalente für noch nicht existierende Regelsysteme und Entscheidungslogiken (Dierkes u. a. 1992). Leitbilder sind ein kognitiver Aktivator, ein individueller Mobilisator und ein interpersonaler Stabilisator. In ihnen kommt es zur wechselseitigen Transformation von bildlichen und begrifflichen Repräsentationsformen. Leitbilder mobilisieren die ganze Persönlichkeit, sie binden Menschen aneinander, die sonst nicht gemeinsam handeln würden, auch Menschen aus unterschiedlichen Wissenskulturen.

Leitbilder werden durch Konsens konstituiert. Die Ideen einzelner sind keine Leitbilder. Ab wann von einem Leitbild gesprochen werden kann, ist abhängig von der Gesamtzahl der Akteure, hängt ab von Größe und Gewicht einer Gruppe im Verhältnis zur Gesamtzahl der an einem technischgenetischen Prozess Beteiligten.

Jeder von uns in einer technologisierten Gesellschaft ist immer mehr Teil einer kollektiven technologischen Praxis, Teil eines oder genauer gesagt mehrerer technologischen Systeme und Großstrukturen. Dies verändert das klassische Konzept des Liberalismus mit seinem modernen Modell individualistisch-atomistischer Entscheidungen, mit seinem Leben und mit der Technik umzugehen, z. B. ein Risiko einzugehen. Das klassische liberalistische Recht auf extreme Selbstverwirklichung, also auf Extremsportarten, aber auch auf riskante Lebensstile, ist ein Auslaufmodell. Ohne dem konservativen kommunitaristischen Konzept (Irrgang 1999b) der Gemeinwohlorientierung zustimmen zu wollen – es bedarf eines liberalen Konzeptes sozialökologischer Verantwortung, ein neues postindividualistisches Konzept von Liberalität, in dem kreative Risiken von dummen Risiken unterschieden werden, und auf Letztere verzichtet wird. Man muss wissen, warum und wofür man Risiken eingeht, und wo man sie besser vermeidet. Nicht die „Spaßgesellschaft" eines Dinosaurier-Liberalismus ist das richtige Leitbild, sondern die aktive Suche bzw. Generierung der Jedem eigenen Aufgabe(n) und der Versuch, Andere zu fördern und die „Verhältnisse" zu befördern, in denen man lebt. Dazu gehört vor allem die humane Ausgestaltung von Mensch-Maschinen-Schnittstellen, von soziotechnischen Systemen und Geräten wie technischen Installationen.

Erforderlich ist eine kollektive Risikoabschätzung. Sie sollte wie in der Hermeneutischen Ethik üblich, folgende drei Perspektiven berücksichtigen:

(1) Expertenbewertung mit neuem Expertenethos der Objektivität und Neutralität und der strikten Nicht-Käuflichkeit (3PP);
(2) Reflexion der subjektiven Einstellungsmöglichkeiten zum Risiko: Ängstlichkeit, moderate Einstellung; Risikofreude (1PP);
(3) Technologie-Reflexionskultur; Diskussion zwischen Laien und Experten (1PPP).

Technologie-Reflexionskulturen (Irrgang 2003b) sind eine gemeinschaftliche Verständigungspraxis, die erhebliche Kompetenzen bei allen Beteiligten voraussetzt. Denn eine Gemeinschaft ist nur kompetent, wenn möglichst viele ihrer Mitglieder kompetent sind. Die neue Freiheit der Selbstverwirklichung manifestiert sich nicht in Selbstsucht oder Hedonismus, auch nicht in cooler Selbstverteidigung, sondern in der Kreativität der Entwicklung von Kompetenz zur Selbstgestaltung und Einmischung.

## 3.2 Zetetische Ethik: Offenheit, Flexibilität und Revidierbarkeit angesichts von Unsicherheit, Wert- und Interpretationskonflikten

Unser Wissen und Können sind zu umfangreich und kompliziert geworden, so dass in wesentlichen Bereichen kaum noch jemand in der Lage ist, die Folgen seiner Entscheidungen wirklich zu beurteilen. Wer nicht über einen ausreichenden Fundus solchen Erfahrungswissens verfügt, wird seine Zwecke nicht erreichen, weil er nicht über die richtigen Prämissen verfügt, um die richtigen Schlüsse zu ziehen. Trotzdem kann man einem solchen Menschen nicht die Zwecktätigkeit überhaupt absprechen, sondern nur die erfolgreiche, denn er ergreift bewusst Mittel zu Zwecken, nur sind es meist die falschen. Da er also als zwecktätiges Wesen anzuerkennen ist, so ist er auch im Vollbesitz aller Rechte, die diese Wesen haben (Menschenwürde und Menschenrechte). Dennoch ist eine Einschränkung zu machen. Betroffen sind zum einen geistig Behinderte, deren Krankheit das Ansammeln ausreichenden Erfahrungswissens verhindert, und vor allem natürlich die Kinder, deren Leben noch zu kurz ist, um genügend Erfahrung zu vermitteln. Beide Gruppen besitzen, als zwecktätige Wesen, alle Rechte, aber man darf es ihnen nicht überlassen, sie selbst auszuüben. Angewendet auf das Problem der Patientenautonomie bedeutet das, dass geistig Behinderte oder Kinder zwar das volle Recht auf Autonomie besitzen, es aber durch einen Vormund ausüben (Hossenfelder 2000).

Im Hinblick auf Nichtwissen ist zu unterscheiden zwischen unspezifiziertem Nichtwissen, spezifischem Nichtwissen und temporärem Nichtwissen. Angewandtes Nichtwissen führt zu neuem Wissen. Außerdem gibt es blinde Flecken im eigenen Wissen. Unsicherheit und Nichtwissen sind per se kein Grund, nicht zu handeln, auch nicht für Handlungsenthaltung. Nichtwissen wird häufig als Risiko eingeschätzt. Aber Nichtwissen muss nicht unbedingt eine Gefahr enthalten, so dass diese Einschätzung nur unsere rationalistische Grundannahme widerspiegelt, aufgrund der Nichtwissen schlecht, Wissen aber gut ist. Von echtem Nichtwissen haben wir keine Kenntnis und können dieses auch gar nicht in unsere ethischen Überlegungen einbeziehen. Um es einkalkulieren zu können, müssten wir unser Unwissen zumindest ahnen. Dann allerdings empfiehlt sich, Versuche zu unternehmen, es abschätzen zu können. Gewusstes Nichtwissen impliziert das Wissen über den Mangel an Wissen, welcher aufhebbar ist, wobei es auch ein prinzipiell unaufhebbares Nichtwissen gibt. Im ersten Fall empfiehlt sich die Verpflichtung zur weitmöglichen Aufhebung des Nichtwissens, im zweiten Falle Vorsicht.

Der Ansatzpunkt zu weiteren Überlegungen kognitiver wie ethischer Art sind Verdachtsmomente, dass unser Wissen unzureichend ist. Hier gibt es Verpflichtungen zur systematischen Beobachtung, zum Experimentieren, Ausprobieren und Versuchen. Dies sind alles Formen des Umgangs mit Nichtwissen oder mit unsicherem Wissen. Man fasst diese Form des Umgangs auch unter dem Namen zetetische Methode zusammen, wobei „zetesis" griechisch Suche, Untersuchung und Fragen bedeutet. Mit Hilfe von Deduktion, Induktion, insbesondere aber von Abduktion lassen sich Hypothesen, Modelle, und Suchheuristiken bilden bzw. erarbeiten. Ganz zentral ist die Forderung ethischer Art, angesichts unvollkommenen Wissens nüchterne Sachlichkeit und Kompetenz zu erwerben. Es geht darum, entsprechende Strukturen zu definieren bzw. die Elemente von Strukturen herauszuarbeiten.

Wissenschaftler tun sich schwer im Umgang mit Nichtwissen. Nichtwissen ist das schlechthin nicht sein Sollende. Der Ethik aber, wenn sie als eine Frage der Kunst verstanden wird, ist der Umgang mit Nichtwissen keine besondere Schwierigkeit, die im Alltag zudem recht häufig auftritt. Der intuitive Umgang mit Unwissen, Nichtwissen und vor allen Dingen mit dem Meinen ist für das ethische Entscheiden zunächst kein Problem und zwar unter der Voraussetzung, dass die so geforderte Grundeinstellung ergebnisoffen und korrekturfähig bleibt. Erkennen wir also unser Nichtwissen bzw. unseren Irrtum und folgt daraus ein ethisch relevanter empirischer Tatbestand, so müssen wir umgehend bereit sein, unsere ethischen Urteile zu revidieren und neuen Erkenntnissen anzupassen. Dies bedeutet nicht, dass sich die Moral den gegenwärtigen Meinungen oder dem Zeitgeist anpasst oder anschließt, sondern die rationale Konsequenz, dass sich eine Entscheidung ändern muss, wenn sich die Grundlagen für die betreffende Entscheidung geändert haben. Dies unterscheidet einen borniertem Traditionalismus und unbegründeten Konservativismus von einem Traditionsverständnis, welches gemäß der Hermeneutischen Ethik immer als offen verstanden werden muss. Tradition muss offen bleiben für die Frage, was denn wert ist, weiterhin tradiert zu werden, auch dann, wenn sich die Umstände, unter denen Tradition weiterhin gelten soll, sich fundamental verändern.

In der Regel versucht man Nichtwissen oder auch Wertkonflikte rationalistisch oder entscheidungstheoretisch zu konstruieren bzw. zu rekonstruieren. Verpflichtungskonflikte gelten als höherrangig und dringlicher zu lösen als Wertkonflikte. Deswegen aber sind Wertkonflikte nicht unwichtig. Ganz zentral ist die Aufgabe der Hermeneutischen Ethik in diesem Kontext: Echte Wertkonflikte oder gar Verpflichtungskonflikte als solche herauszuarbeiten, wobei die Genese des Problems besonderer Aufmerksamkeit bedarf. Die meisten dieser Konflikte sind Scheinprobleme und lassen sich in der Regel stufentheoretisch auflösen. Sollte es sich allerdings um ein hartnäckiges ethisches Problem handeln, sind weitergehende hermeneutische Aufgaben zu erfüllen. Der einzige Bereich, der in der Tat für einen hermeneutischen Ethiker schwierig ist, ist die tatsächlich erwiesene Inkommensurabilität von Wertekonflikten auf der obersten Ebene. Hier muss der Ethiker kapitulieren, denn eine stufentheoretische Lösung ist nicht möglich und bei tatsächlicher Gleichrangigkeit auch eine andere Entscheidungsmöglichkeit verwehrt.

Allerdings wird es vermutlich nur sehr wenige solcher ethischen, echten, auf Inkommensurabilität beruhenden Normen- und Wertkonflikte geben, die sich damit als lösungsresistent erweisen. Andererseits sind echte Konflikte von Normen und Werten nichts, was man unbedingt vermeiden sollte, wenn man der Hermeneutischen Ethik zuneigt. Wissenschaft ist eine interessante Unternehmung, nicht zuletzt weil sie selbstkritisch ist und damit die Idee einer korrekturoffenen Ethik vorbereitet. Aber ein positivistischer Glaube an eine banale Rationalität und an eine festliegende Welt liegt weit unterhalb der Problemebene der Alltagsrationalität. Sie verlangt Kunst, nicht Wissenschaft. Aus Fehlern zu lernen, ist daher extrem wichtig für eine Hermeneutische Ethik. Angesichts von Risiken empfiehlt sich daher die Entwicklung einer nüchternen Sachlichkeit, die Bereitschaft zum Erwerb von Sachkompetenz sowohl naturwissenschaftlich-technischer Art wie ethischer Art. Es kann nicht um eine Grundeinstellung des Fatalismus gehen, ohne sich selbst in seiner Fachkompetenz zu überschätzen.

Gemachte Begriffe sind exakte Begriffe. Die zweite fragwürdige, zur Vagheit ethischer Regeln nicht recht passen wollende Annahme ist die der unbedingten Geltung moralischer Forderungen. Die bedrückende Hilflosigkeit in ethischen Fragen kommt zum Ausdruck, wenn gegen die Eugenik in einer Fernsehdiskussion das Argument vorgebracht wurde, die Erbkrankheiten dürfen nicht ausgerottet werden, sie seien nötig, weil sonst das Mitleid unter den Menschen weiter sinke. Dies ist Ausdruck eines eklatanten Argumentationsnotstandes. Man könnte auch an der ethischen Qualität des Vorbringenden zweifeln. Begründungen allgemein gültiger Normen sind schwer zu erbringen. Der Verweis auf ein unbedingtes Sollen ist unverständlich. Darin besteht der große Vorzug der vertragsethischen Position. Wenn aber die Bedingungen, an die das Wollen der Norm geknüpft ist, eine analytische Wahrheit darstellen, dann kann sie jederzeit erfüllt werden und somit ist die Allgemeinheit gesichert (Hossenfelder 2000).

Die Handlung ist eine bewusste Verfolgung eines Zweckes. Naturereignisse sind keine

Handlungen. Unter welchen Bedingungen Handlungen als frei gedacht werden können, das ist eine zentrale Frage. Wesentlich ist die Vorstellung, dass der Handelnde an jedem Punkt seines Tuns innehalten und sich fragen könnte: Will ich das eigentlich, was ich tue? Dass der Handelnde über seine Tat entscheidet, welche Alternative er wählt, ist Grundvoraussetzung für die Freiheitszuschreibung der Handlung. Es geht um die Anerkennung der Norm, nach der eine Entscheidung gefällt wird. Der Besitz einer Ethik ist die Bedingung der Möglichkeit, überhaupt zu handeln. Jeder Mensch trägt im Alltag Verantwortung für die eigene Moral und als Professioneller für seine Ethik, so dass er für sein Reden und nicht nur für seine Taten letztendlich voll zur Rechenschaft gezogen werden kann. Jeder akzeptiert eine bestimmte Moral oder Ethik und ist dafür verantwortlich. Wichtig ist nicht, ob einer seine Normen begründen kann, sondern ob er eine Handlung durchführen will. Nach der Entscheidung weiß ein Mensch, was er will.

Die Pyrrhoneer räumen ein, dass alles Handeln ein Werten impliziere und dass es unmöglich sei, nicht zu handeln. Der Skeptiker wird in eine Lebensform hineingeboren, deren Preisgabe eine eigene Entscheidung erforderlich machen würde. Diese wäre aber nur aufgrund eines besseren Wissens gerechtfertigt (Hossenfelder 2000). Die Seelenruhe, die ein skeptisch aufgeklärtes Urteil ermöglicht, ist die Basis für ein gutes Leben, welches die Aufgaben erkennt, die ein gutes Leben stellt, ohne sich groß um Ideologien, Dogmen und Systeme zu kümmern. Im tiefen Wissen um die eigene Verletzlichkeit und die der anderen und die Grenzen der eigenen Leistungsfähigkeit wie der anderen und der meisten Institutionen wird Realisierbarkeit von Verpflichtungen, Idealen, Visionen und Aufgaben zum zentralen, zum fokussierenden ethischen Paradigma. Die Sorge um die eigene Identität wird geleitet durch die Suche nach der eigenen Lebensform nicht im Sinne überbordender Individualität, Egozentrismus oder Narzissmus, sondern eines gemeinschaftlich guten Lebens. Da es verschiedene Modelle und Interpretationen dessen gibt, was ein gutes Leben ausmacht, bedarf es der persönlichen Interpretation und der individuellen Wahl der Praxis, die ein gutes Leben ermöglicht oder vielleicht sogar ausmacht. Die Ethik der Sorge um sich selbst versteht sich als Praxis der Freiheit und begründet sittliche Autonomie. Die Freiheit der Interpretation und der Zielsetzung für Praxis und Praxiszusammenhänge führt zur Arbeit des Selbst an sich selbst, als Prozess der Befreiung und Selbstidentifizierung in einer technologischen Kultur.

Gemeinsam ist allen Skeptikern die Abneigung gegen dogmatisches Philosophieren. Dogma heißt im Griechischen Lehrsatz. So wenden sich die Skeptiker gegen jedes Philosophieren im Systemzwang und damit gegen die Schulphilosophie. Sie beginnen nicht mit festen und immergültigen Prinzipien oder axiomatisch vorgegebenen Lehrsätzen. Eine vollständige Begründung einer philosophischen Aussage erscheint als nicht möglich. Zugleich tendiert Skepsis zum umfassenden Zweifel an allem Objektiv-Gültigen, ohne die Suche nach der Wahrheit je völlig aufzugeben. Platon beschreibt in seinem Dialog „Charmides" in der überlegten skeptischen Methode (165 c1) eine Vorform pyrrhonischer Skepsis. Der Begriff „skeptomai" ist wörtlich mit „ich untersuche für mich" oder „ich überprüfe" wiederzugeben. Ein anderer Name für diese vorsichtig-prüfende, skeptisch-untersuchende und nicht-dogmatische Weise des Nachdenkens ist die sog. zetetische Methode (Platon, Charmides 166 c7), was wörtlich übersetzt die „suchende Forschung" meint. Platon und die Alte Akademie sahen im Suchen aber nur den ersten Schritt einer systematisch voranzutreibenden Philosophie. Für Platon mußte das Suchen ins Finden umschlagen, genauer sogar, die Suche mußte

## 3.2 Zetetische Ethik

immer schon von einem untergründig vorauszusetzenden Wissen (um die Idee) geleitet sein, damit die Suche nicht ziellos und blindlings wird. Dass aber ein begründetes Finden möglich sei, leugnete die Skepsis. Sie verharrte im Suchen und bemühte sich nachzuweisen, dass alle Behauptungen, abgesichertes Wissen gefunden zu haben, unbegründet sind.

Arkesilaos (315–240 v. Chr.) z. B. verneinte die Möglichkeit eines Wahrheitskriteriums und vertrat einen Dogmatismus des Nichtwissens. Aber obwohl er den absoluten Zweifel propagierte, hielt er dennoch an der ständigen Wahrheitssuche, an der zetetischen Methode fest. Für Karneades (214–129 v. Chr.) ist die Ungewissheit des Urteils keine Schwäche, sondern Zeichen der Reflektiertheit und Bewusstheit des eigenen Urteils, darum eine Auszeichnung und des Philosophen würdig, weil die Ungewissheit im Gegenstand selbst begründet ist. Schon in der Antike unterschied man drei Positionen: (1) Aporetiker (Zweifler, die in der Aporie, der Auswegslosigkeit des Denkens angesichts der Wahrheitsfrage verharren), (2) Skeptiker (Prüfer, Überlegende, diejenigen, die Epoché, Urteilsenthaltung üben) und (3) Zetetiker (Suchende) genannt. Bei all diesen Verfahren haben Sokrates und der frühe Platon Pate gestanden. Die Nähe der zetetischen Methode zur Hermeneutischen Ethik ergibt sich also aus der inneren Struktur. Sie ist weder eine skeptische, noch eine dogmatische Methode. Im Gegensatz zur Skepsis ist die Suche hier nicht ohne Ende.

Pyrrhonische Skepsis ist gekennzeichnet – so Diogenes Laertius – durch den Prozess der ständigen Prüfung, des Suchens, ohne zu finden, der Zurückhaltung der Urteile und durch den ständigen Zweifel an allen dogmatischen Behauptungen. Denn begründetes Wissen ist bislang zwar nicht erwiesen worden, es könnte aber gemäß der vorsichtig-skeptischen Position Pyrrhons möglich sein. Der Skeptiker wendet sich gegen den Dogmatiker, gegen die philosophischen Sekten, modern gesprochen gegen die Ideologen. Damit vermeidet Skepsis eine Aporie, die Platon dem ständigen Prozess des Suchens ohne das Moment des Findens unterstellt: Das Suchen müsse immer schon in gewisser Weise ein Vorwissen davon haben, wem oder was die Suche gilt, sie müsse also bereits gefunden haben und impliziere immer ein positives Wissen. Zwar hat die Skepsis ein gewisses Vorverständnis ihres Zweifelsprozesses, nämlich die Gewissheit des Scheiterns aller dogmatischen Philosophie, aber dieses Wissen ist inhaltlich gesehen negativer Natur. Dieses Wissen begründet keine inhaltliche Gewissheit, bleibt aber damit immer abhängig vom Vorliegen dogmatischer Behauptungen.

Hermeneutische Ethik versteht sich letztlich als ethische Aufklärung, die der sog. „Dialektik der Aufklärung" gerecht werden muss, wie ich sie bereits früher beschrieben habe (Irrgang 1982). Bereits hier findet sich implizit ein Plädoyer für eine skeptisch gewendete Ethik. Aufklärung über Aufklärung ist ihr Schicksal, wenn sie sich gegen diese Angriffe umfassend behaupten will. Die Toleranz gehört zu den unverzichtbaren Vorbedingungen des Prozesses der Vorurteilskritik wie der kontroversen Argumentation. Der Sache nach schließt diese Forderung auch eine gewisse Toleranz gegenüber der Tradition ein, die dem Prozess der Vorurteilskritik zwar verfällt, aber dennoch verändert werden soll. Hier lässt sich die Brücke zu einem skeptisch reflektierten Pragmatismus schlagen. Denn die skeptische Einstellung weist darauf hin, dass wir den Vorurteilen nicht vollständig entgehen können und verweist dabei auf die Geschichte. Solange aber Skepsis nicht leugnet, dass Vorurteile wenigstens korrigierbar, aufhebbar und verbesserungsfähig im Sinne einer teilweisen Aufhebung des Falschen sind, ohne je restlos ihren Charakter zu verlieren, dann kann sie in das zetetische Selbstverständnis von Aufklärung integriert werden. Die zetetische Methode führt nicht in die skeptische Urteilsenthaltung, sondern zu methodisch vorangetriebener Progression der interpretativen Bearbeitung von Wert- und Interpretationskonflikten.

Die zetetische Methode geht von der Einsicht aus, dass alle meine ethischen Urteile falsch sein können und zumindest einige von ihnen wahrscheinlich falsch sind. Daraus lässt sich schließen:

(a) Da ich ein vorsichtiger Mensch und ein wenig skrupulös bin, enthalte ich mich fürderhin ethischer Urteile.
(b) Da ich weiss, wie schwach begründet ethische Urteile sein können, enthalte ich mich so weit wie möglich ethischen Urteilens. Zwingen mich aber Handlungsumstände zu einer Stellungnahme, so treffe ich eine Entscheidung zumindest in den Dingen, die mein Leben betreffen. Denn es wäre dogmatisch, einen anderen über mein eigenes Leben entscheiden zu lassen. Da andere auch kein besseres ethisches Urteil treffen können, ist es vorzugswürdig, in eigenen Belangen selbst zu urteilen, statt fremde moralische Einstellungen zu übernehmen. In diesem Punkt unterscheidet sich neuzeitliche ethische Skepsis doch recht grundlegend von der Position des Pyrrhoneers (Irrgang 1994a). Hermeneutisch-zetetische Ethik hat aber in fundamentaler Weise gemeinschaftliche Praxis zu berücksichtigen, in die sich auch der Skeptiker integrieren muss, soll sein Handeln nicht der Bedeutungslosigkeit anheimfallen.

Der neuzeitliche Skeptiker kann sich – im Unterschied zum Pyrrhoneer – der Konzeption des ethischen Urteils von Sir Henry Kardinal Newman anschließen. In der Zusammenfassung der Argumente pro und contra, einer Erfassung des konkreten Falles ähnlich der „Summation der Plus- und Minus-Glieder in einer algebraischen Reihe" (Newman 1961, 204) sieht Newman die wirkliche Methode des folgernden Denkens im Bereich des Konkreten. Die Fülle von Wahrscheinlichkeiten, die aufeinander korrigierend und bestätigend wirken, ermöglichen die Fokussierung der Argumentation auf einen konkreten Fall. Zugrundegelegt wird das Modell des Indizienbeweises. Folgerichtigkeit ist nicht immer eine Garantie für Wahrheit. Es gibt für Newman Grade des Beweises, aber nicht Grade der Gewissheit. Die Gradation liegt in den Umständen der Gewissheit, nicht in ihr selbst. So ist ein Erschließen der Wahrheit der Aussagen, eine gradweise Entdeckung der Wahrheit mit dem unbedingten Charakter der Wahrheit vereinbar. Auch wenn alle Argumente, die zu einem ethischen Urteil führen, relativ und bezweifelbar sind, die sittliche Entscheidung ist, ist sie einmal vollzogen, unbedingt, unbezweifelbar. Auch die skeptische Entscheidung, sich aller Entscheidungen enthalten zu wollen, wäre von dieser Art. Bezweifelbar ist nicht die eigene Entscheidung, wohl aber die ethische Argumentation. Eine sich selbst reflektierende neuzeitliche Skepsis begründet somit eine gewisse theoretische und ethisch-praktische Toleranz.

Die neuzeitliche Skepsis legt eine Form skeptisch-experimenteller Ethik nahe, wie sie beispielsweise in Robert Musils Roman „Der Mann ohne Eigenschaften" literarische Gestalt gewonnen hat. Musil begreift die Menschheit als Experimentalgemeinschaft, die mit Möglichkeiten spielt (Musil 1978, 490). Moral ist das unendliche Ganze der Möglichkeiten zu leben und Phantasie, allerdings nicht Willkür (Musil 1978, 1028). Wir sehen uns heute vor zu viele Lebensmöglichkeiten gestellt (Musil 1978, 1038), daher müssen wir wählen und entscheiden. Da es keine absolut normativen Prinzipien oder Sätze gibt, kann dieses Entscheiden nur nach Modellen erfolgen. Eine Beschränkung auf nur ein Gegenmodell wäre, wie von einer an Pyrrhon intendierten Ethik gefordert, angesichts der Unendlichkeit der Möglichkeiten dogmatisch. Für das „Weltsekretariat der Genauigkeit der Seele" (Musil 1978, 742), Musils Name für die Wissenschaft der Moral, ist charakteristisch, dass sie uns anleiten muss, in verschiedenen Welten zu leben (Musil 1978, 787), verschiedene Modelle zu koordinieren. Regeln widersprechen dem inneren Wesen der Moral (Musil 1978, 797). Eine Auszeichnung bestimmter ethischer Verpflichtungen vor anderen ist gemäß dieser Form von skeptischer Ethik unmöglich. Also können auch keine Vorschriften dem anderen gegenüber gemacht werden (Irrgang 1994a).

Hermeneutische Ethik übernimmt von der skeptischen Ethik die Experimentalfunktion, teilt aber nicht die letztlich solipsistische Position des Skeptikers. Jedes Modell hat Vorzugswürdigkeiten gegenüber anderen, kann aber einen absoluten Vorrang nicht erweisen. Daher ist Toleranz gegenüber anderen Modellen gefordert und gegenüber denen, die nach diesen leben. Skeptische Möglichkeitsethik und Experimentalmoral implizieren Toleranz, denn vor seiner Erprobung im menschlichen Handeln kann kein Modell seine Vorzugswürdigkeit durch Theorie erweisen. Man muss erst sehen, was beim Handeln herauskommt. Die Einsicht neuzeitlicher Skepsis, dass ein konsequenter Skeptizismus als philosophische Position gar nicht möglich ist, ein definitives Wahrheits- oder Gewissheitskriterium aber auch nicht gefunden werden kann, legt einen Pluralismus des Meinens und Wertens nahe, der ohne Toleranz nicht gelebt zu werden vermag (Irrgang 1994a).

So brauchen wir praktikable Formen ethischer Reflexion. Hinter dem skeptischen Problem steht die Frage nach dem Umgang mit Wissen, mit Nichtwissen und zu-wissen-Glauben. Die Aufgabe besteht in der gezielten Veränderung von Organisation gemeinschaftlicher Praxis. Ziel ist die intelligente Organisation und die Wissensbasis einer Organisation. Ein wesentliches Hilfsmittel hierbei sind Stufen organisatorischen Lernens, Lernkulturen und die Bewältigung von Turbulenzen angesichts unterschiedlicher Wissensformen. Die Reduktion von Komplexität und die Modellbildung spielen hierbei eine zentrale Rolle. Die Kontextualisierung und Rekonstruktion sind ebenfalls wesentliche Elemente bei der Aufarbeitung von Wissen und Nichtwissen. Defizit, Identifikation und Interpolation sowie wertorientiertes Wissensmanagement gehören zusammen. Die Perspektivenübernahme ist im Zusammenhang von wertorientiertem Wissensmanagement von Bedeutung. Die Rahmenbedingungen, Horizonte und Paradigmen für Interpretationen und Bewertungen sind zu bestimmen. Dies ist ein interpretatorisches Verfahren. Dabei sollte die explizite und die implizite Wissensbasis aufbereitet werden. Ein klar definiertes Konzept für die Vorgehensweise ist zugrunde zu legen. Hier käme es auf Interpretationen der Problem- und der Begriffsgeschichte an. Der nächste Schritt umfasst Identifikation und Strukturierung des relevanten Wissens. Dann folgt die Identifikation der Sach- und Bewertungsprobleme. Eine Analyse der technologischen Mittel und der Folgen dieses Mitteleinsatzes sind ebenfalls unvermeidlich. Nichtwissen kann auch als noch nicht Wissen begriffen werden. Entscheidend sind die Handlungskontexte. Möglicherweise gibt es aber auch prinzipielles Nichtwissen. Das Nichtwissen muss in Handlungszusammenhänge eingepasst werden. Dazu brauchen wir Verfahren wie Rekonstruktion, Vernetzung und Korrektur von Wissensbeständen. So lässt sich letztendlich die Strategie Wissens- und Nichtwissensbewältigung sowie der Relevanzkontext herausarbeiten (Götz 1999).

Der traditionelle Umgang mit Unsicherheit und Nichtwissen war wissenschaftlich. Und Ethik sollte wie Philosophie Wissenschaft sein. Hermeneutische Ethik glaubt, dass sowohl der Umgang mit Unsicherheit wie ethische Reflexion als Kunst zu bezeichnen und zu beschreiben sind. Explizites Wissen dominiert den gesellschaftlichen Exkurs, vor allem in einer Welt, die zunehmend Fragen der Kontrolle, der Überprüfbarkeit, der Evaluierbarkeit, der rechtlich-verifizierbaren Verantwortbarkeit betont. Unsere Gesellschaft bewegt sich massiv in Richtung auf ein Regelparadigma. Dennoch gibt es eine weitverbreitete Überzeugung, dass man mit expliziten Mechanismen der Wissensverarbeitung allein dem Realen nicht gerecht wird, dass es so etwas wie ein objektives Abbild der Realität gar nicht gibt, sondern dass in Form von Selbstorganisationsprozessen neuronale Strukturen aufgebaut werden, die eine lebenspraktische Performance des Überlebens ermöglichen. Die Grenzen des explizit Beschreibbaren lassen sich mit Charisma, Führungsfähigkeit, Motivationskraft umschreiben. Sie sind dadurch charakterisiert, dass es Fähigkeiten gibt, die Schwierigkeiten nicht wegen, sondern trotz der Vorschriften überwinden. Nicht-explizites Wissen spielt beispielsweise in der Medizin traditionell (als Kunstlehre der Diagnose und Behandlung) eine große Rolle. Lebenspraktisch wird das Medizinsystem immer stärker an Regelwerken ausgerichtet, die Abläufe sollen messbar, einklagbar, verrechtlicht, justiziabel werden. Damit trocknet der nicht-explizite Teil eher aus (Radermacher u. a. 2001a).

Eine Vielzahl von Informationen aus unstrukturierten, natürlichen Umgebungen ist nicht direkt beobachtbar bzw. ableitbar, sondern nur durch Erfahrung im Umgang mit der Umgebung erlernbar. Es ist nicht bewiesen, dass nicht-explizites Wissen durch die richtige Menge von Implikationsregeln aus Fakten ableitbar ist, und mithin nur Regeln erkannt werden müssen, um jedwede benötigte Information zu erhalten. Vielmehr setzt sich mehr und mehr der Ansatz der Embodied Systems Theory durch, die letztlich auf die Emergenz expliziter Verhaltensregeln durch erfolgreiches Handeln in der Welt (in die das System eingebettet ist) abzielt. Vertrauen ist in Situationen informationeller Unterbestimmtheit nötig, wenn wir uns den technischen oder informationellen Systemen anvertrauen, uns ihnen, da wir keine andere Wahl haben, anvertrauen müssen. Vertrauen kompensiert fehlende explizite Gewissheit. Schenken wir Vertrauen, handeln wir so, als ob wir Sicherheit hätten. Im Verlauf der Menschheitsgeschichte und im Verlauf der individuellen Sozialisation haben wir die Techniken der Vertrauensbildung gelernt, die zu guten Teilen auf Übertragungsmechanismen beruhen. Die Schlichtheit, um nicht zu sagen Primitivität, mit der Vertrauensbildungsmechanismen bislang faktisch zum Einsatz kommen, zeigt aber auch die Notwendigkeit intensiverer Vertrauensforschung (Radermacher u. a. 2001c).

Gruppenwissen liegt immer in sehr fragmentierter Form vor. Ziel von Wissensmanagement ist es nun, das Wissen Einzelner zu fördern und zu erweitern und den Austausch von Wissen zwischen Individuen zu vergrößern. Mit dem Fortschreiten von Informationstechniken auf der Basis der Computertechnologie werden immer mehr Bereiche dem Druck der Explizierung ausgesetzt, die sich bisher überwiegend am implizierten Wissen der Beteiligten orientiert oder auf die praktische Erfahrung von Experten verlassen haben. In der Regel erfordert die Übertragung menschlicher Arbeitsfunktionen auf informationstechnische Systeme das Explizitmachen der zugrundeliegenden Regeln, ihre Formalisierung und Modellierung für Computerprogramme. Verschwindet es eigentlich mit der zunehmenden Explizierung und Formalisierung oder entsteht es immer wieder neu? Für ein erfolgreiches Wissensmanagement wird der angemessene Umgang mit dem nicht-expliziten Wissen zum strategischen Faktor. Entsteht gesellschaftliche Ordnung durch explizites Handeln, z. B. Verträge, oder konstituiert sie sich durch implizit bleibende Regeln des sich wechselseitig aneinander orientierenden Handelns (Irrgang 2004a, Radermacher u. a. 2001c)?

## 3.2 Zetetische Ethik

Um das implizite Wissen über soziale Ordnungen im banalen Alltagshandeln aufzuzeigen, hat Harald Garfinkel seine berühmten ethnomethodologischen Experimente angestellt. Die Probanden wurden auf Grund von Nachfragen selbstverständlich erscheinender Worte dazu gezwungen, in ihren Antworten immer weiter Selbstverständlichkeiten zu explizieren. Die Interviewer trieben ihre Probanden in die Verzweiflung oder in den Zorn, weil sich vieles eben nicht sagen lässt, was man aber trotzdem allgemein weiß oder als allgemein geteilt unterstellt. Das implizite Wissen, das man als Selbstverständlichkeiten des Alltags unterstellt, lässt sich eher zeigen als sagen. Der von Erving Goffman herausgestellte „Rahmen" für Handlungen, der in gewisser Weise analog zur sinngebenden Gestalterschließung bei Polanyi gesehen werden kann, funktioniert nicht wie ein Skript, das den Rollen und Aussagen ihren eindeutigen Kontext zuweist, sondern wird von den in der Situation Handelnden ständig miterzeugt, interpretiert und verändert. Goffman unterscheidet zwischen der Vorderbühne und der Hinterbühne, später wurde zwischen expliziten Plänen und situiertem Handeln unterschieden. Sozial- und Kulturtheorien der Praxis interessieren sich für die Herstellung und Wirkung solcher Fiktionen; Theorien rationaler Wahl bevorzugen das Explizitmachen solcher Regeln und nutzen es zur Ausarbeitung idealtypischer Spielsituationen, in denen Spielstrategien und Spielregeln zu vorhersehbaren Spielergebnissen führen. Das nicht-explizite Wissen umfasst die ungeschriebenen Regeln des Umgangs mit Experimenten, die durch Versuch und Irrtum angehäuften Erfahrungen, die Art der Formulierung von Problemen, die Wahl der je nach Problementwicklung angemessenen Strategien und die Interpretation der allgemeinen Kriterien der Adäquanz und Relevanz in den besonderen Situationen (Radermacher u. a. 2001c, Irrgang 2005a, Irrgang 2007).

Unterscheidung von nicht-explizit (Kunst) und explizit (Wissenschaft):

| | |
|---|---|
| implizit formal | tacit, |
| stillschweigend | ausgesprochen |
| Gestaltwissen | Detailwissen |
| körperliches Wissen | kognitives Wissen |
| unterschwellig | bewusst |
| intuitiv | reflektiert |
| praktisches Wissen | theoretisches, diskursives Wissen |
| Kunst | Wissenschaft |
| Know How | Know What |
| emergente Ebene | unmittelbare Ebene |

In diesem Schema tauchen mindestens vier verschiedene Dimensionen des Expliziten auf, (1) die epistemisch kognitive, (2) die körperlich verkörperte, die (3) interaktiv soziale und die (4) emergenztheoretische. Letztere scheint Polanyi für grundlegend gehalten zu haben, da sie für ihn ein auf alle Bereiche anwendbares Schema enthalten soll. Es entsteht auf der emergenten Ebene etwas Neues durch einen Prozess, der auf der unteren Ebene nicht auffindbar ist. Ein guter Stil entsteht z. B. aus den expliziten Regeln einer korrekten Grammatik, lässt sich jedoch in keiner Weise aus den Regeln der Grammatik herleiten (Radermacher u. a. 2001c, 130).

Spezifisch moralische Operationen gibt es nicht, also auch keine besonderen ethischen Schlussfolgerungsformeln. Dennoch gibt es eine spezifische Form der moralischen Wahrnehmung, die Rollenübernahme (Edelstein/Nunner-Winkler 1986, 92). Gleichheit, Billigkeit und Reziprozität sind Verteilungsgesichtspunkte, gemäß denen Vorteile und Belastungen einer Form der sozialen Organisation auf unterschiedliche Individuen verteilt werden (Edelstein/Nunner-Winkler 1986, 98). Die Gerechtigkeitsproblematik eignet sich am schlechtesten dazu, universalistische Ansprüche gegen relativistische Positionen zu stärken. Auch miteinander konkurrierende Gerechtigkeitsvorstellungen, wie Verdienst, Gleichheit, Bedürfnis, utilitaristische Glücksmaximierung, erschweren die Verteidigung von Gerechtigkeitspositionen. Dennoch haben wir ein implizites Verständnis von Gerechtigkeit.

Kohlberg z. B. beansprucht für sein moralisches Entscheidungsverfahren der wechselseitigen Rollenübernahme universelle Gültigkeit. Er behauptet damit, dass rationale Übereinstimmung möglich ist bezüglich des moralischen Verfahrens. Dabei wird rational begründete Entscheidbarkeit nicht nur für moralische Verfahren und moralische Normen in Anspruch genommen, sondern sogar für konkrete Lösungen in moralischen Konflikten. Diese Forderung geht zu weit, weshalb ein Plädoyer für einen eingeschränkten Universalismus nahe liegt (Edelstein/Nunner-Winkler 1986, 130–135). Insofern ist die Forderung nach Abschätzung der Kosten unterschiedlicher Handlungsverläufe und damit eine Folgenabschätzung durchaus berechtigt. Damit stellt sich angesichts des Kohlbergs-Schemas die Frage, ob Konsens nicht nur über die Gültigkeit von Normen, sondern auch über die Richtigkeit spezifischer Lösungen konkreter moralischer Konflikte erzielt werden kann. Als Einwand gilt, was Habermas selbst zugesteht, dass der Diskurs ethischer Grundsätze die Probleme der eigenen Anwendung nicht regeln kann. Eine realistische Ethik aber muss akzeptieren, dass es moralische Probleme gibt, bei denen angesichts individueller Biographien kein Konsens erreicht werden kann (Edelstein/Nunner-Winkler 1986, 139 f.).

Im sogenannten Heinz-Dilemma (Die Frage ob ein Ehemann ein teures Medikament aus der Apotheke stehlen sollte, um das Leben seiner Frau zu retten) stehen alle Beteiligten im Konflikt: der Apotheker, der Kreditverleiher, aber auch der Ehemann müssen sich fragen, wie Wohlwollen und Gerechtigkeit in diesem Falle zugleich zu realisieren sind. Angesichts solcher Dilemmastrukturen muss der moralische Standpunkt das Gute für jedermann in gleicher Weise bewerten (Edelstein/Nunner-Winkler 1986, 213). Auch das Rettungsbootdilemma stellt eine genuin moralische Frage dar. In einem leckgeschlagenen Rettungsboot sitzen ein Kapitän, der über Navigationsfähigkeiten verfügt, ein starker Ruderer und ein alter schwacher Mann. Eine Person muss zur Rettung der anderen beiden das Boot verlassen. Wie kann hier eine Entscheidung getroffen werden? Derartige Gedankenexperimente, in denen eine ideale wechselseitige Rollenübernahme zu einem Interessensausgleich führen und zugleich Sympathie aktivieren sollte, basiert auf der Universalisierung in einer kognitiven Situation. Sympathie beinhaltet ein Verständnis des anderen im Sinne eines Rückgriffs auf sein eigenes Selbstverständnis. In der kooperativen Diskussion sollten dann Lösungsschemata herausgearbeitet werden, z. B. den Losentscheid als Ausweg für das Rettungsbootdilemma. Ein hypothetisches moralisches Dilemma ist eine sehr nützliche Methode zur Erfassung kognitiver Strukturen. Sie gehen über Dilemmata des wirklichen Lebens hinaus. Diese betreffen uns, engagieren uns und sind nicht bloß Gedankenexperimente. Verantwortlichkeit darf damit als signifikantes Bindeglied zwischen Denken und Handeln angesehen werden. So kommen wir zur Vorstellung einer gewissermaßen zielgerichteten Beziehung zwischen Denken und Handeln. Affekte aber werden durch kontingente Umstände hervorgerufen. Verantwortlichkeit setzt sich damit aus drei Kompo-

## 3.2 Zetetische Ethik

nenten zusammen, nämlich Vorstellungsvermögen, Wirksamkeitsüberzeugung und Engagement (Edelstein/Nunner-Winkler 1986, 383–385).

Hermeneutische Ethik muss eine Antwort geben auf die Grundfrage, ob man Ethik von der Empirie (von der Genese her) oder von der normativ ethischen Ebene her entwirft. Eine hermeneutisch-praktische Ethik geht hier den Weg des „Sowohl – als auch", indem sie verschiedene Formen moralischen, sittlichen und ethischen Wissens unterscheidet und aufeinander bezieht. So wird im Hinblick auf die Erstellung bzw. Überprüfung ethischer Urteile oder ethisch geprüfter Handlungsmaximen ein Weg der Untersuchung erforderlich, der alle vier Ebenen der ethischen Reflexion durchläuft. Diese vier Ebenen sind:

(1) ein intuitives oder ein Umgangswissen im Sinne des praktisch sittlichen Verstehens, dem Common-Sense zuzurechnen;
(2) ein konstruktiv konventionelles Wissen z. B. im Sinne des Gesetzgebungsverfahrens, also der Rechtsprechung zuzuordnen und ebenfalls dem Common Sense-Verständnis zuzusprechen;
(3) ein kausal rekonstruktives Wissen, das in naturalistischen Ethiken, insbesondere in biologischen wie physiologischen, aber auch teilweise in psychologischen Wissenschaften zu finden ist, ein kommunikatives Wissen, das sich insbesondere in Therapieformen psychoanalytischer Art herausarbeiten lässt, und letztlich
(4) die philosophisch-metaethische bzw. hermeneutische Reflexion, die sich insbesondere auf methodische Kriterien wie Konvergenz und Kohärenz oder die Berücksichtigung der metaethischen Regeln richtet.

Dabei greift die hermeneutische Reflexion auf alle anderen Stufen des Wissens sittlicher Art zurück, um Verpflichtungen mit Rücksicht auf die Empirie zu formulieren und zu konkretisieren. Auf welcher Stufe sie zunächst anfängt, scheint dabei nicht von Bedeutung zu sein, da die Reflexion von Stufe zu Stufe vorangetrieben wird (Irrgang 1998).

Vier-Stufen-Schema von Moral und Ethik

| | | |
|---|---|---|
| intuitives Umgangswissen | Common-Sense | Moral |
| konstruktiv-konventionelles Wissen | Common-Sense | Moral, Jurisprudenz |
| kausal-rekonstruktives Wissen | Psychologie, Biologie | Ethik mit Bezug zur Empirie |
| explikativ-regressives Wissen | Philosophie, Ethik | Metaethik |

Die Menschen leiden unter verschiedenen Mängeln des Wissens, Denkens und Urteilens. Ihr Wissen ist notwendigerweise unvollständig, ihre Denk-, Merk- und Konzentrationsfähigkeit begrenzt und ihr Urteil wird oft durch Angst, Voreingenommenheit und Eigeninteresse getrübt. Einige dieser Mängel ergeben sich aus moralischen Fehlern, aus Selbstsucht und Nachlässigkeit; doch im hohen Maße gehören sie einfach zur natürlichen Situation des Menschen. Dem gemäß haben die Menschen nicht nur verschiedene Lebenspläne, sondern auch ganz verschiedene philosophische, religiöse, politische und gesellschaftliche Anschauungen. Diesen Bedingungskomplex bezieht eine hermeneutisch begründete anwendungsorientierte Ethik mit ein.

Am intensivsten hat sich Christoph Hubig mit dem gerechtfertigten Umgang mit Dissensen, mit Dissensmanagement beschäftigt (Hubig 1997). Strategien eines Dissensmanagements sind im Rahmen von Institutionen und Organisationen (als bevorzugten Adressanten einer Ethik der Technik und Vertreter einer Technologie-Reflexionskultur) auf der Basis einer modernen Werteethik zu entwickeln. Wenn „Kultur" neben „Zivilisation" als Inbegriff aller Techniken und ihrer gesellschaftlichen Situierung die Gesamtheit der Wertideen ausmacht, die von Institutionen getragen, von Organisationen verkörpert und in den Köpfen verankert sind, dann ist zu fragen: Welche Ideen dieser Art leiten den Gebrauch und Missbrauch von Technik? Technikideale, Technikbilder und Vorurteile als ideell-normative Basis für Technikgestaltung sind zu eruieren. Auch tiefliegende Strukturen des Denkens und Wertens sind hier angesprochen. Einstellungen und Leitbilder sind aufzudecken, die eine rationale Auseinandersetzung mit der Technik verhindern, weil sie aus einer Anpassung an eben diese Prozesse und an eine Verabsolutierung technisch-strategischen Denkens hervorgegangen sind. Dabei hat sich das Wertedissensmanagement an konvergenzorientierten Gesichtspunkten zu orientieren. Die Aufgabe von Institutionen und Organisationen im Dissensmanagement besteht darin, eine gemeinsame Basis für die Technikinterpretation zu schaffen.

Dissensmanagement als Erarbeitung höherstufiger Konsense über das Zulassen und Aushalten von Dissensen verändert einige Grundpositionen der Diskursethik: (1) Konsens und Dissens erscheinen nicht mehr als Konkurrenten auf einer Ebene. (2) Kommunikatives und strategisches Handeln wären nicht mehr konträr; Dissense im Bereich des strategischen Handelns würden durch ihr Offenlegen kommunikabel, und der höherstufige Konsens über ihre Zulässigkeit würde eine eigene strategische Rechtfertigung nicht per se auszuschließen haben. (3) An die Stelle des problematischen Ideals einer universalistisch gedachten Subjektivität könnte das Ideal einer Transsubjektivität in dem Sinne treten, dass eingeschränkte moralische Begründungen anerkannt werden ohne die Pflicht zur Übernahme dieser Begründung. (4) Die Anbindung an die jeweilige Lebenswelt hätte unter diesem regionalistischen Paradigma nicht mehr als Appendix eines generellen Normenkonsenses zu erfolgen, wie es die Diskursethik vorsieht, sondern würde zum Ausgangspunkt jeglicher diskursiven Bemühungen (Hubig 1997).

Strategien des Dissensmanagements sind: (1) Reindividualisierung, (2) Regionalisierung von Dissensen, (3) Problemrückverschiebungen, (4) Entscheidungsverschiebungen, verbunden mit Moratorien, (5) Prohibition bzw. Konsens über die Notwendigkeit legalistischer Maßnahmen, (6) Strategie des Kompromisses, den keiner vollständig trägt. Wenn die Philosophie beansprucht, bestimmte Dissense normativ zu lösen, überfordert sich die Philosophie selbst, weil eine philosophische Position nicht zugleich die Gründe ihrer Anerkennungsnotwendigkeit mit formulieren kann. Wenn es jedoch um die Grenzen der Zulässigkeit eines Interessensausgleiches und entsprechender Kompensationen geht, drohen Diskurse zu scheitern, weil ihre Zulässigkeit von den Beteiligten selbst in Frage gestellt wird. Hier können philosophische Empfehlungen – und nicht mehr – möglicherweise am Platze sein, respektive eine entsprechende Beratungskompetenz könnte den Mediator unterstützen (Hubig 1997).

Perspektiveninflation und Perspektivenwirrwarr drohen, das Dissensmanagement zum Scheitern zu verurteilen. Gleichwohl lässt sich aus philosophischer Perspektive aufzeigen, dass theoretische Defizite im Felde der Perspektivenentwicklung sowie Strukturdefizite in den Bezugsbereichen, auf die sich jene Perspektiven beziehen, gerade die Umsetzung behindern. So hat das Dissensmanagement die Aufgabe der Überbrückung, der Interpretation und der Abwägung zwischen konfligierenden Leitbildern. So kann z. B. die Forderung nach einer Kreislaufwirtschaft mit der Forderung nach Naturerhalt und mit der Forderung der Ressourcenschonung in Konflikt geraten, aber auch zur Komplementarität gebracht werden (Hubig 1997). Da das Konzept nachhaltiger Entwicklung mehrere Wertdimensionen enthält, ist auch im Hinblick auf das Leitbild nachhaltiger Entwicklung ein bestimmtes Dissensmanagement erforderlich.

Wertedissens stellt die Frage nach einem ethischen Minimalismus. Mit der Beschränkung auf einen moralischen Kernbereich verliert das Faktum der Pluralität ethischer Theorien entscheidend an Gewicht. Auch die Problematik der internen Konfliktursachen wird entschärft: Je kleiner die Zahl der relevanten Werte, desto geringer ist auch naturgemäß die Wahrscheinlichkeit eines Konfliktes zwischen ihnen. Aus diesem, mit moralischen Technikbewertungen verbundenen Ziel folgt eine Zurückweisung der These, es bedürfe einer neuen Ethik der Technik. Eine moralische Technikbewertung ist lediglich dann plausibel, wenn sie Antworten auf Probleme geben kann, die erst durch die moderne Technik virulent geworden sind. Die wichtigsten dieser Probleme lassen sich unter den Stichworten raumzeitliche Fernwirkung, Katastrophenpotential und Unsicherheit bezüglich der Folgen technischen Handelns zusammenfassen (Mehl 2001).

Untersuchen wir die bioethische Problematik (Irrgang 2005b) als Fall für Wertewandel-Prozesse, induziert durch technologischen Fortschritt. Insbesondere in den 60er Jahren hat sich im Bereich der Life-Sciences ein radikaler Wandel vollzogen. In diesem Jahrzehnt haben Biologie und Medizin respektable Fortschritte gemacht, die nicht nur eine neue Welt eines sich ausdehnenden wissenschaftlichen Verständnisses des Lebens und technische Innovationen gebracht haben, die ein vollständig neues Bild von dem entwickelt zu haben scheinen, was über die Verletzlichkeit der Natur des menschlichen Leibes und Geistes vorhergesagt wurde, genauso wie therapeutische Möglichkeiten, die Rettung, Verbesserung und Verlängerung des menschlichen Lebens betreffen. Allerdings hat von einer anderen Perspektive aus die Erweiterung menschlichen Könnens Fragen aufgeworfen, die die ältesten und wichtigsten Fragen betreffen, die der Mensch sich normalerweise in seiner Geschichte gestellt hat. Es sind Fragen der Bedeutung von Leben und Tod, des Ertragens von Schmerzen und Leiden, das Recht und die Macht, das eigene Leben zu kontrollieren und unsere allgemeinen Pflichten Anderen und der Natur gegenüber angesichts gravierender Beeinträchtigungen unserer Gesundheit und unseres Wohlergehens. Die Lebenswissenschaften umfassen alle diese Perspektiven, so dass wir versuchen müssen, die menschliche Natur und das menschliche Verhalten zu verstehen und die natürliche Welt, die den Wohnort des menschlichen Lebens umfasst (Callahan 2004).

Die 1960er waren gekennzeichnet durch außerordentlichen technologischen Fortschritt. Die Dialyse, Organtransplantationen, die medizinisch sichere Abtreibung, die Pille, die pränatale Diagnose und die weite Verbreitung von Intensivmedizin und künstlicher Beatmung sowie eine dramatische Verlagerung des Todes von der Wohnung des Menschen in das Hospital oder in andere Institutionen und die ersten Fingerzeige von genetischer Ingenieurskunst zeichneten sich ab. Es war in der Tat ein bemerkenswerter Reigen technologischer Entwicklungen, die als Ergebnis biomedizinischer Forschung und Anwendung auf den Zweiten Weltkrieg folgten. Zur selben Zeit wurden allerdings durch Rachel Carsons Buch „Silent Spring" die Gedanken dazu angeregt, die ökologischen Folgen von technologischen Entwicklungen sehr viel stärker als bisher in den Blick zu nehmen und zu berücksichtigen. Damit wurden die negativen Seiten des technischen und ökonomischen Fortschritts und die damit verbundene Beherrschung der Natur thematisiert. Alle diese Entwicklungen führten zu neuen moralischen Problemen. Bioethik entstand nicht als vereinzeltes oder eigenständiges Problem, war auch nicht Konsequenz einer immanent philosophischen Entwicklung, sondern wuchs in einem kulturellen Umfeld, in dem parallele Bemühungen um Erziehung und um soziale wie kulturelle Reformen gepflegt wurden. Joseph Fletcher verherrlichte die Macht der modernen Medizin, die Menschen von dem stählernen Griff der Natur befreit und an deren Stelle die Macht setzt, dass Menschen ihr eigenes Leben wählen und leben können (Callahan 2004).

Die Sichtweise des Lebens wurde verändert durch die Aussicht auf ein längeres Leben, auf Kontrolle der Nachkommenschaft und auf mächtige pharmazeutische Hilfsmittel, die das Leben und das Denken des Menschen über den Menschen verändern sollten. Dabei wurde zugleich die Bedeutsamkeit eines interdisziplinären Zuganges zum Thema Life-Sciences klar. Zentral für dieses Feld ist auch der Kampf zwischen Utilitarismus und Ontologie. Wenn man bei der Bioethik wie auch sonst bei der Ethik auf einen prinzipienorientierten Ansatz setzt, dann muss in besonderem Maße berücksichtigt werden, welche Probleme entstehen, wenn die Prinzipien miteinander in Konflikt geraten, und wie Prioritäten festgelegt werden für den Fall, dass solche Prioritäten miteinander konfligieren. So wurde die Methode des reflektiven Gleichgewichtes formuliert und wurden auch Versuche unternommen, die Kasuistik zu berücksichtigen. Dies schließt phänomenologische Analysen, narrative Strategien und hermeneutisch-interpretative Perspektiven mit ein. Also muss Hermeneutische Ethik Praxiswandel, Wertewandel, technologischen Fortschritt und Pluralität der Ethik berücksichtigen und damit als selbstkritisch, korrekturoffen und geschichtlich orientiert konzipieren.

In der technologischen wie in der wissenschaftlichen Forschungspraxis verflüchtigt sich der Gegensatz von natürlich und künstlich, von Natur und Technik immer mehr, während er in der ethischen Diskussion immer emphatischer herangezogen wird. Die hier entworfene Bioethik verdankt sich dem Paradox der Life-Sciences: Das Natürliche und das Lebendige wird am effizientesten mit modernster Techno-Science erforscht und verstanden. Der erfolgreiche technische Zugang zum Lebendigen wie zum Organismus und seiner Organisation sind wesentlicher Ausgangspunkt auch für die Analyse der sittlichen Dimensionen der Erkenntnis des Lebendigen und des Umgangs mit ihm (Irrgang 2005b).

Insbesondere die Herz-Lungen-Maschine und der Wandel der Kultur des Sterbens haben Anlass zur Bioethik gegeben. Die zentrale Frage lautete: dürfen Ärzte über Leben und Tod ihrer Patienten entscheiden? Damit traten Fremde ans Krankenbett, nämlich Juristen, Theologen und Ethiker. Der Vertrauensverlust in den Arzt und das dadurch entstandene soziale Vakuum musste nun durch Ethik aufgefüllt werden. So fand ein fundamentaler Wandel in der Legitimität ärztlichen Handelns statt, es geschah die sogenannte Patientendämmerung. So verwundert es nicht, dass Bioethik auf einem Fundament steht, das selbst nicht sicher ist. Die Bioethikdebatte kann als Symptom einer ethischen Verunsicherung gewertet werden (Prüfer/Stollorz 2003, 6–10). Nun zeichnet sich eine neue Revolution in der Bioethik und in der Biomedizin ab, die eines gemeinsam haben: künstliche Organismen, künstliche Organe, künstliche Sinnesorgane und möglicherweise auch Teile des menschlichen Gehirns, die bald besser sind als das natürliche Organ oder das evolutionär entwickelte Lebewesen.

Experimentelle Wissenschaft oder Technoscience übt Macht aus – und die Neurowissenschaften gehören wie andere einschlägige Spielarten der Life Sciences dazu. Sie stellen nicht nur Wissen bereit für den leiblichen Geist und sein Verständnis, sondern geben uns auch entsprechendes Wissen an die Hand, in die Struktur des menschlichen Gehirns einzugreifen und diese gegebenenfalls auch technisch zu verändern. Und dafür brauchen wir Maßstäbe. Eine prinzipienfeste, gegen Dammbrüche gefeite Ethik scheint hier am geeignetsten, aber angesichts sich ständig ändernder Handlungsmöglichkeiten benötigen wir eine flexible Ethik wie die Hermeneutische Ethik (Irrgang 2005b).

Drei Paradigmen haben sich für die Diskussion in der Bioethik herausgeschält:

(1) eine Ethik des konservativen Lebensschutzes häufig im Rahmen einer Metaphysik und einer Seinsorientierung; der Schutz der vorhandenen Natur des Menschen, eine gewisse Konservierung der bestehenden Natur mit Ansätzen einer Reparatur bzw. Wiederherstellung, also eine Ethik des Bewahrens (die Würde des Menschen im Sinne eines konservativen Lebensschutzes);

(2) eine Ethik des pragmatischen Heilens und Verbesserns einschließlich innovativer Verwendung moderner Biotechnologie im Rahmen einer Handlungsorientierung am menschlichen Leib und des Pragmatismus, in dem Nutzenerwägungen eine Rolle spielen. Es handelt sich um ein Paradigma des Verbesserns, des Konstruierens und Heilens. Hinzu kommen die Unterstützung des Entwicklungspotentials von Lebensformen und Organismen, in der die Kreativität und das Bioingenieurwesen eine zentrale Rolle spielen. Konstruktive Überlegungen werden aber immer wieder an den Umgang mit den neuen Möglichkeiten und die Rückwirkungen auf den menschlichen Alltag (menschliche Leiblichkeit als konkrete Utopie) zurückbezogen.

(3) Die Position der liberalen Eugeniker: Hier geht es um das Züchtungsparadigma, das Selektionsparadigma und die Optimierung und Perfektionierung, wie sie technischer Entwicklung und der Entwicklung von technischen Artefakten zu Grunde liegt; das technisch Machbare soll auch gemacht werden; Technologischer Imperativ und Technokratie (innovative Technologie; Technovisionen als abstrakte Utopie).

Das Verbesserungsparadigma ist keineswegs immer eugenisch, der Übergang zwischen Reparatur und Verbesserung fließend. Wichtig wird für ein solches Paradigma die Bewertung der Adäquatheit technischer Mittel im Sinne sowohl des technischen Gelingens wie des sittlichen Glückens. Beide Aspekte an einer menschlichen Praxis sind zu berücksichtigen. Letztendlich läuft dieser Ansatz auf das Modell der eingebundenen, kontextuell bezogenen Autonomie hinaus. Es versteht sich als vorbeugend, theoretisch, wiederherstellend, gelegentlich auch verbessernd und zukunftsorientiert. Folgende Kriterien einer Konzeption des Wertes menschlichen Lebens wie menschlicher Lebensqualität könnten einem therapeutischen Prinzip mit Verbesserungsoption zugrunde liegen:

(1) Überlebensfähigkeit und Zukunftsfähigkeit des zu erwartenden menschlichen Lebens (Lebensfähigkeit);
(2) Qualität und subjektiver Wert eines Lebens (Schmerzhaftigkeit, Belastung, Beschädigung und ihre Entwicklung);
(3) bestimmte moralische subjektive Rechte sind an Interessen gebunden, wobei diese bewusst rational begründbare Präferenzen sein müssen;
(4) objektive moralische Rechte sind gebunden an Überlebensfähigkeit (sonst müsste eine Lebensverpflichtung postuliert werden).

(5) Der Personbegriff mit seinen Unterbegriffen Subjektivität, Ichhaftigkeit und Rationalität, wobei diese zumindest dispositionell vorliegen müssen.

Position (2) orientiert sich am Paradigma des menschlichen Leibes, der verleiblichten Psyche und des menschlich-personal Geistigen (Irrgang 2007), Position (3) am technisch-medizinisch Machbaren.

Die erste Position beruft sich auf Ordnung und Stabilität in der Natur. Stabilität in der Umwelt gibt es nur im Hinblick auf unsere Maßstäbe, d. h. aus der Perspektive einiger Jahrzehnte. Die Wandelbarkeit der Natur vollzieht sich insgesamt langsamer. Daher können wir sie als Stabilität begreifen. Aber insgesamt ist die Umweltgeschichte als komplexe Wechselwirkung zwischen menschlichen Kulturen und deren natürlicher Umwelt zu sehen (Sieferle 1997). Die Rede von der Natur erfüllt bestimmte Ordnungs- und Orientierungsbedürfnisse. Natur gilt als das Elementare, Selbstständige, Spontane, Gewachsene, Nicht-Verfügte, Nicht-Produzierte. Auf der Gegenseite stehen Künstlichkeit, Technik, Konvention, das Gemachte, Erzwungene, Gestaltete und Kultivierte. Kultur gilt als Überwindung der Entbehrung, die Natur ist von der Vernunft zu unterwerfen. Die alternative Interpretation versteht ein Leben im Einklang mit der Natur und Zivilisation als Verfall. Beide Modelle begreifen Kultur als Entfernung von der Natur, Technik als Gegensatz zur Natur. Dieses komplementäre Grundmuster von ursprünglicher Natur und einer diese überformenden Kultur wird in der Figur des Primitiven besonders deutlich (als Barbar oder edler Wilder). Es geht um eine Identifikation mit dem Naturzustand. Auch die Konzeption eines Schutzes der Natur vor den Zugriffen der Kultur geht vom Gegensatz von Kultur und Natur aus. Das Paradoxe an der Situation ist, dass die Kultur die Natur bedroht, zugleich aber wird von der Kultur der Schutz der Natur verlangt. Schutz der Natur um ihrer selbst willen ist daher ein sehr spätes und spezielles kulturelles Konzept, das die Industrielle Revolution und die mit ihr verbundene globalisierte Zerstörung der Natur voraussetzt. Die ästhetische Kategorie der Landschaft ist gleichfalls ein Konstrukt, wobei die soziale Konstruktion der Landschaft von den realen Transformationen der Landschaft zu unterscheiden ist. Die reale Landschaft ist vorwiegend eine Kulturlandschaft, und sie wäre auch ohne Eingriffe des Menschen im permanenten Wandel. Auch Naturlandschaften haben Prozesscharakter.

Das therapeutisch-konstruktive Paradigma (Position 2) verknüpft Autonomie (Selbstbestimmungsrecht des Betroffenen) mit Fairness, insbesondere mit der Direktive, weitmöglich nicht zu schaden bzw. Schmerzen zu verursachen, zu Heilen und zu Helfen. Es handelt sich also um eine kontextualisierte Autonomie. In diesen Zusammenhang gehört auch das Prinzip der Sachlichkeit bzw. Unparteilichkeit bei der ethischen Urteilsbildung und die Zukunftsfähigkeit desjenigen Lebens, das erhalten werden soll. Die Zukunftsfähigkeit eines schwer kranken Fetus oder Neugeborenen hängt von dem Stand der jeweiligen Technik ab. Gewisse Mühen und Leiden durch schwerkranke Neugeborene sind Eltern zumutbar – selbstverständlich in Abhängigkeit von ihrem sozialen und familiären Status.

Das therapeutische Instrumentarium auch in der Medizin schließt gelegentliche Verbesserungen mit ein. Erst die zum Programm erhobene systematische Verbesserung gerät gefährlich nahe an das Züchtungsparadigma, welches dem eugenischen Denken zu Grunde liegt (Irrgang 2002c). Die Gestaltung des menschlichen Leibes im Sinne eines gelingenden Entwurfs zwischen Gesundheit und Krankheit ist sowohl im Sinne des Nutzens wie der Ethik zu bewerten. Der kluge Umgang mit dem eigenen Körper im Sinne vorwegentworfener Leiblichkeit ist hier Maßstab. Für einige ist der oberste Wert für Leiblichkeit Gesundheit, für andere Ekstase, Transzendenz und Risiko. Es gibt auch den Wert der Solidarität untereinander in der Gesunderhaltung menschlicher Leiblichkeit (Irrgang 2005b).

Die Anthropologie menschlicher-leiblicher Praxis ist die im Vollzug erfahrene und als transzendental unabdingbar bewiesene kantische Metaethik in den Polen Freiheit und sittliche Verpflichtung. Diese stellt zugleich ein Privileg und eine Aufgabe dar, ein Recht und eine Verpflichtung, eine Ermächtigung und eine Sollensstruktur. Sie begründet letztendlich die universale Sonderstellung des Menschen. Es geht um eine Position von Patientenautonomie und Patientenwohl im Kontext. Das traditionelle Patientenwohl schließt als Grundlage eine gewisse Konzeption der Lebensqualität im Krankheitsfalle ein. Der Vergleich von Krankheitsschicksalen ist für diese Tätigkeit Voraussetzung.

Therapeutiker sind, ohne dass sie alle Utilitaristen sein müssen, für Nutzenargumentationen offen und damit postkantianisch in dem Sinne, dass sie die strikte Entgegensetzung von Preis und Würde, von Nutzen und Moral ablehnen. Für sie ist das ethische Maß des Nutzens wie der Nutzen als Bestandteil des Guten ein großes, bislang unterschätztes ethisches Problem. Ein reflektiertes therapeutisch-konstruktives Paradigma umfasst die Wiederherstellung der Gesundheit von Organismen (oder von Vergleichbarem bei Ökosystemen) soweit als möglich (Reparatur-Paradigma) sowie die medizinisch-technische Herstellung der Voraussetzungen für ein gelingendes menschliches Leben. Dies ist nicht identisch mit dem Konzept der Lebensqualität oder dem Wert eines menschlichen Lebens, gelebt zu werden. An die Stelle dieser mehr oder weniger utilitaristischen Konzeption sollte ein anthropologisches Konzept treten, das Paradigma des Wertes eines leiblich-personal vollzogenen menschlichen Lebens (mit Abstufungen auch für andere Formen des Lebens). Dieses Paradigma betont den (ethischen) Wert des Nützlichen und der Mittel im Einsatz für ein gelingendes menschliches Leben trotz aller Verletzlichkeit, Krankheit und Behinderung. Die therapeutisch-konstruktive Grundeinstellung zielt auf einen ethisch qualifizierten und anthropologisch bewertbaren Nutzen bzw. Erfolg ab.

Darf man Menschen, die halbwegs gesund sind oder sein werden, gesünder oder weniger krankheitsanfällig machen? Im Unterschied zu dem kompensatorischen Reparaturansatz bejaht der therapeutisch-technische Ansatz diese Frage. Der therapeutisch-technische Ansatz ist a) kompensatorisch, b) verbessernd. Für b) gelten verschärfte ethische Regeln. Auszurichten ist eine Ethik des Heilens und Helfens und des Verbesserns im Sinne des medizinischen Fortschritts am Wohl des Menschen, ausgerichtet an der Gesundheit des Menschen und ihrer baldestmöglichen Wiederherstellung sowie zur Verbesserung der allgemein menschlichen Kondition bzw. Lebensqualität. Leistungssteigerung darf als Humanum gelten und ist nicht nur im Sport anzutreffen (Irrgang 2004b). Die Kompetenzsteigerung (inklusive der Verbesserung der Sensorik, der Intelligenz und anderer menschlicher Kompetenzen) führt zugleich zu einer verstärkten ethischen Reflexion darüber, was mit den verbesserten menschlichen Kompetenzen erreicht werden soll. Hier haben wir auf der Grundlage eines Kriteriums menschlicher Leiblichkeit doch eine im Ansatz schon recht umfangreich geplante praktische Ethik gefunden. Kompetenzsteigerungen inklusive der Verbesserung der Sensorik, der Intelligenz und auch anderer menschlicher Kompetenzen sind ebenfalls grundsätzlich ethisch gesehen akzeptabel. Zugleich ist eine verstärkte ethische Reflexion darüber erforderlich, was mit den verbesserten menschlichen Kompetenzen erreicht werden soll. Als Grundlage hierbei gilt das Kriterium der menschlichen Leiblichkeit (Irrgang 2005a, Irrgang 2005b).

Die Grenzen zwischen Therapie und therapeutischer Verbesserung sind fließend. Wenigstens theoretisch kann man unterscheiden in Therapie, Prävention und Enhancement (Verbesserung). Medizinische Therapie und medizinische Technik sind eng miteinander verbunden und zwar von Anfang an und das verstärkt sich seit der Einführung von Hightech. Bei niedrigem IQ kann Intelligenzverstärkung Therapie sein. Warum also sollte ein grundsätzliches Verbot für Intelligenzverstärkung gentechnischer Art erlassen werden, sollte sie einmal technisch hinreichend sicher zu bewerkstelligen sein? Zu Grunde gelegt ist hierbei ein gewisser Mythos der Normalität, der Therapie von Verbesserung unterscheidet. Was spricht also grundsätzlich gegen die Verbesserung normaler Intelligenz? Dass Menschen mit übernormaler Intelligenz häufig nicht glücklich werden, liegt nicht unbedingt an ihren, sondern häufig an den Reaktionen der Umwelt. Eltern, die übernormal intelligente Kinder haben wollen, müssen nicht nur zur somatischen Gentherapie bereit sein, sondern auch zu außerordentlichen Erziehungsleistungen, die als flankierende Maßnahmen zumindest immer ergriffen werden müssten.

Verbesserung, Vervollkommnung, Perfektionierung sind technische Ziele. Sie sind Ausdruck zunächst instrumenteller Utilität. Position (3) bleibt in diesem Kreis gefangen. Aber technische und wissenschaftliche Praxis kann auf ihre sittliche Qualität hin befragt werden. Das Prinzip des sportlich Agonalen im Sinne des Höher, Schneller, Weiter ist nicht nur auf den Sport beschränkt und begrenzt, sondern weitgehend in unserer Gesellschaft realisiert. Das Leistungs- und Konkurrenzprinzip ist keine unproblematische Rahmenbedingung für die Suche nach dem technisch Bestmöglichen. Eine komplementäre Betrachtungsweise zwischen dem Dienlichen (Nützlichen) und dem Sittlichen ist erforderlich (zur Bewertung von Verbesserung und Enhancement). Die Heilung eines Kranken zielt auf die Verbesserung seines Zustandes. In vielfacher Hinsicht gibt es unklare Grenzlinien zwischen Therapie und Verbesserung. Therapie kann zum Enhancement werden. Allerdings ist dies kein Grund, Therapien verbieten zu wollen. Argumente für den therapeutischen Ansatz inklusive Verbesserungen sind (1) Verbesserungen, Gesundheit, höhere Kompetenzen; (2) das Nützliche und eventuell sittlich gute Folgen: Glück der Betroffenen und Eltern; zukünftige Generationen und die Verhinderung schwerer Erbkrankheiten; (3) die Verpflichtung zur Verbesserung der Qualität des Lebens (von John Harris 1995). Argumente dagegen sind: (1) das Recht auf ein unverändertes Genom; (2) Menschenwürde; (3) Natürlichkeit; (4) Playing God (Hybris und Katastrophenerzeugung); (5) Zustimmung zukünftiger Generationen; (6) Eugenik. Die meisten der hier genannten Gegenargumente sind allerdings nur begrenzt überzeugend, häufig handelt es sich um religiös-naturalistisch eingefärbte Meinungen. Ein ethisches Problem stellt der Schwangerschaftsabbruch dar, wenn ein Verbesserungsversuch gescheitert ist, und dies noch vor der Geburt bemerkt wird.

Die Angst davor, die menschliche Natur technisch verfügbar zu haben, beruht auf einem falschen biologisch-anthropologischen Modell. Kein biologischer Prozess lässt sich technisch verfügbar machen wie eine Maschine. Mutationen lassen sich weder bei synthetischen Mikroorganismen noch bei Designermenschen vermeiden. Daher verlangt die Bioingenieurkunst an Mikroorganismen heute und möglicherweise zukünftig an Menschen besondere Vorsicht und eigene Standards technischer Sicherheit. Diese genau zu bestimmen ist allerdings erst dann möglich, wenn wir über ein akzeptables Verfahren zur Generierung von Designermenschen, also über ein entsprechendes sicheres Verfahren der Keimbahntherapie verfügen werden. Falls dies niemals der Fall sein sollte, ist natürlich auch die ethische Bewertung der Keimbahntherapie entsprechend auszurichten. Aber bevor nicht genau die Methoden genannt werden können, die das Ziel erreichbar erscheinen lassen, ist eine solche Bewertung nur in groben Umrissen möglich.

Die auf Grenzen fixierte Bioethik ist letztendlich Ausdruck einer fundamentalen Angst vor der Freiheit (Fromm). Ob das Designen von Menschen ethisch verabscheuungswürdig ist, können wir heute nicht beurteilen, denn es sind uns die technischen Wege unbekannt, die zu Designermenschen führen werden: Ob es zusätzliche Plasmide oder zusätzliche Chromosomen oder doch ein einmal möglicher gezielter Gentransfer sein werden, lässt sich heute nicht entscheiden. Vielleicht ist es tatsächlich einmal möglich, die genetische Grundlage bestimmter Intelligenzfaktoren so klar zu identifizieren, dass man an einen Gentransfer im Sinne der Keimbahntherapie denken kann. Dann kann eine ethische Bewertung der technischen Mittel erfolgen, heute nicht. Und wenn die Diskussion um Designermenschen nur Horrorszenarien zum Ziel hat, die das Verbot ganzer Forschungsbereiche begründen soll, so halte ich dies für unverantwortbar, wenn diese Verbote erfolgen, bevor man eine hinreichend genaue ethische Bewertung der Ziele wie Mittel vornehmen kann (Irrgang 2005a, Irrgang 2005b). Therapeutisch inspirierte medizinische Verbesserungen erscheinen mithin nicht immer und an sich als schlecht. Aber es müssen Verbesserungen sein, die ethisch zu qualifizieren sind. Dazu brauchen wir Kriterien und Paradigmen. Vielleicht ist das Modell der Qualität des Lebens und der Wert eines Lebens, gelebt zu werden, tragfähig. Dazu bedarf es aber genauerer Analysen als derer, die insbesondere von Präferenzutilitaristen bisher zu diesem Thema vorgelegt wurden. Sie müssen einer späteren Veröffentlichung vorbehalten werden. Die Begriffe Manipulation, Entfremdung, Ideologie, Instrumentalisierung usw. setzen eine naive Erkenntnistheorie im Sinne eines abbildenden Realismus voraus. Nur dann weiß man Bescheid, was richtig ist, und kann alles andere abqualifizieren. Aber die heutige Realität – weder in der Natur, noch in der Gesellschaft und schon gar nicht in der Technik – lässt sich nicht mehr einfach abbilden, sondern im günstigsten Falle in einigen Aspekten modellieren.

Und nun zum Leitbildaspekt: Gerade eine zetetische Ethik braucht ein Leitbild und im besonderen Maße eines wie Langzeitverantwortung. Alle Überlegungen zur Langzeitverpflichtung sind in dem Sinne hypothetisch, als sie über Rechte künftiger Generationen und unsere Verpflichtungen nachdenken, falls es solche Generationen gibt. Nach dem konstruktiven Prinzip ermitteln wir die Regeln der Fernverpflichtung als den bekannten moralischen Verpflichtungen der Nahverpflichtung analog, soweit sich diese auf zukünftige Lebenschancen erstreckt (Gethmann u. a. 1993). Langzeitverpflichtungen sind kollektive Verpflichtungen. Verantwortung ergibt sich aus der Verpflichtung durch moralische Arbeitsteilung. Aufgrund der Komplexität der durch Technik induzierten Probleme werden wir in vielen Fällen nicht anders können, als die Verpflichtung aller gegenüber künftigen Generationen auf die Verantwortung einzelner zu delegieren. Auch wenn wir noch nicht alle Bedingungen für unser auf die Zukunft gerichtetes Handeln kennen, können wir bereits jetzt festhalten, dass bei der Entscheidung über Umweltbelastungen auch die Wirkungen auf künftige Generationen bedacht werden müssen (Irrgang 2002c) und im Zweifel diejenige Vorgehensform gewählt werden soll, welche die Zukunft am offensten hält (Gethmann u. a. 1993). Wichtig ist das strukturell-institutionelle Modell einer Wahrnehmung von Langzeitverantwortung (Gethmann u. a. 1993). Allgemeine Kriterien für Institutionen der Langzeitverantwortungen sind (1) Stabilität und Konstanz (Langzeitpräsens), (2) keine oder untergeordnete Interessen in der Jetztzeit (Priorität des Langzeitinteresses), (3) Objektivität, (4) Akzeptanz (Legitimation durch Vertrauen).

Zu Konfliktsituationen kann es kommen, wenn man tatsächlich den gegenwärtig Lebenden eine Verpflichtung zur Vorsorge für zukünftige Generationen zumutet. Ob wir jedoch verpflichtet sind, für zukünftig Lebende vorzusorgen, deren Charakter, Lebensweisen und Bedürfnisse wir nicht kennen und von denen wir nicht einmal sicher wissen, dass sie überhaupt existieren werden, ist ebenso umstritten wie die Frage, wie weit diese Verpflichtung, sofern man sie akzeptiert, reicht und welche Bedeutung ihr relativ zur Gegenwartsverantwortung zukommt. Auf der anderen Seite haben nicht nur die utilitaristischen, sondern auch andere universalistische Moralprinzipien, die eine reine Zeitpräferenz (die Minderabschätzung zukünftigen Nutzens um ihrer Zukünftigkeit willen) verwerfen, die Tendenz, ihre Adressaten moralisch zu überfordern (Stachowiak 1989). Der Idee nachfolgender Generationen liegt die Idee einer Generationen übergreifenden Kultur und Nutzungsgemeinschaft von Natur zugrunde. Sie ist also ein Interpretationskonstrukt. Da die gleiche bzw. gerechte Berücksichtigung aller Interessen zukünftig lebender Menschen (auch nur der nächsten drei Generationen) nicht möglich ist, bedarf es eines anderen Kriteriums der Bewohnbarkeit des Planeten Erde für zukünftige Generationen, an dem wir uns heute orientieren können. Dieses Kriterium wird am Ressourcencharakter der Natur ansetzen. Allein über die Gerechtigkeitsidee im Sinne einer Gleichbehandlung aller Generationen lässt sich die Idee der Rechtsgemeinschaft zukünftiger Generationen nicht klar und deutlich definieren (Irrgang 2002c).

Die vorliegenden Überlegungen Gethmanns und Kamps zur Langzeitverpflichtung gehen von der Annahme aus, dass Verpflichtungen und Berechtigungen durch die Ergebnisse moralischer Diskurse um Lösungen von Handlungskonflikten fundiert werden. Aufgrund der hohen Komplexität, zuweilen der Überkomplexität der Probleme der technologischen Gesellschaft, werden moderne technisierte Gesellschaften in vielen Fällen nicht umhinkönnen, die für alle bestehenden Verpflichtungen gegenüber künftigen Generationen in die Verantwortung einzelner zu delegieren, die sich professionell um die anstehenden Fragen der Erhebung und Wahrnehmungen der Verpflichtungen bemühen (Experten). Dabei könnte sich herausstellen, dass der Grad der Verbindlichkeit einer bestehenden Verpflichtung nach einem Mehr oder Weniger mit anderen abgewogen werden kann (Gradualismus). Die Verpflichtung gegenüber künftigen fernen Generationen (zukunftsferne Verpflichtungen) ist zwar etwas anderes als die Verpflichtung unsern Kindern und Enkeln (zukunftsnahe Verpflichtung) gegenüber, an Fällen der Nahverpflichtung aber lassen sich die Regeln rekonstruieren, aus denen sich grundsätzlich auch die Fernverpflichtung aufbaut (Gethmann/Kamp 2000).

Die Forderung, zwischen Nah- und Fernverpflichtung – aufgrund eines Gefälles des Wissens um Handlungsumstände und Handlungsfolgen – Verbindlichkeitsabstufungen einzuziehen, wird häufig mit der These der Diskontierung gleichgesetzt und als solche kritisiert; es handelt sich aber um eine gradualistische Argumentation (Irrgang 2002c; Irrgang 2005a). Wer hingegen die notwendigen Überlegungen in den Rahmen einer verpflichtungsethischen Konzeption des Sollens stellt, gerät nicht in das Skandalon der Zukunftsdiskontierung (Gethmann/Kamp 2000). Das Nichtwissensargument begründet eine gewisse Präferenz der jetzt lebenden Gesellschaft für sich selbst oder für eine zukunftsnahe Verantwortung insbesondere hinsichtlich der Entscheidungsnotwendigkeiten hier und jetzt. Darüber hinaus ist ein abgestuftes Dringlichkeitskriterium bei der Berücksichtigungswürdigkeit potentieller

## 3.2 Zetetische Ethik

Interessen zukünftiger Generationen sowie ein abgestuftes Dringlichkeitskriterium in der Formulierung universal verpflichtender Maximen plausibel (Irrgang 1997).

Langzeitverantwortung ist ein Schlüsselproblem für das Konzept nachhaltiger Entwicklung. Allerdings sollte die Verantwortungsfrage nicht zu weit in die Zukunft hinaus entworfen werden, denn wir brauchen Erfahrungsbedingungen für unser Handeln, die mit anwachsender Zukünftigkeit geringer werden. Langzeitverantwortung hat also einen deutlichen Gegenwartsbezug. Sie bietet nicht Lösungen für Probleme der Zukunft, sondern enthält Öffnungsbedingungen für unser heutiges gegenwärtiges Handeln. Ein gewisser Verbrauch von Ressourcen ist aufgrund des Entropieproblems und aufgrund von Umwegen technischer Entwicklungspfade quasi unvermeidbar, nicht aber die Verschwendung von Ressourcen. Insofern bedürfen wir Innovationen und neuen Wissens zur Minimierung des unvermeidbaren Verbrauchs von Ressourcen. Wissen allein hilft gegen das Entropieproblem und ermöglicht uns somit Langzeitverantwortung. Angesichts der Pleite der Futurologie kann es nicht darum gehen, ein möglichst genaues Wissen von der Zukunft zu erhalten, um dieses Wissen zur Grundlage für unser heutiges Handeln zu machen. Vielmehr ist davon auszugehen, dass die Zukunft der Gattung, dass die Zukunft der Menschheit im Sinne eines normativen Kulturbegriffs und einer kulturellen Tradition als offener Prozess erhalten werden soll. Das, was wir für unsere wohl erworbenen Rechte auf Freizeit und Luxus halten, bedarf der kritischen Durchsicht. Neue kulturelle Werte müssen formuliert und propagiert werden. Unser Handeln, aber auch unsere Werte, bedürfen der Zukunftsverträglichkeitsprüfung (Irrgang 2002c).

Die Diskrepanz zwischen Umweltbewusstsein und Umwelthandeln ist ein Problem des kognitiven und des affektiven Lernens. Das Schwergewicht der eigenen vergangenen Praxis verengt Zukunftsfähigkeit und die Möglichkeiten, Langzeitverantwortung wahrzunehmen. Die gelebte Moral kann sich so als Grenze der Einsichtsfähigkeit in die eigenen moralischen Verpflichtungen erweisen. Die Moral ist insgesamt starrer als einzelne Folgenabschätzungen. Moral muss weiterentwickelt werden und bedarf hier bestimmter Formen von Selbstbindung, die auch zu Institutionalisierungen führen müssen. Die Arbeit an Modellen nachhaltiger Entwicklungspfade erfolgt innerhalb der Scientific Community in reger Auseinandersetzung mit der interessierten Öffentlichkeit. Die Rolle der Medien ist in diesem Zusammenhang außerordentlich wichtig. Auf diesem Wege werden Gesetze und Institutionen geschaffen, die den Weg weisen zu nachhaltigeren Entwicklungspfaden. Dürfen aber diese Entwicklungspfade gegen den Willen der Bevölkerungsmehrheit durchgesetzt werden? Dies ist eine Frage der demokratischen Legitimierung von Langfristverantwortung und Zukunftsfähigkeit.

Die Mängel der Nachhaltigkeitskonzeption sind vielfältig und betreffen überwiegend die theoretische Ausformulierung des Programms dieses Leitbildes. Die Idee der Bedürfnisse und Präferenzen zukünftiger Generationen als Maßstab unseres heutigen Handelns ist unbefriedigend und nicht operationalisierbar. Die genannten Präferenzen hängen vom kulturellen Stand der Entwicklung ab. Langzeitverantwortung appelliert an die Entscheidungsträger, die jeweils gestalterisch tätig werden sollen, sie ist im Hinblick auf die konkrete Entscheidung jeweils neu und korrekturoffen und daher aus philosophischer Sicht das interessantere und befriedigendere Modell. Das Konzept ökologischer Stabilität, von Kreisläufen und Gleichgewichten in Ökosystemen oder gar einer Harmonie der Natur denkt biologisch nicht evolutionär genug. Ökosysteme sind dynamisch, insbesondere wenn sie in ihrer Interaktion mit den relativ autonomen Kulturbereichen gedacht werden. Es ergibt sich trotz aller Beharrungstendenzen in den Rahmenbedingungen und den einzelnen Kulturbereichen eine Struktur dynamischer Gesamtvernetzung, dessen Gestaltung durch ein korrekturoffenes, allgemeines Handlungsprinzip besser zu realisieren ist als durch ein Nachhaltigkeitskonzept als Bewahrungsmodell.

Für die Umsetzung von Nachhaltigkeit im Sinne der Langzeitverantwortung müssen wir des weiteren die Leitideen jeweils für einzelne Generationen differenzieren und unterscheiden in drei Phasen:

1) Kurzfristig (die nächsten 30 Jahre): Dort sind als oberste Leitlinien Krisenmanagement und Katastrophenvorsorge im Sinne der Überlebenssicherung einzuführen. Es geht um den Aufbau sozialer Sicherungssysteme in den Entwicklungsländern und um den Aufbau von Arbeitsplätzen und um Sicherung der Bildung weltweit. Ansätze zur Umsteuerung in der Ressourcen-, Abfall- und Klimapolitik sind anzustreben.
2) Mittelfristig (für die nächsten 60 Jahre): Strukturveränderungen zur Annäherung an ein Stoffstrommanagement, das zur Einführung erneuerbarer Energien auf breiterer Ebene führt. Rationalisierung der Energieverwendung in den Bereichen Mobilität, Wohnungs- bzw. Siedlungsstruktur usw.
3) Langfristig als wohl nicht erreichbare Utopie (für die nächsten 90 Jahre): Realisierung einer weitgehend angenäherten Kreislaufwirtschaft in einer ökosozialen Weltbürgergesellschaft mit institutioneller Absicherung auch in Fragen des Ressourcen- und Klimaschutzes.

## 3.3 Globalisierung, Modernisierung und die Dominanz der Ökonomie: Transkulturelle Reflexion, Solidarität und Toleranz

Das junge Phänomen der Deindustrialisierung, des raschen Schrumpfens der industriellen Beschäftigung, stellt einige vertraute Gewissheiten über die Entwicklung industrieller Gesellschaften in Frage. Die menschlichen Ressourcen werden zunehmend von der Produktion abgezogen. Damit tritt der Konsum als bestimmende Größe tatsächlich realisierten technischen Fortschritts deutlicher hervor. Beim unverfänglicheren Begriff des technischen Wandels werden anstelle des Begriffs des technischen Fortschrittes mit dem positiv bewerteten Fortschritt zugleich die unzweifelhaften Zuwachsphänomene und empirisch gefundenen Irreversibilitäten über Bord geworfen. Die Umsetzung technischen Fortschritts in industrielle Produktion folgt keinem Automatismus, sondern wird durch die kulturelle Leistung des Konsums vermittelt. Konsum ist also keine abhängige, sondern eine zumindest gleichberechtigte Variable der technikhistorischen Entwicklung. Dabei wächst die Komplexität und Ausdehnung der Technosphäre weiterhin. Der Anteil der Beschäftigten in der westeuropäischen Industrie sinkt seit zwei Jahrzehnten unaufhaltsam und schnell (Wengenroth 1997, 1–3). Eine verbilligte Produktion, die ihre Nachfrage selbst stets schaffen würde, ist damit ein überholtes Axiom. Zusätzlich gestützt wurde dieser Optimismus von der Produktzyklentheorie. Ein kontinuierlicher Strom von Innovationen sorgt dafür, dass das Angebot industrieller Waren stets verbilligt und vermehrt wird. Beides erzeugt die dem technischen Fortschritt zugeschriebenen Zuwachsphänomene: Prozessinnovationen sorgen für

## 3.3 Transkulturelle Reflexion, Solidarität und Toleranz

die Verbilligung, Produktinnovationen für die Vielfalt (Wengenroth 1997, 7). Industrialisierung ist nicht eine automatische Folge technischen Fortschritts, sondern tritt nur dann ein, wenn der Absatz von Industrieprodukten insgesamt schneller wächst als die Arbeitsproduktivität in der Industrie.

Werden Konsum und Produktivität als gleichberechtigt und nicht einfach als voneinander ableitbare soziale, ökonomische und kulturelle Leistungen anerkannt, so folgt daraus, dass die zur Sicherung der Beschäftigung notwendige Übersetzung von Massenproduktion in Massenkonsum ganz abgesehen von der dazu erforderlichen Kaufkraft nicht zwangsläufig stattfindet. Zum einen entzieht sich das Konsumverhalten dem Produktivitätsparadigma der Industrie, der Forderung nach ständiger zeitlicher Verdichtung aller Arbeitshandlungen mit dem Ziel der Mehrproduktion pro Zeiteinheit. Zum zweiten muss der Konsum neuer, insbesondere technischer Güter erst erlernt werden. So muss eine Theorie des konsumtiven Kapitals entwickelt werden, wonach Konsumenten lernen, immer rationaller zu konsumieren und dabei ein rein instrumentelles Verhältnis zu den technischen Hilfsmitteln des Konsums zu entwickeln. Auch wenn die Studien zur Mechanisierung der Hausarbeit gezeigt haben, dass dies letztlich nicht auf insgesamt weniger Arbeit hinausläuft, so ist der kurzfristige Zeitgewinn für Einzelaktivitäten unbestritten (Wengenroth 1997, 8 f.).

Indem Autos und Fernseher, zwei der quantitativ wichtigsten Industrieprodukte der Nachkriegszeit, zumindest zu einem großen Teil in nicht-produktiver Weise kulturell die Freizeit adaptiert haben, haben sie effektiv das Zeitbudget für nachfolgende Konsumgüter blockiert. Der Konsum technischer Güter muss auch dann erst erlernt werden, wenn es dafür keine institutionalisierten Prozeduren wie etwa die Fahrschulen gibt. Konsumverweigerung oder Konsumunfähigkeit ist einer der Gründe für die Arbeitslosigkeit. Der Ruf nach neuen Produkten zur Stimulierung industrieller Beschäftigung ist damit zugleich die Feststellung, warum technischer Fortschritt in der Form von Produktinnovationen derzeit nicht in beschäftigungspolitisch gewünschtem Maße stattfindet. Der lange Konsumaufschub durch die Weltwirtschaftskrise, große Depression, Kriegsvorbereitung und Autarkiepolitik in Deutschland, sowie schließlich der Krieg hatten nicht einfach nur einen gewaltigen Nachholbedarf angestaut, sondern in der Produktionssphäre und im Krieg wurde überhaupt erst eine allmählich zunehmende Vertrautheit mit den Vorläufern der industriellen Massenkonsumgüter der Nachkriegszeit erzeugt (Wengenroth 1997, 11 f.).

Häufig wurde in der Geschichtsforschung über Technik eine Produktionsdominanz behauptet. Dabei kann man im Konsum, im Vergleich zur Produktion, das allgemeinere und umfassendere Phänomen sehen. Auch menschheitsgeschichtlich ist der Konsum der Technik älter als die Produktion. Gegen einen Technikdeterminismus wird die Flexibilität und Interpretationsfähigkeit von Technik betont. Technik kommt nicht als etwas Fertiges und Abgeschlossenes auf den Markt. Weiter kann gegen die Manipulationsthese eingewandt werden, dass die Erfinder und die Industrie häufig genug Verwendungsmöglichkeiten und das Marktpotential von Innovationen nicht erkannten oder weit unterschätzten. Die Geschichte des Telefons spricht hier Bände. Umgekehrt sahen Unternehmen oft genug Marktpotentiale, wo keine waren. So besteht in der Mode weitgehend unabhängig voneinander eine ökonomische Konkurrenz der Produzenten und eine soziale der geschmacksbildenden Klassen aus den heterogensten Welten von Kultur, Bildung und Besitz. Solche Modelle können mehr ökonomischer Art sein und sich auf das Angebot und die Nachfrage sowie auf Märkte unter Einbeziehung des technischen Fortschrittes konzentrieren. Sie können als kulturalistische die Bedeutung von Welt- und Leitbildern und daraus abgeleitete Mentalitätswandel für die Technikentwicklung betonen und können sich als soziologistische den Zusammenhängen zwischen technischem Handel und gesellschaftlicher Gliederung widmen. Alle diese Ansätze schließen sich nicht aus, sondern sie lassen sich in komplexen Theorien der technischen Entwicklung zusammenführen (König 1998, 35–37).

Die Produktionstheorien waren aus der Perspektive von Mangelgesellschaften entwickelt worden. Bevölkerungswachstum und Export allein können das Produktionswachstum in der Industriellen Revolution nicht erklären. Hinzu treten Veränderungen des Kleidungsmarktes und der Kleidungsgewohnheiten, wie sie tatsächlich im 18. Jahrhundert stattgefunden haben. Thorstein Veblen und Georg Simmel erklären den konsumtiven Wandel durch soziale Konkurrenz. Die dominierende Interpretation der Industriellen Revolution sieht diese als eine Umstürzung des Produktionssystems. Diese bedarf im Bereich des Konsums einer Ergänzung. Denn im 18. Jahrhundert entstand die sogenannte kommerzielle Gesellschaft (Irrgang 2002c).

Aus kulturtheoretischer Sicht sind Produkte Teil eines komplexen Systems von Beziehungen und Bedeutungen, Momente sozialkultureller Konstruktion von Realität und deren Bedeutung. Die materiale Kultur in ihrem Wechselverhältnis mit symbolischen und sozialen Strukturen ist zu untersuchen. Dabei wird der Kulturbegriff auf unterschiedliche Handlungsfelder angewendet. Versteht man unter Kultur in Anlehnung an Clifford Geertz (Geertz 1994) ein geordnetes System von Bedeutungen und Symbolen, vermittelt über gesellschaftliche Interaktion, so lassen sich Produkte als materiell objektivierter Teil von Kultur fassen. Produktkultur ist die Summe zeitgenössischer Produkte und Teil einer Organisationskultur. Die Bedeutung technischer Artefakte erschöpft sich nicht in ihrem Nutzen. Materielle Artefakte sind nicht nur der objektivierte Ausdruck von kulturell erzeugter Wirklichkeit, sondern sie tragen auch zu derer Konstruktion bei. Sie sind Modelle von und für Kultur. Als Manifestationen kollektiver Werte fungieren sie nur eben so als Symbole sozialer Integration wie Differenzierung und Klassifikation. Eine Festlegung auf die Nutzen- oder die Gebrauchsfunktion von Produkten ist sozial und kulturell nicht zulässig. Der soziale Gebrauch von Produkten ist weder aus ihren Eigenschaften erschließbar, nur einfach aus der Gebrauchsanleitung abzulesen. Die Unterscheidungen von Nützlichem und Überflüssigem, Natürlichem und Künstlichem ist das Resultat kulturell generierter Selektionen.

So betrachtet sind Produktion und Konsum von Artefakten kulturelle Aktivitäten, in denen Bedeutung erzeugt, reproduziert und transformiert wird. So kommt es zu einer Konsumdynamik, die Modenwechsel entspricht. Die kommunikativen, identitätsstiftenden, individualitätsfördernden und sozial aktiv wirkenden Funktionen von Produkten sind genau zu berücksichtigen. Produktkulturen entsprechen der Technisierung von Lebensstilkonzepten. Es geht um die Frage nach kultureller Identität. Die Analyse der Auswirkungen auf die davon betroffenen Kulturen sind zu untersuchen wie die Absatzstrategien. Konsum wurde bislang im Verhältnis von Arbeit und Kapital als der eingeschlossene „ausgeschlossene Dritte" behandelt. Diese, eine abgeleitete, nachgeordnete Größe, könnte sich als ein zum Verständnis moderner Gesellschaften und ihres Wandels besonders relevanter Bereich erweisen. Die Produktion von Gütern ist gleichzeitig die Produktion von Symbolen. Der Individualismus ist der Persönlichkeitsfetisch unserer Zeit. Strategien der Selbstdarstellung demonstrieren die Zugehörigkeit zu Geschmackseliten und Livestylekollektiven. Es kommt zu einem zunehmenden Ästhetizismus in der Selbstauffassung des Individuums und zur Betonung der Kreativität.

Wir profilieren uns durch das Verfolgen von Designpräferenzen. Technizismus und ästhetischer Funktionalismus bzw. demonstrativer Ästhetizismus kennzeichnen die Postmoderne. Produktkulturen orientieren sich an Zielgruppen. So kommt es zu einer Unternehmensorientierung und zu einem Designmanagement. Die Zeitgeisttheorie des Lebensstils ist zu ergänzen. Simmel spricht von der Treulosigkeit des modernen Geschmacks. Er unterscheidet eine attributive und distinktive Kultur. Die Werte und Normen der Kultur bestimmen sowohl die Motivationen von Konsumenten wie ihre Handlungsziele. Werte sind als Konzeption des Wünschenswerten etwas kulturell Vorgeprägtes (Eisendle/Miklanz 1992, 237). Für die Erforschung von Marktprozessen ist es daher wichtig zu verstehen, welche Werte zu einem gewissen Zeitpunkt relevant sind, welche Werte durch welche sozialen Gruppen und Produktfelder relevant sind.

Die moderne westliche Gesellschaft ist seit Jahrzehnten durch einen tiefgreifenden kulturellen Wandel geprägt, der wesentlich durch die Dynamik des gehobenen Massenkonsums und Freizeit ausgelöst wurde. Arbeits- und Leistungstugenden wurden von der Moral des Hedonismus und der Ausbreitung eines urbanen Lebensstiles abgelöst. Die beiden Sphären scheinen nun wieder mehr zu konvergieren: Es lassen sich mehr Leistungskriterien und rationale Zweckkalküle in der Freizeitgestaltung feststellen sowie mehr Spielräume und Flexibilität der Präferenzen in der Arbeit im Sinne von mehr Flexibilität der Sinn- und Identitätsfindung in beiden. Dabei kommt es zu einer kulturellen Dezentralisierung und zu einer Evolution der Konsumgütermärkte (Eisendle/Miklanz 1992, 135–137). Lebensstile bezeichnen die aktive, expressive und konsumptive Seite der sozialen Ungleichheit im Unterschied zur passiven, adaptiven Seite sozialer Lagen (Schicksalen). Ein Lebensstil ist das Ergebnis längerer Prozesse der Biografie, der Auswahl und Revision sowie der Akkumulation subjektiver Erfahrung. Der Strukturkontext, Perzeptionsmuster und Mentalität greifen ineinander. Die Deskription, die Erklärung und die Interpretation eines Lebensstils müssen aufeinander bezogen sein. Haushalts- und Wohnungsausstattung, Freizeitverhalten, kulturelle und Medienpraxis, Ernährungsformen und -gewohnheiten, Kleidung und Äußeres, private Netzwerke, öffentliche Teilnahme und Mitgliedschaften.

Die persönliche Ausstattung mit Industriegütern hat längst den Charakter der Kleidung angenommen. Eine gelungene Ästhetisierung des Lebens ist mittlerweile eine viel entscheidendere Voraussetzung für soziale Geborgenheit und Lebensfreude als die Akkumulation von Brennwerten, Kohlehydraten und Wetterschutz. Mit der Tertiarisierung der Wirtschaft und der Semiotisierung der Waren sind die Erfolgsbedingungen technischer Innovationen so offensichtlich von einem „cultural turn" erfasst worden, dass ihre Reduktion auf ein Innovationssystem nicht einfach nur eine unzulässige Reduktion, sondern eine vollkommene Verkennung ihrer Binnendynamik darstellt. Es ist mittlerweile opinio communis, dass Technik kulturell adaptiert und in höchst unterschiedliche Bedeutungs- und Verwendungszusammenhänge eingepasst wird. Sie transportiert nicht sterile, wertneutrale Funktionalität, die der Nutzer als perfekter „homo oeconomicus" selbstverständlich rationell zu seinem größten Nutzen einzusetzen vermag, sondern ist Träger symbolischer Konnotationen und kultureller Codes, deren nutzungsspezifische Werte und Kompetenzen er voraussetzt und erzeugt. Im Konsum konstituieren sich die Werte, nach denen sich der Erfolg einer Technik bemisst. Bedeutung und Erleben entziehen sich der genauen Vermessung, zumal dann, wenn ihre Qualität erst in der Vielfalt und Differenz entsteht (Wengenroth 2001, 29–32). Der Einbau von technologischem Handeln in umfassendere Dienstleistungsangebote verändert das Konzept des technischen Handelns umfassend. In dieser Phase befinden wir uns zur Zeit. Dies führt zu der Aufgabe, die Gebrauchs- und Umgangsthese der Technik im Alltag neu zu formulieren. Lebensstilfragen und die Integration von bestimmten Technologien sind weitere Aufgaben bestimmter neuer Technologien.

Die Industriegesellschaft hat sich zur Konsumgesellschaft gewandelt. Nicht mehr die Herstellung von Produkten, sondern vielmehr ihr Gebrauch bzw. ihr Verbrauch scheint zum neuen Maßstab geworden zu sein. Der Konsum und der Überfluss ist ins Fantastische angewachsen. Unsere Umwelt ist konstituiert durch eine Vervielfältigung der Objekte, der Dienstleistungen und der materiellen Güter. Wir haben dutzende technische Sklaven. Dies führt zu einer Stilisierung des Objektes. Die Objekte organisieren sich in einer Kollektion. Das Warenhaus realisiert die Synthese der Konsum-Aktivitäten. Darin manifestiert sich der Flirt mit den Objekten (Baudrillard 1970, 17–21). Wir sind an einem Punkt angelangt, an dem der Konsum das ganze Leben ist. Im Konsum manifestiert sich die Organisation der Alltäglichkeit. In der alltäglichen Praxis werden die Wohltaten des Konsums nicht als ein Resultat der Arbeit oder eines Produktionsprozesses erlebt, sie erscheinen uns wie ein Wunder (Baudrillard 1970, 25–28). Unsere Gesellschaft folgt nicht einer Produktionsordnung, sondern einer Konsumordnung. Erstaunlich ist die Abwesenheit einer Theorie des Konsums. Konsum ist eine Lebensweise. Was Konsum ist, wird an der Veränderung der Art der Nahrungsmittelversorgung zwischen 1950 und 1965 deutlich. Konsum soll den Lebensstandard erhöhen. Der Verbrauch von Lebensmitteln stieg noch mehr als der anderer Faktoren. Hinzu kommen der Konsum von Medikamenten und Drogen. Eine Konsumgesellschaft braucht Gegenstände, und sie benötigt diese, nicht um sie zu haben, sondern präziser: sie bedarf ihrer, um sie zu zerstören bzw. zu gebrauchen (Baudrillard 1970, 83).

Mit der Konsumgesellschaft verbunden ist der Mythos des messbaren Glücks und der Gleichheit. Tatsächlich aber herrschen individualistische Konzepte vor. Der Konsum homogenisiert nicht von vornherein den Gesellschaftskörper und bringt auch keine Schule für kulturelle Angebote. Es handelt sich um die Ideologie des Konsums. Diese fetischistische Logik ist im eigentlichen Sinn die Ideologie des Konsums. Fetische täuschen ein Heil vor. Es geht um ein Heil durch die Werke. Man verbraucht im eigentlichen Sinne nicht die Gegenstände tatsächlich, sondern vielmehr ihren Gebrauchswert. Man manipuliert jedes Mal die Gegenstände als Zeichen, die uns unterscheiden oder Bezugsgrößen sind zu unserer eigenen Gruppe. Der Konsum ist ein soziales und strukturiertes Feld. Er hängt zusammen mit der industriellen Konzentration. Dabei lässt sich die ideologische These von der Homogenisierung der Gesellschaft kaum wirklich begründen, denn es gibt tatsächlich eine größere Differenzierung (Baudrillard 1970, 109).

Eine Theorie des Konsums hat von der Autopsie des „homo oeconomicus" auszugehen. Das fundamentale Problem des gegenwärtigen Kapitalismus ist für Baudrillard eine virtuell unbegrenzte Produktivität auf dem Niveau der Technostruktur und die Notwendigkeit, die Produkte zu verbrauchen (Baudrillard 1970, 115). Die moderne Gesellschaft beruht auf Individualismus, Desolidarisierung und Dehistorisierung (Baudrillard 1970, 132). Das kulturelle, medizinische, leibliche und körperliche Recycling ist ein Zeichen von Konsum. Der Massenkonsum schließt die Kultur und das Wissen aus. Magnetband, Film, Schallplatte, Phono, d. h. sammeln, sammeln, sammeln. Auf diese Art und Weise wird der Kitsch befördert. Es handelt sich um eine Ästhetik der Simulation. Die Popart ist keine Kunst im eigentlichen Sinn. Ihre Differenz liegt in der Wiederholung. Es geht um die Essenz des Alltäglichen, um das Banale, so Baudrillard. Der technologische Fortschritt des Massenkonsums liefert eine bestimmte Art von Nachricht mit sehr imperativer Gewalt. Die Message ist der Konsum. Das Pseudoereignis wird von Pseudorealität begleitet. Unser heutiges alltägliches Leben ist ein ungeheurer Prozess der Simulation, der Pseudoereignisse. Das schönste Objekt des Konsums ist der Körper. Unsere Jugendlichkeits-Kultur lässt uns in den Narzissmus investieren. Der athletische Körper zeigt eine funktionelle Schönheit genauso wie der Gesundheitsmythos. Dabei wird die Erotik funktional und offenbart eine individuelle Struktur der Begierde. Die Erotik ist in ihrem Zeichen niemals als Wunsch präsent. Dies kann man insbesondere am Mannequin in der Werbung ablesen. Angeblich geht es um die Befreiung des Körpers, aber eigentlich wird die Frau auf ihren Körper reduziert. Dies führt oft zu Schlankheitsidealen und Askese der Ernährung, zur Präparation der Sexualität für den Konsum. Es geht also um konsumierte Sexualität, um den Konsum von Symbolen und Phantasmen der Sexualität. Zeit ist Geld und Zeit wird als Wert gesehen. Insbesondere im Urlaub herrscht die Fiktion der Freiheit in der Verfolgung des Vergnügens. Die Freizeit lebt vom Mythos entfremdeter Arbeit. Entfremdung ist unvermeidbar, das Subjekt des Konsums ist die Ordnung der Zeichen. Es geht um das Spiel des Konsums, das ersetzt wird durch eine neue Art der Tragik der Identität. Die Konsumgesellschaft ist ihr eigener Mythos.

Eine der Ursachen ist die Automatisierung und anwachsende Produktivität. Kaufen gilt als vaterländische Pflicht zur Überwindung der Rezession. Massenproduktion und Konsumforderungen unserer Produktionskapazität gehören zusammen. Die Mode wurde erfunden, um immer mehr Exemplare von demselben Gegenstand verkaufen zu können. Zwei Kühlschränke für jedes Heim, letztendlich ein zweites Haus für jede Familie, damit der ganze materielle Wohlstand untergebracht werden kann, gehörte zu den Werbestrategien für aufwendigen Konsum. Werbung hat die Aufgabe, die Weg-damit-Haltung zu fördern. Es gibt einen technischen Fortschritt, der neue Bedürfnisse schafft. Die alte Leier von der Dauerhaftigkeit muss überwunden werden. Mittel sind eingebaute Materialmängel und Verschleiß. Ein anderes Mittel ist die Mode, die Verzierung von Gegenständen, die das Außergebrauchkommen fördert. Kosmetikbranche und Bekleidungsindustrie haben dies erfasst. Auch die Autoindustrie basiert auf Styling und Design und fördert so das Außergebrauchkommen. Mit allen Mitteln werden Anreize für Ersatzkäufe durch künstliche Veraltung geschaffen. Beim Automobil gibt es teure Ersatzteile, schadhafte Teile werden immer schwerer zugänglich. Auch Ausverkaufstage dienen der Verkaufsförderung. Überhöhte Listenpreise dienen der Wertverschleierung. Kredit wird als aktives Verkaufsinstrument eingesetzt. Ziel ist dabei die Überwindung der puritanistischen Züge der USA-Gesellschaft zugunsten eines neuen Hedonismus.

Konsumbesessenheit führt in Materialhunger und letztendlich zu versiegenden Rohstoffquellen. Dabei ist die Abhängigkeit der USA von fremden Versorgungsquellen zu betonen. Versiegende Rohstoffe führen zu höheren Erschließungskosten und zu einer fortschreitenden Erschöpfung der Ressourcen. Letztendlich wird die Verschwendungssucht des modernen Amerikaners in einen Krieg um Rohstoffe führen, so die gängige Meinung, wobei nahezu alle Rohstoffe – vielleicht außer Erdöl – billiger geworden sind. So wird ein „Krieg um Rohstoffe" vermutlich aus verschiedenen anderen Gründen, nicht aber wegen der Rohstoffe selbst geführt werden. Absatzbemühungen und Kommerzialisierung führen zu einem Anwachsen der Werbungskosten. Der moderne Amerikaner findet seine Befriedigung in der Konsumentenrolle. Dies führt letztendlich zu einer materialistischen Denkweise, gefördert durch die Unverantwortlichkeit der Wirtschaft und des Handels. Der „Kunde König" ist eine Erfindung der Wirtschaft. Er kann die Ware immer weniger beurteilen. Der Kunde bewertet die Ware nach Oberfächengesichtspunkten. Unterstützt wird dieses Problem durch das Fehlen von Verbraucherschutz und durch die Beschränkung auf Produzenteninteressen. Warentests müssten umfangreicher durchgeführt und deren Ergebnisse veröffentlicht werden. Ein Weg wäre die Qualitätskennzeichnung der Ware und die Verwendung von Gütesiegeln.

Viele Waren haben im Laufe ihrer Geschichte hohe Statusverluste hinnehmen müssen wie z. B. Gewürze, Liköre und Kaffee. Aber auch Federbetten, die Kommode und Parkettböden sind vom Luxusgut zum Alltagskonsum übergegangen. Eine Ausbreitung des Konsums seit den 50er Jahren ist allgemein festzustellen. Dabei ist der demonstrative Konsum durch subtilere Formen des Verwendens von Statussymbolen abgelöst worden. Ein Kleid wird erst wirklich zum Kleid durch den Akt des Tragens. Produktion, Konsum, Distribution und Zirkulation sind sozial eingebettet. Lebensstile sind Formgeber und Steuerungsprogramme für den Konsum; sie sind regelmäßige Verhaltensmuster. Dabei ist eine Pluralisierung von verbindlichen Formen und kollektiven Regeln der Biografie und Lebensführung einerseits festzustellen, andererseits eine Differenzierung von Milieus und Lebensstilen.

Es gibt eine steigende relative Autonomie der Lebensstile. Zu ihnen gehören z. B. urbane Lebensstile und Mischformen zwischen Hoch- und Populärkultur. Der bisher realisierte Lebensstil als ein verinnerlichtes Lebensstilmuster und der angestrebte Lebensstil müssen nicht identisch sein. Lebensstile lassen sich lokalisieren. Entlang der Achse Lage, Milieu, Subkultur und Lebensstile steigt die Subjektivität der Perspektivität und zugleich der Handlungsspielraum der Akteure. Der Lebensstilansatz und die Ausstattung privater Haushalte mit technischen Mitteln und ihre Nutzung lassen sich korrelieren. Die Entwicklung des privaten Konsums ist mit familiendemografischen Faktoren eng verknüpft. Dabei ist der Konsum als eine Verhaltensweise zu charakterisieren. Es geht um die Entwicklung eines spezifischen Geschmacks. In diesen Zusammenhang lassen sich z. B. Ernährungsmuster spezifischer Gesellschaftsgruppen einordnen. Das manifestiert sich im Streben nach Status- und Sozialprestige. Hier handelt es sich zum Teil um einen imaginierten und hedonistischen Konsum. Der moderne Hedonismus ist gekennzeichnet durch eine Zuwendung zu Illusionärem, zu genussbringendem Tagträumen und zu Emotionen. Die Konsumsymbolik ist eine soziale und kulturelle Symbolik. In fast allen Kulturen fungieren Gegenstände als Medien zur Darstellung von Fähigkeiten, Eigenschaften oder der sozialen Stellung einer Person. Dies ist eine Gütersymbolik (Rosenkranz/Schneider 2000, 173–177).

Kompensation geschieht häufig in Form von Konsum. Genuss und Lustgefühle zu haben, wird in modernen Gesellschaften geradezu zur gesellschaftlichen Pflicht. Konsum dient also nicht allein der Bedürfnisbefriedigung, sondern hat eine durchaus symbolische Bedeutung (Rosenkranz/Schneider 2000, 183). Die Ausgaben für den Konsum hängen von der Familienstruktur eines Haushaltes ab. Die Unersättlichkeitstheorie widerspiegelt nicht die Realität. Die Bereitschaft der Konsumenten, immer neue materielle Güter attraktiv zu finden, ist nicht unbegrenzt. Kommerzialisierung ist die andere Seite des Konsums. Die Konsumgüter wurden zum Symbol des sozialen Fortschritts. In ihnen dokumentieren sich gewisse Werte und Bewusstseinswandel. Wertwandelprozesse können als Hinwendung zu Selbstentfaltungswerten verstanden werden. Dabei stellt sich die Frage, ob der Konsum auch zu einem

## 3.3 Transkulturelle Reflexion, Solidarität und Toleranz

nachhaltigen Konsum umgewertet werden kann. Bislang ist Güterwohlstand der wesentliche Ausdruck von Konsum. Es geht darum zu fragen, ob die Freizeit selber in ihrer Konsumstruktur erkannt werden kann. Dabei sind passiver und aktiver Konsum zu unterscheiden. Eigenarbeit und produktive Freizeit sind als Konsumgüter erst neu zu entdecken. Dabei sind der Überfluss und das Überflüssige zu unterscheiden. Demografische Daten und Kundenbedürfnisse ermöglichen ein demografisches Marketing. Auch eine entsprechende Angebotsgestaltung kann nachhaltigen Konsum vorbereiten.

Fragt man heute einen Westeuropäer nach der Motivation seines Strebens, erhält man nicht selten Anworten, welche Begriffe wie Selbstverwirklichung, Lebensqualität und Lifestyle beinhalten. Weder Glück noch Glückseligkeit sind käuflich zu erwerben. Wie steht es jedoch mit Wohlbefinden, Lebensqualität und Lifestyle? Kann man Lifestyle tatsächlich kaufen? Oder handelt es sich vielmehr um eine nicht wirklich zu kaufende „Aura", durch die Produkte mit Hilfe von Marketingstrategien „aufgeladen" werden? Unsere Lebensstile und Konsumgewohnheiten scheinen lokal und global betrachtet nicht nachhaltig zu sein. Wir verbrauchen begrenzte Ressourcen, als seien sie unbegrenzt vorhanden (Meinhold 2001, 7 f.). Insofern sind Konsummuster Jugendlicher zu beleuchten, um zu erklären, warum konsumiert wird. Es gilt den Versuch zu wagen, einige Hintergründe aufzudecken (Meinhold 2001, 11).

Lifestyle korreliert mit Konsum, insbesondere mit demonstrativem Konsum. Eine Funktion der Kleidung ist damit der öffentliche Beweis der Zahlungsfähigkeit, die auch als Machtdemonstration interpretiert werden kann (Meinhold 2001, 13). So lebt die Jeans vom Mythos der Stabilität der Trapper- und Cowboykleidung und von dem der Jugendkleidung des 20. Jahrhunderts. Auch das Handybeispiel zeigt, dass ein Teil des Lebensstils des Geschäftsmanns nun als Vorbild für den Jugendlichen dient und umgekehrt (Meinhold 2001, 16). Selbstverwirklichung und überindividuelle Wünsche stehen im Widerspruch (Meinhold 2001, 23). Lifestyle steht im Vergleich zu Lebensstil für eine noch weiter gesteigerte Veränderbarkeit und Oberflächlichkeit. Lebensstile weisen u. a. zwei ambivalente, gegenläufige, aber sich nicht gegenseitig ausschließende, sondern ergänzende Funktionen auf: Erstens Abgrenzung gegenüber Gruppen und zweitens Signalisieren bzw. Demonstrieren von Zugehörigkeit zu Gruppen. Diese beiden Faktoren treffen insbesondere auch für Lifestyle zu. Konsumgüter manifestieren ihren Gebrauchs- und Verbrauchswert in Kleidung und Körperpflege, Ernährung, Wohnen, Freizeit und Urlaub, Mediennutzung und kultureller Praxis. Im Konsum materieller Werte demonstriert sich die Funktion der Identitätsvermittlung, der Zugehörigkeit, Abgrenzung und Alltagsbewältigung. Lifestyle intendiert Selbstverwirklichung und ist ein (oberflächlicher) materiell-demonstrativer Stil des Konsums, ein „Styling" oder ein Gestalten von gewissen Augenblicken und Situationen bis hin zu ganzen Lebensabschnitten (Meinhold 2001, 25–27).

Konsum im allgemeinen Sprachgebrauch bedeutet Verbrauch, Verzehr, Genuss und kommt vom lateinischen Begriff „consumere". Das lateinische Wort hat ein enorm breites Übersetzungsspektrum, das von Nehmen, Ergreifen, (Kleider-) Anziehen, Kaufen, Mieten über (poetisch) geschlechtlich Genießen, Verbrauchen, Ausgeben, sich Aneignen, Gewinnen bis Wählen und Aussuchen reicht. Konsum umfasst profanen Verbrauch und glorifizierten Kult. Die Ökonomen definieren Konsum als Verbrauch und Nutzung (Gebrauch) materieller und immaterieller Güter durch Letztverwender (Meinhold 2001, 28 f.). Die puritanisch motivierte (normierte) Lebensführung, die innerweltliche Askese, impliziert eine Berufsethik, nach der die systematische und stetige Arbeit sowie der ökonomische Erfolg als von Gott gewollter und bestimmter Selbstzweck des Lebens verstanden werden muss und dadurch zur gesellschaftlichen Anerkennung und zum Sozialprestige führt. Es wird daher vermutet, dass diese asketische Konsumethik zunächst zur Akkumulation des Kapitals dient, worauf dann eine eher hedonistische Konsumethik zum zweiten Teil der wirtschaftlichen Beschleunigung führt. Da in der Industriearbeit keine Erfüllung mehr gefunden wird, dient diese lediglich als Mittel zum Zweck, also zum Erwerb von Gütern durch Kaufkraft. Arbeit dient nur noch dem Konsum, womit der Konsum zum einzigen Zweck der Arbeit wird (Meinhold 2001, 38 f.).

Jene von Erich Fromm beschriebene Existenzweise des Habens, die sich am Konsum orientiert, scheint letztendlich für unsere ökologische Problematik verantwortlich zu sein (Meinhold 2001, 66). Eine klassische Konsumerziehung setzt bei der Aufklärung in den Konsumbereichen Ernährung, Outfit, Wohnen, Technik, Freizeit an und sucht direkten Einfluss auf das Konsumverhalten Jugendlicher zu nehmen (Meinhold 2001, 73). Als Konsequenz der Hintergründe des jugendlichen Konsumverhaltens erscheinen drei mögliche pädagogisch-didaktische Ansätze als Grundlage für eine weitere Diskussion denkbar, die unter Umständen untereinander kompatibel sind:

(1) Verbesserung der Kritikfähigkeit und Kompetenz gegenüber Werbung und kurzsichtigem Konsum.
(2) Integration von Grundhaltungen oder der humanistischen Psychologie in konventionelle pädagogische Ansätze.
(3) Vermittlung praktisch anwendbarer ethisch-philosophischer Grundbildung als Anhebung der Lebenskompetenz (Meinhold 2001, 81).

Steven Miles begreift Konsumismus als Religion im Kontext von sozialem, ökonomischem und kulturellem Wandel. Der Konsum ist die Verwendung und der Gebrauch von Gütern. Der Konsumismus ist die Struktur unseres alltäglichen Lebens. Dabei ist auf die Erfahrung des Konsumierenden zurückzugreifen. Voraussetzungen für den Konsumismus sind die Massengesellschaft, der Fordismus und die Massenproduktion. Standardisierung ist die Voraussetzung für billigen Massenkonsum, für den Konsum auch durch die Arbeiterklasse. Der Konsumismus muss auch von der Entfremdung durch Konsum ausgehen. Ansatzpunkt ist zunächst das Konsumverhalten der Neureichen. Eine eigentliche Soziologie des Konsums beginnt aber erst in den 80er Jahren. Die postmoderne Kultur und die Konsumideologie greifen in gewisser Weise ineinander. Die Anthropologie bietet einen sowohl kulturellen wie ökonomischen Zugang zum Thema Konsum. Dabei wird häufig auf den nichtgestaltbaren Konsumenten zurückgegriffen. Konsum gilt als wesentliches Kulturmuster, wobei die Paradoxien der Konsumentenerfahrung berücksichtigt werden müssen.

Design spielt in der Tat die Schlüsselrolle bei der Beibehaltung der Konsumideologie. Lifestyle ist markiert durch Indikatoren für sozialen Status. Man kann in diesem Zusammenhang von einer Cola-Kolonialisierung sprechen. Es geht um die Werte Selbstbewusstsein und Autonomie. In dieser Art von sozioökonomischem Klima entstand Konsumideologie als eine bestimmte Art des Lebens (Way of Life; Miles 1998, 39). Zu dieser gehören der Walkman, die Jeans, die Pop-Kultur und der kulturelle Wert von Designerkleidung. Es kommt auf die Bedeutung dieser Waren an, auf die Intention, die durch das Design diesen Waren aufgeprägt wurde. Daher gilt Design als zynische Form der Werbung. In diesem Zusammenhang ist von einer Verantwortlichkeit des Designers auszugehen, denn das Design muss sozial und nützlich ausgerichtet sein. Es müsste sogar ein grünes Design geben. Jedenfalls hätte ein solches Design die kreativen Fähigkeiten des Konsumenten hervorzuheben. Dagegen zeugt die Realität von einer ideologischen Konstruktion der Konsumideologie als eines Lebensstils (Miles 1998, 49). Der Flächenverbrauch des Konsums inklusive der Kulturindustrie sind wie die anwachsende Rolle des Konsums im Leben der Stadt nicht zu leugnen. So lässt sich die Entwicklung unserer Städte als Konsumzentren beschreiben. Inbegriff des Konsums ist die Shopping Mall. Dort herrscht eine kontrollierte Umgebung, garantiert durch Sicherheitskräfte. Malls sind Zentren sozialen Lebens und einer kommunikativ erscheinenden Pseudoöffentlichkeit. Sie lässt sich auch im Stile einer Disney-World inszenieren.

Das Internet begünstigt Konsum. Kleidung, Mode und Massenproduktion führen zu einer Konsumentenmode. Auch Pop-Musik-Industrie und Videos verstärken Probleme der modernen Kulturindustrie. Außerdem wird in zunehmendem Maße die Beziehung zwischen der populären Musik und der kapitalistischen Produktionsweise diskutiert. Die Geschichte der Tanzmusik und der DJs zeigt, dass selbst nichtpolitische und eskapistische Formen des Alltagslebens im Sinne des Konsumismus zurückgebunden und verwendet werden können. Auch zum Teil antikommerzielle und revolutionäre Inhalte lassen sich konsumistisch weiter verwenden. Dabei ist die Kreativität in unvermeidbarer Weise durch die Anforderungen des Marktes gezähmt. Häufig kommt es zur Herabwürdigung der weiblichen Subjektivität und Sexualität. Auch die Kommerzialisierung des Sports ist eine Form der Konsumideologie. Das Amateurideal der Olympischen Spiele und die kapitalistische Entfremdungsform kommen zusammen und überlappen sich. So kommt es zum Sponsorentum und zur Kommerzialisierung der Olympischen Spiele. Die TV–Vermarktung des Sports ist eine Weise der Konsumideologie. Die investierten Mittel müssen sich amortisieren. Kommerzielle Werte dringen in den Sport ein (Irrgang 2004b). Das Fernsehen führte zu einer Kommerzialisierung des Sportes. Dabei entsteht ein finanzielles Klima und ein finanzieller Hintergrund des Sportes und erzeugt einen Zwang zum ständigen Gewinnen Müssen des Spiels.

Das Konsumparadox zeigt auf, dass Konsum eine Vision der Mittelklasse ist. Konsum zwänge und die Ideologie der Freiheit des Verbrauchens stimmen nicht zusammen. Die Vorstellungen vom Konsum sind wichtiger als der Konsum selbst. Insofern kann von einer ideologischen Funktion des Konsums gesprochen werden. Die Konsumideologie manipuliert den Verbraucher und führt zu einer Trivialisierung der Kultur. Ideologien müssen gelebt und nicht nur durchdacht werden. Dabei arbeitet die Konsumideologie auf der Basis des kollektiven Unbewussten. So werden die ideologischen Imperative des Kapitalismus deutlich. Der Konsumismus ist dabei eine Arena des Konfliktes. Wir zeigen unsere soziale Bedeutung durch das, was wir konsumieren. Konsum ist ein Kulturmuster, das auf ständiger Erneuerung und Veränderung des Ambiente beruht. Der Konsument gilt als schwer erziehbar, gerade in dem Punkt der Neuerungssucht, auf dem die Wegwerfmentalität ja beruht. Aber ist eine Erziehung, orientiert an Konservierung und Bewahrung, denn wirklich wünschenswert? Andererseits führt die Orientierung an der Werbung und den Moden zum außerordentlichen Veralten und zum Wegwerfen gebrauchsfähiger Güter. Eine Antwort wäre, den Markt für Gebrauchtes neu zu organisieren. Dazu aber müsste der Wert des Gebrauchten erst einmal neu verstanden werden.

Die Konsumideologie hat in gewisser Weise zum Negativimage von PR und Werbung geführt. Man fasst Werbung als Manipulation und falsche Information auf. Die Hinhaltetaktik oder Ablenkungsmanöver bei Umweltskandalen sind eine der möglichen Ursachen für diese Identifikation. PR wird von vielen fälschlicherweise als ein Teil der ökonomischen Moral angesehen. Aber es spricht nichts dagegen, wenn ethische Argumente und moralisch vorbildliche Fälle im Rahmen von Werbung (PR) verwendet werden. PR ist damit nicht nur Werbung für Produkte, sondern auch die Schaffung einer entsprechenden Atmosphäre für den Konsum. PR und der Diskurs über die Vertrauenswürdigkeit von Unternehmen bzw. Personen spielen sich auf der moralischen Ebene ab und entgleisen oft ins Moralinsaure. Davon zu unterscheiden ist der technikethische Diskurs über Technikgestaltung. Insofern ist eine Erziehung zu bewusstem Konsumverhalten im Sinne der Nachhaltigkeit wünschenswert und letztendlich auch zu realisieren.

Die Reflexion über die anthropologischen Implikationen von Mode und von Modestilen erfordert den Hinweis auf ein engeres und weiteres Modeverständnis. Gerade das weitere Modeverständnis auf der Basis eines anthropologischen Ansatzes geht davon aus, dass es Mode nicht erst seit der kapitalistischen Wirtschaftsordnung gibt, sondern in früheren Gesellschaften sich bereits manifestiert hat, aber in gewisser Weise immer an einen bestimmten Reichtum gebunden war. Die Konstanz des Phänomens eines Wechsels des Stiles und der Mode ist bemerkenswert. So gibt es Bestrebungen, Mode als Mythos im Sinne von Lifestyle zu verkaufen. Lifestyle bezeichnet einen Stil des Konsums, während das deutsche Wort Lebensstil das Format der Lebensführung umschreibt. Dabei muss man sich fragen, was hinter der Mode steckt.

In der Mode manifestiert sich Sinnsuche, Selbstverwirklichung und eine Ästhetisierung des eigenen Ichs im Sinne der Inszenierung. Im Alltag erfolgt eine Ästhetisierung durch Mode sehr häufig. Diese betrifft die Kleider oder die Fülle des Leibes, den Körper, die Seele und den Geist, wobei bei einer modischen Selbstinszenierung von Seele und Geist sicher Zweifel angebracht werden können. Der Dandy z. B. steht für Jugend und Unsterblichkeit und ist heute ein weitverbreitetes Ideal. Insofern ist es wichtig, nach konsumpädagogischen Ansätzen zur Nachhaltigkeit zu fragen. Es geht um eine Überwindung der Entfremdung und eine Selbstwertsteigerung durch Konsum. Dabei ist die Neuerungssucht oft kurzsichtig zu nennen. Mode kann als das bezeichnet werden, was verkauft wird. In der Relikthaftigkeit des Mülls und seiner unerwünschten Materialität tritt das Natürliche artifiziell transformiert wieder ans Tageslicht und fordert seinen Tribut. Nachhaltiger Konsum muss so gestaltet werden, dass Müll vermieden wird, dass Verbrauch zum Gebrauch wird, wobei die Grundmaterialien im Wirtschaftsprozess weitgehend an den Kreislauf zurückgegeben werden.

Aufgrund einer Anthropologie des Konsums kann man davon ausgehen, dass Menschen aus drei eingeschränkten Gründen Güter kaufen: Materielle Wohlfahrt, seelische Wohlfahrt und die Verfügung über Güter. Die Mythen des Konsums gehen aus vom „homo oeconomicus" und der rationalen Wahl, also von einem individualistischen Modell. Die Anthropologie des Konsums geht aber davon aus, dass Güter Teil eines Lebensstils sind. Die Technologie der Konsumorientierung hat sich insgesamt verändert und damit auch der Lebensstil gewandelt. Man muss den Konsum zurück in den sozialen Prozess versetzen, dem er entstammt. Es geht darum, den wesentlich sozialen Charakter der Nachfrage aufzudecken. Dabei gibt es Konsumrituale, die mit dem rationalen Konsumenten nichts zu tun haben. Insgesamt ist Kritik am methodologischen Individualismus der Konsumorientierung zu üben. Die Nachfragetheorie unterstellt Bedürfnisse, Wünsche, technologische Erwartungen und Hygienevorstellungen als Ursache für Nachfrage. Dabei ist die Möglichkeit für die private Akkumulation von Gütern zu berücksichtigen. Auch hier greift ein strenger Individualismus ins Leere. Es gibt vollständig nutzlose Güter. Und es gibt den kulturell vermittelten Druck, zu konsumieren.

Das Konsumverhalten ist auf seine technologische Basis zurückzuführen. So ist ein normativer Konsum insbesondere für die Haushaltsproduktion nicht zu leugnen. Eine anthropologische Definition des Konsums unterstellt, dass die Wahl des Konsumenten zumindest prinzipiell frei ist und dass Konsum eine private Tatsache ist. Allerdings sind die Hinterlassenschaften des Konsums keineswegs bloß privat. Die Konsumentscheidungen entstehen auf der Grundlage der Gegenwartskultur und sind gekennzeichnet vom Wertewandel. Sie hängen ab von der Verteilung des Familieneinkommens und der Familienressourcen. Der Konsum ist zudem abhängig vom Markt (Douglas/Isherwood 1996, 36 f.). Insbesondere bei der Nahrung ist ihre kulturelle Bewertung von Bedeutung und definiert die Umstände des Konsums. Bei Diensten sind bezahlte und unbezahlte zu unterscheiden, Marktleistungen und nicht marktfähige Leistungen. Speisen und Gäste sind wichtig für eine Anthropologie des Konsums. Der Luxus von gestern wird heute zur Notwendigkeit nicht zuletzt angesichts der Verbreitung von Technologien. Eine sozialanthropologische Perspektive weist darauf hin, dass wir die Güter haben können, die unsere Freunde auch haben.

Die Individualisierung hat das Leben für den Verbraucher kompliziert gemacht. Eine Konsequenz ist die Ökonomisierung des Haushaltes. Städtisches Leben ist insgesamt technisch aufwendiger. Also haben wir die Aufgabe, den Konsum effizient zu organisieren. Dies bedeutet, den Erwerb von Gütern zu ordnen und zu organisieren. Der Lebensstandard hängt davon ab, inwiefern wir persönliche Verfügbarkeiten über Güter haben und er hängt ab von der Eigenschaft der Güter, über die wir verfügen. Die neuen technologischen Hilfen haben zu neuem Sozialverhalten geführt, z. B. bei der Durchführung häuslicher Partys und der Entscheidung über die Anzahl der Gäste und die Art und Weise, wie wir diese bewirten. Die Besuchsfrequenzen und die Anzahl der Gäste sind abhängig von unserem sozialen Status, von unseren Konsumgewohnheiten und von unseren technologischen Hilfen. In unserem Alltag bewerten wir Konsumereignisse. Die soziale Differenzierung durch Nahrungsmittel, die wir verbrauchen oder Gästen anbieten können, ist von zentraler Wichtigkeit. Auch der Lebenszyklus eines technischen Produktes sagt etwas über unsere soziale Stellung aus.

Die Versorgung mit technischen Gütern ist abhängig vom Reichtum einer Familie. Und es ist eine Frage, wie wir das Einkommen auf bestimmte Marktdienste verteilen. Insgesamt ist eine sozialanthropologische Beschreibung des Konsums wichtig. Es handelt sich um die Beschreibung der Frequenz sozialer Aktivitäten. Zentral ist dabei die Frage nach Geld und der Verfügung über Eigentumsrechte. Hier ist zu unterscheiden zwischen Prestigegütern und Haushaltsgütern. Nicht zu leugnen ist die technologische Verknüpfung der Verbraucher sowie die soziale Verknüpfung der Verbraucher durch technologische Güter. Dabei entwickelt die sozialanthropologische Betrachtung eine Konzeption eines allgemeinen Lebensstiles, der auf Konsum, Einkommen und Beschäftigung beruht. Letztendlich ist zu konstatieren, dass die Anthropologie zwar Probleme beschreibt, diese aber selbst nicht löst. Sie stellt den Gebrauch der Güter in den Vordergrund.

Die Konsumenten wissen, wie man sensible Wahlentscheidungen trifft. Sie sind mit dem Problem der effizienten Allokation von Ressourcen genauso vertraut wie mit Werten. Hier ist das Kapital des Konsumenten zu suchen. Um den Verbrauch zu organisieren, bedarf es bestimmter Fähigkeiten im Sinne von Verbrauchsroutinen. Routinen sind notwendig für den Verbrauch, für die Organisationsstruktur des Konsums. Dabei sind die den Beziehungen zwischen Produzent und Verbrauchern zugrunde liegenden Regeln besonders interessant. Verbraucher organisieren ihren eigenen Konsum. Die Unfähigkeit, neue, attraktive Situationen zu erfahren, könnte einhergehen mit der Erfahrung, ein Ziel nicht zu erreichen, was zu Frustrationen führen kann. In diesem Sinn sind der Lebensstil der Reichen und der der Armen zu unterscheiden. Dabei ist es wichtig, ein gewisses Sensorium für ungewöhnliche Situationen zu entwickeln. Wenn es darum geht, ob entweder ein neues Unternehmen angefangen werden soll oder zwischen zwei rivalisierenden Aktivitäten gewählt werden muss, haben Konsumenten zu entscheiden, worin ihre eigenen Optionen bestehen. Dabei liegen bestimmte Verhaltensmuster und Verhaltensparadigmen zugrunde (Bianchi 1998, 128–133).

Im Zusammenhang mit der Konsumgesellschaft sind gewisse Mythen kritisch zu hinterfragen. Der erste Mythos besteht darin, dass Massenkonsum globale Homogenisierung oder globale Heterogenisierung hervorbringt, z. B. im Sinne eines weltweiten Amerikanismus. Aber Konsumkultur ist ein Aspekt einer weltweit sich vollziehenden kulturellen Erosion als solcher. Der zweite Mythos hält Konsum der Soziabilität für entgegengesetzt. Konsumismus ist nicht identisch mit anwachsendem Materialismus und anwachsender Inhumanität. Der dritte Mythos sagt, dass Konsum der Authentizität entgegengesetzt sei und dass Konsumismus zu einem Verlust an Autonomie führe. Konsumentenkultur und Massenkonsum haben gewisse Risiken eines Verlustes an Autonomie, andererseits kann richtiger Konsum eigene Identität und Autonomie durchaus stärken. Der vierte Mythos besagt, dass Konsum spezifische Arten von sozialen Wesen fördert. Aber Konsum führt nicht notwendigerweise zu einem Individualismus, zu Hedonismus und einem elitären Bewusstsein (Miller 1995, 21–27).

Die Hausfrauenrolle wird mit Konsum identifiziert und es ist die Macht zu berücksichtigen, die aus dem Konsum kommt. So ist eine gewisse Politisierung des Konsums oder eines progressiven Konsums festzustellen. Konsum ist ein relativ eigenständiger und pluraler Prozess einer kulturellen Selbsterzeugung (Miller 1995, 41). Die grüne Bewegung wird im Allgemeinen als eine Antikonsumbewegung angesehen. Aber in vieler Hinsicht ist eine realistischere Sichtweise der grünen Bewegung als Aufforderung zum und Suche nach neuen Formen des Konsums erforderlich. Insgesamt ist eine anwachsende Macht der häuslichen Moral zu verzeichnen. Die wachsende Bedeutung des Konsums in einer globalisierten Welt sowohl wie in der Regionalisierung und Lokalisierung der Werte ist nicht zu leugnen. Ein anthropologisch lebensweltlicher Zugang zum Konsumthema wird empfohlen (Miller 1995, 51).

Am Anfang der 60er Jahre stand die Psychologie der Manipulation im Vordergrund. In den 80er Jahren entwickelte sich eine Sozialanthropologie des Konsumverhaltens mit interdisziplinären Konferenzen über das neue Konsumverhalten. Hier wurde insbesondere der Symbolismus des Konsums im Hinblick auf Eigentum und Besitz hervorgehoben. Konsumrituale und Konsumfeste wie Weihnachten wurden in den Mittelpunkt gestellt. Es gibt auch ein disfunktionales Konsumentenverhalten wie z. B. den Alkoholmissbrauch. Auf der anderen Seite sind Schenken und Geschenke von Wichtigkeit. Shopping und die Auswahl beim Kauf von Gütern sind zu berücksichtigen. Kulturelle Leitbilder im Hinblick auf den Gebrauch von Nahrungs- und Genussmitteln und zu dem Gebrauch vielfältiger materieller Güter verändern auch das Konsumentenverhalten. So ist der Jugendkult eine bestimmte Form des illustrierten Konsumismus wie der moderne Tourismus. Er ist eine Aktivität des Konsumismus (Miller 1995, 118).

Produktion und Konsum sind untrennbar miteinander verbunden. Sowohl die Produktion wie der Konsum sind geschlechtsspezifisch gekennzeichnet, und Geschlechtsunterschiede haben sowohl die Konstruktion wie die Produktion im Hinblick auf Manufakturen und Industrien beeinflusst, aber auch das Kaufen und Verkaufen. Geschlechtsspezifisch unterschiedlich sind die Wege, in denen wir etwas machen, verteilen und Dinge gebrauchen. Hinter Männlichkeit und Weiblichkeit stehen kulturelle Konzepte. Der Glaube, dass der Kauf von Dingen zur weiblichen Sphäre gehört, unterstellt eine strenge Verbindung zwischen Frauen und Konsum (Horowitz/Mohun 1998, 7–9). Aber das Einkaufen in den Oberschichten ist zurückzuführen auf eine Konsumrevolution des 17. und 18. Jahrhunderts. Hier entstehen zwei Kulturen: eine puritanisch geprägte und eine verschwenderische Konsumkultur. Eine Männlichkeit der Produktion ist insbesondere seit der Industriellen Revolution zu verzeichnen. Eine geschlechtliche Trennung von Produktion und Konsum und Männlichkeit der Technik entsteht ebenfalls mit der Industriellen Revolution. Traditionell weiblich ist die Nahrungsmittelzubereitung und so entstehen die Haushaltstechnologien. Damit werden Frauen als passive Opfer von Technologie angesehen. Es gibt eine Sphäre der Frauen und ihr technologisches Design. Die Pflichten in der industriellen Produktion und im Haushalt verteilen sich neu. Maschinen waren meist männliche Technologien. Die Erzeugung einer Konsumgesellschaft ist ein weiter fortschreitender Prozess (Horowitz/Mohun 1998, 32).

Der Wert von Häusern nimmt langsamer ab als der der meisten Dinge. Häusern wird größere Haltbarkeit zugesprochen. Aber die Haltbarkeit eines Hauses ist nur ein Nebenprodukt. Außerdem gibt es Erhaltungskosten von Häusern, die sich z. B. von denen von Kathedralen durchaus unterscheiden können. Dabei hängen die Erhaltungskosten von dem als vernünftig erachteten Gesamthaltungsaufwand und der erwarteten Lebensdauer ab. Veralten ist also das Ergebnis einer Wechselbeziehung zwischen der Gestalt des Gebäudes, die zur Zeit des Baus weitgehend festgelegt ist, und zwei Einflussfaktoren, die sich im Zeitablauf ändern. Die eine davon ist die Technologie, die andere die Mode. Das Fortschreiten der technologischen Entwicklung wird als irreversibel und linear unterstellt. Dabei können technologische Entwicklungen und Mode in ganz unterschiedlichem Maße am Prozess des Veraltens beteiligt sein (Thompson 1981, 64 f.). Häuser der Kategorie des Dauerhaften scheinen für die Reichen der gehobenen Mittelschicht und die Angehörigen des kleinen Kreises der Oberschicht bestimmt zu sein. Wenn man heute das Äußere eines Hauses entschlüsselt, kann man nicht mehr mit der gleichen Sicherheit wie noch vor 10 Jahren die soziale Identität der Bewohner vorhersagen. Nicht zuletzt ist das ein Problem der Stadtsanierer. Diese haben die Macht, Dingen Dauerhaftigkeit zu verleihen. Dabei wird immer deutlicher, dass wir den Abfall ohne einen revolutionären Wandel unserer Gesellschaft nicht mehr loswerden können (Thompson 1981, 87).

Unabhängig von seinem Gebrauch läuft die ökonomisch symbolische Auszehrung des Gebrauchswertes eines Objektes. Abfall ist das negative Surplus der Warenproduktion, der bislang mit Entsprachlichung belegte Teil der externen Effekte (Faßler 1991, 186). Gebrauch lässt sich dabei als konventionalisierter Selbstzweck, als Medium der Vergangenheitsbildung und als Be- oder Vernutzung konstituieren. Gebrauch ist kulturell durchsetzt. Der Edelstein oder das Edelmetall sind eine soziale Konstruktion. Die soziale Regulierung des Verschwindens muss für manche Bereiche konstruiert werden. Abfall wird sichtbar, wird zur schweigenden Bedrohung. Ein immer rascher erfolgendes Altern von Technologien beschleunigt die Abfallbildung. Abfall ist ein innergesellschaftlich definiertes und gesellschaftsdefinierendes Ordnungsmuster hoher Beweglichkeit. Als Zustandsbestimmung ist Abfall instabil. Abfall ist Materie am falschen Nutzungsort. Die Abfalldrohung zehrt an der Imagination der Autonomie, sie führt zurück in die trügerische Banalität des Alltags. Das öffentliche Ideal der Schmutzferne kombiniert mit der Vergänglichkeits- bzw. Abfallhierarchie erzeugt ein Problem. Abfall ist nicht reduzierbar auf Verunreinigung und ihre Vermeidung. Abfall ist eine Wahrnehmungskategorie (Faßler 1991, 198–201).

Die Grenzen zwischen sinnvollem und sinnlosem Konsum sind kaum objektiv zu bestimmen. Freiwilliger Konsumverzicht ist scheinbar eine Utopie. Dazu ist der derzeitige Lebensentwurf nahezu unverändert und uneingeschränkt attraktiv. Vor diesem Hintergrund ist die Frage sicher berechtigt, warum wir uns eigentlich so wundern, dass so viele Menschen in der zweiten und dritten Welt diesen Lebensentwurf ebenfalls attraktiv finden (Schenkel 1993, 29 f.). Dabei geht es Hermeneutischer Ethik nicht um die Predigt neuer Askese, sondern um Konsum-Reflexions-Kultur. Das eigene Leben sollte nicht vom Konsum bestimmt werden. Die Ansammlung materieller Werte ist nicht das Ziel von Selbstgestaltung. Die Suche nach dem eigenen Stil sollte nicht von Moden und außengelenkt sein, sondern nach kulturell eingebetteten eigenen Mustern erfolgen. Konsum ist nicht an sich sittlich verwerflich, außer er dominiert ein ganzes Leben und wird zur Suchtstruktur. Vor allem sollte Konsum sozial und nachhaltig orientiert sein.

Wissenschaft und Technik haben die Hoffnung auf Befreiung von Hunger, Schweiß und Krankheit mit sich gebracht, aber sie nicht immer eingelöst. Technologischer Fortschritt bietet konkrete und leicht messbare Indikatoren für Veränderung und Fortschritt, denn die Funktionsfähigkeit technischer Artefakte lässt sich mit dem Gelingenskriterium leichter bewerten als der Wert einer Idee oder dergleichen. Technologische Innovationen führen Menschen und Material zusammen, Normen und Praktiken, Institutionen und Leitbilder, um daraus Dinge zu produzieren, die auf mehr als nur lokalen Ebenen wirken. Im Konzept der Modernität wurden Entwicklungsversprechungen gemacht, die sich an vergangenen Entwicklungsstufen orientiert haben. Das Ergebnis zeigt uns nun, dass unser Ziel nicht darin bestehen kann, mehr oder exakter zu planen. Das umfangreiche Planungsgeschehen und die entsprechende Planungsmethodik, sei sie material, ökonomisch oder sozial, sollte mit Vorsicht herangezogen werden, sollte mit Respekt für Zufälligkeit der Realität angewandt werden. So brauchen wir also ein völlig neues Modell von Modernität. Das Fehlen eines weltweiten Konsenses über technischen Fortschritt macht sich hinderlich bemerkbar bei der Realisierung von Modernisierung. Es gibt weltweit weder zwei Kulturen, noch kompensieren die Humanwissenschaften kulturelle Sinndefizite technischer Modernisierung. „Technologie-(Reflexions)-Kultur" ist als Teil einer Strategie zur demokratischen Ausrichtung und Gestaltung der Technologieentwicklung weltweit zu institutionalisieren (Irrgang 2006).

Gemäß einer evolutionär-kulturellen Betrachtungsweise technischer Entwicklung im Rahmen kulturell-gesellschaftlicher Entwicklung (Irrgang 2002a) erzeugen Innovationen Adaptations- und Akzeptanzprobleme. Anpassungsstrategien und Akzeptanz sind in Regelkreisläufen miteinander verbunden (Irrgang 2006). Die Wissenskonzepte des technischen

Fortschritts beziehen diesen auf exogenes Wissen. Dabei wurden in letzter Zeit Embodyment-Konzepte des technischen Fortschritts gebildet, in denen das Konzept des faktorgebundenen technischen Fortschritts eingeführt wurde. Es unterscheidet sich vom investitionsinduzierten technischen Fortschritt und bezieht sich auf eine technische Dynamik und auf technisches Wissen. Investitionen vermehren ständig das Wissen und die Erfahrung und lassen sich durch forschungsinduzierten Fortschritt ergänzen. Hinzu kommt ein nachfrageinduzierter Fortschritt durch Befriedigung neuer Bedürfnisse. Ergänzend müsste ein angebotsinduzierter Fortschritt hinzugenommen werden. Gemäß diesem Modell ruft technisches Wissen technischen Fortschritt hervor. Innovationsrisiken gibt es nur bei hohen Gewinnerwartungen. Kleine, innovative Firmen verändern hier die Marktstruktur durch technikwechselinduziertes Suchen, Imitation, Investitionsmanagement und Eintrittsmöglichkeiten in den Markt. Die Frage nach dem Zusammenhang von technischem Fortschritt und ökonomischem Wachstum ist hier geklärt. Allerdings sollte man sich von einem zu engen ökonomischen Verständnis von Nachfrage lösen (Huisinga 1996).

Als kulturbildende Kraft hat die Technik die Potenz zur Mythenbildung und zur Ideologie. Die Effektivität moderner Produktivität bietet dem Konsumismus eine Ideologie quasi an. Das Ende der Ideologien führt zu ihrer Ablösung durch eine weltumspannende neue Ideologie technischer Perfektionierung als Mythos der Effektivität der Technik. Die größte Legitimationsproblematik weisen Technologien als wechselseitige Überführungen von Wissenschaft und Technologie ineinander auf, weil sie die größte und umfassendste Form von Technokratie begründen können. Sie können sich auch als antidemokratisch zeigen. Technik und Wissenschaft als solche können nicht demokratisch gemacht werden, aber was sich demokratisch legitimieren lässt, sind die Handlungsziele, die Wissenschaft und Technik realisieren sollen. Technokratie stellt sich dar als wissenschaftliche Politik und zwar autoritär durchgesetzt. Aber nicht jede Form einer wissenschaftlich begründeten Politik muss autoritär durchgesetzt werden. Technik als Wagnis ist die These vom Ende der Technokratie und der Beginn der verantwortbaren Gestaltung technischer Entwicklung. Aber oftmals konstituieren sich im Prozess technischer Entwicklung Handlungsziele aus dem technischen Handeln selbst. Keine Gesellschaft kann eine derartige Konstitution des technischen Handelns und technischer Ziele „persönlich" verfolgen. So entsteht in vielfacher Form Misstrauen gegenüber der technischen Entwicklung. Daher versucht man Legitimation technischer Entwicklung durch Verfahren, Rollen und Verantwortungszuschreibungen zu beeinflussen.

Die meisten Gestaltungstheorien wollen der Technik Grenzen ziehen, nicht die Technologie transformieren. Üblich sind die Formulierungen von moralischen Grenzen, die die Rückkehr zu einer neuen Einfachheit propagieren. Allerdings muss man auf die Begrenztheit moralischer und politischer Grenzziehungen hinweisen. Die westliche Theorie besagt, dass alternative Formen der Technologisierung (in anderen Kulturen und Gesellschaften) nicht möglich sind. Feenbergs kritische Theorie der Gesellschaft geht von einer freieren Gesellschaft aus, die durch eine neue Technologie eine Befreiung der Menschheit und der Natur anstrebt (Feenberg 1991). Nach der Technologie-Zivilisation als Expertokratie taucht eine Kultur der Verantwortlichkeit auf, wobei die Frage nach der Partizipation der Massen zu beantworten ist. Die Technologie bleibt die treibende Kraft in der Entwicklung der Industriegesellschaft, in der politische und technische Faktoren miteinander vermischt werden. Gemäß der substantiven Theorie der Technologie verkörpern Werkzeuge und Maschinen Werte. Es ist allerdings genau genommen der Umgang mit ihnen.

Technisierung geht einher mit Fragmentierung der Gesellschaft, Fragen der Modernisierung und der Kulturentwicklung entstehen. Wir empfinden unsere eigene Kultur als natürlich, die anderen als unnatürlich. Der technologische Determinismus berücksichtigt die Variationsbreite sozialer Systeme nicht. Kultur spielt im technischen Determinismus keine große Rolle. Er behauptet eine Techno-Logik. Mit einer kulturalistischen Theorie im Hintergrund kann die Idee einer alternativen Technologie entwickelt werden. Anderseits gibt es auch ideologische Forderungen von Technologien. So kommt es zu einer Transformation von Werten in sozio-kulturelle Fakten. Hinter der Auseinandersetzung um Werte verbergen sich soziale Auseinandersetzungen. Der technische Determinismus definiert technologischen Fortschritt zu sehr durch technisch-soziale Kriterien. Der Technologietransfer ist mehr als ökonomischer Austausch. Das Sowjet-System übernahm mit dem Technologie-Transfer viele westliche kulturelle Werte (Feenberg 1991). Der Kommunismus betonte den Einfluss des Politischen in der Technologieentwicklung, das kapitalistische Modell den Einfluss der Ökonomie. Das pluralistische Modell geht von politischen, technischen und ökonomischen Entwicklungsfaktoren aus.

Die Verteidiger der Moderne bestehen auf der moralischen Bedeutung einer Fortsetzung der Emanzipation, die in der Zeit der Aufklärung begann und in einigen Erdteilen heute immer noch in Gang ist (Toulmin 1994). Der Glaube an eine moderne Rationalität geht dem Ende zu. Es handelt sich um den Gedanken, mit einer „tabula rasa" neu anzufangen, der für europäische Denker eine ebenso wiederkehrende Beschäftigung war wie die Suche nach der Gewißheit selbst. Mit der Französischen Revolution wurde der radikale Neubeginn zur politischen Methode. Aber Revolutionen fangen nicht mit einem Nullpunkt an und entwickeln darum auch eine je eigene spezifische Dialektik. Insbesondere für die Amerikaner war der Traum von einer „tabula rasa" faszinierend, weil sie die Tyrannei und Verderbnis der traditionellen europäischen Gesellschaft hinter sich gelassen hatten und in einen neuen Kontinent aufgebrochen waren.

Heute können wir uns weder an die Moderne in ihrer historischen Form klammern noch sie völlig ablehnen. Aufgabe ist vielmehr, unsere vererbte Moderne zu reformieren, ja richtig wieder herzustellen, indem wir sie humanisieren und dabei eine Naturphilosophie entwickeln, die auch ökologischen Belangen gerecht wird. Dazu muss die Einsicht wachsen, dass die Natur nicht einfach aus neutralen Hilfsquellen besteht, die wir zu unserem Nutzen ausbeuten können, sie ist ebenso auch unsere irdische Wohnung. In theoretischer Hinsicht hatte die Moderne drei Grundlagen: Gewißheit, formale Rationalität und das Streben nach einem Neuanfang mit der „tabula rasa" (Toulmin 1994). Nun kommt es zur Wiederherstellung der praktischen Philosophie. Die Ökologie wirft nicht bloß utilitaristische, sondern auch kosmologische Fragen auf, vor allem aber kulturphilosophische. In einer ökologischen Kosmopolis geht es um die Suche nach anpassungsfähigeren Wegen zur Befriedigung unserer menschlichen Bedürfnisse. Dabei kommt es zu einem Wiederaufleben der skeptischen Toleranz des Renaissance-Humanismus. Verschiedene Wege sind möglich, um eine ökologisch orientierte Gesellschaft zu realisieren, wobei lokale Kontexte mit einbezogen werden sollen.

Für die skeptischen Humanisten des 16. Jahrhunderts war die Hauptforderung, dass alles Denken und Verhalten vernünftig sein sollte. Das bedeutete einerseits Bescheidenheit bezüglich der eigenen Fähigkeiten und Selbstkontrolle bei der Selbstdarstellung. Wir sind in eine neue Phase der Geschichte der Moderne eingetreten und müssen Wissenschaft und

Technik zu humanisieren versuchen und die Ziele der praktischen Philosophie wieder zur Geltung bringen. Die Verführung der Hochmoderne lag in ihrer abstrakten Reinheit und theoretischen Einfachheit. Diese beiden Eigenschaften machten die Nachfolger Descartes blind für die unvermeidlichen Komplexitäten der konkreten menschlichen Erfahrung. Wir stehen nun im Übergang von der 2. zur 3. Phase der Moderne und vor der Aufgabe, realistische Zukunftsmöglichkeiten zu definieren (Toulmin 1994).

Ulrich Beck hat ebenfalls ein Programm der reflexiven Modernisierung entworfen. Während das 19. Jahrhundert – so Ulrich Beck – vom „Entweder – Oder" regiert wurde, ist das Kennzeichen des 20. Jahrhunderts das Wörtchen „Und". Zweihundert Jahre nach dem Sturm auf die Bastille geschieht der Reaktorunfall von Tschernobyl und der Zusammenbruch der Berliner Mauer, die friedliche Revolution von 1989, die aus dem Nichts kam und bis heute unerklärlich ist. Viele ängstigt das Globale und Diffuse, die Konturlosigkeit und das „Und". Dies macht die Erfindung des Politischen notwendig (Beck 1993). Nach Beendigung des Kalten Krieges muss nun auch die Soziologie neu erfunden werden. Die Industriemoderne zerfällt. Modernisierung wird zum Motor der Gesellschaftsgeschichte. Und diese sollte als reflexive Modernisierung neu konzipiert werden.

Reflexive Modernisierung hat die Aufgabe, eine ökologische Technik zu erfinden. Dazu muss die Technikentwicklung dem Diktat der Ökonomie und des militärisch engagierten Staates entzogen werden. Alternativität und Zweifel werden zum Grundprinzip einer ökologischen Technik. Es gibt heute keine Autonomie der Technik mehr, sondern eine vorprogrammierte Unmündigkeit. Nutzen und Lasten mehr oder weniger gefährlicher und folgenreicher Produktions- und Infrastrukturmaßnahmen können niemals gerecht verteilt werden. Deswegen versagt das herkömmliche Modell der Politikberatung und des Expertenberichts. Gefragt sind Formen konsensstiftender Zusammenarbeit zwischen Industriepolitik, Wissenschaft und Bevölkerung (Beck 1993). Die einfache (regelgeleitete) und die reflexive (regelverändernde) Politik sind zu unterscheiden. Reflexive Modernisierung erfordert letzteres, setzt aber neue Leitbilder, an denen sich reflexive Modernisierung orientieren kann, voraus. Philosophieren über Technik wird damit aber nicht zum Erfüllungsgehilfen der Soziologie oder Politologie. Erkenntnistheoretische Überlegungen phänomenologisch-erkenntnistheoretischer Art zeigen die Bedeutsamkeit des Lebensweltkonzeptes technischen Handelns durch die Herausarbeitung der fundamentalen Rolle des Umgangs mit technischen Medien für technisches Handeln auf und führen so zu einer kulturphilosophisch reflektierten Konzeption technischen Handelns. Eine solche Konzeption bedarf eines lebensweltlich orientierten moralischen Konzeptes, um kulturelle Leitbilder auf ihre ethische Komponente befragen zu können.

Die Konsummöglichkeiten der Industriegesellschaft wirken vorbildlich auch auf Entwicklungs- und Schwellenländer. Es wird von vielen Regierungen in Entwicklungsländern erwartet, dass der Prozess wirtschaftlichen Wachstums dazu beiträgt, dass die absolute Armut aufgehoben und ein dauerhaft zunehmender Wohlstand für alle Mitglieder einer Gesellschaft erzeugt wird. Insofern überrascht es nicht, dass viele Entwicklungsländer dem Wachstumsziel eine hohe Priorität einräumen. Im ungünstigsten Fall aber profitiert nur eine Minderheit der Bevölkerung von den wachstumsbedingten Einkommenszuwächsen, während die Mehrheit verarmt oder in Armut verbleibt. Die Kehrseite des Konsums sind die Abfälle. Abfälle sind Materialien, die durch ihren Gebrauch so stark verändert werden, dass sie von der menschlichen Gesellschaft nicht mehr verwendet werden können. Aber sie verbleiben in der einen oder anderen Form auf unserem Planeten. Die modernen Industriesysteme zeichnen sich dadurch aus, dass sie wertvolle Rohstoffe in nutzlosen Abfall verwandeln. Legt man den Begriff Abfall so weit aus, nämlich als Gesamtheit aller durch menschlicher Prozesse hervorgerufenen, unvermeidlichen stofflichen und energetischen Abprodukte, dann gelangt man zu der Aussage, dass in menschlichen Produktionssystemen alles, was produziert wird, früher oder später zu Abfall wird.

Einen weiteren bemerkenswerten und für die Ethik konstitutiven Schritt hat die technologische Entwicklung hervorgerufen. Die Weltgesellschaft hat sich konstituiert, und zwar ohne die für nationale Gesellschaften traditionale Basis politischer und normativer Integration, ohne Herausbildung einer eigenen Identität (Reimann 1992). Wir sind im Herbst 1989 Zeugen einer historischen Revolution in den Ländern Osteuropas geworden, die uns alle in ihren Bann geschlagen hat. Die globale Berichterstattung durch das Fernsehen hat uns zu Augenzeugen atemberaubender Ereignisse gemacht. Niemals zuvor hat es eine solche dichte Vernetzung der gesamten Weltöffentlichkeit mit lokalen Ereignissen gegeben. Und es war diese globale Vernetzung durch Telekommunikation, die uns nicht nur zu Zuschauern, sondern auch zu Akteuren einer historischen Revolution gemacht hat.

Es bedarf einer noch höheren ökonomischen Produktivität und Steigerung auf ein Niveau, das jetzt noch höheren Ansprüchen gerecht werden muss, nämlich nicht nur den Ansprüchen der Weltbevölkerung auf materiellen Wohlstand, sondern zugleich den Ansprüchen der reichsten Bevölkerung auf Reinheit von Luft, Wasser und Erde. Der Schlüssel dafür liegt vor allem im wirtschaftlich-technischen Fortschritt, der indessen stets neue Risiken erzeugt. Diese Entwicklung wird aus dem Dilemma der Gefahrenbeseitigung unter gleichzeitiger Gefahrenantizipation nicht herauskommen. Immer breitere Schichten werden durch universelle Bildung in Sprache, Literatur, Kunst und Wissenschaft erfasst. Mit der Anhebung des Bildungsniveaus findet eine Steigerung der moralischen Urteilskraft der Bevölkerung statt. Die herkömmlichen Gruppen verlieren ihren Einfluss auf das Individuum. An deren Stelle treten kulturelle Instanzen. Wir leben in einem kulturellen Universalisierungsschub. Es zeigt sich die Unterlegenheit der Nationen mit nichtenglischer Muttersprache gegenüber denen mit englischer Muttersprache. Dabei kommt es zum Konflikt zwischen dem kulturellen Universalismus des Zentrums und dem kulturellen Partikularismus der Peripherie. Der Siegeszug des kulturellen Universalismus produziert seine eigene Gegenkultur in den zurückgebliebenen Kulturen, die das Tempo der kulturellen Entwicklung nicht mithalten können (Reimann 1992).

Die Behauptung, wir seien auf dem Weg in eine kosmopolitische weltgesellschaftliche Rahmengebung, die Konturen einer weltweiten Solidargemeinschaft würden sichtbar und eine gleichförmige Alltagskultur umspanne den Globus, ist unzutreffend. Informationstechnologien und Telemedien bringen zwar Entferntes und Exotisches ins Heim. Ferntourismus lässt die Begegnung mit dem Fremden zum wohl dosierten gesicherten Abenteuer werden, der Hinweis auf die globale ökologische Katastrophe sichert auch dann noch Gemeinschaftlichkeit und Verständigung, wenn das Plädoyer für Fortschritt und Modernisierung an Glaubwürdigkeit eingebüsst hat. Der Verlust der sozialen Differenzierung und Selektion in der weltgesellschaftlichen Kommunikation lässt eine Leere zurück, in die alte und neue Formen der sozialen Differenzierung einrücken (Reimann 1992).

Der Import von Waren, Produktions- und Konsumgütern aus den Industrieländern, und sei es zum Zwecke der „Hilfe zur Selbsthilfe", ist so unschuldig nicht: Denn es werden auf diese Weise ebenfalls die westlichen Denkformen und Lebensstile exportiert, die den Waren erst ihre Bedeutung verleihen. So kommt es dazu, dass eigenkulturelle Traditionen verdrängt werden. Mit Kultur sind jene grundlegenden Orientierungsmuster gemeint, die die Identität und den Zusammenhang zu allen Handlungen stiften und regulieren. Es geht nicht um die Etablierung kulturtypischer Riten und Praktiken (Reimann 1992). Zentral für das Zusammenwachsen der Weltgesellschaft sind interkulturelle Organisationskontakte. Auch die Strategien des Managements kultureller Vielfalt auf Organisationsebene bedürfen der klaren Überlegung. Kultur wird als zeitlich relativ überdauerndes Interpretations- und Verhaltensmuster verstanden, welches in erster Linie durch Sozialisationsprozesse vermittelt wird.

Weltweit konzipierte Werbekampagnen sind keine Novität. Die verstärkte Internationalisierung der Werbung trägt neben z. B. Massentourismus, Kulturaustauschprogrammen, internationaler Arbeitsteilung etc. zu einem Anwachsen der transkulturellen Kommunikation und des kulturellen Austausches bei. Die zunehmende Verkabelung mit erhöhtem Angebot ausländischer Fernseh- und Rundfunksender, die Inbetriebnahme außerirdischer Sendestationen begünstigen den Informationsfluss über Ländergrenzen hinweg, in der letzten Zeit vor allem das Internet. Die offensichtlichste Unterscheidung zwischen verschiedenen kulturellen Bereichen ist die Sprache. Die Unterschiede in Verhaltensregeln von Kulturen sind ein weiteres Problemfeld interkultureller Kommunikation (Reimann 1992). Wichtig und verräterisch ist die zunehmende Kommerzialisierung des Mediensystems. Dies führt zu einer Aushöhlung nationaler Medienordnungen. Die Tendenz einer Internationalisierung tritt nicht nur bei den audiovisuellen Medien auf, sondern im Bereich der Printmedien. Die Werbung richtet sich an die Jugend und einen konsumorientierten Lebensstil. Der Ferntourismus als Aktionsfeld für interkulturelle Kommunikation ist ein bis heute immer wieder infrage gestelltes und kritisiertes Phänomen. Auch Entwicklungshilfeprojekte müssen den Einsatz von Medien im Inhalt ihrer Aufklärungskampagnen mit den jeweiligen Wertnormen und Weltsichten einer Kultur abstimmen. Die Berichterstattung der Medien insgesamt über sogenannte Dritte-Welt-Länder muss ebenfalls infrage gestellt werden. Oftmals tauchen Stereotype auf, die abgebaut werden müssen.

Die Vernetzungen der Kulturen sind vielschichtig und lassen sich fast endlos in die Vergangenheit zurückverfolgen. Trotz der manchmal unübersehbaren Vieldeutigkeit steht der Begriff Kultur für einen sowohl theoretischen als praktischen Orientierungsrahmen. Zur Kultur gehört wesentlich die Gestaltung einer bestimmten, dauerhaften Lebensform in der Auseinandersetzung der Menschen mit der Natur und mit anderen Kulturen. Das interkulturelle Gespräch ist begleitet von einer vierdimensionalen hermeneutischen Dialektik: (1) geht es um ein Selbstverständnis Europas durch Europa. Trotz aller inneren Unstimmigkeiten hat sich Europa, zum größten Teil unter dem Einfluss außerphilosophischer Faktoren, den Nichteuropäern als etwas Einheitliches präsentiert. (2) gibt es das europäische Verstehen der nichteuropäischen Kulturen, Religionen und Philosophien. Die institutionalisierten Fächer der Orientalistik und Ethnologie belegen dies. (3) sind da die nichteuropäischen Kulturkreise, die ihr Selbstverständnis heute auch selbst vortragen und dies nicht anderen überlassen. (4) ist da das Verstehen Europas durch die außereuropäischen Kulturen. In dieser Situation stellt sich die Frage: wer versteht wen, wie und warum am besten? Es mag Europa überraschen, dass Europa heute interpretierbar geworden ist (Mall/Schneider 1996).

Vorangetrieben durch die universale Ausbreitung von Wissenschaft und Technik, durch Verkehrs- und Kommunikationseinheit schließt der Globalisierungsprozess Menschen unterschiedlicher kultureller Herkunft zu einer Menschheit zusammen. Wir sind Zeugen des Übergangs und der Transformation der bisherigen Geschichte, die immer Teilgeschichte war, in Weltgeschichte. Die globale Einheit der Menschheit betrifft freilich nur die zivilisatorische Ebene, insbesondere im wissenschaftlichen, ökonomischen, verkehrs- und kommunikationstechnischen Bereich, keineswegs jedoch kann von kultureller Einheit die Rede sein. Im Gegenteil, jener Prozess, der sukzessive zur globalen äußeren Verkehrseinheit geführt hat, lässt heute die verschiedensten Wertsysteme, Glaubensformen und Sinnbestimmungen aufeinanderstoßen, ohne dass abzusehen wäre, wie sich unter solchen Umständen eine Einigung verwirklichen ließe, welche die Menschen auch in ihrem Menschsein verbindet. Die Situation der Gegenwart erfordert zwingend eine kulturübergreifende Kommunikation, welche die Ebene zivilisatorischer Koexistenz überschreitet und zur interkulturellen Verständigung führt. Solchen Anstrengungen stellt sich freilich der kulturell bedingte, normative und religiöse Pluralismus entgegen. Interkulturelle Kommunikation führt gerade dann, wenn sie gelingt, dazu, dass Identität gefährdet und einen kulturellen Orientierungsverlust zur Folge haben kann. Kulturelle Identität wird gerade dann, wenn sie sich behauptet und als unantastbar verteidigt, die Möglichkeit interkultureller Kommunikation und Verständigung grundsätzlich begrenzen und behindern. Wir brauchen Kriterien, die einen Vergleich des Inkommensurablen ermöglichen würden (Mall/Schneider 1996).

Differenzen zwischen ganzen Wertsystemen sind zu berücksichtigen, die ihrerseits – so reflektiert sie auch sein mögen – keine abstrakt begründeten Systeme darstellen, sondern in Lebensformen fundiert sind. Der Kulturbegriff der Moderne ist strukturell durch zwei Momente bestimmt: Dezentrierung und Reflexivität. Dezentrierung besagt, dass die Struktur ihre frühere prämoderne Ausrichtung auf ihre Mitte als fixierenden Einheitsgrund verloren und ihre Geschlossenheit eingebüsst hat. Reflexivität besagt, dass die Kultur einen Begriff von sich selbst entwickelt hat, dass sie ihrer selbst als Kultur bewusst geworden ist. Das Faktum des kulturellen Pluralismus und die damit verbundene Pluralität kulturell fundierter Orientierungssysteme begründen die Forderung, dass kulturelle Identität unbedingt zu respektieren und der Anspruch auf kulturelles Selbstsein uneingeschränkt zu garantieren sei. Schächten als profane Schlachtmethode und Schächten als sakrale Handlung sind nicht vergleichbar, weil ihnen der gemeinsame Bezugsrahmen fehlt. Es würde deshalb auch keine Verletzung des Gerechtigkeitsprinzips darstellen, wenn – trotz äußerlicher Ununterscheidbarkeit – die eine Handlung tierschutzethisch verurteilt, die andere toleriert wird. Die hier angedeutete Lösung des Problems stellt gerade keinen Kompromiss dar, da auch Kompromisse Vergleichbarkeit voraussetzen, sondern sie rechtfertigt das Nebeneinander zweier inkommensurabler Handlungsformen. Die Erwartung an die interkulturelle Philosophie ist groß, dass sich im Dialog mit den Kulturen neue, zeitgemäße Orientierungsmöglichkeiten zeigen. Diese Erwartung ist nicht ungefährlich, denn sie suggeriert die Möglichkeit, neue, verbindliche, kulturübergreifende Auswege aus der Ratlosigkeit der Gegenwart zu finden (Mall/Schneider 1996).

Die interkulturelle Philosophie präsentiert sich als Projekt im Sinne eines Dialogs zwischen der vergangenen und der gegenwärtigen Kultur und einem Kurs der Redimensionierung der Traditionen, Kulturen und Erinnerungen (Salas 2003). Die interkulturelle Philosophie ist eine forschende Praxis, interdisziplinär konstituiert, eine Ethik im Kontext

## 3.3 Transkulturelle Reflexion, Solidarität und Toleranz

konfligierender Kulturen. Diese Ethik geht aus von einer Krisis der Moral, von einem Relativismus in der Moral und von einem Individualismus. Im Zusammenhang mit der Globalisierung geht es um Universalisierung, die Differenz und das Konfliktpotential von Kultur. Dabei ist der Konflikt als ein zentrales Element der Kultur und der Moral als Ausgangspunkt einer solchen interkulturellen Ethik zu betrachten. Insbesondere das Phänomen Modernisierung hat die Debatte über eine interkulturelle Ethik ausgelöst. Es geht im Wesentlichen um zentrale Themen wie Identität oder Modernität insbesondere von Völkern, die entwicklungsmäßig zurückgeblieben sind (Irrgang 2006). Eine interkulturelle Ethik ist eine Ethik in konfliktgeladenen und konfliktbehafteten Kontexten. Ihre Methode ist explikativ, problematisierend und erforschend. Eine solche Ethik hat auch die Aufgabe, Transformationsprozesse kolonialer Art und die daraus entstandenen Fesseln einer nicht authentischen Nachahmung von anderen Kulturen, die als überlegen angesehen werden, abzuarbeiten und zu transformieren. Es geht in vielfacher Weise um die Kategorie der Vermittlung (Salas 2003). Dabei ist Kritik am Diskursmodell von Apel und Habermas durchaus erlaubt.

Im Aufeinandertreffen unterschiedlicher Sicht- und Verstehensweisen in Handlungssituationen ist jede Seite bemüht, die eigene gegen die andere zum Zuge zu bringen, die eigene Definitionsmacht gegen die des anderen durchzusetzen. Dabei wird die Sicht- und Verstehensweise, die der jeweils andere zu erkennen gibt, schon im Lichte der eigenen Kultur als konträr oder ähnlich, zumeist aus beiden gemischt, abgebildet und in dieser Gestalt zum Ansatz für das Geltendmachen der eigenen Kultur genommen. Voraussetzung dafür ist die raumzeitliche Fixierung von Kulturen zu je einer Kultur. So entsteht die gemeinsame Erfahrung, dass und wie jeder Schritt eines vergleichenden Bemühens tiefer in die verschachtelten Hintergründe der eigenen wie der fremden kulturellen Hinterbühnen der Wahrnehmungen und Reflexion hinein führen und an Schärfe und Brisanz gewinnen (Matthes 1992).

Viele Konzepte der Gesellschaftsgeschichte, auch generelle Modernisierungs- und Entwicklungstheorien beruhen in ihrer Gültigkeit auf Kulturvergleichen. Im 19. und 20. Jahrhundert wuchsen die nationalen Rivalitäten und Spannungen. Der wissenschaftliche Kulturvergleich war geradezu eine Reaktion auf den sich ausbreitenden Nationalismus und verstärkt sich mit dem Imperialismus. Wohl rückte man vom einlinigen Evolutionismus ab, entdeckte intervenierende Variablen, berücksichtigte Sonderfälle, konzentrierte sich auf die Modernisierung, rechnete dabei auch mit Fremdhilfen, blieb aber schon deshalb im Konzept der Gesellschaftsgeschichte gefangen, weil der Begriffsapparat der Soziologie ganz auf die Binnenstruktur zugeschnitten war. Selbst wo diese völlig fehlt, stellen fremde Kulturen eine innere Herausforderung dar, die verarbeitet werden muss. So ist die Kulturbegegnung das wahre Feld und die große Triebkraft aller Geschichte. Es muss die summarische Feststellung genügen, dass raumgreifende Vorgänge der Modus und Motor aller gesellschaftlichen Entwicklung gewesen waren, also entweder Versippungen, Verbündungen, Absprachen, Wanderungen, Asylbewährung für Flüchtlinge, Einwerbung von Fremden durch Mischung, Tausch und Handel oder Tributverhältnisse, Kriege, Annexionen und Eroberungen, überdies schließlich Kolonialisierungen und Missionen, sofern aus all dem nur größere Einheiten entstanden (Matthes 1992).

Kulturvergleich steht als Sammelname für eine Vielfalt von Tätigkeiten, die bei der Begegnung von Kulturen beidseits in Gang kommen und zu einer ausgebreiteten sozialen

Praxis werden (Matthes 1992). In der kolonialen Situation, wo zwei Kulturen sich räumlich zum täglichen Umgang ineinanderschieben, tritt klarer als sonst hervor, dass der Kulturvergleich eine dauernde Aufgabe bleibt, in die sich auf beiden Seiten alle hinein gestellt finden. Wichtig sind Elemente einer nichtrelativistischen Theorie der Kultur. Die Struktur der Kultur enthält folgende Elemente: Die implizite Kultur besteht aus tief verwurzelten, sehr allgemeinen und unreflektierten Mustern der Wahrnehmung, des Denkens und des Handelns, aufgrund derer die Träger einer Kultur mit der Wirklichkeit in ähnlicher Weise umgehen. Dieser Code wird von den Trägern der Kultur nicht unmittelbar, sondern durch die Untereinheiten der Gesellschaft, denen sie angehören, prismatisch gebrochen in die Praxis umgesetzt (verwirklicht). Das Auseinanderstreben der kulturellen Explikation wird dadurch verhindert, dass diese auf bewusster Ebene noch einmal durch den überwölbenden Baldachin der autoritativen Kulturleistungen zusammengefasst werden. So entsteht die hohe, die repräsentative oder die explizite Kultur.

Seit der Epoche der Aufklärung haben die historischen und sozio-kulturellen Disziplinen daran gearbeitet, alle Kulturen der Menschheit, seien sie vergangen oder noch am Leben, systematisch zu erforschen, zu dokumentieren und zu interpretieren. Damit hat die Wissenschaft ein interkulturelles Gedächtnis der Menschheit geschaffen, das über den Gruppenegoismus und die von diesem gezogenen Grenzen hinweg die höchsten geistigen, künstlerischen, moralischen und praktischen Leistungen der Menschheit festhält (Matthes 1992). Inkulturation sollte von Assimilation oder Diffusion unterschieden werden. Vermittlung bezeichnet friedliche, sozial gerechtfertigte Bestrebungen einzelner, möglicherweise in Gruppen organisierter Individuen, als herausragend betrachtete Elemente der Kultur aus einer Gesellschaft in eine andere mit dem Ziel zu übertragen, eine fortschrittliche Entwicklung in allen Bereichen des öffentlichen und privaten Lebens voranzutreiben. Solche reformatorischen Bemühungen sollten von folgendem Anliegen geleitet sein: Beseitigung von Armut, Verbesserung des Arbeitsmarktes, Verbesserung der Lebensmittelversorgung, bessere Ausbildung, bessere Gesundheitsvorsorge und Reduktion von Krankheiten, Zunahme von Aufrichtigkeit und Gerechtigkeit in den zwischenmenschlichen Beziehungen, Einführung von Wissenschaft und Technologie und Förderung einer rationalen wissenschaftlichen Geisteshaltung, Beseitigung von Aberglauben und hierarchischen Denktraditionen, Elimination von Korruption und Ineffektivität im öffentlichen und privaten Sektor und die Beseitigung von Praktiken, die nach zeitgenössischen Standards der Humanität fragwürdig erscheinen.

Das Anliegen, westliches Wissen und westliche Wissenschaft zu übernehmen, hatte sich im 19. Jahrhundert erheblich verbreitet. Japan ist das beste Beispiel für eine erfolgreiche Modernisierung in Asien (Matthes 1992). Zur Reform der Armee schlug man in Japan nicht nur die Übernahme westlicher Bewaffnung vor, sondern auch eine Änderung des Rekrutierungssystems sowie der Hierarchisierung. Eine echte Modernisierungsbewegung ist unter der Führung einer intellektuellen Elite möglich, deren Denken frei von archaischen Mustern ist und die nach dem Erwerb wissenschaftlicher Macht strebt. Die Situation in den asiatischen Ländern ist augenblicklich durch drei Entwicklungslinien gekennzeichnet. Die erste drückt einen Trend zu innovativer Vermittlung aus. Dieser Trend ist schwach. Die zweite zeigt einen Trend zu halbherziger Vermittlung an. Dieser Trend dürfte der im Moment stärkste sein. Die dritte Entwicklungslinie ist die des Ressentiments mit seiner feindseligen Haltung gegenüber der westlichen Zivilisation. Diese spricht die Halbgebildeten insbesondere unter den Jugendlichen an. Seit geraumer Zeit findet man eine zunehmende publizistische Propaganda gegen westliche Zivilisation. Dabei geht es um die Vorstellung, der Westen sei materialistisch, er sei die Quelle sexueller Permissivität, korrumpiere Geist und Charakter und fördere selbstsüchtigen Individualismus. Nehmen wir die moslemische Welt und betrachten wir die Situation Malaysias, Singapurs und Indonesiens, wo diese von moslemischen Gruppen betriebene Propaganda gegen die westliche Zivilisation über Jahre hinweg ungestört verbreitet werden konnte. Die antiwestliche Fraktion wird dabei nicht müde, gegen den Westen zu wettern, statt sich mehr mit der Analyse der Probleme der moslemischen Gesellschaft zu beschäftigen. Nach ihrer Ansicht sind reine und angewandte Naturwissenschaft das Einzige, was Moslems vom Westen lernen können.

Insgesamt ist nicht ein Relativismus von Normen und Werten zugrunde zu legen, sondern ein Konzept regional und kulturell begrenzt gültiger universaler Werte, eine Art regionalen Universalismus, die Interdependenz von Gesellschaft und Kultur im Sinne der Darstellungs- und Interpretationssysteme von Gesellschaft in regionaler Ausformung. Kultur ist Hintergrundrechtfertigung, Handlungsanleitung und Ziel gesellschaftlicher Bereiche. Dabei müssen eine implizite und eine explizite Kultur menschlicher Praktiken unterschieden werden. Heterogenität, kulturelle Wechselbeziehungen und kulturelle Diversität sind zu einem Teil einer selbstbewussten Identität der modernen Gesellschaft geworden. Dabei wurde der Prozess der Akulturation bestimmter Gruppen vorangetrieben. Durch einen interkulturellen Wandel und Austausch der Sozialisierung mit anderen Gruppen geschah eine gewisse Verschiebung. Die dualistische Teilung in Kolonisierer und Kolonisierte wird diesen komplizierten Akulturationsprozessen nicht gerecht. Es wurde den Mechanismen und Prozessen wenig Aufmerksamkeit gewidmet, die differenzierte Prozesse kultureller Kontakte, eines kulturellen Eindringens von neuem Gedankengut, kultureller Fusionen und auch kultureller Konflikte tatsächlich begleiten. Hybridität ist ein Schlüsselfaktor in der kulturellen Debatte (Young 1995).

Hybridität – eine Spielart des „Sowohl – als auch" – beginnt allmählich eine Form kultureller Differenz selbst zu werden. Eine solche neue kulturelle Hybridität entsteht in Großbritannien. Hybridität wechselt von der Rassentheorie zu einer Konzeption kultureller Kritik. Hybridität bewirkt dabei einen Rückgriff auf konfligierende Strukturen in der gegenwärtigen Theorie. Es gibt eine Reihe von Differenzen wie Kultur gegen Natur, wie Kultur gegen Zivilisation oder Kultur gegen Anarchie bzw. hohe Kultur gegen niedrige Kultur oder Technokratie und Gegenkultur, schließlich Kultur gegen Subkultur und hohe Kultur gegen Alltagskultur, materiale Kultur oder Produktion und symbolische Systeme. Außerdem kann man Bürgerlichkeit und Zivilisation unterscheiden. Es entstand ein sich weiter öffnender Spalt zwischen der materiellen Zivilisation und geistigen bzw. moralischen Werten. So wurde zwischen Kultur und Modernismus unterschieden (Young 1995).

Nicht der Wissenschaftler Huntington mit seiner These vom Kampf der Kulturen erregt unser Interesse, sondern die Art der Rezeption, die seine zweifelhaften Thesen in der breiten Öffentlichkeit fanden. Seine zentrale These: Die USA sollte ihren Anspruch auf weltweite Vormachtstellung zu Gunsten eines Systems mehrerer, ungefährlicher, gleich starker Blöcke aufgeben. Huntington schlug eine Aufteilung der Welt in Kulturkreise vor. Es geht ihm nicht um Globalisierung, sondern um Rückbesinnung auf die eigenen Traditionen und die kulturellen Unterschiede. Zivilisationen sind die Kultur des industriellen technischen Fortschrittes, Kulturkreise beziehen sich in gewisser Weise auf die Tradition zurück. In der Postmoderne hat der Kulturalismus eine Renaissance erlebt. Es gibt kaum eine Definition von Kultur, aber viele behauptete Konstanten. Oftmals herrscht ein statisches Kulturverständnis vor. Die Kommunitaristen plädieren für eine Erneuerung der westlichen Gesellschaft im Sinne tradierter kultureller Werte. Der moralische Niedergang des Westens ohne Rückbesinnung auf die Traditionen wird von dieser Gruppe behauptet (Mokre 2000).

Huntington appelliert stark an das Gefühlsleben und die Gefühlsebene seiner Leser. Ein durchgängiges Ordnungsprinzip ist nicht erkennbar. Für das 19. Jahrhundert postuliert er einen Kampf der Nationen, für das 20 Jahrhundert einen Kampf der Ideologien und für das 21. Jahrhundert einen Kampf der Kulturkreise. Er geht von sieben Kulturkreisen aus, dem Westen, Lateinamerika, der Orthodoxie, dem Islam, dem Konfuzianismus und vielleicht Afrika. Die Definitionsmerkmale sind für ihn die Zugehörigkeit zu einer Religion. Politische Akteure aber sind immer noch an den Nationalstaaten orientiert. Huntington identifiziert Bruchlinienkriege, Kernstaatenkonflikte und intrakulturelle Konflikte. Die Bedrohung Europas in der Islamisierung war ein geschichtliches Phänomen. Der Niedergang Europas ist mit dem Niedergang des Christentums verbunden. Die Herausfordererkulturen sind Asien und der Islam. Die Geschichte des Islams ist gekennzeichnet durch gewaltsame Auseinandersetzungen mit anderen Kulturkreisen. Vor allem die Nähe von Islam und Christentum als Religion führte zu Auseinandersetzungen. Eine große antiwestliche Koalition in näherer Zukunft ist aber doch eher unwahrscheinlich. USA, Europa und Lateinamerika sollen sich gemäß Huntington zusammenschließen, zu Russland gute Kontakte pflegen, vor allem dann, wenn eine konfuzianisch-islamische Allianz entsteht. Interventionen in anderen Kulturkreisen sollte man eigentlich unterlassen. Als hilfreich wird auch die These von den dialektischen Beziehungen zwischen zunehmendem Einfluss des Westen bei gleichzeitiger Stärkung der antiwestlichen Kräfte betrachtet (Mokre 2000).

Die Zugehörigkeit zu unterschiedlichen Kulturen und Religionen ist nicht die Ursache von Konflikten, sondern ein Potential, das sich die Kriegsführer häufig genug zu Nutze machen. Das Schüren von Ängsten und der Aufbau neuer Feindbilder ist dem dienlich. Ostasien hat einen tiefgreifenden Wandel traditioneller Wertvorstellungen durchlaufen und versucht eine Synthese von asiatischer und westlicher Welt. Auch die These vom Kulturverfall muss kritisch betrachtet werden. Die Kulturen erscheinen bei Huntington als Organismen und agieren auch als solche. Dies ist methodisch äußerst fragwürdig. Weltkarten sind immer ein Konstrukt und Huntingtons Spontansoziologie nicht plausibel. Modernisierung ist nicht zwingend mit Amerikanisierung und Verwestlichung gleichzusetzen. Die Kritik am Modernisierungstheorem ist bei Huntington nicht radikal genug. Es ist zu fragen, in welcher Weise strukturelle Modernisierung auch kulturell nachvollzogen wird, also eine Angleichung der Lebensstile, der Verkehrsformen und der Werte bewirkt. Wie gelingt es, in den verschiedenen historisch-politischen Kontexten einen strukturellen Wandel kulturell zu bewältigen? Moderne Bürokratie und Technologie, Urbanität und Teilhabe am Bildungswesen entfalten ihre traditionsfeindlichen Funktionen. Es geht um die Muster der kulturellen Bewältigung sozialen Wandels, insbesondere wenn er technologisch induziert ist. Huntingtons methodologischer Holismus macht eine plausible Erklärung des gesellschaftlichen Wandels unmöglich. Dabei wird aber ein gewisser Kulturdeterminismus behauptet. Gesellschaften werden niemals nur durch kulturelle Wertsysteme integriert. Starke Traditionen bilden einen harten Kern stabilisierter Präferenzen und Praktiken. Kontinuität wird zu Legitimationszwecken gepflegt. Das Werten kultureller Praktiken und kultureller Sinngebungsprozesse basiert auf dem Aushandeln von Bedeutungen. Dabei spielen Kompromissbildungen und Grenzmarkierungen eine besondere Rolle. Krisen und Zerfallsszenarien werden häufig strategisch eingesetzt (Mokre 2000, 33–44).

Huntington verwendet häufig eine Methode großzügig verallgemeinerter „globaler" Theorien, welche die weltpolitische Situation mittels einer generalisierenden Hypothese zu erklären trachtet. Gerade in Deutschland hat sich eine gewisse Skepsis solchen vereinfachten Weltformeln gegenüber entwickelt. Seine Vorgehensweise erweckt in einer breiten Öffentlichkeit den Eindruck von Wissenschaftlichkeit. Kulturkreise sollen definiert sein durch kulturelle Übereinstimmungen, und werden häufig mit Religion identifiziert. Dies ist aber eine eher reduktionistische Definition von Kultur. Die Möglichkeit, dass strategischen oder ökonomischen Konflikten eine kulturelle Deutung untergeschoben wird, scheint Huntington überhaupt nicht in den Sinn zu kommen. Die neue Rechte bezieht sich auf Konzepte von Kultur und Rasse und richtet sich gegen einen multikulturellen Kulturbegriff. Sie bezieht sich auf sog. natürliche Kulturgemeinschaften und Kulturräume. Huntington fordert insgesamt territoriale Separation. Er konstruiert sogar ein neues Feindbild im Osten und behauptet ein weltweites Chaos. Seine Thesen schließen sich an Fukujamas Konzept eines Endes der Geschichte sowie an Henry Kissingers und Brezinskis These vom Mächtegleichgewicht an, in denen sich gewisse realistische Positionen finden. Dem gegenüber stehen liberale Universalisten, die universelle Werte wie die liberale Marktwirtschaft vertreten. Allerdings muss konstatiert werden, dass die Konfliktlinien und das Kooperationsverhalten quer zu den Kulturen verlaufen. Konflikte gibt es vor allem innerhalb von Kulturen. Kulturkreise sind zudem keine antiwestlichen Blöcke (Mokre 2000).

Huntington sieht die Kehrseite des Multikulturalismus und entwickelt zwei entgegengesetzte Bewertungsmuster der Globalisierung. Angesichts der Interkulturalität und des diskreten Charmes des Kulturalismus entsteht ein verstärktes Bedürfnis nach einer Abgrenzung vom Fremden. Die Realisierung der Globalisierungseffekte hat das neoklassische Paradigma der Ökonomie der Globalität ins Wanken gebracht. Außerdem ist auch der Westen kein kollektiver Akteur (Mokre 2000). Es gibt wissenschaftliche und technische Komponenten von Zivilisationen auch im Hinblick auf die Globalisierung. Dies wirkt sich aus in drei Bereichen: (1) Einflüsse durch technisch-wissenschaftliche Denkstile auf traditionelle Denkweisen, (2) Bedeutung der technischen Verkehrs- und Kommunikationsnetze für die zunehmende Vernetzung großräumiger oder weltweiter Kulturmuster und (3) Herausbildung eines globalen Referenzrahmens. Dies ist eine Folge von Verkehrs-, Kommunikations- und Produktionssystemen (Mokre 2000, 105–107). Die islamische Kultur wird als monolithischer Block und als kompakte Einheit wahrgenommen, dabei unterscheiden sich Türken, Araber, Perser usw. stark voneinander, und sind häufig voneinander isoliert. Der islamische Fundamentalismus ist eine politische Bewegung. Klassische Machtkonflikte haben eine kulturelle Dimension. Dies hat man gesehen an Jugoslawien als einem südslawischen Staat. Dabei waren die bosnischen Muslime säkular westlich und kaum expansiv. Der Universalismus als die Ideologie des Westens ist gescheitert. Huntingtons Schlussfolgerung einer Entpolitisierung, d. h. der Empfehlung, nicht anderen Kulturen der Welt die eigenen Werte aufzwingen zu wollen, ist letztendlich ambivalent.

Der Kampf um Anerkennung bei inkommensurablen Ansätzen kann bis zum Aufstand und zur Auflehnung führen. Auch zwischen den Kulturen besteht dieser Kampf um Anerkennung. Der Kampf um Anerkennung ist die zentrale philosophische Dimension in der interkulturellen Auseinandersetzung. Dieser sollte im Sinne der Philosophie mit rationalen Mitteln geführt werden. Das Kulturzeugnis einer erbrachten Leistung begründet die Forderung nach Anerkennung. Das Anerkennen ist ein Schaffen des Gegebenen, eine Handlung und eine Aussage. Dabei geht es um das Anerkennen, das nach Gründen fragt. Ein solches Anerkennen kann auch misslingen. Das Anerkennen ist ein Bestätigen und zugleich ein Stiften der Identität oder der Einheit des Anzuerkennenden. Anerkennung ist letztendlich eine geschichtliche Kulturleistung, eine Art von Stiftung und an äußere Zeichen gebunden (Düttmann 1997).

Anerkennung ist bereits und bleibt immer in einen Kampf um Anerkennung verwickelt, in eine Art von Polemik. Es gibt zwei Arten des Universalismus, einen allumfassenden und einen reiterativen. Im Verhältnis zwischen Andersartigkeit in den Kulturen und angesichts der Mannigfaltigkeit der Kulturen stellt sich die Frage nach Besonderem und Allgemeinem, nach gesellschaftlicher Anerkennung angesichts gesellschaftlicher Vorurteile und nach Wiederholung, wobei stabilisierende und destabilisierende Effekte ineinander wirken. Die Ideologie des Multikulturalismus ist unzureichend, denn aus dem Zwischen vermag man nicht wieder eine Kultur zu bilden. Es ist unmöglich, das Zwischen als repräsentativen Schnittpunkt von Kulturen zu objektivieren. Also muss man in gewisser Weise auf das Unverwechselbare einer Kultur setzen. Das Anerkennen impliziert einen gewissen Wiederholungszwang. Und es gibt Dialoge, die nicht zu einer Verständigung führen können. Mit dem Gedanken der Iterabilität haben wir die Möglichkeit, relativ stabile Kontexte und Hintergründe zu bilden. Inzwischen müssen die Grenzen des Anerkennens formuliert werden. Das Anerkennen ist verbunden mit einem Seinlassen und der Multikulturalismus ist das Resultat einer Vergegenständlichung (Düttmann 1997).

Anerkennung ist etwas anderes als die Forderung nach Gewöhnung. Das Gewohnte bedarf nicht mehr der Anerkennung. Die Gewöhnung stiftet ein Akzeptanzverhältnis, das allerdings nicht immer in demselben Maße reflektiert ist wie bewusste Anerkennung. Die Gewohnheit ist das Monument und die Ruine des Anerkennens. Wer solches fordert, bedarf dieser eigentlich nicht mehr. Die Gewöhnung setzt also in gewissem Maße Akzeptanz voraus. Anerkennung ist kein hierarchisches Verhältnis. Mehrheiten und Minderheiten kämpfen um Anerkennung. In der Anerkennung geht es um Identifikation. Ein dogmatischer Glaube an eine Kultur geht leicht in Ideologie über. Andererseits gibt es Spannungen im Prozess der Anerkennung, die durchaus positiv und produktiv sein können. In der Hegelschen Episode „Herr und Knecht" ist Anerkennung stets in einen Kampf eingebunden. Die Paradoxie besteht darin, dass es genau genommen keine Anerkennung gibt (Düttmann 1997). Anerkennung kann sich verflüssigen oder verfestigen.

Interkulturelles Wertemanagement ist eine neue Aufgabe. Alles Kulturelle verbraucht im Unterschied zur von selbst laufenden Natur habituell Arbeit und Aufmerksamkeit. Etwas wird in Ordnung gebracht oder gehalten. Die Kreativität im Kulturellen wird durch die Normalisierungsarbeit ermöglicht. Kulturelles wird sozial gelernt, alles Kulturelle ist geschichtlich. Die Integrationstendenz im Kulturellen ist nicht zu übersehen (Koslowski/Röttgers 2002). Die Suche nach Wohlstand ist konstitutiv, aber Wohlstand muss nicht zwangsläufig mit den westlichen Mitteln des Wohlstandes symbolisiert werden. Zudem brauchen wir eine ökologisch verträgliche Form der Symbolisierung von Wohlstand. Kultur ist primär eine Frage von Bildung, Ausbildung und Kompetenz, der Symbolisierungsfähigkeit und des Verstehen– bzw. Interpretieren-Könnens. Der Begriff Interkulturalität setzt ein übergreifendes Verständnis von Kultur voraus. Erforderlich ist die Entwicklung einer Nachhaltigkeitskultur weltweit einerseits, regional andererseits. Das Kulturelle erwächst aus der Summe aller Praxen bzw. Praktiken, vorsprachlicher wie sprachlicher Art, wobei die vorsprachlichen basaler sind als die sprachlichen. Das zentrale Charakteristikum von Kultur ist die Routinisierung des jeweiligen Könnens (Irrgang 2006).

Es gibt unterschiedliche Erwartungen, die eine Gruppe gegenüber der anderen Gruppe und umgekehrt hegt, und sie können das interkulturelle Geschäft stark erschweren. Zeit und Verabredungstermine werden unterschiedlich bewertet, zur kulturellen Geprägtheit gehört auch das Zeitverhalten. Das monochrone Zeitmanagement ist gekennzeichnet durch Rationalität, planvolles und methodisches Vorgehen, während ein polychrones Zeitverhalten vieles zugleich angreift, kontextorientiert und personenkonzentriert ist. Die wichtigste Einsicht in diesem Zusammenhang besteht darin, dass sich Vorurteile bzw. Stereotype nicht bekämpfen lassen, auch nicht durch gemeinsame Erfahrung. Die Stereotypenforschung hat gezeigt, dass es wichtiger ist, den Umgang mit Stereotypen zu lernen. Stereotype sind nicht verantwortlich für Konflikte, und wir dürfen unser Handeln nicht an den vermeintlichen Stereotypen der anderen ausrichten. Stereotype gibt es auch bei Jugendlichen. Durch gemeinsame Erfahrung, die diese eigentlich bekämpfen sollte, werden diese nur bestärkt bzw. neue erzeugt. Stereotypen werden formuliert im Vergleich mit anderen Ethnien, sie sind stark ethnozentrisch und machen sich zum Beispiel an der Urteilsdivergenz über die jeweils andere Gruppe bemerkbar.

Bei transkulturellen Begegnungen kann es zur Inszenierung und zu einem wechselseitigen Hervorbringen kultureller Stile kommen. Kulturelle Stile können strategisch eingesetzt werden, wohingegen inszenierte Emotionen sehr schwierig sind. Emotionen sind kulturell definiert, den Unterschied zwischen natürlich und inszeniert gibt es damit eigentlich nicht, aber der Unterschied zwischen insbesondere den Deutschen im Umgang mit anderen Kulturen besteht darin, dass man Emotionen zeigen, d. h. inszenieren muss. Es ist dabei zu fragen, was man inszenieren muss, um verstanden zu werden. Wie verhält man sich aber nun bei unterschiedlichen Kulturstilen? Empfehlenswert letztendlich ist, dass man bei dem eigenen kulturellen Muster bleibt, um nicht falsch verstanden zu werden. Dabei ist es empfehlenswert, den eigenen kulturellen Stil zu reflektieren und bewusst darzustellen, das eigene kulturelle Muster bewusst einzusetzen und eine wechselseitige Thematisierung der Stereotypen anzustreben. Dazu muss man aber die Stereotypen des anderen kennen. Mit einem negativen Bild von der eigenen Kultur kann man leichter umgehen als mit einem positiven, weil es leichter zu zerstören ist. Wenn man versucht, das Hetero-Stereotyp zu bedienen, kommt man häufig in Schwierigkeiten. Da ist der andere Weg schon besser, den Auto-Stereotyp zu reflektieren und auch auszusprechen. Stereotypen lassen sich nur rekursiv begründen, setzen damit eine eigene Hermeneutik voraus. Wenn wir etwas nicht rekursiv begründen können, bleibt nur die Anerkennung, also eine Art Vereinbarung. Viele dieser Stereotypen aber erkennen wir nicht. Man sollte die Bedeutung des Stereotypen nicht überschätzen, am besten ist es, eine gewisse Selbstironie im Umgang mit Stereotypen an den Tag zu legen. Dabei kann man Stereotypen nur dann definieren, wenn man sie noch nicht lange reflektiert hat.

Für den Kulturvergleich sollten einige Anmerkungen berücksichtigt werden, um die Begegnung mit dem Fremden auch methodisch abgesichert zu verarbeiten und fruchtbar zu machen. Die Begegnung mit dem Fremden führt zu Selbstzweifeln und Verunsicherungen, die innerhalb des eigenen Kulturkreises Auswirkungen haben. Die verfügbaren Muster des eigenen Forschungshandelns greifen in anderen kulturellen Kontexten nur bedingt. Dies ist eine erschütternde Erfahrung, welche die auf dem Gebiet der Interkulturalität Arbeitenden häufig machen. Daraus entsteht ein doppeltes Mitteilbarkeitsdilemma: Die persönliche Erfahrung bedrohter kultureller Eigenidentität darf genauso wenig in der europäischen Gesellschaft mitgeteilt werden, wie die wissenschaftliche Erfahrung von Begrenztheit, ja vom möglicherweise projektiven Charakter der Muster des eigenen Forschungshandelns im Blick auf das Fremde. Sozialanthropologie und Ethnologie haben das Fremde in besonderer Weise wieder deutlich auch als Moment der eigenen kulturellen Entwicklung herausgearbeitet. Die Soziologie hat sich aus dem Mitteilbarkeitsdilemma herausgehalten und die Schwierigkeiten des Kulturvergleichs bis heute umgangen. Häufig findet der Kulturvergleich nur als ein Paar-Vergleich einer westlichen mit einer nicht westlichen Kultur statt. Die verglichenen Größen aber sind nicht homogen. Daher ist es also von besonderer Dringlichkeit, die Bestimmung des Forschungsgegenstandes für den Kulturvergleich zu planen, denn dieser ist eigentlich bereits problematisch (Irrgang 2006).

Ein Problem des Kulturvergleiches und der interkulturellen Philosophie hat aber bislang sehr wenig Aufmerksamkeit erregt, das dennoch in den letzten fünf Jahrhunderten basale Bedeutung erlangt hat. Das Phänomen des Technologietransfers und der unterschiedlichen Niveaus, die sich herausgebildet haben, weil die Technikentwicklung in Europa seit der Neuzeit erheblich schneller verläuft als in den anderen Teilen der Welt, wodurch bereits bestehende kulturelle und ökologische Entwicklungstendenzen verschärft und beschleunigt wurden. Da nicht zuletzt technikgeschichtliche Vorarbeiten nicht so zahlreich sind wie dies wünschenswert wäre, bleibt der nun folgende Vergleich fragmentarisch, genauer gesagt möchte er versuchen, einige Rahmenbedingungen abzuklären, die der Aufhellung bedürften, um in diesem so wichtigen Bereich auch für die Umsetzung von mehr Nachhaltigkeit zu klareren Konzepten für die Gestaltung von Technologietransfer, Entwicklungshilfe und Technologiegestaltung in Entwicklungsländern zu gelangen.

Kulturen sind umfassende Weltauslegungen. Die Interpretation des Wissenschaftlers steht den Interpretationen der Handelnden gegenüber. Die Weiterentwicklung der hermeneutischen Diskussion hat die Theorie der Kultur wie auch ihre Repräsentation auf den Prüfstand gestellt. Kultur in diesem Sinne erschließt sich letztlich nur einem externen Beobachter. Das Dilemma, das die Auflösung stabiler kultureller Strukturmuster erzeugt, ist die Frage nach der angemessenen Darstellung und damit der Konzeption von Kultur (Brocker/Nau 1997). Die strukturelle Modernisierung zielt ab auf die kulturelle Bewältigung des Technologietransfers und die dadurch bewirkte soziale Transformation. Kolonialisierung ist ein Beispiel für Technologietransfer und für strukturelle Modernisierung. Es geht um die Bewahrung und die Transformation von kultureller Identität. Zu unterscheiden sind Technologietransfer, kultureller Transfer und Ethiktransfer. Der Kolonialismus hat ein politisches Dominierungsinstrument aufgrund von Handelsinteressen ohne Rücksicht auf Kulturräume entwickelt, aber auch zu einem möglichen kulturellen Austausch geführt. Zu unterscheiden sind (1) ein imperial-koloniales Interesse, (2) ein pragmatisch-utilitaristisches Interesse und (3) ein emanzipatorisches Interesse beim Transfer von Technologie und Kultur. Oft wird die Überlegenheit unserer westlichen Technologie unterstellt. Dabei ist es interessant zu beobachten, wie sich neue Technologien und alte Kulturen begegnen. Es geht um die Hintergründe von Technologietransfer. Die materiale Kultur umfasst Artefakte oder ein Set von Artefakten (Ihde 1993, 32). Dabei ist die wesentlich unvorhersehbare und ambivalente Art und Weise der Beziehung zwischen Mensch und Technologie zu berücksichtigen und die Unmöglichkeit, diese Beziehungen zu kontrollieren. Technologien in ihrer Gesamtheit sind wahrscheinlich mehr Kulturen als Werkzeuge (Ihde 1993, 42).

In den Industrieländern und technologischen Zivilisationen ist die Alltagskultur und mit ihr Religion und Moral weitgehend technisiert, eine Massengesellschaft hinsichtlich Produktion und Konsum entstand. Die Migration der Europäer in nahezu alle Teile der Erde – begonnen als Kolonialisierung – ist heute keineswegs abgeschlossen, auch wenn das Bevölkerungswachstum in den Industrieländern als abgeschlossen erscheint. Das Wachstum der Ansprüche ist hier an die Stelle des Bevölkerungswachstums getreten und hat die ökologischen Problematiken verstärkt. In den Entwicklungsländern und Schwellenländern ist das Bevölkerungswachstum weiterhin ein Problem der Interferenz zwischen traditioneller Moral und modernen technisch-medizinischen Mitteln. Das Problem ist allein mit technisch-ökonomischen Mitteln nicht zu lösen, sondern bedarf der Technologie-Reflexion, Bildung und Kultur.

Allerdings nur auf die traditionelle technische Modernisierung zu setzen, bleibt uns verwehrt, hat doch die industrielle Technik in eine Reihe von ökologischen und sozialen Problemen geführt. Zwar haben Industriegesellschaften ihre Probleme mit dem Bevölkerungswachstum durch Kolonialisierung, Industrialisierung, Massenproduktion und Massenkonsum gelöst, dadurch aber massive ökologische Probleme auf den Plan gerufen. Auf solche steuern auch viele Entwicklungsländer zu. Deshalb ist es nicht ganz nachvollziehbar, wenn viele Entwicklungsländer dem Modell einer „nachholenden Industrialisierung" verbunden sind. Aber die ökologischen Rahmenbedingungen für Industriegesellschaften wie für Entwicklungsländer erlauben eine solche Vorgehensweise im allgemeinen eigentlich nicht. Technische Kultur hat sich über die ganze Erde ausgebreitet. Ihre Entwicklungsdynamik ist gekennzeichnet durch Angebot, Nachfrage, Akzeptanz und Nützlichkeit unter Abhängigkeit von ökologischen Rahmenbedingungen. Grob gesprochen gibt es zwei Arten von Technologie: industrielle Techniken, die in die ökologische Krise führen, und umweltfreundliche Technologien, die allerdings den eingeführten Konsummustern individueller Nutzenmaximierung widerspricht. Insofern brauchen wir eine Reflexionskultur ökologisch-sozialer Modernisierung und eine neue Bedeutungsstruktur für die Handhabung technischer Artefakte.

Die Gegenüberstellung autochtoner, traditionaler und authentischer Momente von Kultur und Gesellschaft auf der einen Seite und moderner, importierter und daher nicht authentischer Momente auf der anderen Seite hat sich als eurozentrische Fiktion erwiesen. Wir sind in einer poststrukturalistischen Wende begriffen, die den Blick für die Heterogenität von Kultur freigemacht hat. Parallel und teilweise verbunden mit der Widerlegung der Entfremdungsthese veränderten sich die Definitionen von Macht und Herrschaft. Erstens enthält jede Kultur unaufhebbare Divergenzen, die einen niemals abgeschlossenen Prozess begünstigen, in dem Synthesen, Flickwerke und Gemengelagen hergestellt werden. Zweitens spielen alle, auch schwächere Akteure dieser „live debate" (Mary Douglas) eine wirkungsvolle Rolle in den Aushandlungsprozessen der unvollständigen Synthesen. Wenn Afrikaner westliche Artefakte und Ideen aufgreifen oder aufgezwungen bekommen, eignen sie sich diese Importe dadurch an, dass sie diese in ihren institutionellen Kontext übersetzen (Irrgang 2006).

Toleranz ist die Duldung von Personen, Handlungen oder Meinungen, die aus moralischen oder anderen Gründen abgelehnt werden; sie wird meist öffentlich von Individuen oder Gruppen entweder praktiziert oder gefördert und argumentativ begründet. Die Diskussion um die Duldung religiöser Minoritäten durch eine andere Religionsgemeinschaft oder durch den Staat führt zur Forderung nach dem Recht auf Religionsfreiheit sowie auf Glaubens- und Gewissensfreiheit; in politischen Angelegenheiten wird Toleranz durch Meinungsfreiheit realisiert. Über die ursprüngliche Begriffsbedeutung hinaus wird Toleranz auch im Sinne der Akzeptanz des Anderen und Fremden und des Respekts vor ihm gebraucht. Ursprünglich ist das lateinische „tolerantia" auf individuelle Tapferkeitstugenden bezogen; es bedeutet hier das geduldige Ertragen von physischen Übeln wie etwa Schmerz, Folter, Schicksalsschlägen oder militärischen Niederlagen. Biblische und patristische Autoren verwenden den Begriff auch im Sinne der Leidensfähigkeit des Gläubigen. Diskutiert wurde das Problem der Toleranz auch im Zusammenhang des Prinzips der Zwangsbekehrung, die Augustinus im Hinblick auf den Heilszweck gerechtfertigt sieht (Schlüter/Grötker 1998).

In der Renaissance und dem dort entstehenden Humanismus wird insbesondere die grundlegende Eintracht der Religionen geltend gemacht, wobei der Gedanke der Toleranz mit Religionsfreiheit verknüpft wird. Kritiker bemängeln, dass die Toleranz zur Indifferenz führen könnte und verlangen mehr als bloße Toleranz. Die Vernunft religiöser Basis geht von einer religiösen Vielfalt aus und fordert auf jeden Fall Toleranz. 1689, im Jahr des Toleranz-Ediktes legt John Locke mit seinem lateinisch verfassten „Letter concerning toleration" ein rationales Argument für staatlich anzuerkennende Gedankenfreiheit vor. Allerdings wird immer wieder diskutiert, ob die Nichtduldung intoleranter Verhaltensweisen zu fördern ist. Mit der Verbreitung des von Kant ausgestalteten Imperativs des unbedingten Respekts vor Personen wird auch die Toleranz von Personen als solchen unhinterfragtes Allgemeingut. Zudem bietet die Anerkennung des Rechts auf Autonomie auch Grund zur Toleranz von Meinungen und Handlungen. Für die ursprünglich dem Toleranzprinzip zugeordneten Sachverhalte wird nunmehr Akzeptanz gefordert. Dulden heißt Beleidigung. Dadurch kommt es zu einer Verschärfung des Gedankens der Toleranz und zu einer Wendung ins Aktive. In anderer Hinsicht kritisiert Friedrich Nietzsche die Haltung der Toleranz und wirft die Frage auf, wie jemand, der nach den Prinzipien der Toleranz lebt, noch über ausreichend starke eigene Überzeugungen verfügt. Das Paradox der Toleranz wie die Frage nach den Gründen und den Grenzen der Toleranz wird vor allen Dingen im 20. Jh. in der politischen Philosophie diskutiert. Ein zentrales Problem in diesem Zusammenhang ist die Tolerierung des Intoleranten (Schlüter/Grötker 1998).

Transkulturelle Offenheit verlangt keinesfalls das Verlassen der eigenen Kultur, um fernöstliche Religiosität zu erfassen. Sie verlangt aber die kritische Reflexion der eigenen wie der fremden Kulturen. Dann bietet diese Reflexion Hilfestellungen bei der Gestaltung des eigenen Lebens. Das postphänomenologische und pragmatische „Sowohl – als auch" gibt letztlich ein gutes Leitbild der eigenen Lebensgestaltung an, welches die Hermeneutische Ethik in vielen Bereichen des modernen Lebens empfiehlt. Aber auch hier geht es nicht um die selbstgestrickte Selbstverwirklichung, sondern um die Entwicklung von Kompetenz und einer gewisse Professionalität der eigenen Selbstgestaltung angesichts des kulturellen Angebotes weltweit. Die selbstgewählte naturnahe Einfachheit entspricht nicht der Professionalität und Kompetenz, die eine High-Tech-Gesellschaft von denen fordert, die in der Lage sind, diesen Forderungen zu genügen, um auch die mitziehen zu können, die diesen Ansprüchen nicht und vielleicht auch nicht mehr genügen können. Ohne den richtigen Umgang mit Technologie werden wir auch die Umweltprobleme nicht lösen können (Irrgang 2002c).

## 4. Schluss: Alltagsmoral und ethische Kompetenz des Experten im öffentlichen Diskurs

Modernisierung scheint auf die Kooperation und den wechselseitigen Austausch von Expertisen zu bestehen. Die Expertise ist eine relationale Kategorie. Sie kann definiert werden mit Rücksicht auf die Nichtexpertise: Experten gegen Nichtexperten. Die Nichtexperten können Juristen sein, Verbraucher eines bestimmten Produktes oder einer bestimmten Dienstleistung, Politiker usw. Experten stehen in Beziehung zu ihren Kunden. Wichtig ist in diesem Zusammenhang, die Rolle der Natur des Expertenurteils zu erforschen, das in erster Linie auf „tacit knowlegde" beruht, nämlich auf langer praktischer Erfahrung und Vertrautheit mit dem Gegenstand der Expertise. Dies fügt eine weitere Dimension zu den meist hochentwickelten Expertisen, die auf codifiziertem wissenschaftlichen Wissen beruhen. Im Gegensatz zur wissenschaftlichen Forschung ist wissenschaftliche Expertise von subjektiven Elementen abhängig (Bechmann/Hronszky 2003, 7–9).

Die Entstehung einer Expertenkultur ist eng verknüpft mit dem allgemeinen Prozess sozialer Differenzierung. Der Prozess einer Industrialisierung der Wissenschaft korrespondiert dem intensivierten Verwissenschaftlichungsprozess bürokratischer Arbeit und Entscheidungsfindung. Drei fundamentale funktionale Standards dringen in die klassische Expertenrolle ein: ein kognitiver, ein moralischer und ein charismatischer Standard. Der Status des Experten wird denen zugeschrieben, die eine erfolgreiche Rolle im Wissenschaftssystem eingenommen haben. Der Experte ist auf diese Art und Weise plötzlich in einen sozialen Konflikt hineingezogen, der ihn weit über seine Kompetenz hinaus trägt, möglicherweise sogar über die Möglichkeit der Wahrnehmung der Experten hinaus. Die Grenzlinie zwischen Politik und Wissenschaft wird damit überschritten. Der Experte verliert seinen neutralen Status, wird damit selbst eine Partei in einer öffentlichen Kontroverse um Interessen. Mit der Industrialisierung der Wissenschaft verliert das wissenschaftliche System die Kontrolle über die Bestimmung der Kriterien, Fragen zu entscheiden, wer als Experte anerkannt werden sollte und wer nicht. Technische Expertisen können in wachsendem Maße nur im Teamwork erstellt werden (Bechmann/Hronszky 2003, 17–21).

Um die Krise des Experten zu erklären, muss auf das Dilemma der Experten hingewiesen werden. Dieses besteht nicht in einem individuellen und moralischen Problem und kann daher auch nicht mit einer neuen Ethik der Expertise gelöst werden. Es ist vielmehr ein gesellschaftliches Problem, das direkt aus der sozialen Differenzierung erwächst. Politische Entscheidungen betreffen nicht nur die Lösung eines Werte- und Interessenkonfliktes, sondern ebenso das Problem des Schutzes gegen die Gefahr, eine Gesellschaft aufzuspalten oder auch soziale Prozesse zu gestalten (Bechmann/Hronszky 2003, 25–28). Die Politisierung wissenschaftlichen Wissens in der politischen Arena führte zum Niedergang der Autorität des wissenschaftlichen Experten. Die Verwissenschaftlichung der Politik und die Politisierung der Wissenschaft sind wechselseitig relevante Prozesse. Wenn wissenschaftliches Wissen unterschiedliche politische Positionen und Entscheidungen legitimieren kann, dann ist es schwierig, die Unterstellung aufrechtzuerhalten, dass Wissenschaft eindimensional, hart und von objektiver Wahrheit ist, die nur zu einer einzigen Lösung führen kann (Bechmann/Hronszky 2003, 56–65).

Intensivierte Anwendung von wissenschaftlichen Expertisen hat jedoch nicht das Ausmaß an Sicherheit der Expertise erreicht, das sich Bürokraten und Politiker von dieser Art der Beurteilung erwartet hatten. Dies führte zu einer Inflation wissenschaftlicher Expertisen. So versuchte man eine Hierarchie von Expertisen und begleitend eine Kürzung wissenschaftlicher Expertisen zu erreichen. Dies war die Voraussetzung für die Entwicklung von Wissenschaftsgerichtshöfen (Bechmann/Hronszky 2003, 79 f.). Das Dilemma des Experten legitimiert zwar, dass es keine ausschließliche Expertenkultur mit Herrschaftswissen gibt, andererseits darf es auch keine vollständige Nivellierung geben. Experten haben ein trainiertes implizites Wissen auch in der Technikbewertung und in der Technikethik. Auch wenn es kein objektives Bewertungswissen als solches gibt, gibt es dennoch mehr als die bloße Stammtischmoral vieler bloß technischer Experten. Insofern brauchen wir eine Technologie-Reflexions-Kultur und eine Technologie-Evaluations-Kultur. Es bedarf einer Verwissenschaftlichung auch der Reflexionskultur im Sinne einer Professionalisierung. Dann ist eine Kultur der Technologie-Evaluierung und -Gestaltung möglich. Diese Kultur ist zwar keine reine Expertenkultur, aber auch keine Common-Sense-Kultur.

James betrachtet den Standpunkt des Common sense als den für die Hermeneutik der Lebenserfahrung entscheidenden Sinnhorizont. Die Orientierung an den Vorurteilen ist aus der Sicht des Common-Sense nicht als Wahrheitsverlust zu betrachten. Der gesunde Menschenverstand soll an die Stelle des Moralismus treten. Es geht um eine pragmatische Denkform. Diese führt zu einer angemessenen Beurteilung ambivalenter Sachverhalte. Die pragmatische Unterordnung des Guten an sich unter das für den Einzelfall nützliche ist paradigmatisch. Der gesunde Menschenverstand setzt ein sittliches Sein bereits voraus. Die praktische Urteilskraft ist durch Wissenschaft nicht ersetzbar. Es gibt eine Erfahrung ohne Anfang. Der Pragmatismus befreit das Bewusstsein von der Angst des Angeführtwerdens. Der Common-Sense erlaubt ein flexibles Erfahrungsmedium. Es geht um die Routinisierung und Technisierung von Handlungsvollzügen. So kann von einer fruchtbaren Zweideutigkeit des Common-Sense gesprochen werden. Die Normalität des Common-Sense liegt darin, radikale Lösungen zu vermeiden und sich der Erfahrung in einer ambivalenten, das Alte bewahrenden und zugleich das Neue grundsätzlich nicht verdrängenden Bewegung zu überlassen (Rolf 1999, 49–84).

Die Berücksichtigung der Normalität lässt einen Standpunkt zu, der sowohl das Expertentum wie den Common-Sense, die Einstellung des Alltagsverstandes berücksichtigt. Zugleich wird eine Form von Interdisziplinarität begründet. Somit wird der Standpunkt eines wissenschaftlich belehrten und erfahrenen Common-Sense, der Wissenschaftlichkeit und Öffentlichkeit miteinander zu vermitteln vermag, in den Mittelpunkt gestellt. Das Normale ist Gegenstand der Psychopathologie und der Ethnologie, der Soziologie und der Lebenswelt. Normalität ist nicht als bloße Durchschnittlichkeit zu verstehen. Norma ist aus der Architektursprache abgeleitet und meint das Winkelmaß, was sich in der richtigen Mitte hält. Es meint auch Gleichmaß und Durchschnitt. Es gibt eine Normalisierung der Anomalie. Auch Gesundheitsvorstellungen gehören in den Bereich der Normativität. Normalität und Subjektivität sind andere Dimensionen des Normalen. Erforderlich wäre eine über den Einzelfall hinausgehende Typik. Auch die normale Selbsterfahrung spielt eine wichtige Rolle. Der Apriorismus ist eine konstruktive Form der Normalität. Es gibt eine normalisierende Wirkung der Gewohnheit. Inwiefern sich Normalität als eine in den verschiedensten Formen individueller Lebensführung wiederkehrende und in formaler Hinsicht weitgehend invariante Erfahrungsstruktur beschreiben lässt, ohne dass daraus ausschließlich auf Kohärenz stark empirischer Gewohnheit sowie ausschließlich auf die abstrakte Idealität des reinen Selbstbewusstseins rekurriert wird, bleibt zu diskutieren. Das Normale repräsentiert alle erdenklichen Formen bewussten In-der-Welt-Seins, auf deren Existenz es keiner grundsätzlichen oder permanenten Rechtfertigung bedarf. Es handelt sich dabei um eine Vollzugsform menschlicher Existenz (Rolf 1999, 9–44).

Günter Ropohl geht von einer Zwiespältigkeit der Technik aus, in der Mängel der Technik und Aspekte, die bei der Weltbemächtigung durch Technik und des Fortschritts auftreten, beseitigt werden müssen. Es gibt doch so etwas wie den technologischen Imperativ und einen Anfangsverdacht gegenüber einzelnen Beschreibungen einzelner Techniken, die als Bedrohung empfunden werden. Es gibt auch Unzulänglichkeiten im Gebrauch von Nonsens-Technik oder Technologien (Ropohl 2003, 10–28). Mangelnde Benutzerfreundlichkeit, begrenzte Zuverlässigkeit, technische Störfälle, Zeitzwang und Sachzwang sowie der Versorgungszwang mit Energie und andere Systemzwänge gesellen sich zu Handlungszwängen einer Neuerungsmanie, Adressatenproblemen der Technik begrenzter Handlungskompetenz. Außerdem gibt es ein Adressatenproblem der Technikethik nicht zuletzt auf Grund der begrenzten Handlungskompetenz. Technik und Bedarfsanalyse müssen mit der Folgenanalyse und der Kostenfrage für die neue Technik entwickelt werden. Dabei ist Konkurrenzfähigkeit ein zentrales methodisches Kriterium. Die konkreten Einflussmöglichkeiten des Staates auf die Technisierung sind allerdings begrenzt. Die unübersichtliche Vielfalt der Moral- und Wertvorstellungen erschwert die Urteilsbildung. Zu den Wichtigsten gehören Gesundheit, Wohlstand, Umweltqualität, Gesellschaftsqualität und Persönlichkeitsentfaltung.

Technikethik ist Sache des Individuums, Technikbewertung ist Sache des Staats. Technikentwicklung ist ein höchst komplexer gesellschaftlicher Prozess. Auch ist es wichtig, dass man Technik immer noch besser machen kann. Die demokratische Technikgestaltung dient als konkret konzipierte Techniksteuerung und ist ein neuer methodischer Leitfaden. Innovative Technikbewertung in einem sehr frühen Stadium ist anzustreben. Außerdem muss Technikbewertung als fortlaufende Begleitung des Innovationsprozesses konzipiert werden. Als fortlaufende Prüfung und Bewertung der Folgen nicht zuletzt unter dem Gesichtspunkt der Subsidiarität. Es geht um das kleinste Leid der kleinsten Zahl im Sinne einer Minimalmoral.

Seit einigen Jahrzehnten erleben wir die beginnende Digitalisierung unserer technologisierten Alltagswelt. Die damit verbundenen Umbruchserlebnisse führen zu Traditionsverlust und Wertewandel. Angesichts der Orientierungslosigkeit in der technisierten Alltagswelt erhält Philosophie neue Lebensbedeutsamkeit. Dabei geht es insbesondere um öffentliches Philosophieren außerhalb der akademischen Mauern. Die Unausweichlichkeit der Technisierung unserer Welt ist endlich von der Philosophie anzuerkennen und wird zu anderen Organisationsformen von Philosophie führen. Kennzeichen der zweiten Modernisierung ist, dass der Mythos der umschlagenden Aufklärung („Dialektik der Aufklärung") seinerseits zum Ausgangspunkt einer Aufklärung werden kann. Aufklärung verspricht einen Zugewinn von Wohlstandsäquivalenten und Freiheitsversprechen. Immer mehr Probleme, die durch Technik und Wissenschaft zu lösen sind, sind solche, die durch Technik und Wissenschaft selbst verursacht wurden (Zimmerli 1997b, 15–18).

Die Zweite Modernisierung bedeutet ein Fortschrittskonzept zweiter Stufe aufgrund einer reflexiven Wendung in der Technikgestaltung. Der Begriff Kultur entstammt der handwerklichen, zunächst bäuerlichen Umgebung. Kultur meint aber insbesondere das Selbstverständnis einer bürgerlichen Schicht als Emanzipationsbewegung von der europäisch orientierten Zivilisation des Adels. Kultur im Gegensatz zur Zivilisation im Sinne der zweiten Modernisierung bedeutet dann Beseitigung der unerwünschten Nebenwirkungen früherer Wissenschafts- und Technikentwicklung. Die Informationstechnologie als vierte Kulturtechnik wird analog zur Einführung der Schrift zu bewerten sein. Es handelt sich um eine transkulturelle Kulturtechnik, die sich auch auf die Struktur unseres Denkens und Handelns auswirken wird. Gefragt sind durch diese neuen Kulturtechniken vor allem Fertigkeiten im Umgang mit Nichtwissen. Damit ist insbesondere der kulturelle Aspekt technischen Handelns thematisiert, der allerdings nicht auf Informationstechnologie als neue kulturelle Quertechnologie beschränkt bleibt (Irrgang 2005a).

Diese zweite Modernisierung wird wesentlich inspiriert durch einen Neo-Pragmatismus. Den Begründern des amerikanischen Pragmatismus unbekannt, hatte der Ausdruck Pragmatismus im Rahmen der Methodendiskussion der deutschen Geschichtswissenschaft eine bis ins frühe 19. Jh. reichende Vorgeschichte. So fasst W. T. Krug Zielsetzung und Methode der pragmatisch verfahrenden Geschichtsschreibung mit dem Schlagwort Pragmatismus zusammen. Üblicherweise wird Ch. S. Peirce, der nach eigenem Bekunden ab Mitte der 1870er Jahre vom Pragmatismus gesprochen hatte, als alleiniger Schöpfer dieses Terminus angesehen. Der Pragmatismus ist eine Methode zur Klärung von Bedeutungen, jedoch nur der intellektuellen Begriffe (Elling 1989, 1246). Dabei lässt sich ein gewisser Zusammenhang zum Konzept des impliziten Wissens nicht leugnen.

Technologie-Kultur ist ein Prozess ständiger gesellschaftlicher Stellungnahme zu einer Technologie, ein Prozess der Interpretation und Bewertung der gesellschaftlichen Bedeutsamkeit einer Technologie für die Kultur einer Zivilisation (Irrgang 2002c; Irrgang 2003b, Irrgang 2006). Designer-Food und Designer-Babies tangieren eine Gesellschaft nicht nur äußerlich. Technische Kultur kann im Keime ihrer Konkretionen als selbstläufig gelten und so davon entlasten, zur Stellungnahme aufzufordern. Kultur hat an keinem Punkte den selbstständigen Charakter fragloser Umwelt. Aber die Normierungskraft, die von der technischen Kultur ausgeht, betrifft die Art der Lebensführung, zu der sie veranlasst. Es gibt keine Deckungsgleichheit aller Lebensbereiche einer Kultur. Wissenschaft tritt als Sozialtechnik an die Stelle gelebter Kultur. Technik und Wissenschaft sind Repräsentanten der Neuzeit unserer Kultur. Kultur als technische Kultur ist in Wahrheit eine Steigerung und Differenzierung humaner Kultur. Der Gewinn des Fortschritts ist ein Gewinn an Pluralität der Kultur. Technische Kultur verlangt die Fähigkeit zur Anerkennung von Unterschieden und Differenzen innerhalb der Kultur selbst. Kultur, lebendige Kultur, heißt immer, dass Alternativen im Spiel sind (Rendtorff 1982, 11–14).

Die Offenheit für Alternativen ist, so problematisch ihre Konkretionen in jedem einzelnen Fall sein mögen, ein notwendiges Strukturmerkmal technischer Kultur. Verweigerung als Ausstieg aus der technischen Kultur ist selbst keine Alternative mehr. Dies führt zu dem Ergebnis, dass weithin nur das Machbare auch gewollt wird. Das Problem der Beherrschbarkeit der Mittel betrifft die Aufgabe technisch zu verantwortenden Handelns. Offenbar ist die Frage nach der Aufhebung der Grenze zwischen Experiment und Wirklichkeit nicht so ohne weiteres zu beantworten. Kultur ist, gerade als technische Kultur, ein einziges großes Experiment. Das Kriterium dafür ist die Revisionsfähigkeit bzw. die Korrekturfähigkeit des Handelns (Rendtorff 1982, 16–19).

Es geht um die Aufgabe, die der Kultur durch Technik und Wissenschaft gestellt ist. Allerdings gehen die Meinungen darüber heftig auseinander, worin die Gründe für das Missverhältnis zwischen öffentlicher Wirksamkeit von Technik und Wissenschaft einerseits und öffentlicher Aufklärung über Technik und Wissenschaft andererseits zu finden sind. Wir leben in einer repräsentativen technischen Kultur, d. h. in einer Kultur, in der die direkte kulturelle Verantwortung nicht von jedermann unmittelbar geteilt und realisiert wird, sondern auf dem Wege der Stellvertretung. Stellvertretung aber heißt übertragene Verantwortung, nicht uneingeschränkte Herrschaft und Verfügung über Andere (Rendtorff 1982, 20 f.).

Technologie ist in der Zwischenzeit zum Motor der gesellschaftlichen Entwicklung geworden. Technik war schon immer ein dominanter Faktor menschlicher Lebensformen. Insofern ist es Aufgabe der Technikkultur, das Problem der Wissenschafts- und Technologieförderung zu lösen bzw. einer Lösung näher zu bringen. Technologische und technische Entwicklungen sind häufig nicht allein Voraussetzung für wissenschaftlichen Fortschritt, vielmehr können sie umfassend die Perspektive wissenschaftlicher Themenstellungen verändern. Hier entsteht also auch ein Problem der Rechtfertigung von Technik. Es ist mit Sicherheit so, dass der Ingenieur oder Techniker der Zukunft stärker über sein Handeln aufklären und reflektieren sollte und in umfassender Weise den gesellschaftlichen Kontext in sein Denken einbeziehen muss. Denn es ist unbestreitbar, dass durch gesellschaftlich nicht akzeptierte Technologien die Etablierung von neuen Techniken verhindert wird, und es in der Folge durch diese Verhinderung von Technik zur Behinderung der Technikwissenschaften kommen kann (Brandenburger Tor 2002, 39 f.). Technik ist aber auch der Motor der Gesellschaft geworden. Technik und ihre Anwendung habitualisiert sich mit zunehmender Erfahrung ihrer Nützlichkeit. Sie wird zum scheinbar selbstverständlichen Bestandteil der Existenz. Je länger sie existiert und je größer ihre Ausbreitung ist, desto weniger wird sie hinterfragungsfähig oder als dynamikstiftendes Artefakt erlebt. Damit tritt sie ein in den kulturellen Bestand und das kulturelle Erbe der Gesellschaft (Brandenburger Tor 2002, 51). Technik, insofern sie uns selbstverständlich geworden ist, ist ein Teil unserer Kultur. Technikkultur bemüht sich um den noch problematischen Anteil technikwissenschaftlicher Entwicklung auf dem Weg von der Innovation zur Kultur.

Aber unsere technologische Kultur ist in eine Krise geraten. Viele Elemente der traditionellen technischen Kultur sind von einer Selbstverständlichkeit zu einem ethischen Problem geworden. Man hat sogar von einer Krise der technologischen Kultur (Durbin) gesprochen. Die Ablehnung der Nuklear- und Gentechnologie ist ein Indikator für Akzeptanzprobleme moderner Technologie. Sicherheitswahn, Angstsyndrom und Orientierungslosigkeit sind die falschen Antworten auf eine technokratische und bürokratische Kultur. Das Verbesserungsparadigma des technologischen Fortschritts ist in Verruf geraten und in so manchen Bereichen durch das Frankenstein-Syndrom ersetzt worden. Und es ist ja auch nicht so einfach zu bestimmen, was langfristig letztlich jeweils auch eine Verbesserung darstellt. Der Zweifel an technischen Kompetenzen zur Verhinderung technischer Unfälle wächst, und materieller Wohlstand wird nicht mehr automatisch mit Glück oder gelingendem Leben identifiziert. Überall wachsen ethische Probleme, bedarf es der ethischen Orientierung.

Neu und interessant bei der Bioethik z. B. ist die Diskussion in der Öffentlichkeit um Ethik, die Verknüpfung von philosophischer Ethik und öffentlicher Diskussion. Sie markiert an einem speziellen Problem, worauf Technologie-Reflexions-Kultur und Hermeneutische Ethik generell antworten will: Bioethik umfasst professionelle Abhandlungen, Darstellungen in den Medien, öffentliche Stellungnahmen sowie Ausschüsse und Gremien. Es ist ein Erfolg für die Ethiker, denn es ist endlich gelungen, aus dem Elfenbeinturm auszubrechen. Eine institutionalisierte Bioethik wurde geschaffen. Es ist aber auch ein Erfolg für Moral, Ethik und Sittlichkeit – denn das Interesse an Ethik und Moral ist geweckt. Die Gesellschaft wird für Sittlichkeit sensibilisiert und motiviert. Dass diese Stimmung oder Gestimmtheit nicht in eine neue Moralhysterie mündet, wie sich das möglicherweise beim Tierschutz in einer gewissen Altersgruppe manifestiert, ist eine der wesentlichen Aufgaben Hermeneutischer Ethik. Sie hat sich die Professionalisierung der Laien zur Aufgabe gestellt. Diese gesellschaftliche Wirkung einer philosophischen Disziplin sollte Anlass für die Philosophie, die traditionell einen starken Selbstbezug zu ihrer Geschichte hatte, für eine eingehendere Selbstreflexion und Selbstaufklärung unter Berücksichtigung der Technik und Wissenschaft in einer modernen Gesellschaft sein. Der Arbeits- und Reflexionsprozess in einem Gremium entspricht nicht unbedingt dem Resultat einer wissenschaftlichen Arbeit. Das Produkt am Ende des Reflexionsprozesses eines Gremiums ist ein Gutachten, ein Protokoll, eine Empfehlung oder eine Richtlinie, die anderen Maßstäben als denen einer wissenschaftlichen Arbeit insbesondere im Hinblick auf praktische Relevanz und Machbarkeit verpflichtet sind. Ausschlaggebend für die Gremienarbeit ist die Formulierung eines Auftrages. Der Adressat ist nicht der Fachkollege (Ach/Runtenberg 2002, 9–12).

Die Einrichtung von Ethikzentren, von Institutionen der Technikfolgenabschätzung, von Ethikkommissionen und Beratergruppen auf verschiedenen politischen Ebenen war eine Reaktion auf moralisch relevante Konflikte in der Gesellschaft. Klinische Ethikkommissionen waren häufig genug der Ansatzpunkt für weitere Institutionalisierungen. Sie hatten ganz unterschiedliche Aufgaben. Es gab spezifische Probleme und Konfliktpotentiale. Dabei wurde eine Spezifizierung der jeweilgen Kontexte erforderlich. Insgesamt führte die Institutionalisierung zu einem tiefgreifenden Rollen- und Funktionswandel vom Moralphilosophen zum Ethiker. Bioethische Expertise war gefragt (Ach/Runtenberg 2002, 138–141).

Die umfassende Technisierung der Medizin geht oft einher mit Verrechtlichung, Bürokratisierung und Ökonomisierung sowie dem Glauben an die Planbarkeit und Steuerbarkeit des eigenen Lebens und seiner Gesundheit wie der Gesundheitspolitik insgesamt. Unterstützt werden derartige Vorstellungen durch die soziale Konstruktion technischer Sicherheit. Aber auch wenn sich einige Schicksalsschläge oder Krankheiten verhindern oder abschwächen lassen und man das Altern hinauszögern kann, bleibt der Mensch sterblich. Allerdings wird in den abschließenden Überlegungen deutlich, was sich bereits in der Einleitung andeutete: Ohne ein Konzept des Wertes menschlichen Lebens wie der Lebensqualität eines solchen Lebens wird eine Bioethik in Zukunft nicht auskommen. Ansatzpunkte zu einer anthropologisch unterfütterten Lebensqualitätskonzeption zwischen Utilitarismus, Hedonismus und Pragmatismus einerseits, menschlicher Autonomie, Würde und Solidarität andererseits werden in meiner „Einführung in die Bioethik" (Irrgang 2005b) aufgezeigt. Eine anthropologisch-ethische Reflexion des therapeutischen Prinzips impliziert behutsam und reflektiert durchgeführte Verbesserungen, sofern sie sicher technisch-medizinisch machbar sind.

## 4. Schluss: Alltagsmoral und ethische Kompetenz

Die Institutionalisierung angewandter Ethik oder besser noch von angewandter Philosophie überhaupt, denn die Ethik lässt sich aus dem Kontext vieler anderer Disziplinen gar nicht trennen, auch die Frage nach der Verbesserung des Menschen, erfordert eigene Überlegungen und einen eigenen Ansatz. Die ängstlich-borniert Festlegung auf den anthropologischen Status quo außer im Sport (Irrgang 2004a) wird einem Menschenbild nicht gerecht, welches Kreativität, Innovation und Neugierde in solidarischer Rückbindung (Autonomie im Kontext) als Ansatzpunkt des Menschseins betrachtet. Es ist unverantwortlich, das Zerrbild posthumanen Menschseins an die Wand zu malen (Irrgang 2005a), um ein extrem konservatives Menschenbild propagieren zu können. Im Sport zeigen sich auch einige der Gefahren der neuen biomedizinischen technischen Möglichkeiten, wenn es nur um den sportlichen Erfolg ohne sittliche Einbindung geht. Enhancement ohne die Frage „Wozu?" führt in den technologischen Imperativ. Das Machbare wird dann gemacht. Eine reflektierte Kultur des technisch Machbaren muss aber Realisierbarkeit und Realisierungswürdigkeit stärker bedenken, insbesondere bezahlbare und sozial verträglich gestaltete Anwendung biomedizinischer Forschung. Trotz aller Formen der Verwissenschaftlichung und Technologisierung in der Biomedizin sollte im Zentrum eine medizinisch-therapeutische Praxis mit humaner Ausrichtung stehen, und zwar im vollen Bewusstsein der Grenzen der Realisierbarkeit des Humanen, gerade wenn es um Fragen von Leben und Tod bei Menschen geht. Der Einzelfall, das persönliche Schicksal sollte in solidarischer Verantwortung ohne dogmatische Verengungen auf Lösungsmöglichkeiten im Sinne des Betroffenen hin untersucht werden. Dammbruchszenarien opfern gerne Einzelfälle einem vermeintlich größeren Allgemeinwohl. Aber auch Durchführbarkeit und Bezahlbarkeit biomedizinischer Maßnahmen müssen stärker berücksichtigt werden. Damit wird etwas diskutiert werden müssen, was als „höchster Wert" häufig unterstellt wird, der Wert der Gesundheit, der Wert eines gesunden Lebens und seine Qualität, obwohl es sich hierbei um einen Wert unter anderen handelt (Irrgang 2005a, Irrgang 2005b).

Philosophische Argumente spielen in Ethikkommissionen häufig – wenn überhaupt – eine untergeordnete Rolle. Strukturelle Gründe für den Mangel an philosophischer Problemdurchdringung liegen darin, dass entsprechende Institutionen von vornherein eine andere soziologische Funktion haben. Warum ethische Fragen in Ethikkommissionen oftmals nicht die ihnen gebührende Aufmerksamkeit erhalten, lässt sich mit den unterschiedlichen Anforderungen der praktischen Ausrichtung von Institutionalisierungen und der theoretischen Ausrichtung einer universitären Disziplin erklären. Es gibt Leitdifferenzen, die quer durch alle institutionellen Kontexte eine wichtige Rolle spielen. Rekonstruktion und Analyse sind ganz wichtige Gesichtspunkte bei der Arbeit von Kommissionen. Moralische Expertise, moralische Kartographie und eine moralische Landkarte sind für Kommissionsarbeit erforderlich. Je entscheidungsnäher die Institutionen arbeiten, umso größer ist der Bedarf an Antworten. Die intellektuelle Aufarbeitung einer Problemkonstellation ist nicht genug. Gefragt sind Transparenz und Offenheit der bioethischen Expertise, nicht Wahrheit oder Objektivität, sondern verlässliche moralische Orientierung (Ach/Runtenberg 2002, 143–152).

Viele erwarten von Ethikkommissionen begründete Parteinahme in substantiellen, ethischen Fragestellungen. Parteilichkeit aber entspricht nicht der wissenschaftlichen Unparteilichkeitsforderung als Grundlage einer ethisch-normativen Theorie. Es gibt unterschiedliche Funktionen von Kommissionen und wissenschaftlichen Institutionen und daraus resultieren

Zielkonflikte. Manche Bioethiker sind der Auffassung, dass die Ethiker gewissermaßen als „Lobbyisten" derjenigen Gruppen oder Betroffenen zu agieren haben, die selber ihre eigenen Interessen nicht vertreten können. Damit ergibt sich eine gewisse Konfliktkonstellation zwischen Kritik und Interpretation. Auch die Hauspolitik des Kommissionsträgers ist nicht ohne Einfluss auf die Arbeit der Kommission. Maximale Forschungsfreiheit und Kritikmöglichkeit sollten aber auch dem Bioethiker in Institutionen zugebilligt werden. Ein weiterer Konflikt zwischen Bioethik als wissenschaftlicher Disziplin und Gegenstand von Kommissionen ist die zwischen Theorie und Kompromiss. Je konkreter die Fälle sind, desto weniger kann man allgemeine Theorien erarbeiten (Ach/Runtenberg 2002, 155–161).

Innerhalb einer Kommission ist eine einheitliche Moraltheorie oder gar eine ethische Theorie nicht zu finden. Häufig wird die Aufgabe genannt, sich in die Lage der Betroffenen zu versetzen. Die Nützlichkeit ethischer Expertise in Kommissionen muss erwiesen werden, weshalb Überredungs- und Überzeugungsstrategien eingebaut werden müssen. So lässt sich der Zielkonflikt zwischen akademisch-philosophischer Reflexion und den Aufgaben einer Bioethikkommission letztendlich nicht aufheben. Erforderlich für die konkrete Arbeit ist rationale Kontrolle der strategischen Implikationen (Ach/Runtenberg 2002, 162–169). Häufig wird der Bioethik der Vorwurf gemacht, eine Anpassungsethik zu sein. Demgegenüber kann bioethische Expertise nur auf Transparenz, Konsistenz und Differenzierung setzen. Es geht um die Generierung der wichtigen und richtigen Probleme. Der sokratische Zweifel gegenüber dem, was von der Kommission für unproblematisch gehalten wird, ist die Aufgabe des Ethikers und Philosophen. Außerdem kann er bei der Erarbeitung von Konsensen helfen (Ach/Runtenberg 2002, 171–177). Eine philosophische Ausbildung ist für den Bioethiker nicht zwingend erforderlich. Reicht aber eine fachphilosophische Ausbildung aus, um ein guter Bioethiker zu sein? Sind zertifizierte Bioethiker erforderlich? All diese Fragen sollten aber nicht dazu führen, dass es zu einer Abkopplung der Bioethik von ihrem fachphilosophischen Ursprung kommt (Ach/Runtenberg 2002, 178–180).

Angewandte Philosophie ist als Instrumentarium zur Akzeptanzbeschaffung wohl nicht geeignet. Dabei ist ein disziplinärer von einem polemischen Begriff der Menschenwürde zu unterscheiden. Das Ende der Natürlichkeit und die Entmoralisierung der Natur mögen beklagt werden, medizintechnischen Fortschritt werden die Klagen aber vermutlich nicht aufhalten. Die Kritik an der technologischen Zivilisation tritt häufig im Gewand einer Kritik an der Bioethik auf. Die moralische Intuition wird nicht selten gegen rationale Analysen angeführt. Insgesamt sollte im Zusammenhang mit Bioethik auch das Projekt einer Ethikfolgenabschätzung vorangetrieben werden (Ach/Runtenberg 2002, 203–211). Die Auseinandersetzung um die öffentliche Rolle der Bioethik hat die Fachdisziplin der Bioethik verändert und sollte auch die weitere Diskussion um das Selbstverständnis der angewandten Philosophie verändern.

Technisch-ökonomische Entwicklung ist abhängig von Angebot, Nachfrage, Akzeptanz und Nützlichkeit bzw. Wirtschaftlichkeit der neuen Produkte. Eine ethische Reflexionskultur derselben hat die gesellschaftliche und kulturelle Einbettung von Technologie aufzuzeigen, denn Nachfrage, Akzeptanz, Nützlichkeit und damit letztendlich der Konsum spielen eine anwachsende Rolle für die Bedeutungskonstitution von Laborwissenschaften – und die ist kulturell geprägt. Der Anwender wird immer mehr zum Maßstab der Produktion. Ein weiterer wichtiger Punkt für eine Reflexionskultur der Technologie ist die Verknüpfung von Industrieforschung und staatlicher Forschung zu einer anwendungsorientierten Grundlagenforschung im Rahmen der Technologisierung der Laboratoriumswissenschaften. So kommt es zu einer Verknüpfung von naturwissenschaftlicher und technologischer Vorgehensweise. Für die angewandte Philosophie der Wissenschaft und Technologie müssen sich epistemologische Fragen mit ethischen, sozialen, politischen und rechtlichen Fragestellungen verknüpfen und die institutionelle Seite technologisierter Forschung berücksichtigen. Eine Epistemologie der Gentechnologie hat folgende drei Ebenen zu unterscheiden und miteinander zu verknüpfen: (1) Die Ebene der Naturwissenschaften mit ihren Naturgesetzlichkeiten, Regularitäten und der erforderlichen Strukturierung biologischer Entwicklung sowie letztendlich Fragen der Institutionalisierung von Laboratoriumswissenschaften. (2) Die Technikwissenschaften (auf der Basis einer reflektierten verwissenschaftlichten Form und Konzeption des impliziten Wissens); hier geht es um die Struktur und Funktion technischer Gegenstände (inklusive Gene, synthetische Lebewesen) wie der Strukturierung biologischer Entwicklung, insofern hier künstliche Elemente eingefügt bzw. zugefügt werden, um letztendlich synthetische Lebewesen zu erhalten. Auf dieser Ebene kommt es zu einer Verknüpfung mit der Industrieforschung und es hat eine Analyse des Machbaren zu erfolgen. Letztendlich schlägt sich auf dieser Ebene die Technologisierung des Laboratoriums durch. (3) Eine Reflexionskultur technischer bzw. technologischer Forschungspraxis. Es geht hier um die Reflexion des technischen Machens bzw. Könnens in seinem sozialen und kulturellen Eingebettetsein. In diesem Bereich müssen in Institutionen wie Universität, Bildungseinrichtungen, Public-Relation-Unternehmen, Forschungseinrichtungen und Industrie methodologische und ethische Reflexion im Sinne eines Ethiktransfers professioneller Philosophie in alltagsnähere Bereiche etabliert werden, wodurch eine interdisziplinäre Arbeitsweise im Bereich einer Reflexionskultur von Technologie und Wissenschaften unverzichtbar ist.

Wissenschaftler sind keine guten Selbstinterpreten. Dies könnte als Einwand gegen eine Technologiereflexionskultur gewertet werden. Wissenschaftler brauchen also professionelle Hilfe durch Reflexionsspezialisten genauso wie durch PR-Fachleute. So versteht sich Hermeneutische Ethik als Promotor einer öffentlichen Debatte in den verschiedensten Bereichen und Institutionen durch Schaffung einer Interpretationsgemeinschaft zwischen Alltagsdebatten bzw. einem aufgeklärten Common Sense und einer Expertenkultur. Bürgerforen und Expertenkulturen müssen aufeinander bezogen werden. Zudem brauchen wir publizistische Organe für eine allgemein verständliche angewandte Ethik bzw. angewandte Philosophie. Technologiereflexionskultur bedarf der Kompetenzerhöhung im ethischen und philosophischen Diskurs. Eine Reflexionskultur ist als solche selbstverständlich Argumentations- und Diskussionskultur, bei der Rhetorik (z. B. in der PR) eine nicht völlig unbedeutende Rolle spielt. Dabei ist ganz entscheidend der gelingende Rückbezug und Einbezug der jeweiligen Forschungspraxis.

Eine Technologie-Reflexions-Kultur trägt der Tatsache Rechnung, dass Technologien nicht autonom, autark oder eigendeterminiert sind, sondern multistabil, weil diese Technologien eingebettet sind in ihren Gebrauch, in ihre Kultur und in einen politischen Prozess, also in vielfältiger Form abhängig sind von Interpretationsprozessen. Technologie ist nicht nur abhängig von konstruierten Funktionen und Aufgaben, die die Konstrukteure stellen. Vielmehr sollten im Rahmen einer Technologie-Reflexions-Kultur Risiken abgeklärt sowie die Frage nach nicht intendierten Konsequenzen gestellt werden. Eine Technologie-Reflexions-Kultur ist dann nicht erfolgreich, wenn ein Mangel an Alternativen und an Kontrollmöglichkeiten unterstellt wird. Die wissenschaftliche Kompetenz der Forschung wird forschungsintern auf höchstem Niveau kontrolliert. Gelegentliche Betrugsaffären sind damit jedoch nicht auszuschließen. Sie gefährden aber nicht das Gesamtkonzept einer Wissenschaft, genauso wenig wie einige übereifrige oder möglicherweise verrückte Forscher, die menschliche Wesen klonen. Ethik als Reflexionswissenschaft kann eine gewisse externe Kontrolle ausüben, insofern sie über Alternativen nachdenkt. Damit aber bleibt sie abhängig von den Forschern, die ihre eigene Tätigkeit reflektieren. Dazu bedürfen diese Forscher methodischer Anleitung, weswegen epistemologische Studien erforderlich sind. Akzeptanz, soziale Kontrolle von außen sind gesellschaftliche Phänomene, z. B. politische oder juristische Regulationsinstrumentarien. Sie können sich der Ergebnisse der Technologiekultur bedienen, im idealen Fall sogar Teil einer Technologie-Reflexions-Kultur oder Technologie-Abwägungs-Kultur werden (Rendtorff 1982).

Die Technologie-Reflexions-Kultur bzw. Technologie-Abwägungs-Kultur (Irrgang 2002c; Irrgang 2003b; Irrgang 2006) bemüht sich um eine Anleitung zur Selbstreflexion der Forscher. Diese sollten ihren Beitrag zur Biotechnologie-Reflexions-Kultur leisten, indem sie selbst reflektierte und qualitätvolle PR-Maßnahmen und interdisziplinäre Projekte und Diskussionen initiieren. Voraussetzung dafür sind sorgfältige methodologische Reflexionen insbesondere über die Biotechnologie als Laboratoriumswissenschaft und als technisch-wissenschaftliche Praxis. In diesem Zusammenhang ist ebenfalls der Beitrag der Ethik im Sinne einer internen wie externen Reflexion und Kontrolle erforderlich.

Allerdings ist der Versuch einer ethischen Argumentation über wissenschaftlich-technischen Fortschritt nicht statthaft, die sich auf einen archimedischen Punkt außerhalb des technischen Handelns stellt und von dort aus die Legitimität technischen Handelns zu beurteilen versucht. Legitimitätsargumentationen können sowohl deduktive wie induktive Folgerungen verwenden, allerdings mit unterschiedlichem Ergebnis, was die Sicherheit der Folgerung betrifft. Dies ist eine wesentliche Komponente von Peirces Konzeption der Abduktion. Vor allem aber sind bei Peirce beide Argumentationsformen ineinander verschränkt. Rechtfertigung ist eine Frage des Argumentationszusammenhangs, der Konvergenz der Argumentation. Praxis meint ein partielles Verfügen über natürliche Ressourcen, ein Eingebundensein in einen kulturellen bzw. institutionellen Horizont, ein partielles Bewirkenkönnen von Handlungszielen und die Nutzung einer möglichst sicheren technischen Infrastruktur für eigene Zwecke (Irrgang 2002c). Experten vertreten nicht mehr die objektive Wahrheit, sondern ihre eigene Interpretation. Dieses aber gilt nicht nur für Fragen der Technologie-Reflexions-Kultur, sondern für jede wissenschaftliche Diskussion. Die Erwartungen an Experten beruhen auf einem Wissenschaftsmodell, dessen zu hohe Ansprüche in einer nachmodernen Ära immer deutlicher werden.

Praxis ist eine Frage des Gestaltens, ihr Maß das Gelingen oder Misslingen. Bloße theoretische Überlegungen, etwa in einem abgehobenen Metagerechtigkeitsdiskurs, verfehlen die reflexive Durchdringung von Praxis, auch wenn Gerechtigkeitsreflexionen nicht unerheblich sind für die Beurteilung des Gelingens oder Misslingens einer Praxis. Technische Gestaltung umfasst technische Konstruktion, technische Produktion und den Konsum technischer Artefakte. Die Strukturierung, die Gestaltung einer Praxis setzt Erkenntnis voraus. Erkenntnis aber ist auch Folge eines Gestaltungsprozesses, so dass Gestaltung und Erkenntnis in sich wechselseitig verschränkt sind. In der Gestaltung kommt es zu einem Zusammenwirken von Subjekt und Objekt. Die Achtung für die Gegenstände der Gestaltung ist wichtig. Das Kriterium des Gelingens bzw. der Gelungenheit tritt an die Stelle eines

Letztkriteriums. Das Gelingen ist ein relativ vager Begriff, dem aber auch eine entsprechend vage Realität entspricht. Das Gelingen bzw. Misslingen technischen Handelns bezieht sich auf den Handlungskontext, also auf die Motivation, auf die Umstände, auf den technischen Entwurf der Handlung, auf Zwecke und Mittel und auf Folgen technischen Handelns. Das Gelingen geschieht aufgrund eines Beherrschens der Handlungsschemata, in denen alle Aspekte des Handelns ineinander greifen.

Gelingen ist eine Frage des Handlungskontextes wissenschaftlicher und technologischer Praxis, wobei dieser durch gelingendes wie misslingendes Handeln selbst verändert wird. Damit ist eine Handlung in die Alltagswelt eingebunden. Auch moralische und ästhetische Richtigkeit gehören zur technischen Praxis. Kriterien des Gelingens sind Situationsgerechtigkeit, Stimmigkeit bzw. Konsistenz, Zusammenpassen bzw. Konvergenz, insbesondere pragmatische Konsistenz einer Handlung. Technischer Fortschritt ist in diesem Sinne als Ausdifferenzierung der technischen Mittel insgesamt gesehen kaum zu bestreiten. Problematischer ist der Fortschritt technischer Praxis angesichts vieler Unfälle und Pannen, der ökologischen Folgen und militärischer Einsätze. Das Gelingen hängt davon ab, ob man einer Situation im Ganzen gerecht zu werden vermag und vom Zusammenklang des Ganzen im Sinne einer erfolgreichen Strukturierung. Es gibt allerdings Formen des Gelingens technischen Handelns, die sich erst in der Realisierung der Handlung selbst konstituieren. Gelungenheit ist unabhängig vom Macher, vom technisch Handelnden selbst, sondern hängt ab von der Situation bzw. dem Kontext. Die Beurteilung von Gelungenheit verweist dabei auf ein implizites Wissen im Umgang mit technischen Handlungen und deren Erfolg. Folgende Dimensionen spielen beim Gelingen eine Rolle: (1) die logisch-argumentative Konsistenz, (2) die pragmatische Handlungskonsistenz und (3) die Kontextangemessenheit.

Es fällt auf, dass so etwas wie Gelingen offenbar häufig vorausgesetzt wird, ohne dass man genau nachfragt, worin es eigentlich besteht. Peter Janich begreift Erkennen als Handeln und unterscheidet dann sechs Typen des Gelingens und besonders des Misslingens von Handlungen. Er unterbreitet einen Vorschlag zur terminologischen Präzisierung des Handlungsbegriffs, der insbesondere für die Bewertung technischer Handlungen herangezogen werden kann. Zu Handlungen kann man auffordern, und Handlungen können gelingen oder misslingen. Unterlassungen sind selbst Handlungen, denn zu ihnen kann man auffordern. Im Sinne der Selbstaufforderung kann man sich zum Handeln entschließen (Janich 1993, 7). Die Rede vom Gelingen und Misslingen von Handlungen wird als Erreichen oder Verfehlen der vom Handelnden verfolgten Zwecke und Ziele bestimmt. Der zur Handlung konträre Begriff ist der des Widerfahrens. Die einzelne tatsächlich durchgeführte Handlung heißt Aktualisierung eines Handlungsschemas. Erfahrungen sind als Widerfahrnisse zu bestimmen. Das Ereignis des Gelingens des technischen Hervorbringens eines experimentellen Verlaufs markiert eine Erfahrung. Eine Handlung kann (1) misslingen, weil das Handlungsschema vom Agenten nicht (ausreichend) beherrscht wird, weil (2) die Umstände hinderlich oder ungeeignet sind. Eine Handlung kann (3) misslingen, weil sie nur als gemeinschaftliche gelingen kann und kein weiterer Agent sich beteiligt. Eine Handlung kann (4) misslingen, weil ihr Zweck pragmatisch widersprüchlich ist. Und eine Handlung kann (5) misslingen, weil sie im logisch-pragmatischen Sinne ihrem Zweck nicht genügt. Schließlich können Handlungen (6) misslingen, weil sie im empirischen Sinne ihrem Zweck nicht genügen, empirisch unzweckmäßige Handlungen sind. Diese sechs Typen des Misslingens oder Gelingens von Handlungen mit einigen nachfolgenden Verzweigungen reichen nach Janich aus, alle in den Wissenschaften vorkommenden Typen von Wahrheiten oder Geltungen zu definieren (Janich 1993, 8 –11).

Janichs Typologie des Misslingens orientiert sich explizit am technischen Handeln, bei dem das Gelingen davon abhängt, ob Ziele oder Zwecke erreicht werden, die ihrerseits offenbar vorausgesetzt werden müssen. Allgemein gesprochen ist Gelungenheit offenbar ein normativer Begriff, der eine bestimmte Güte, sei es ästhetische Güte, logische Wahrheit oder moralische Richtigkeit voraussetzt. Auch wenn es sozusagen nicht genau definierbar oder unbestimmbar ist, was Gelingen oder Gelungenheit ist, können wir extentional Beispiele, Muster oder Vorbilder für Gelungenes oder auch Misslungenes anführen und anhand dieser Beispiele dartun, was wir mit Gelungenheit meinen. Es ist also Gelungenheit nicht nur ein vager Begriff, sondern es ist auch das, was dieser bezeichnet, eine reale Vagheit. Entscheidend für die Gelungenheit eines Werkes, sei es ein Kunstwerk, eine technische Lösung, eine naturwissenschaftliche Erkenntnis oder eine juristische Entscheidung, ist der Zusammenklang des Ganzen. Erst nachdem im letzten Halt Gelungenheit erreicht wird, stellt sich gegebenenfalls das Gefühl legitimer Zufriedenheit ein. In diesem Sinne hat Gelungenheit etwas mit Erfüllung, Vollendung, Glücken, vielleicht auch mit Erfolg zu tun; oder mit Stimmigkeit, Angemessenheit, Vollkommenheit, vielleicht auch Zeitlosigkeit. Gelungenheit ist das, was der Situation (bzw. der Sache selbst) in ihrer Ganzheit gerecht wird. Die höhere Ordnung, die in der Gelungenheit steckt, verweist stets auf etwas, das jenseits der Einflussmöglichkeiten dessen liegt, der das Werk geschaffen hat. So müssen formale und materiale Stimmigkeit zusammenkommen.

Das Dilemma des anwendungsorientierten Ethikers besteht im Erfordernis einer Kasuistik zur Überbrückung zwischen Prinzipien- und Anwendungsebene. Ebenfalls erforderlich ist ein Einblick in die komplizierte Binnenstruktur der Praxis. Dem kann nur eine praktische Lebensklugheit gerecht werden. Somit steht Erfahrung, nicht die Prinzipien, insbesondere nicht die Prinzipien der instrumentellen Vernunft, im Vordergrund. Die klassischen Standes-Ethiken stellen Rechtfertigungsprinzipien für das individuelle Handeln von Ingenieuren auf. Sie berufen sich dabei auf die Rationalität der Ingenieure und Wissenschaftler, die unbestreitbar vorhanden ist. Zum Zweiten richteten sich Ingenieure an der Idee menschlicher Wohlfahrt aus. Technik wurde immer mehr zum Mittel eigenständiger Bedürfnisbefriedigung und autonomer Weltgestaltung. Naturerkenntnis und Selbsterkenntnis fanden in technisch realisierten Artefakten zusammen (Hubig 1993, 19).

Aufgrund der Komplexität und Unsicherheit des Handelns in technischen Zivilisationen kommt es zu einem Anwachsen der vermittelten Information, des Wissens, zu einer anwachsenden Laienkompetenz und zu einem größeren Bedarf an Expertenkompetenz als spezifische Form der Komplexitäts- und Unsicherheitsbewältigung. Dabei darf aber nicht vergessen werden, dass Expertisen im besten Falle Argumente für die Bestimmung eines Zieles und für die Entscheidung über die Wege, die zu diesem Ziel führen, anbieten können. Das Ziel selbst und die Entscheidungen über die Wege dorthin liefern sie nicht (Feldhaus 1996, 97). Ein entscheidendes Problem im Rahmen der Gutachterethik sind die widerstreitenden Expertenmeinungen, wobei ihnen bewusste und unbewusste Irreführung unterstellt wird. Aufgrund der widerstreitenden Expertenmeinungen kam es zu einem Prestigeverlust der Wissenschaft und zu einer allgemeinen Unsicherheit. Nun ersetzt Rhetorik als Glaubwürdigkeitsvermittlung Information (Feldhaus 1996, 99). Hinzu kommen die Erwartungen an die Ethik: Ethik soll den Menschen von der Entscheidungsunsicherheit entlasten (Feldhaus 1996, 100). Dennoch muss die Entscheidung im politischen Prozess von einzelnen Politikern getroffen werden. Vorbereitende Arbeit hierzu liefert die interdisziplinäre Arbeit: verschiedene Disziplinen müssen gutachterlich zu Wort kommen. Dies ist die Position einer wissenschaftlichen Politikberatung.

Es geht um die fachspezifische Darlegung von entscheidungsrelevanten Sachverhalten (Feldhaus 1996, 101). Dabei dürfen Unparteilichkeit und Richterstuhl nicht miteinander verwechselt werden. Nur dann macht es Sinn, den Stand der Technik zum Beispiel von den Technikern bestimmen zu lassen. Der zentrale Hinweis besteht darin, dass Gutachter Zeugen sind, aber keine Richter (Feldhaus 1996, 103). Zeugen haben keine Entscheidungskompetenz, können z. B. keine Grenzwerte festlegen. Auch die Ethik hat keine Entscheidungskompetenz, sondern nur eine Beurteilungskompetenz (Feldhaus 1996, 105). Man muss sich daher deutlich machen, wo die Grenzen der Fachkompetenz liegen (Feldhaus 1996, 107). Neben der subjektiven Verpflichtung zur Wahrheit, die die Glaubwürdigkeit des Gutachters unterstützt, besteht eine Verantwortung des Gutachters, die, wenn sie missbraucht wird, zu Glaubwürdigkeitsirritationen führt.

Walther Zimmerli spricht von der Grunddialektik des Expertentums. Als Faktum ist technisch-wissenschaftliche Entwicklung fraglos von wünschenswerten ebenso wie von zu vermeidenden Folgen begleitet. Sie hat mit Sicherheit den Effekt, dass Laien immer weniger von dem verstehen, von dem sie mit der zunehmenden technisch-wissenschaftlichen Entwicklung immer abhängiger werden. Anwachsende Laieninkompetenz lässt ihrerseits den Bedarf an Expertenmeinungen steigen. Nun kann natürlich nicht ausbleiben, dass Experten sich in Sachen Vorhersage und Bewertung von Folgen und Nebenfolgen vertun. Statt des erwünschten Effektes einer Übertragung der technisch-wissenschaftlichen Beurteilungskompetenz von Experten auf den Laien ergibt sich durch die Einführung des Expertentums in immer stärkerem Maße das genaue Gegenteil. Keiner glaubt mehr den Experten, und daher wird entweder jeder selbst zum Quasiexperten, oder aber jeder kauft sich seinen Experten. Das Expertentum unterliegt so einer Verkehrung in das Gegenteil dessen, wozu es eigentlich dienen sollte. Dies führt zu massiven Einbußen in der Glaubwürdigkeit des Experten. Nach wissenschaftlicher Ansicht können zwei sich widersprechende Expertenmeinungen nicht beide wahr sein. So kehren die Wissenschaftler und d. h. die Expertengesellschaft gleichsam in den Naturzustand zurück: zum Kampf aller gegen alle.

In der Tat gibt es im Rahmen rein technisch-wissenschaftlicher Information keinen Widerspruch. Allerdings sind auch bei Expertenaussagen immer Bewertungen mit eingeschlossen. Experten unterliegen scheinbar oder vermeintlich vielfachen Zwängen von Seiten ihrer Auftraggeber, auch wenn diese meist unbewusst sind. Im Umfeld des neuen Wissenstyps, den man technologisches Wissen nennen kann, kommen immer weniger rein wissenschaftlich-technische Fragen vor. Vielmehr sind nahezu alle strittigen Punkte in der Diskussion solche, die aus einer Mischung von technischen, wissenschaftlichen, lebensweltlichen, sozialen, politischen, ökonomischen oder ähnlichen Faktoren resultieren. Daher sind diejenigen, die die wissenschaftlich-technische Information bereitzustellen haben, im Regelfall im Zustand der vollständigen Überforderung, da die wissenschaftlich-technischen Aspekte allein zur Beantwortung der gestellten Frage nie ausreichen. Dies führt zu der Häufung von Fällen einer Expertendialektik (Zimmerli 1990b, 2–6).

Zur Beschreibung des Experten haben die Gebrüder Dreyfus fünf Stufen des Kompetenzerwerbs beschrieben. Es handelt sich um die Stufen: 1) Neuling, 2) Fortgeschrittener, 3)

Kompetenz, 4) Gewandtheit und 5) Experte. Daher sind Computermodelle menschlichen Nicht-Experten durch ihr Regelwissen überlegen, den Experten jedoch unterlegen. Denn der Experte folgt keinen Regeln, sondern erkennt Tausende von Einzelfällen (Dreyfus/Dreyfus 1987, 151). Hubert Dreyfus hat jüngst im Rahmen eines Konzeptes leiblichen Lernens eine 6. und 7. Stufe der Kompetenz eingeführt. Ein neuer Zugang zur Erziehung erscheint als möglich. Es geht jetzt um das Training für die Durchführung bestimmter Handlungen. Dazu brauchen wir kontextualisierte Information, um das gegebene Material organisieren zu können. Der Kompetente kann auch mit Unsicherheit umgehen. Kontextualisierte Information ist die Basis, um diese Handlungen zu organisieren, genauer gesagt, das dazu erforderliche Material bereitzustellen. Der verleibliche emotionale Mensch ist das neue Erkenntnisideal. Experten können von mehreren Meistern lernen. Die 6. und 7. Stufe, Meisterschaft und praktisches Wissen, arbeiten vollständig mit diesen Formen des Wissens (Dreyfus 2001). Auch ein genereller kultureller Stil ist für die Entwicklung dieser Technologien zu etablieren. Es gibt unterschiedliche Ebenen der Kompetenz und der Fertigkeiten.

Der Expertenstatus wird nur jemandem verliehen, der ein professioneller Veranstalter ist, der eingetaucht ist in die Welt kompetenter Aktivität, der sieht, was getan werden muss, und entscheidet, was zu tun ist. Mit genügend Erfahrung mit einer Vielzahl von Situationen, alle aus der selben Perspektive gesehen, aber unterschiedliche taktische Entscheidungen erfordernd, kann der erfahrene Künstler Schritt für Schritt eine Klasse von Situationen in Unterklassen, wobei jede von diesen Teil hat an derselben Entscheidung einzelner Handlungen oder Taktiken, herunterbrechen (Dreyfus/Dreyfus 2004, 253). In der Philosophie hat die Suche nach exakten Verfahren eine lange Tradition. Z. B. suchte man nach semantischen Regeln für das Verstehen. Es ging darum, die Interpretation der Regeln zu systematisieren und in ein verrechnendes Denken einzuordnen. Also wurden Heuristiken für komplexe Prozesse erarbeitet. Die eingeschränkte Zielsetzung verleiht der KI-Forschung ihre Bedeutung. Letztendlich ist es aber eine Konsequenz des Fehlschlages der KI, das mechanistische Menschenbild aufzugeben. Was wir über die Grenzen der Intelligenz von Computern lernen, sagt etwas aus über die Eigenart und den Geltungsbereich menschlicher Intelligenz (Dreyfus 1985, 17–33).

Menschen verstehen sich häufig auch dann noch, wenn ein Sprecher einen grammatischen oder semantischen Fehler begeht (Dreyfus 1985, 138–152). Das Modell des Erwerbs von Expertenkompetenz von Dreyfus ist philosophisch gesehen bedeutsam wegen seiner Interpretation des Experten, die eine ausschließlich soziale und technische Instrumentalisierung des Experten kritisiert und diese Institution im Rahmen von STS (Science and Technology Studies)-Interpretationen zu analysieren vorschlägt. Dazu wird das Expertentum in historische und psychologische Kontexte der Entdeckung und Diskussion wissenschaftlicher Erkenntnisse eingebettet, die dieses in lebensweltliche Kontexte zurückbindet. Auf seine Art und Weise erklärt und beschreibt Dreyfus, warum Experten nicht in der besten Weise erfasst werden, wenn sie als Ideologen betrachtet werden und warum ihre Autorität nicht allein im Hinblick auf ein soziales Netzwerk definiert werden kann. Darüber hinaus ist seine phänomenologische Analyse des Expertentums aus der Ersten-Person-Perspektive heraus sehr deutlich in der Enthüllung der Grenzen und bisweilen der künstlichen Behandlung des Expertentums, die aus der Beschreibung des Expertentums aus einer Dritten-Person-Perspektive heraus erfolgt. Allerdings ist seine Position gekennzeichnet durch einen Mangel an hermeneutischer Sensitivität. Man muss die anderen kulturellen Einbettungs-

## 4. Schluss: Alltagsmoral und ethische Kompetenz

faktoren des Experten durchaus betrachten. Die Geschichte der gegenwärtigen Kontroversen um den Experten zeigt nicht nur die Art und Weise, in der Dreyfus beansprucht, das Expertentum zu verstehen, sondern auch die Mängel seiner Konzeption, die ein erweitertes Modell des Expertentums erforderlich macht.

Expertentum ist ein wesentliches Problem, für das eine philosophische Erklärung angemessen erscheint. Die Analyse des Expertentums stimuliert die Verbindungsstelle zwischen einer Phänomenologie und den Wissenschaften. Es geht um die Beziehung zwischen klassischer Philosophie der Wissenschaft und dem Ansatz der STS. Das Ziel der traditionellen Wissenschaftsphilosophie ist die rationale Rekonstruktion der organisatorischen Dimensionen und der Wurzel der Effizienz und Objektivität der Wissenschaft. Der STS-Ansatz verteilt Expertentum in verschiedene institutionelle Ansätze wie Laboratorien und soziale Netzwerke, standardisiert in Technologien, Kriterien der Wissenschaftlichkeit, Evaluationsprotokolle und Beweise sowie rhetorische Mittel, Anhänger zu rekrutieren. Obwohl die traditionelle Wissenschaftsphilosophie und STS unterschiedliche Motive haben, das Expertentum zu entmystifizieren, führen sie zu ähnlichen Resultaten. Die Vernachlässigung der Einbettung des Wissenschaftlers wie des Experten, die die traditionelle phänomenologische Untersuchungsmethode aufweist, berücksichtigt nicht in ausreichendem Maße, dass jegliche Form von Wissen eingebettet ist in die Welt, von der es stammt. Dreyfus analysiert den Experten als eingebettetes, situiertes Subjekt (Selinger/Crease 2003, 246–248).

Dreyfus' Ansatz bietet eine Art Metaphysik des Expertentums und befindet sich im scharfen Gegensatz zur traditionellen Philosophie der Wissenschaft und zum Ansatz der STS. Zunächst weist Dreyfus die verbreitete Tendenz zurück, Experten als Quelle von Information zu bezeichnen. Expertenkompetenz ist grundsätzlich eine Sache der praktischen Vernunft, des Know hows eher als des knowing that. Dabei sollte man das Konzept von Dreyfus nicht mit Polanyis Konzept des „tacit knowledge" verwechseln. Dreyfus' deskriptives Modell des Experten scheint eine phänomenologische Rechtfertigung zu enthalten. Dreyfus beansprucht, sein Modell des Experten begründet zu haben auf invarianten Eigenschaften bzw. Merkmalen, die er gefunden hat in Beschreibungen der Kompetenzerwerbung auf Grund von erste-Person-Aussagen von Piloten, Schachspielern, Autofahrern und erwachsenen Schülern beim Lernen einer zweiten Sprache. Diese erörterten, wie sie gelernt haben, Entscheidungen in unstrukturierten Situationen zu treffen. Ein anderer Schlüssel seines Modells ist die Entwicklung und der Erwerb von Kompetenz auf fünf Stufen. Er versucht einen gemeinsamen kognitiven und affektiven Bezug zur Welt, den alle Experten teilen sollen, zu rekonstruieren, der von ihm beansprucht wird als Basis für die Rechtfertigung der Beschreibung des Experten. Dreyfus scheint direkt normative Verpflichtungen aus deskriptiven Beschreibungen des Experten ableiten zu wollen. Die normativen Implikationen seiner Position entstehen durch den Anspruch, dass Neulinge ein regelbasiertes Verfahren durch entwickelte Intuition nicht überwinden können in einer Art und Weise, wie dies Experten in jedem anderen Feld tun. Es ist daher nicht legitim, gemäß Dreyfus, von Experten zu erwarten, dass sie ihren Prozess der Entscheidungsfindung in Aussagesätzen beschreiben können (Selinger/Crease 2003, 249–256).

Dreyfus' methodischer Zugang jedoch erlaubt einigen Menschen, als Experten zu gelten, die dieser Gruppe nicht angehören, und er verweigert einer ganzen Reihe von Menschen, die dazu gehören, diesen Status. Ein Musikexperte z. B. kann ein miserabler Musiker sein. Eine andere Art von Experten, denen Dreyfus diesen Status verweigert, ist der Trainer. Der

Fußballer und der Trainer sind Experten gänzlich unterschiedlicher Art (Selinger/Crease 2003, 258–260). Ein Mangel an hermeneutischer Sensibilität scheint Dreyfus normativem Zugang anzuhaften, nicht zuletzt für seine Grundannahme einer Autonomie des Expertentrainings, die eine gewisse Naivität erlaubt und Vertrauen in die Expertenberatung setzt. Aus Dreyfus' Perspektive entstehen soziale Probleme dann, wenn sozial Handelnde nicht fähig sind, die wesentlichen Qualitäten des Experten anzuerkennen, die er durch phänomenologische Forschung wesensmäßig erfasst. Jede reale Kontroverse, in die Experten involviert sind, enthält die Schwierigkeit und den Konflikt zwischen Dingen, die beanspruchen, Expertise liefern zu können und denen, die nach den richtigen Autoritäten für Expertisen noch suchen. So entsteht das Problem der Intersubjektivität auf Grund eines Mangels an hermeneutischer Sensibilität, die mehr auf Husserl zurückzuweisen scheint als auf Heidegger (Selinger/Crease 2003, 262–270).

Moderne Industriegesellschaften gründen sich in ihrem Selbstverständnis und in ihrer Entwicklung wesentlich auch auf wissenschaftliches Wissen, das in besonderer Weise durch Experten vermittelt wird. Mit der Verlässlichkeit von Experten-Urteilen steht und fällt gleichermaßen auch die Glaubwürdigkeit von Wissenschaft in der öffentlichen Wahrnehmung. Auseinandersetzungen um divergierende Expertengutachten sind häufig von der Hypothese geprägt, schwarze Schafe in der Wissenschaft würden die Beförderung eigener und fremder Interessen über die strenge Norm des ausschließlichen Ringens um Wahrheit stellen. Vom Expertendilemma erster Art wird gesprochen, wenn Widersprüche wissenschaftsintern auftreten. Das Expertendilemma der zweiten Art zeigt sich dagegen an der Nahtstelle zwischen Wissenschaft und Öffentlichkeit bzw. Wissenschaft und Politik. Zum einen wird die Expertise in der politischen Praxis häufig als selektives Instrument benutzt, um bereits getroffene Entscheidungen nachträglich zu legitimieren, statt anstehende Entscheidungen darauf zu stützen. Zum anderen hat sich die Praxis herausgebildet, dass der Politiker damit rechnen kann, zu jeder Sachfrage das gewünschte, als wissenschaftlich bezeichnete Gutachten zu bekommen. Dieses zweite Expertendilemma beruht auch auf einem fehlenden adäquaten Umgang mit dem Eingeständnis des nicht-genau-Wissens der Experten. Insofern ist das Expertendilemma zweiter Art weniger ein Dilemma der Experten, denn nicht diese, sondern ihre Klienten, die Entscheider, müssen aus der Fülle alternativer Optionen wählen und sich entscheiden. Die Mehrdeutigkeit der technischen Expertise muss aber nicht notwendig ein Problem für die Entscheider sein – im Gegenteil. Sie könnte auch als Möglichkeit begriffen werden, weitere Kriterien und Wertgesichtspunkte in die Entscheidung einfließen zu lassen (Nennen/Garbe 1996, Vf.).

Wissenschaft, Politik, Wirtschaft sind weitgehend getrennte Teilsysteme der gesellschaftlichen Wirklichkeit mit ihr eigenen Zielsetzungen und einem jeweils eigenen Verhaltenskodex. An den Berührungsstellen der Teilsysteme beobachten wir Reibungsflächen. Wissenschaft ist alimentierungsbedürftig, Politik und Wirtschaft sind auf das Wissen der Wissenschaft angewiesen. Die Verantwortung des Forschers für die Güte des Wissens regelt das wissenschaftliche Ethos. Wissenschaftliche Erkenntnis ist nicht unmittelbar praxisfähig. Erkenntnis bedarf der Vermittlung. Die Öffentlichkeit gewinnt bei einer solchen Sachlage leicht den Eindruck, wissenschaftliche Rationalität sei eine höchst fragwürdige Instanz. Dies ist eine Folge des Gutachtendilemmas oder Expertendilemmas erster Stufe (Nennen/Garbe 1996, 3–7).

Wissenschaftsintern lässt sich das Expertendilemma oder Gutachtendilemma durch neue Methoden wie Punkt-für-Punkt-Analysen, überlappende Gutachten, Konvergenzstrategien und Meta-Analysen weitgehend überwinden. Freilich kommt es bei ungenauem Wissen entscheidend auf die Formulierung an, in der eine für die Öffentlichkeit bestimmte Aussage abgefasst ist. Außerdem sollte die Öffentlichkeit über die Unterschiede zwischen einem wissenschaftlichen Gutachten und einem Rechtsgutachten aufgeklärt werden. Das Expertendilemma, das wirklich zu schaffen macht, das Expertendilemma zweiter Art, entsteht an der Nahtstelle zwischen Wissenschaft und Öffentlichkeit bzw. Wissenschaft und Politik. Den Ausgangspunkt bilden zwei gravierende Missstände: einmal wird in der politischen Praxis die Expertise häufig als selektives Instrument benutzt, um bereits getroffene Entscheidungen oder Glaubensakte nachträglich zu legitimieren. Zum anderen hat sich die Praxis herausgebildet, dass Interessengruppen und Politiker damit rechnen können, zu jeder Sachfrage das gewünschte, als wissenschaftlich bezeichnete Gutachten zu bekommen. Auch die Wissenschaft ist gefordert. Sie muss Verfahren entwickeln, um den jeweiligen Erkenntnisstand der Wissenschaft konsensfähig und überzeugend in das öffentliche Gespräch und in die Politikberatung einzubringen. Dabei muss die Wissenschaft eine abnehmende Informationskompetenz der Öffentlichkeit in Rechnung stellen und sich davor hüten, unter öffentlichem Erwartungsdruck mehr geben zu wollen, als im Moment nach den Standards der Wissenschaft möglich ist. Der Experte kann prinzipiell nur über die Angemessenheit der Mittel für vorgegebene Ziele urteilen, und nicht über die Angemessenheit der Ziele (Nennen/Garbe 1996, 9–13).

Das Expertendilemma könnte auch als Ergebnis der funktionalen Spezialisierung und der jeweiligen Rückwirkungen in den gesellschaftlichen Teilsystemen gefasst werden. Das hätte den Vorteil, das Problem primär als Strukturproblem moderner Gesellschaften anzusehen und nicht ausschließlich als Verhaltensproblem (Nennen/Garbe 1996, 33). Dabei sollte berücksichtigt werden, dass es verschiedene Erwägungsformen gibt. Technikfolgenabschätzung sollte nicht nur vielfältige Szenarien entwickeln, sondern unterschiedliche gesellschaftliche Positionen in die Diskussionen einbeziehen. Sie müsste selbst ein Interesse daran haben, einen rationalen Umgang mit Vielfalt zu ermöglichen. Das Expertendilemma kann man auch unter drei Gesichtspunkten betrachten: (1) Expertenprofessionen sind in eine Krise geraten. Indikatoren dieser Krise sind die Praxis von Gutachten und Gegengutachten statt innerwissenschaftlicher Klärung, d. h. die Vermengung von binnenwissenschaftlicher und politischer Auseinandersetzung (erstes Dilemma), der Missbrauch von Expertisen durch die Praxis und Korruption der Wissenschaft unter dem Einfluss der Praxis (zweites Dilemma), und der Verlust der unbestrittenen Autorität der Professionen, die Anerkennung der Experten nach eigenen Kriterien vorzunehmen. (2) Die Beziehungen der Wissenschaft zu Politik und Öffentlichkeit sind weithin schlecht organisiert. Insbesondere führen sie zur Aufweichung der klaren Systemgrenzen von Expertenprofessionen und zur Kontamination professioneller Handlungsnormen mit außerwissenschaftlichen Normen. (3) Der Umgang mit Experten und Expertenwissen in öffentlichen Auseinandersetzungen und das öffentliche Auftreten der Experten ist weithin beklagenswert (Nennen/Garbe 1996, 58–63).

Dabei muss zunächst das zugrundeliegende Modell der Beteiligung der Experten an der öffentlichen Kommunikation überprüft werden. (1) Erforderlich ist ein Konzept von Öffentlichkeit, das dieser eine Funktion bei der gesellschaftlichen Entscheidungsbildung belässt, und die die Öffentlichkeit nicht in erster Linie als Hindernis für eine rationale Entscheidungsfindung ansieht, (2) eine Vorstellung von öffentlicher Kommunikation von Experten, die nichtreziproke Teilnahme an einem Diskurs, sondern lediglich Verkündigung wissenschaftlicher Erkenntnisse vorsieht und (3) ist die Rigidität, mit der Mohr auf einer strikten Trennung zwischen binnenwissenschaftlichem und grenzüberschreitendem Diskurs insistiert, zu kritisieren (Nennen/Garbe 1996, 67). Das wissenschaftliche Ethos, auf das Hans Mohr rekurriert, hat sich als produktiv für die Generierung wissenschaftlichen Wissens erwiesen, ist für den Wissenstransfer in Praxisbereiche jedoch eher hinderlich (Nennen/Garbe 1996, 72). Die Verantwortung des einzelnen Wissenschaftlers wie der Wissenschaftsgemeinschaft kann sich heute nicht allein auf die Schaffung verlässlichen Wissens beschränken, sondern muss auch, wie in der Pilotstudie formuliert, die Umformung des wissenschaftlichen Wissens in Verfügungswissen, die nach wissenschaftlichen Grundsätzen zu erfolgende Abschätzung von Technikfolgen sowie deren Bewertung beinhalten (Nennen/Garbe 1996, 75).

Eine erweiterte gesellschaftliche Verantwortung des wissenschaftlichen Experten ist heute angebracht. Die Dynamik, mit der technische Innovationen erzeugt und verwertet werden, hat sich erheblich erhöht. Gleichzeitig aber hat die Entwicklung von Instrumenten zu ihrer Steuerung, Beherrschung und Gestaltung nicht im gleichen Tempo schrittgehalten (Nennen/Garbe 1996, 77). Insgesamt wäre eine stärkere Kommunikation über Resultate wissenschaftlich-technischer Arbeiten in der Öffentlichkeit sinnvoll (Nennen/Garbe 1996, 82). Das Expertendilemma besteht nun darin, dass die Bedarfsträger von Expertenmeinungen, in Politik, Öffentlichkeit oder Justiz nicht immer den richtigen Experten folgen. Besonders die Öffentlichkeit wählt Experten nach Kriterien aus, die von der Sache her nicht begründet sind. So haben beispielsweise die Risikovergrößerer heute Konjunktur. So zusammengefasst deckt sich dieses mit einem Unbehagen einzelner Mitglieder innerhalb der deutschen Scientific Community über die Darstellung von Wissenschaft und Technik in den Medien. Dabei könnten die Experten versuchen, in der Community von sich aus mehr zugleich die Experten der Öffentlichkeit zu sein und Öffentlichkeitsarbeit zu betreiben (Nennen/Garbe 1996, 85).

Es schadet also nichts, wenn sich im Wissenschaftsbetrieb noch etwas mehr herumspricht, dass heute das Volk der Souverän ist. Souveräne sind oft launisch und unberechenbar. So ist eine sehr langwierige Erkenntnisarbeit und Überzeugungsarbeit erforderlich, heutzutage also eine Form von Öffentlichkeitsarbeit (Nennen/Garbe 1996, 86). Es ist darauf hinzuweisen, dass epistemologische Skrupel weder die Öffentlichkeit noch die Politik interessieren. Man erwartet von der Wissenschaft verlässliches Wissen. Unsere Mitbürger interessieren sich primär dafür, wie zuverlässig und nützlich Wissenschaft ist (Nennen/Garbe 1996, 122). Die öffentliche Wahrnehmung von Wissenschaft unterliegt schon seit einiger Zeit dem Wandel (Nennen/Garbe 1996, 144). Beweisfähige Wissenschaft ist allerdings ein ausgesprochen voraussetzungsreicher Begriff, der in der Öffentlichkeit gar nicht so einfach erklärt werden kann (Nennen/Garbe 1996, 150). Der Begriff Expertendilemma trifft im Kern nicht das, worum es hier geht. Es sind nicht die Experten diejenigen, die sich im Dilemma befinden, sondern die Anwender von Expertisen. Auch legt dieser Begriff nahe, es handele sich hierbei um ein spezifisch wissenschaftliches, ja fast ausschließlich wissenschaftsinternes Problem, das zum überwiegenden Teil die Experten unter sich auszumachen hätten. Tatsächlich aber geht es hier um Probleme im Wechselwirkungsverhältnis zwischen Wissenschaft/Technik, Politik und Gesellschaft und vor allem um die Frage, was zu tun ist, angesichts fälliger Entscheidungen, die durch einen hohen Grad an Unsicherheit und Unvorhersehbarkeit und mangelnder wissenschaftlicher Operationalisierbarkeit gekennzeichnet sind. Einander widersprechende Experten sind kein zureichender Grund für die Annahme, die fachspezifischen Regeln der Kunst seien verletzt worden. Die Entwicklung der wissenschaftstheoretischen Reflexion unseres Jahrhunderts zwingt uns, von der Annahme einer eindeutigen, widerspruchsfreien, zur Vollendung gelangten Wissensbasis Abschied zu nehmen (Nennen/Garbe 1996, 170).

Die Reichweite wissenschaftlicher Aussagen selbst kann wiederum aus Gründen der Wissenschaftlichkeit nur begrenzt sein. Es kann nicht die Aufgabe von Wissenschaftlern sein, als Experten aufzutreten, der Gesellschaft oder Teilbereichen der Gesellschaft die Legitimation von Handlungsoptionen abzunehmen, dagegen ist es ihre Aufgabe, mögliche Handlungsoptionen als solche aufzuzeigen und auch die jeweils damit einhergehenden potentiellen Folgen möglichst umfassend und konkret anzugehen (Nennen/Garbe 1996, 177). Sobald Experten auf Urteilskraft rekurrieren müssen, sind sie den Laien nicht mehr prinzipiell überlegen (aber graduell), und wenn sie sich häufig in ihrer Expertise vor allem auch auf persönliche Erfahrung stützen müssen, dann muss gleichfalls der Anwenderseite zugestanden werden, ein adäquates Problembewusstsein entwickeln zu können. Wenn das Expertendilemma kein Dilemma der Experten ist, sondern eines der Anwender widersprüchlicher Gutachten, dann kann die Lösung nicht einzig in einer Verbesserung des Gutachterwesens liegen. Es kommt darauf an, neue, intensivere und fruchtbarere Formen der Erwägung zu finden (Nennen/Garbe 1996, 178).

Als typische Eigenschaften des Experten gelten erwiesene Sachkenntnis, Erfahrung auf einem Fachgebiet, Sorgfalt und Redlichkeit der Arbeit, Streben nach Objektivität, Lernfähigkeit durch Kritik und Selbstkritik, Professionalität, Problemlösungskompetenz, systematisches Wissen, Sozial- und Gemeinwohlorientierung, Unparteilichkeit, Unabhängigkeit, Orientierung an objektiven Maßstäben, Kenntnisse und Methodenbewusstsein auf dem aktuellen Wissensstand des Faches, Unvoreingenommenheit, Unbestechlichkeit, Verwendung einer unpersönlichen und sachlichen Sprache, Verfügen über ein Deutungsmonopol für Probleme und Wahrheitsorientierung. Die Zuweisung der Expertenrolle ist Resultat einer sozialen Zuschreibung. Die Definition des Experten geschieht durch die Profession selbst. Eine Definition des Experten geschieht aber auch durch die Erwartung des Klienten. Und drittens wird der Experte durch die Medien definiert. Außerdem gibt es eine Selbstdarstellung als Experte. Experten bieten ihr Wissen zur Lösung gesellschaftlicher Probleme an. Fundamental ist zunächst die Informations- und Beratungsfunktion des Experten (Nennen/Garbe 1996, 187–190).

Warnungen vor der Expertokratie sind allgegenwärtig. Gerade auf Grund der Universalisierung von Expertise ist diese eminenter Kritik ausgesetzt. Häufige Fälle nichtintendierter Selbstinfragestellungen von Expertisen verschärfen die Situation. Jener wissenschaftliche Diskurs, der maßgeblich zu legitimen Zweifeln an einer höheren formalen Expertenvernunft beigetragen hat, war vor allem sozialkonstruktivistisch orientiert. Ein wichtiger Impuls für die Expertiseforschung ist zuletzt aus den wissenssoziologischen Debatten um Unsicherheit und Nichtwissen gekommen (Bogner/Torgersen 2005, 6–11). Zusätzlich wird heute noch verstärkt öffentliche Transparenz gefordert. Dies soll auf eine Demokratisierung von Expertise hinauslaufen. Außerdem stellt sich die Frage nach moralischer Expertise und dem Versuch einer mechanischen Objektivierung von Expertenwissen in sogenannten Expertensystemen (Bogner/Torgersen 2005, 38 f.).

In vielen Expertisen spielt der imaginäre Laie eine zentrale Rolle. Dabei wird die Problematik des sozialrobusten Wissens thematisiert. Experten und Laien leben in verschiedenen Welten, wobei von Seiten der Experten diese Welt als eine der epistemischen Asymmetrie bezeichnet werden kann. Dies bedeutet, dass Experten ein bestimmter Status in der Wissenshierarchie zukommt, zu dem die Laien ein asymmetrisches Verhältnis haben. Sie werden als Laien wahrgenommen. Die Angst der Experten vor der Aufkündigung der Loyalität seitens der Laien, die Angst der Experten vor Kontroversen, vor Konflikten und vor der Exit-Option zeigt sich interessanterweise nicht nur auf der Mikroebene der Fallstudien, sondern auch auf der mittleren Ebene der Institutionen, nämlich dort, wo der Dialog zwischen Wissenschaft und Öffentlichkeit propagiert, initiiert und teilweise auch gepflegt wird. Während es in der Wissenschaft eine epistemische Asymmetrie zwischen Experten und Laien gibt, besteht in der Politik sozusagen eine umgekehrte, normative Asymmetrie. Politiker können in einem bestimmten Rahmen durch Verordnungen oder allgemein durch Regulierung Einfluss nehmen auf das, was in der Wissenschaft gemacht werden darf oder eben nicht. Insofern lässt sich der Begriff des sozial robusten Wissens auf die institutionellen Arrangements ausdehnen, die zwischen Wissenschaft und Politik gefunden werden müssen. Der tatsächliche Umgang der Wissenschaft mit der Öffentlichkeit ist ein sehr eingeschränkter, doch hat er in der Imagination sehr wohl seinen Platz (Bogner/Torgersen 2005, 40 – 42).

Das bis in die Mitte der 1980er Jahre vorherrschende wissenschafts- und expertenzentrierte Selbstverständnis wissenschaftlicher Politikberatung erodierte nicht zuletzt im Zuge von Auseinandersetzungen über die Ursachen von Umweltschäden und Gesundheitsrisiken. Insbesondere die Frage nach den Folgen von Risikotechnologien wie der Kernenergie oder der Freisetzung gentechnisch veränderter Organismen führte zu heftigen Kontroversen. Typischerweise handelte es sich um Fragen, in denen die Unsicherheit über die Folgen groß, die postulierten Schäden erheblich und die Interessen substantiell waren. Das Vorsorgeprinzip stellt den Anspruch, zumindest potentiell dieser Anforderung gerecht zu werden. Allerdings wurde das Vorsorgeprinzip in solchen Auseinandersetzungen als Camouflage für „politische", d. h. unwissenschaftliche Argumente, und damit als Gefahr für einen rationalen Umgang mit Risiko dargestellt. Wenn der Zusammenhang zwischen einer Aktivität und einem Schaden nicht eindeutig ist, herrscht Unsicherheit (Bogner/Torgersen 2005, 67–69). Es geht hier also um das Wechselspiel von wissenschaftlicher und (im weiteren Sinne) politischer Legitimierung einer Entscheidung. Die Position von Expertise wird dabei unterschiedlich konzipiert, entweder als „On Top" oder als „On Tap", d. h. politischen Zielen untergeordnet (Bogner/Torgersen 2005, 80).

In den meisten Staaten wird die Installierung von nationalen Ethikkommissionen mit Entwicklungen in den Biowissenschaften und in der Medizin begründet. Die Politik bzw. staatliche Organe sind damit konfrontiert, dass gerade in diesen Fragen der erforderliche Sachverstand und die fachliche Kompetenz für eine Beurteilung nur teilweise oder unzureichend vorhanden sind. Diese Entwicklungen – ihre naturwissenschaftliche Ausgangslage ebenso wie die Fragen der individuellen oder kollektiven Konsequenzen betreffend – sind ausgesprochen dynamisch, differenziert und komplex. Wechselwirkungen zwischen den Wirkungsfeldern gesundheitlicher, sozialer, ökonomischer, kultureller, ethischer, rechtlicher und ökologischer Art sind nicht leicht zu überschauen, und es kann zu unabsichtlichen Nebenwirkungen kommen (Bogner/Torgersen 2005, 134). Gemeinsam ist allen nationalen Ethikkommissionen Politikberatung sowie Information und Förderung der Diskussion in der Gesellschaft. Die Aufgaben bestehen

(1) in der Zuständigkeitsfestlegung;
(2) in der Initiative und Ernennung, die manchmal durch das Parlament erfolgt.
(3) In vielen Ländern wird auf Pluralität Wert gelegt. Hier geht es um die Repräsentation der Regionen und Sprachgemeinschaften.
(4) Keine der Einrichtungen zielt auf die Herstellung von Repräsentativität in der Form, dass die Mitglieder demokratisch gewählt werden. Eine Vielzahl von Modellen sieht aber eine Laienbeteiligung vor.
(5) Einzelne Staaten haben mehrere Einrichtungen mehr oder weniger klarer Zuständigkeit und Aufgabenabgrenzung (Bogner/Torgersen 2005, 137 f.).

Es gibt unterschiedliche Einschätzungen darüber, was nationale Ethikkommissionen als Institutionen der Politikberatung leisten können bzw. was von nationalen Ethikkommissionen erwartet werden kann. Konsequenzen der Existenz und der Arbeit von Ethikkommissionen auf die Politik bzw. das Verhältnis von Politik, Wissenschaft und Öffentlichkeit sind zu überdenken. Zunächst ist die These von der Transformation der Politik bzw. der Politikberatung zu diskutieren. Es gibt eine deutliche Gegentendenz zu einem kooperatistischen, auf Konsens und Konkordanz ausgerichteten Politikmodell. Entgegen den Erwartungen wurde die Bioethikkommission als ein Expertengremium konstituiert. Es handelt sich dabei um ein deutliches Zeichen für einen verstärkten Bedarf nach Mitwirkung der Gesellschaft an der staatlichen und gesellschaftlichen Willensbildung in Fragen der Biomedizin. Die gesetzgeberische Problemlösung durch sogenannte Wissenschafts- und Technikklauseln („Stand der Technik") wird zusehends probleminadäquat. Der Staat hat sich die Frage zu stellen, welche Handlungsmöglichkeiten er hat, die Entwicklung der modernen Biotechnologie und Biomedizin zu gestalten und wie er seine Entscheidungs(findungs)basis gesellschaftlich erweitern kann, um diesen Herausforderungen zu begegnen.

Ethikkommissionen können demnach ein Moment eines staatlich moderierten größeren und breit angelegten gesellschaftlichen Reflexionsprozesses werden. Im Zusammenhang mit der Institutionalisierung der Moral haben Ethikkommissionen eine eminent politische Funktion zu erfüllen. Sie können als Reaktion auf Unsicherheiten in der Gesellschaft für die Politik eine Möglichkeit und eine Chance in Zeiten vielbeschworener Politikverdrossenheit, Problemsensibilität und gegebenenfalls Handlungs- und Entscheidungskompetenz anbieten. Das Etablieren und Institutionalisieren von Gesprächs- und Verhandlungsverfahren, das Präzisieren und Abwägen von Argumenten unter Miteinbezug möglichst vieler Beteiligter wird zu einem nicht zu unterschätzenden politischen Faktor (Bogner/Torgersen 2005, 145 f.).

So stellt sich die Frage nach der Privatisierung der Expertise, insbesondere die Frage nach der moralischen Expertise im Spannungsfeld zwischen Privatisierung und Institutionalisierung. Auch moralische Expertise gewinnt immer mehr Raum im Rahmen wissenschaftlicher Politikberatung. Die Produktionsweise moralischer Expertisen wird mit den Kategorien und Regelmodellen diskursethischer Prägung nicht erfasst. Argumentieren ist nicht allein die Wurzel für moralisches Expertentum (Bogner/Torgersen 2005, 173 f.). Erforderlich ist die Kenntnis des aktuellen Sachstandes in der Biologie und in der Medizin. Letztlich muss ein bestimmtes Sachstandswissen außer Streit gestellt sein, damit die Ethik in den Vordergrund treten kann. Um der eigenen Stimme Gewicht zu verleihen, ist es für die Experten angeraten, sich auf ihren Argumentationskanon zu beziehen, der einen konstruktiven Dialog und eine übersichtliche Bündelung der Positionen ermöglicht. Es empfiehlt sich eine Perspektive, die die institutionale Bioethik weder auf ein politisches Instrument reduziert noch Machtprozesse ausblendet (Bogner/Torgersen 2005, 179–182). Partizipation scheint in den letzten Jahren zum Weg zwischen Skylla und Charybdis der Legitimationsdefizite von dezisionistischen und technokratischen Modellen des Verhältnisses von Wissenschaft und Politik geworden zu sein. Weisen dezisionistische Entscheidungen eine Rationalitätslücke auf, ermangeln technokratische der öffentlichen Zustimmung (Bogner/Torgersen 2005, 222).

Collins spricht von so etwas wie einer praktischen Lücke, die Experten im Hinblick auf das von ihnen zu beurteilende Gebiet aufweisen würden. Selinger meint, dass nur interaktive Experten, die nicht allein auf ihr eigenes Gebiet beschränkt bleiben, sondern offen sind für die Fragestellungen anderer Disziplinen, in der Lage sind, ein entsprechendes Expertengremium zu bilden. Experten müssen im Sinne der Phänomenologie eingebettet sein und damit in einem Praxiskontext stehen (Selinger/Mix 2004). Ethiktransfer ist so Teil einer Abwägungskultur und beschreibt den Übergang von Expertenwissen in das ethische Allgemeinwissen hin zu den im Alltag Entscheidenden. Er ist für Hermeneutische Ethik Kern der Technologie-Abwägungskultur, sollte aber sorgsam gehandhabt werden. Diese Reflexionskultur sollte nicht zuletzt von den Ingenieuren und Wissenschaftlern wirklich interdisziplinär, d. h. unter Einbezug von Ethik-Experten organisiert und betrieben werden. Außerdem sollten die entsprechenden Bereichsethiken in die Abbildungsordnungen aufgenommen werden. Die Erhöhung der Anzahl der Publikationen zur Angewandten Ethik mit allgemein verständlichem Charakter ist anzustreben. Überblicksartikel, nicht Bearbeitungen von Detailproblemen sind gefragt. Fragen der angewandten Ethik sind in die Weiterbildung zu integrieren, wobei auch E-Learning, die Nutzung neuer und alter Medien (Fernsehen) und die Verbesserung des Wissenschaftsjournalismus unter Einbezug der Ethik berücksichtigt werden sollte. Der ethische Experte sollte nicht in Expertenkulturen und Expertenzirkeln wirken, sondern verstärkt in einer breiteren Öffentlichkeit. Und auch die Politik sollte endlich den Wert einer technologisch aufgeklärten Öffentlichkeit realisieren.

Ein Schlüsselfaktor in einer Technologie-Reflexion-Kultur ist daher Ausbildung, Vermittlung von Kompetenzen und ein lebenslanges Lernen. Gemeint sind technologische Kompetenzen, aber auch Kompetenzen, um ein gutes Leben führen zu können und zu erkennen, worin es besteht. Das gute Leben des Experten sind möglichst gute Expertisen. Aber auch der Laie sollte zu einem Urteil mit Augenmaß in der Lage sein, zumindest über Faustregeln verfügen, die ein einigermaßen angemessenes Urteil ermöglichen. Sich nur darüber zu beklagen, dass unsere Welt so kompliziert geworden ist und diese Komplexität mit einfach gestrickten Lösungsvorschlägen in den Griff bekommen zu wollen, führt nicht zu einem guten Leben, sondern in eine Scheinexistenz. Es besteht ein eklatanter Mangel an Ausbildung einer Technologie-Reflexionskultur, an Aufklärung über Wissenschaft und Technik, der Alltag besteht in verkürzten Diskussionen um die ethischen Dimensionen der Technologie-Zivilisation. Die Alarmisten warnen vor Hightechnology mit schlüpfrigen Pfaden und haben einfache Lösungen. Aber ein Leben in permanenter Angst ist kein gutes Leben.

Zu berücksichtigen ist daher die Praxis-Lücke jeder angewandten Ethik und Philosophie als Expertenkultur, denn die Praxis der Philosophie ist die Theorie und nicht die Praxis selbst. Sie ist nur ein Teil der zu beurteilenden Praxis, der, der sich mit Legitimationsfragen

### 4. Schluss: Alltagsmoral und ethische Kompetenz    221

beschäftigt. Die Praxis der Interpretationsgemeinschaft einer Praxis ist nicht die Praxis selbst, die zur Diskussion und Interpretation steht. Sie ist nicht die Wissenschaft oder Technik selbst, sondern die Kunst, diese Bereiche wie alle anderen Formen menschlicher Praxis zu verstehen. Damit erhebt sie sich auch über die Alltäglichkeit, die zwar Vorformen des Verstehens aufweist, eben alltägliche, aber keinesfalls adäquate, meisterliche, gekonnte Experteninterpretationen, die sowohl der Praxis selbst wie der Alltagsmeinung darüber als Interpretations- und Bewertungshilfe angeboten werden. Interpretationspraxis und Praxis selbst dürfen daher nicht verwechselt werden, wenn sie auch in ständigem Wechselbezug und in Rückkoppelungsschleifen miteinander verbunden sind. Daher bedürfen Mitglieder von Experten-Interpretationsgemeinschaften einer transdisziplinären Besetzung oder zumindest einiger Mitglieder mit doppelten Kompetenzen.

Die traditionelle Tugendethik fragt nach der Glückseligkeit, dem Glück und wie ein Leben glücken kann. An diese Ethik knüpft die hermeneutische Ethik an, insofern sie Dispositionen, Kompetenzen und eine Konzeption des impliziten Wissens und Könnens zu dem eigenen Ausgangspunkt macht. Standes- und Rollenethiken stehen in etwa in der Traditionslinie der Tugendethik. Auf der anderen Seite ist eine visionäre Ethik im Sinne der hermeneutischen Ethik eine inhaltlich ausgerichtete Ethik für die Praxis. Sie fragt nach dem, woran sich menschliche Praxis ausrichten kann. Hier spielt die konstruktive Seite einer Ingenieursethik eine Rolle. Es geht um die Konkretisierung des Gemeinwohles und ihre Realisierungsmöglichkeiten (Moriarty 2001).

Bei der Entwicklung des Spaceshuttles und bei den vorausgehenden Prozessen haben ernste Unfälle stattgefunden, und es kam zum Verlust von Menschenleben. Unglücklicherweise war dieses hohe Risiko des Unternehmens verstanden, vorausgesagt und einkalkuliert worden (Pinkus u. a. 1997, 9). Big science hat ein ganz anderes Risikoniveau in der Technik etabliert als bisherige Formen von Technik. Der zeitliche Rahmen für die Entwicklung von Spaceshuttles umfasst den Zeitraum von 1969, als die Entscheidung fiel, das Spaceshuttle zu konstruieren, bis in das Jahr 1986, als die Challenger explodierte. In diesem Zusammenhang ist so etwas wie eine Katastrophenethik erforderlich (Pinkus u. a. 1997, 17–19). Das Challengerunglück und die Raumfähre werden als paradigmatische Fälle angesehen. Ein Ingenieur ist ein Wissens- und Könnensexperte mit speziellem Training in der technischen Konstruktion, im Testen und Überprüfen der entscheidenden Merkmale von Technologien innerhalb des Zuständigkeitsbereiches seiner Expertise. Die Kompetenz eines Ingenieurs betrifft (1) empirisch getestetes Wissen, (2) theoretisch abgeleitetes Wissen, (3) bekanntes fehlendes Wissen und (4) unbekanntes fehlendes Wissen (Pinkus u. a. 1997, 33 f.). Expertenkulturen sind durch ihre Entscheidungen für andere charakterisiert. Die graduellen Veränderungen der Konstellationen für Merkmale technischer Praxis haben sich in den letzten 20 Jahren dramatisch verändert, so dass der Arzt in der medizinischen Praxis nicht mehr der Kapitän des Schiffes sein kann (Pinkus u. a. 1997, 44 f.).

Ein weiterer paradigmatischer Fall für technische Sicherheitsprobleme ist die Frachttür der DC 10; obwohl deren inhärente Schwäche und Sicherheitsprobleme bereits im Juli 1970 bei einem Test zum Vorschein kamen, wurden die entsprechenden Veränderungen, die die Sicherheitslage dramatisch verbessert hätten, aus Kostengründen nicht sofort durchgeführt (Pinkus u. a. 1997, 60 f.), da die korrigierenden Handlungen teurer gewesen wären als die Kosten bei der Beschädigung bzw. beim Verlust eines gesamten Flugzeuges voll mit Menschen (Pinkus u. a. 1997, 63). Die Warnungen verstärkten sich nach einem

Beinaheunfall in Kanada im Jahre 1972 (Pinkus u. a. 1997, 57). Im Juni 1972 öffnete sich die Frachttür während des Fluges einer DC 10 über Detroit und es war reiner Zufall, dass es nicht zu einem völligen Verlust der Maschine kam. Solche Fallstudien zur Sicherheitsforschung erweisen sich als technisch schwierig und höchst kompliziert. Dennoch lassen sich daraus Fehler erkennen, die zur Vermeidung fehlerhafter Konstruktion in späteren Fällen führen können.

Der technologische Fortschritt kostet vorhersehbar, kalkulierbar und bisweilen sogar relativ exakt bestimmbar Menschenleben, Verletzungen von Menschen, Beschädigungen usw. Sie sind vorhersehbar und gemäß der Minimalethik zu vermeiden. Aber auch kriegerische Ereignisse widersprechen der Minimalethik und gelten als ethisch rechtfertigbar zumindest, wenn die Folgen insgesamt deutlich positiv sind, die eines Krieges genauso, wie die des technischen und wissenschaftlichen Fortschritts. Die Sicherheit eines technischen Artefaktes ist aber abhängig von seinem schwächsten Glied. Unter welchen Umständen erscheint also eine Verletzung auch der Minimalethik ethisch tolerabel zu sein? Ein ethisch flexibler Umgang mit der Minimalethik ist Gegenstand der hermeneutischen Ethik. Die hermeneutische Ethik hat also die Aufgabe einer Präzisierung der Minimalethik wie der Visionen. Großprojekte wie Raumfahrt, Spaceshuttle, Nukleartechnik usw. können als paradigmatischer Fall bzw. als fokussierende Technik für solche Studien herangezogen werden. Sie sind dabei aber auch als kulturelle Objekte zu betrachten. Die individuelle Kompetenz und die Kompetenz sozialer Organisationen im Hinblick auf Verantwortung sind zu bestimmen. Immer mehr Entscheidungen für andere sind Kennzeichen unserer Kultur und Ausdruck für Expertentscheidungen bzw. Ausdruck einer Expertenkultur.

Ein Produkt interdisziplinärer Zusammenarbeit hat jüngst der VDI (Verein Deutscher Ingenieure) in seiner Standesethik für Ingenieure vorgelegt. Gemäß den VDI-Richtlinien Ethische Grundsätze des Ingenieurberufs (VDI 2002) achten Ingenieure die gesetzlichen Regelungen des Landes, wirken aus ihrer fachlichen Kompetenz heraus beratend und kritisch am Zustandekommen und der Fortschreibung rechtlicher und politischer Vorgaben mit. Sie bekennen sich zu ihrer Bringpflicht für sinnvolle technische Erfindung und sind mit verantwortlich dafür, dass die Nutzer technischer Produkte über die bestimmungsgemäße Verwendung und über die Gefahren eines naheliegenden Fehlgebrauchs hinreichend informiert werden. Ingenieure sind sich der Einbettung technischer Systeme in gesellschaftliche, ökonomische und ökologische Zusammenhänge bewusst und berücksichtigen entsprechende Kriterien bei der Technikgestaltung, die auch die Handlungsbedingungen achtet: Funktionsfähigkeit, Wirtschaftlichkeit, Wohlstand, Sicherheit, Gesundheit, Umweltqualität, Persönlichkeitsentfaltung und Gesellschaftsqualität. Es geht um die Gestaltung von Technik, um die Bedingungen selbstverantwortlichen Handelns in der Gegenwart und Zukunft zu erhalten. Die spezifische Ingenieurverantwortung orientiert sich an den Grundsätzen allgemeinmoralischer Verantwortung, wie sie jeglichem Handeln zukommt. In Wertkonflikten achten Ingenieurinnen und Ingenieure den Vorrang der Menschengerechtigkeit vor einem Eigenrecht der Natur, von Menschenrechten, von Nutzenerwägungen, von öffentlichen vor privaten Interessen sowie von hinreichender Sicherheit vor Funktionalität und Wirtschaftlichkeit. Bei der Umsetzung von Technik in die Praxis (Implementation) sind sich Ingenieurinnen und Ingenieure der rechtlichen Bedeutung ingenieurethischer Grundsätze und Richtlinien bewusst. Notfalls ist die Alarmierung der Öffentlichkeit oder die Verweigerung weiterer Mitarbeit in Betracht zu ziehen.

## 4. Schluss: Alltagsmoral und ethische Kompetenz

Zum Abschluss wiederhole ich das Schema von 3.1, das leitmotivisch für dieses Buch über Hermeneutische Ethik ist und auch den Diskurs über das Verhältnis von Expertenethik und Laienkompetenz strukturieren kann. Erforderlich ist eine kollektive Risikoabschätzung. Sie sollte, wie in der Hermeneutischen Ethik üblich, folgende drei Perspektiven berücksichtigen:

(1) Expertenbewertung mit neuem Expertenethos der Objektivität und Neutralität und der strikten Nicht-Käuflichkeit (3PP);
(2) Reflexion der subjektiven Einstellungsmöglichkeiten zum Risiko: Ängstlichkeit, moderate Einstellung; Risikofreude (1PP);
(3) Technologie-Reflexionskultur; Diskussion zwischen Laien und Experten (1PPP).

Technologie-Reflexionskulturen (Irrgang 2003b) sind eine gemeinschaftliche Verständigungspraxis, die erhebliche Kompetenzen bei allen Beteiligten voraussetzt. Denn eine Gemeinschaft ist nur kompetent, wenn möglichst viele ihrer Mitglieder kompetent sind. Die neue Freiheit der Selbstverwirklichung manifestiert sich nicht in Selbstsucht oder Hedonismus, auch nicht in cooler Selbstverteidigung, sondern in der Kreativität der Entwicklung von Kompetenz zur Selbstgestaltung und Einmischung.

Individualisierungsprozesse im Bereich des Internets, der neuen Informations- und Kommunikationstechnologien, der Biomedizin, der Gehirnforschung usw. empfehlen bei der Formulierung einer adressatenbezogenen Ethik die Berücksichtigung der Wiederkehr des Individuums und sind daher zunächst individuell orientiert. Die Neuorientierung des Individuums wird allerdings nicht mehr eine weltanschaulich-ideologische Grundausrichtung aufweisen, sondern an Formen des Kompetenzerwerbs ausgerichtet sein, die den festen Willen unterstützen können, sich selbst zu erhalten, sich selbst zu bestimmen und sich selbst zu gestalten angesichts umfassender Strukturen einer technologisierten Lebenswelt.

Expertise ist wie Ethik eine Kunst. Forschung auch. Alle drei sind nicht Wissenschaft. Und das haben sie alle mit dem guten Leben gemeinsam. Kunst aber ist primär eine Frage persönlicher Kompetenz, auch wenn sie inzwischen zunehmend professionell und im Alltag in hypertechnologische Prozesse eingebettet ist.

# Abkürzungsverzeichnis

(3PP) Dritte-Person-Perspektive
(1PPP) Erste-Person-Perspektive Plural
(1PP) Erste-Person-Perspektive
F. u. E. Forschung und Entwicklung
HWP Historisches Wörterbuch der Philosophie ed. J. Ritter u. a. (Hg.)
Kant KrV A; B: KrV = Kritik der reinen Vernunft; A = Erstausgabe; B = zweite Auflage; GMS = Grundlegung zur Metaphysik der Sitten (Kant 1975)
m. E. meines Erachtens
PR Public Relations; Werbung
TA Technologiefolgenabschätzung
TV Fernsehen
STS (Science and Technology Studies) Wissenschafts- und Technologiestudien
u. a. und andere

# Literaturverzeichnis

Abel, G. 2004: Interpretationsethik; in: H. M. Schönherr-Mann (Hg.): Hermeneutik als Ethik; München 2004, 91–116

Ach, J., Ch. Runtenberg 2002: Bioethik. Disziplin und Diskurs. Zur Selbstaufklärung angewandter Ethik; Frankfurt/New York

Adeney, B. 1995; Strange virtues. Ethics in a Multicultural World; Illinois

Apel, K.-O. 2001: Art. Verstehen; HWP 11, 918–938

Aristoteles 1975: Ethica Nicomachea; ed. I. Bywater; Oxford $^{16}$1975 ($^1$1894)

Arthur, B. 2000: Increasing Returns and Path Dependence in the Economy ($^1$1994); Ann Arbor

Banse, G. 2002: Über den Umgang mit Unbestimmtheit; in: G. Banse; A. Kiepas (Hg.): Rationalität heute. Vorstellungen, Wandlungen, Herausforderungen; Münster, 211–234

Baudrillard, J. 1970: La Société de consommation: Ses mythes, ses structures; Paris

Bayertz, K. 1996: (Hg.) Moralischer Konsens. Technische Eingriffe in die menschliche Fortpflanzung als Modellfall; Frankfurt

Bayertz, K. 2002: (Hg.) Warum moralisch sein?; Paderborn

Bayertz, K. 2005: (Hg.) Die menschliche Natur. Welchen und wie viel Wert hat sie? Paderborn

Bechmann, G., I. Hronszky 2003: Expertise and its Interfaces. The dense relationship of science and politics; Berlin

Beck, St. 1996; Umgang mit Technik. Kulturelle Praxen und kulturwissenschaftliche Forschungskonzepte; Berlin

Beck, U. 1993: Die Erfindung des Politischen. Zu einer Theorie reflexiver Modernisierung; Frankfurt

Beck, U. 1986: Risikogesellschaft. Auf dem Weg in eine andere Moderne; Frankfurt/M.

Bianchi, M. 1998: (Hg.) The active consumer. Novelty and surprise in consumer choice; London, New York

Bien, G. 1989: Art. Praxis, praktisch; in: HWP 7, 1277–1287

Bicri, P. 2005: Das Handwerk der Freiheit. Über die Entdeckung des eigenen Willens ($^1$2001) $^4$2005; Frankfurt

Birnbacher, D. 2003: Analytische Einführung in die Ethik; Berlin/New York

Bleker, J. 1976: Art. Kasuistik; in HWP 4, 706 f.

Böhme, G. 2003: Leibsein als Aufgabe. Leibphilosophie in pragmatischer Hinsicht; Kusterdingen

Böhme, G., A. Manzei 2003: (Hg.) Kritische Theorie der Technik und der Natur; München

Bogner, A., H. Torgersen 2005: (Hg.) Wozu Experten? Ambivalenzen der Beziehung von Wissenschaft und Politik; Wiesbaden

Borgmann, A. 1984: Technology and the Character of Contemporary Life. A Philosophical Inquiry; Chicago, London

Borsche, T. 1980: Artikel Leib, Körper; in HWP 5, 173–178

(Stiftung) Brandenburger Tor 2002: (Hg.) Technikkultur. Von der Wechselwirkung der Technik mit Wissenschaft, Wirtschaft und Politik; Berlin

Breinig, H. 1990: (Hg.) Interamerikanische Beziehungen. Einfluss – Transfer – Interkulturalität; Frankfurt

Brocker, M., H. H. Nau 1997: (Hg.) Ethnozentrismus. Möglichkeiten und Grenzen des interkulturellen Dialogs; Darmstadt

Broichhausen, J. 1985: Schadenskunde. Analyse und Vermeidung von Schäden in Konstruktion, Fertigung und Betrieb; München/Wien

Bühler, A. 1994: (Hg) Unzeitgemäße Hermeneutik: Verstehen und Interpretation im Zeitalter der Aufklärung; Frankfurt

Bunge, M. 1983: Epistemologie. Aktuelle Fragen der Wissenschaftstheorie ($^1$1980); Zürich

Callahan, D. 2004: Art. Bioethics; in R. Chadwick (Hg.): Encyclopedia of Bioethics, 3. Edition; London, 278–287

Chiles, J. 2001: Inviting disaster. Lessons from the age of technology; New York

Coolen, M. 1987: Philosophical anthropology and the problem of responsibility in technology; in: P. Durbin (Hg.), Technology and Responsibility; Dordrecht 1987, 41–65

Corona, N.; B. Irrgang 1999: Technik als Geschick? Geschichtsphilosophie der Technik; Dettelbach

Czuma, H. 1974: Autonomie. Eine hypothetische Konstruktion praktischer Vernunft; Freiburg

Demmerling, Ch., Th. Rentsch 1995: (Hg.) Die Gegenwart der Gerechtigkeit. Diskurse zwischen Recht, praktischer Philosophie und Politik; Berlin

Dewey, J. 1989: Die Erneuerung der Philosophie; Hamburg

Dewey, J. 1995: Erfahrung und Natur; Übersetzt von M. Suhr; Frankfurt ($^2$1929; New York)

Dierkes, M. 1989: Was ist und wozu betreibt man Technikfolgen-Abschätzung? Berlin

Dierkes, M., U. Hoffmann, L. Marz 1992: Leitbild und Technik. Zur Entstehung und Steuerung technologischer Innovation; Berlin

Dosi, G. 1984: Technical Change and Industrial Transformation. The Theory and an Application to the Semiconductor Industry; Houndsmills

Douglas, M., Baron Isherwood 1996: The world of goods. Towards anthropology of consumption ($^1$1979); New York

Dreyfus, H. 1985: Die Grenzen künstlicher Intelligenz. Was Computer nicht können ($^1$1972); Königstein/Taunus

Dreyfus, H. 2001: On the Internet; London, New York

Dreyfus, H., St. Dreyfus 1987: Künstliche Intelligenz. Von den Grenzen der Denkmaschine und dem Wert der Intuition; Reinbek bei Hamburg

Dreyfus, H., St. Dreyfus 2004: The ethical implication of the fife-state skill-acquisition model; in: Bulletin of science-technology and society 24 3/2004, 251–264

Düttmann, A. G. 1997: Zwischen den Kulturen. Spannungen im Kampf um Anerkennung; Frankfurt

Düwell, M.; K. Steigleder 2003: (Hg.) Bioethik. Eine Einführung; Frankfurt

Eckensberger, L., U. Gähde 1993: Ethische Norm und Empirische Hypothese; Frankfurt

Edelstein, W. 1986: (Hg.) Zur Bestimmung der Moral. Philosophische und sozialwissenschaftliche Beiträge zur Moralforschung; Frankfurt

Edquist, Ch. 1997: (Hg.) Systems of innovation. Technologies, institutions and organisations; London/Washington

Eisendle, R., E. Miklantz 1992: (Hg.) Produktkulturen. Dynamik und Bedeutungswandel des Konsums; Frankfurt/New York

Elling, E. 1989: Art. Pragmatismus, Pragmatizismus; in: HWP 7, 1244–1249

Erlach, K. 2000: Das Technotop. Die technologische Konstruktion der Wirklichkeit; Münster, Hamburg, London

Esser, J. u. a. 1998: (Hg.) Soziale Schließung im Prozess der Technologieentwicklung; Leitbild, Paradigma, Standard; Frankfurt, New York

Etzioni, A. 1997: Die Verantwortungsgesellschaft. Individualismus und Moral in der heutigen Demokratie; aus dem Englischen von Ch. Münz ($^1$1996); Frankfurt, New York

Falkenburg, B. 2004: Wem dient die Technik? Baden-Baden
Faßler, M. 1991: Abfall, Moderne, Gegenwart. Beiträge zum evolutionären Eigenrecht der Gegenwart; Gießen
Feenberg, A. 1991: Critical Theory of Technology; New York, Oxford
Feldhaus, St. 1996: Unsicherheitsbewältigung durch Expertenkompetenz? Ansätze einer Gutachterethik; in: Jahrbuch für christliche Sozialwissenschaften 37 (1996), 96–122
Ferguson, E. 1993: Das innere Auge. Von der Kunst des Ingenieurs; aus dem Amerikanischen von A. Ehlers; Basel, Boston, Berlin ($^{1}$1992)
Fonk, P. 2004: Das Gewissen. Was es ist – wie es wirkt – wieweit es bindet; Kevelaer
Gadamer, H. G. 1974: Art. Hermeneutik; in: HWP 3, 1061–1073
Gallagher, S., F. Varela 2001: Redrawing the Map and Resetting the Time: Phenomenology and the Cognitive Sciences; in: St. Crowell, L. Embree, S. Julian (Hg.). The Reach of Reflection: Issues for Phenomenology's Second Century; 2001
Gallee, M. A. 2003: Bausteine einer abduktiven Wissenschaft- und Technikphilosophie; Münster
Garfinkel, H. 1967: Studies in Ethnomethodology; Oxford
Gasset, J. O. y 1978: Betrachtungen über die Technik; in: Gesammelte Werke Bd. 4, 7–69; Stuttgart
Geertz, C. 1994: Dichte Beschreibung. Beiträge zum Verstehen kultureller Systeme; übersetzt von B. Luchesi, u. R. Bindmann; Frankfurt
Gehlen, A. 1953: Die Technik in der Sichtweise der Anthropologie; in: Anthropologische Forschung; Reinbek bei Hamburg
Gehlen, A. 1957: Die Seele im technischen Zeitalter; Hamburg
Gert, B. 1983: Die moralischen Regeln. Eine neue rationale Begründung der Moral; übers. v. W. Rosenthal ($^{1}$1966); Frankfurt/M.
Gethmann, C. F. 1991: Ethische Aspekte des Handelns unter Risiko; in: M. Lutz-Bachmann (Hg.): Freiheit und Verantwortung. Ethisch handeln in den Krisen der Gegenwart; Berlin, 152–169
Gethmann, C. F. 1998: Praktische Subjektivität und Spezies; in W. Hogrebe (Hg.): Subjektivität; München, 125–145
Gethmann, C. F., G. Kamp 2000: Gradierung und Diskontierung bei der Langzeitverpflichtung; in: D. Birnbacher, G. Pudermüller (Hg.): Zukunftsverantwortung und Generationensolidarität; Würzburg 137–153
Gethmann, C. F., M. Kloepfer 1993: Handeln unter Risiko im Umweltstaat; Berlin u. a.
Gethmann, C. F. u. a. 1993: Langzeitverantwortung im Umweltstaat; Bonn
Gethmann, C. F. u. a. 1995: Verteilungsgerechtigkeit im Umweltstaat; Bonn
Gil, Th. 2003: Die Rationalität des Handelns; München
Götz, K. 1999 (Hg.): Wissensmanagement. Zwischen Wissen und Nichtwissen; München
Goffman, E.1983: Wir alle spielen Theater. Die Selbstdarstellung im Alltag; aus dem Amerikanischen von P. Weber-Schäfer ($^{1}$1959); München, Zürich
Gooding, D. u. a. 1989: The uses of experiment; Studies in the natural sciences; Cambridge
Grin, J., A. Grunwald 2000: (Hg.) Vision Assessment: Shaping Technology in 21$^{St}$ Century Society. Towards a Repertoire for Technology Assessment: Berlin u. a.
Grunwald, A. 2003: (Hg.) Technikgestaltung zwischen Wunsch und Wirklichkeit; Berlin u. a.
Grunwald, A., St. Saupe 1999: Ethik in der Technikgestaltung. Peaktische Relevanz und Legitimation; Berlin u. a.
Hare, R. M. 1992: Moralisches Denken: seine Ebenen, seine Methode, sein Witz; übersetzt von Ch. Fehige und G. Meggle (Moral Thinking: Its Levels, Method and Point 1981); Frankfurt
Harris, J. 1995: Der Wert des Lebens. Eine Einführung in die medizinische Ethik; übers. von D. Jaber ($^{1}$1985); Berlin

Harris, J., S. Holm 1998: (Hg.) The Future of Human Reproduction. Ethics, Choice and Regulation; Oxford
Hauser, R. 1976: Art. Kasuistik; in HWP 4, 703–705
Heidegger, M. 1972: Sein und Zeit; $^{12}$1972; Tübingen
Hieber, J. 2002: Interrogative Ethik; Darmstadt
Higgs, E. u. a. 2000: (Hg.) Technology and the Good Life?; Chicago, London
Hoche, H.-U. 1992: Elemente einer Anatomie der Verpflichtung. Pragmatisch-wollenslogische Grundlegung einer Theorie des moralischen Argumentierens; Freiburg
Höffe, O. 1989: Politische Gerechtigkeit. Grundlegung einer kritischen Philosophie von Recht und Staat; Frankfurt/M.
Höffe, O. 1991: Plädoyer für eine judikativ-kritische Forschungsethik; in: H. Lenk (Hg.): Wissenschaft und Ethik; Stuttgart, 233–247
Hoffmann, Th. S. 2004: Art. Zweck/Ziel in: HWP 12, 1486–1510
Holzheu, F., P. Wiedemann 1993: Perspektiven der Risikowahrnehmung; in: Münchener Rück (Hg.): Risiko ist ein Konstrukt; München, 9–19
Homann, K. 1980: Die Interdependenz von Zielen und Mitteln; Tübingen
Homann, K., I. Pies 1994: Wirtschaftsethik der Moderne. Zur ökonomischen Theorie der Moral; in: Ethik und Sozialwissenschaften 5 (1994) 1, 3–12
Honnefelder, L. 1983: Conscientia sive ratio. Thomas von Aquin und die Entwicklung des Gewissensbegriffs; in: Joseph Szövérffy (Hg.); Mittelalterliche Komponenten des europäischen Bewusstseins; Berlin, 8–19
Honneth, A. 2005: Verdinglichung. Eine anerkennungstheoretische Studie; Frankfurt
Horowitz, R., A. Mohun 1998: (Hg.). His and Hers; Charlottesville, London
Hossenfelder, M. 2000: Der Wille zum Recht und das Streben nach Glück. Grundlegung einer Ethik des Wollens und Begründung der Menschenrechte; München
Hubig, Ch. 1993: Technik- und Wissenschaftsethik. Ein Leitfaden; Berlin u. a.
Hubig, Ch. 1997: Technologische Kultur; Leipziger Schriften zur Philosophie 3.; Leipzig
Hubig, Ch. 2000: Studie nicht-explizites Wissen: Noch mehr von der Natur lernen; Stuttgart
Hubig, Ch. 2002: Mittel; Bielefeld
Huisinga, R. 1996: Theorien und gesellschaftliche Praxis technischer Entwicklung. Soziale Verschränkungen in modernen Technisierungsprozessen; Amsterdam
Hume, D. 1973: Ein Traktat über die menschliche Natur; übers. v. Th. Lipps u. ed. v. R. Brandt; 2 Bde. Hamburg
Ihde, D. 1979: Technics and Praxis; Dordrecht
Ihde, D. 1990: Technology and the lifeworld. From garden to earth; Bloomington Indianapolis
Ihde, D. 1993: Postphenomenology. Essays in the postmodern context; Evanston
Ihde, D. 1998: Expanding Hermeneutics. Visualism in Science; Evanston
Ihde, D. 2000a: Epistemology engines; in: Nature 406/6, 21
Ihde, D. 2000b: Putting technology in its place. Why don't Europeans carry Mayan calendar calculator in the Filofaxes? in: Nature 404 (27. 4. 2000), 935
Ihde, D. 2002: Bodies in technology; Minnesota London
Irrgang, B. 1983: „Evolution" im 17. und 18. Jahrhundert – Fallstudien zur methodologischen Vorgeschichte von Darwins Theorie; in: Conceptus 42, 3–28
Irrgang, B. 1986: Zur Problemgeschichte des Topos „christliche Anthropozentrik" und seine Bedeutung für eine Umweltethik; in: Münchener Theologische Zeitschrift 37 (1986), 185–203
Irrgang, B. 1992: Renaissance-Philosophie als Wegbereiter neuzeitlicher Naturwissenschaft; in: Philosophischer Literaturanzeiger 45 (1992), 71–88

Irrgang, B. 1994a: Neuzeitliche Skepsis, nicht der Pyrrhonismus begründet Toleranz; in: Ethik und Sozialwissenschaften 5 (1994), 593–594
Irrgang, B. 1994b: Gerechtigkeit als Grundlage einer internationalen Umweltpolitik; in: Sozialwissenschaftliche Informationen 23 (1994), I, 40–49
Irrgang, B. 1995: Grundriss der medizinischen Ethik; München, Basel (Übersetzung ins Japanische 2002)
Irrgang, B. 1996a: Von der Technologiefolgenabschätzung zur Technologiegestaltung. Plädoyer für eine Technikhermeneutik; in: Jahrbuch für Christliche Sozialwissenschaften 37, 51–66
Irrgang, B. 1996b: Die ethische Dimension des Nachhaltigkeitskonzeptes in der Umweltpolitik: in: Ethica 4 (1996) H. 3, 245–264
Irrgang, B. 1997: Forschungsethik Gentechnik und neue Biotechnologie. Grundlegung unter besonderer Berücksichtigung von gentechnologischen Projekten an Pflanzen, Tieren und Mikroorganismen; Stuttgart
Irrgang, B. 1998: Praktische Ethik aus hermeneutischer Perspektive; Paderborn
Irrgang, B. 1999a: Globalisierung der technologisch-ökonomischen Entwicklung und die Wiederkehr des Verantwortungssubjektes; in: H.-G. Gruber, B. Hintersberger (Hg.): Das Wagnis der Freiheit. Theologische Ethik im interdisziplinären Gespräch. J. Gründel zum 70. Geburtstag; Wurzburg 1999, 343–353
Irrgang, B. 1999b: Gemeinwohl geht vor Eigennutz. Eine Auseinandersetzung mit dem Kommunitarismus; in: P. Fonk, U. Zelinka (Hg.): Orientierung in pluraler Gesellschaft. Ethische Perspektiven an der Zeitenschwelle. Festschrift zum 70. Geburtstag von B. Fraling; Freiburg, Wien 1999, 149–164
Irrgang, B. 2000: Hermeneutik und Ethik; in: Ethica 8 (2000), 3, 267–278
Irrgang, B. 2001a: Technische Kultur. Instrumentelles Verstehen und technisches Handeln; (Philosophie der Technik Bd. 1) Paderborn
Irrgang, B. 2001b: Lehrbuch der Evolutionären Erkenntnistheorie; ($^1$1993) München, Basel
Irrgang, B. 2002a: Technische Praxis. Gestaltungsperspektiven technischer Entwicklung; (Philosophie der Technik Bd. 2); Paderborn
Irrgang, B. 2002b: Technischer Fortschritt. Legitimitätsprobleme innovativer Technik; (Philosophie der Technik Bd. 3); Paderborn
Irrgang, B. 2002c: Natur als Ressource, Konsumgesellschaft und Langzeitverantwortung. Zur Philosophie nachhaltiger Entwicklung; Technikhermeneutik Band 2; Dresden
Irrgang, B. 2002d: Künstliches Leben – Natur und technische Grenzen; in: W. Hogrebe (Hg.): Grenzen und Grenzüberschreitungen. 19. Deutscher Kongreß für Philosophie; Bonn, 865–872
Irrgang, B. 2002e: Humangenetik auf dem Weg in eine neue Eugenik von unten? Bad Neuenahr/Ahrweiler
Irrgang, B. 2002f: Das Stichwort: Hermeneutische Ethik; in: Information Philosophie 2/2002, 50–52
Irrgang, B. 2003a: Künstliche Menschen? Posthumanität als Kennzeichen einer Anthropologie der hypermodernen Welt?; in Ethica 11/2003/1, 1
Irrgang, B. 2003b: Von der Mendelgenetik zur synthetischen Biologie. Epistemologie der Laboratoriumspraxis Biotechnologie; Technikhermeneutik Bd. 3; Dresden
Irrgang, B. 2003c: Technologietransfer transkulturell als Bewegung technischer Kompetenz am Beispiel der spätmittelalterlichen Waffentechnologie; in: Wissenschaftliche Zeitschrift der Technischen Universität Dresden 52 (2003) Heft 5.6, 91–96
Irrgang, B. 2004a: Konzepte des impliziten Wissens und die Technikwissenschaften; in: G. Banse, G. Ropohl (Hg.): Wissenskonzepte für die Ingenieurpraxis. Technikwissenschaften zwischen Erkennen und Gestalten; VDI-Report 35; Düsseldorf 2004, 99–112

Irrgang, B. 2004b: Wie unnatürlich ist Doping? Anthropologisch-ethische Reflexionen zur Erlebnis- und Leistungssteigerung; in: C. Pawlenka (Hg.): Sportethik. Regeln, Fairneß, Doping; Paderborn 2004, 279–291

Irrgang B. 2005a: Posthumanes Menschsein? Künstliche Intelligenz, Cyberspace, Roboter, Cyborgs und Designer-Menschen – Anthropologie des künstlichen Menschen im 21. Jahrhundert; Stuttgart

Irrgang B. 2005b: Einführung in die Bioethik; München

Irrgang, B. 2005c: Ethical acts (actions) in robotics; in: Ph. Brey, F. Grodzinsky, K. Introna (Hg.): Ethics of New Information Technology. Proceedings of the Sixth International Conference of Computerethics (CEPE2005); Enschede 2005, 241–250

Irrgang, B. 2006: Technologietransfer transkulturell. Komparative Hermeneutik von Technik in Europa, Indien und China; Frankfurt u. a.

Irrgang, B. 2007: Gehirn und leiblicher Geist. Phänomenologisch-hermeneutische Philosophie des Geistes; Stuttgart 2007; i. Dr.

James, W. 2001: Pragmatismus. Ein neuer Name für einige alte Denkweisen; übersetzt von K. Schubert und A. Spree, Darmstadt

Janich, P. 1993: Erkennen als Handeln. Von der konstruktiven Wissenschaftstheorie zur Erkenntnistheorie; Erlangen, Jena

Janich, P. 1998: Die Struktur technischer Innovationen; in: D. Hartmann u. P. Janich (Hg.): Die kulturalistische Wende. Zur Orientierung des philosophischen Selbstverständnisses; Frankfurt 129–177

Janich, P. 2003: Technik und Kulturhöhe; in: A. Grunwald (Hg.): Technikgestaltung zwischen Wunsch und Wirklichkeit, Berlin u. a., 91–104

Joas, H. 1992: Die Kreativität des Handelns; Frankfurt

Johnson, St. 1997: Interface culture. Wie neue Technologien Kreativität und Kommunikation verändern; übers. von H.-J. Maass; Stuttgart

Jonson, A., St. Toulmin 1988: The abuse of casuistry. A history of moral reasoning; Berkeley u. a.

Jungermann, H., R. Kasperson, P. Wiedemann 1988: (Hg.) Themes and Tasks of Risk Communication; Jülich

Jungermann, H., B. Rohrmann, P. Wiedemann 1990: (Hg.) Risiko-Konzepte, Risiko-Konflikte, Risiko-Kommunikation; Jülich

Jungermann, H., P. Slovic 1993: Charakteristika individueller Risikowahrnehmung; in: Münchener Rück (Hg.): Risiko ist ein Konstrukt, München, 89–107

Kaltenborn, O. 2001: Das künstliche Leben. Die Grundlagen der dritten Kultur; München

Kane, R. 1996: The significance of free will; New York, Oxford

Kant, I. 1975, VI: Grundlegung zur Metaphysik der Sitten; Werke Bd. 6, ed. W. Weischedel; Wiesbaden $^5$1975

Kast, B. 2003: Revolution im Kopf. Die Zukunft des Gehirns. Gebrauchsanweisungen für das 21. Jh.; Berlin

Kaulbach, F. 1980: Artikel Leib; Körper, Neuzeit; in: HWP 5, 178–185

Keulartz, J. u. a. 2002: (Hg.) Pragmatist ethics for a technological culture; Dordrecht

König, W. 1998: Produktion und Konsum als Gegenstände der Geschichtsforschung; in: G. Bayerl und W. Weber (Hg.): Sozialgeschichte der Technik. Ulrich Troitzsch zum 60. Geburtstag; Münster u. a., 35–44

Koslowski, P., K. Röttgers 2002: Transkulturelle Wertekonflikte, Hagen

Kuhse, H. 1994: Die Heiligkeit des Lebens in der Medizin. Eine philosophische Kritik, autorisierte Übersetzung von Thomas Fehige, Erlangen

Laudan, R. 1984: (Hg.) The Nature of Technological Knowledge. Are Modells of Scientific Change Relevant? Dordrecht u. a.

Leder, D. 1990: The absent body; Chicago, London

Leites, E. 1988: (Hg.) Conscience and Casuistry in early modern Europe; Cambridge

Lenk, H. 1993: Philosophie und Interpretation. Vorlesungen zur Entwicklung konstruktionistischer Interpretationsansätze; Frankfurt

Lenk, H. 1994: Macht und Machbarkeit der Technik; Stuttgart

Lenk, H. 1995: Interpretation und Realität. Vorlesungen über Realismus in der Philosophie der Interpretationskonstrukte; Frankfurt

Lenk, H. 1998: Konkrete Humanität: Vorlesungen über Verantwortungen und Menschlichkeit; Frankfurt

Lenk, H., M. Maring 1991: (Hg.) Technikverantwortung. Güterabwägung, Risikobewertung, Verhaltenskodizes; Frankfurt/M., New York

Libet, B. 2005: Mind time. Wie das Gehirn Bewusstsein produziert, übersetzt von J. Schröder, Frankfurt

Lohmar, A. 2005: Moralische Verantwortlichkeit ohne Willensfreiheit; Frankfurt

Ludwig, K.-H., V. Schmidtchen 1992: Metalle und Macht 1000–1600; in: W. König (Hg.) Propyläen Technikgeschichte Band 2; Berlin

Mall, R. A. 1995: Philosophie im Vergleich der Kulturen. Interkulturelle Philosophie – eine neue Orientierung; Darmstadt

Mall, R. A., N. Schneider 1996: (Hg.) Ethik und Politik aus interkultureller Sicht. Studien zur interkulturellen Philosophie 5; 1996

Mansfield, E. 1968a: The economics of technological change; New York

Mansfield, E. 1968b: Industrial research and technological innovation. An econometric analysis; New York

Maring, M. 2004: (Hg.) Ethisch-philosophisches Grundlagenstudium. Ein Studienbuch; Münster

Matthäus, W. 1976: Art. Kreativität; in: HWP 4, 1194–1201

Matthes, J. 1992: (Hg.) Zwischen den Kulturen? Die Sozialwissenschaften vor dem Problem des Kulturvergleichs; Göttingen

McMullin, E. 1992: (Hg.) The social dimensions of science; Notre Dame, Indiana

Mehl, F. 2001: Komplexe Bewertungen. Zur ethischen Grundlegung der Technikbewertung; Münster u. a.

Meinhold, R. v. 2001: Konsum – Livestyle – Selbstverwirklichung; Konsummotive Jugendlicher und nachhaltige Bildung; Weingarten

Miles, St. 1998: Consumerism as a Way of Live; London u. a.

Miller, D. 1995: (Hg.) Acknowledging consumption. A review of new studies; London, New York

Mitcham, C. 1987: Responsibility and Technology. The Expanding Relationship, in: P. Durbin (Hg.): Technology and Responsibility, Dordrecht 1987, 3–39

Mitcham, C. 1994: Thinking through technology. The path between engineering and philosophy; Chicago, London

Mokre, M. 2000: (Hg.) Imaginierte Kulturen – reale Kämpfe. Annotationen zu Huntingtons „Kampf der Kulturen"; Baden-Baden

Moore, G. E. 1984: Principia Ethica; übers. von B. Wisser; Stuttgart $^1$1903

Moriarty, G. 2001: Three kinds of ethics for three kinds of engineering; in: IEEE Technology and society Magazine 2001, 31–38

Morton, J. A. 1971: Organizing for innovation. A Systems Approach to Technical Management; New York u. a.

Musil, R. 1978: Der Mann ohne Eigenschaften; Reinbek bei Hamburg

Nennen, H.-U.; D. Garbe 1996: (Hg.) Das Expertendilemma. Zur Rolle wissenschaftlicher Gutachter in der öffentlichen Meinungsbildung; Berlin u. a.

Newman, J. H. 1961; Entwurf einer Zustimmungslehre; übers. v. Th. Haecker; Mainz
Nowotny, H. 2005: Unersättliche Neugier. Innovation in einer fragilen Zukunft; Berlin
Nyberg, D. 1994: Lob der Halbwahrheit. Warum wir so manches verschweigen; übers. von H. Thies; (¹1993) Hamburg
Ogburn, W. 1969: Kultur und sozialer Wandel. Ausgewählte Schriften; ed. von O. D. Duncan; Neuwied, Berlin
O'Neill, O. 2002: Autonomy and trust in Bioethics; Cambridge
Parayil, G. 1999: Conceptualising Technological Change. Theoretical and empirical Explorations; Lauhan
Pauen, M. 2005: Ursachen und Gründe. Zu ihrer Unterscheidung in der Debatte um Physikalismus und Willensfreiheit; in: Information Philosophie 5/2005, 7–16
Peirce, Ch. S. 1991: Vorlesungen über Pragmatismus; übersetzt von E. Walther, Hamburg
Perrow, Ch. 1987: Normale Katastrophen. Die unvermeidbaren Risiken der Großtechnik; Frankfurt, M., New York
Petrowski, H. 1992: To engineers is human: The role of failure in successful design; (¹1982); New York
Petrowski, H. 1997: Remaking the world. Advendures in ingineering; New York
Pfeiffer, W. 1971: Allgemeine Theorie der technischen Entwicklung als Grundlage einer Planung und Prognose des technischen Fortschritts; Göttingen
Pinkus, R. u. a. 1997: Engineering ethics. Balancing Cost, Schedule, and Risk – Lessons Learned from the Space Shuttle; Cambridge
Polanyi, M. 1985: „Implizites Wissen"; Frankfurt
Polanyi, M. 1998: Personal knowledge. Towards a Post-Critical Philosophy; Oxford, New York ¹1958
Pool, R. 1997: Beyond Engineering. How Society shapes Technology; New York, Oxford
Popitz, H. 2000: Wege der Kreativität (¹1997); Tübingen
Poschardt, U. 2002: Cool; Reinbek bei Hamburg (¹2000)
Prüfer, Th.; V. Stollorz 2003: Bioethik; Hamburg
Radermacher, F. J. u. a. 2001a: Management von nicht-explizitem Wissen: Noch mehr von der Natur lernen; Abschlußbericht Teil 1: Ergebnis und Einordnung; Ulm
Radermacher, F. J. u. a. 2001b: Management von nicht-explizitem Wissen: Noch mehr von der Natur lernen; Abschlußbericht Teil 2: Wissensmanagement: Ansätze und Erfahrungen in der Umsetzung; Ulm
Radermacher, F. J. u. a. 2001c: Management von nicht-explizitem Wissen: Noch mehr von der Natur lernen; Abschlußbericht Teil 3: Die Sicht verschiedener akademischer Fächer zum Thema des nicht-expliziten Wissens; Ulm
Radkau, J. 1989: Technik in Deutschland. Vom 18. Jahrhundert bis zur Gegenwart; Frankfurt
Rammstedt, O. 1992: Art. Risiko; in: HWP 8, 1045–1050
Reese-Schäfer, W. 1994: Was ist Kommunitarismus?; Frankfurt, New York
Reimann, H. 1992: (Hg.) Transkulturelle Kommunikation und Weltgesellschaft. Zur Theorie und Pragmatik globaler Interaktion; Opladen
Rendtorff, T. 1982: Strukturen und Aufgaben technischer Kultur; in: D. Rössler, E. Lindenlaub (Hg.): Möglichkeiten und Grenzen der technischen Kultur, Stuttgart, New York, 9–21
Rentsch, Th. 2000: Wie lässt sich Angemessenheit ästhetisch denken? Zum Zusammenhang von Schönheit, Metaphysik und Lebenswelt; in: B. Merker, G. Mohr, L. Siep (Hg.) Angemessenheit; Würzburg, 161–173
Rentsch, Th. 2001: (Hg.) Martin Heidegger. Sein und Zeit; Berlin
Rentsch, Th. 2003: Heidegger und Wittgenstein. Existenzial- und Sprachanalysen zu den Grundlagen philosophischer Anthropologie; Stuttgart

Rescher, N. 1983: Risk. A Philosophical Introduction to the Theory of Risk; Oxford, London
Rheinberger, H.-J. 1992: Experiment, Differenz, Schrift. Zur Geschichte epistemischer Dinge; Marburg
Ricken, F. 1983: Allgemeine Ethik; Stuttgart
Ridley, M. 1994: The red Queen. Sex and the Evolution of Human Nature; London ($^1$1993)
Rolf, Th. 1999: Normalität ein philosophischer Grundbegriff des 20. Jh.; München
Ropohl, G. 2003: Vom Wert der Technik; Stuttgart, Zürich
Rosenberg, N. 1982: Inside the Black Box: Technology and Economics; Cambridge u. a.
Rosenkranz, D., N. Schneider 2000: (Hg.) Konsum. Soziologische, ökonomische und psychologische Perspektiven; Opladen
Salas, R. 2003: Ethica intercultural. Ensayos de una éthica discursiva para contextos culturales conflictivos. (Re) Lecturas del pensamiento latino americano; Santiago
Sass, H. M. 1991: Genomanalyse und Gentherapie. Ethische Herausforderungen in der Humanmedizin; Berlin, Heidelberg, New York
Schaber, P. 1997: Moralischer Realismus; Freiburg, München
Schatzki, Th. 1996: Social practices. A Wittgensteinian aproach to human activity and the social; Cambridge Mass.
Schauer, F. 1991: Playing by the Rules; Oxford
Schenkel, W. 1993: (Hg.) Recht auf Abfall? Versuch über das Märchen vom süßen Brei, Berlin
Schlüter, G., Grötker, R. 1998: Art. Toleranz; in: HWP 10, 1251–1262
Schönherr-Mann, H.-M. 2004: (Hg.) Hermeneutik als Ethik; München
Schöpf, A. 2001: Unbewusste Kommunikation. Der interne Diskurs des Gewissens und der externe der Gesellschaft; Wien
Schrader, W. H. 1995: Art. Selbst; in: HWP 9, 292–305
Schröer, N. 1994: (Hg.) Interpretative Sozialforschung. Auf dem Wege zu einer hermeneutischen Wissenssoziologie; Opladen
Schüller, B. 1980: Die Begründung sittlicher Urteile; Düsseldorf
Scriven, M. 1994: Der vollkommene Roboter: Prolegomena zu einer Androidologie in: W. Zimmerli; S. Wolf (Hg.); Künstliche Intelligenz. Philosophische Probleme; Stuttgart, 79–111
Searle, J. 1971: Sprechakte. Ein sprachphilosophischer Essay; Frankfurt/M.
Selinger, E.; R. Crease 2003: Dreyfus on expertise: The limits of phenomenological analysis; in continental philosophy review 35 (2002), 245–279
Selinger, I., J. Mix 2004: On the interactional expertise: pragmatic and ontological considerations; in: Phenomenology and the cognitive sciences 3/2004, 145–163
Sidgwick, H. 1981: The Methods of Ethics; Indianapolis/Cambridge $^7$1981 ($^1$1884)
Sieferle, R.-P. 1997: Rückblicke auf die Natur. Eine Geschichte des Menschen und seiner Umwelt; München
Simon, E. 2002: Erhaltung von Technik durch Instandhaltung. Eine technikphilosophische Untersuchung; Masch. Diss. Stuttgart
Singer, M. G. 1975: Verallgemeinerung in der Ethik. Zur Logik moralischen Argumentierens; Frankfurt/M. 1975 ($^1$1961)
Spektrum Dossier 1/2003: Spektrum der Wissenschaft Dossier: Gehirn und Geist: Angriff auf das Menschenbild 1/2003
Stachowiak, H. 1989: Pragmatik. Handbuch pragmatischen Denkens Band 3; Hamburg
Stadler, G., A. Kuisle 1999: (Hg.) Technik zwischen Akzeptanz und Widerstand, Münster u. a.
Tenner, E. 1996: Why things bite back. Technology and the Revenge of Unintended Consequences; New York

Thompson, M. 1981: Die Theorie des Abfalls. Über die Schaffung und Vernichtung von Werten; Stuttgart
Thompson, P. 1986: The philosophical foundations of risk; in: The Southern Journal of Philosophy (1986) Bd. 24, Nr. 2, 273 – 286
Thompson, P. 2002: Pragmatism, discourse ethics and occasional philosophy; in: Keulartz u. a. (Hg.): Pragmatists ethics for a technology culture, Dordrecht, 199 – 216
Tiles, M., H. Oberdiek 1995: Living in a technological Culture; Human Tools and Human Values; London, New York
Toulmin, St. 1994: Kosmopolis. Die unerkannten Aufgaben der Moderne; Frankfurt
VDI 2002: VDI-Richtlinien Ethische Grundsätze des Ingenieurberufs, Fundamentals of Engineering Ethics vom März 2002
Vieth, A. 2006: Einführung in die Angewandte Ethik; Darmstadt
Virilio, P. 1986: Ästhetik des Verschwindens: übers. v. M. Karbe und G. Roßler ($^{1}$1980); Berlin
Votruba, G. 1983: Prävention durch Selbstkontrolle; in: M. Wambach (Hg.): Der Mensch als Risiko; Frankfurt/M. 29 – 48
Wagner, G. 1992: Vertrauen in Technik. Überlegungen zu einer Voraussetzung alltäglicher Technikverwendung; Berlin
Walther, H. 1999: Neurophilosophie der Willensfreiheit. Von libertarischen Illusionen zum Konzept natürlicher Autonomie ($^{1}$1997), Paderborn
Weingarten, M. 2000: Entwicklung und Innovation; Europäische Akademie, Graue Reihe Nr. 21; Bad Neuenahr
Weiss, G. 1999: Body, Images. Embodiment as intercorporeality; New York, London
Wengenroth, U. 1997: Technischer Fortschritt, Deindustrialisierung und Konsum. Eine Herausforderung für die Technikgeschichte; in Technikgeschichte Band 64 (1997) Nummer 1, 1–18
Wengenroth, U. 2001: Vom Innovationssystem zur Innovationskultur. Perspektivwechsel in der Innovationsforschung; in: J. Abele u. a.: Perspektivwechsel in der Innovationsforschung; Köln u. a., 23 – 32
Wengenroth, U. 2004: Gute Gründe. Technisierung und Konsumentenentscheidungen; in Technikgeschichte 71 (2004) Heft 1, 1–18
Winner, L. 1986: The whale and the reactor. A Search for limits in an age of high technology; Chicago London
Winner, L. 1992: Autonomous technology. Technics-out-of-control as a theme in political thought; Cambridge Mass. 1992; $^{1}$1977
Wittgenstein, L. 1970: Über Gewißheit; ed. von G. E. Anscombe u. G. H. von Wright; Frankfurt/M.
Wolf, O. 1976: Art. Kasuistik; in HWP 4, 705 f.
Wuketits, F. M. 1990: Moral – eine biologische oder biologistische Kategorie?; in: Ethik und Sozialwissenschaften 1/1990, 1, 161– 207
Young, R. 1995: Colonial desire. Hybridity in theory, culture and race; London, New York
Zahlmann, Ch. 1992: Kommunitarismus in der Diskussion. Eine streitbare Einführung; Berlin
Zaner, R. 1984: A Criticism of Moral Conservatism's View of In Vitro Fertilization and Embryo Transfer; in: Perspectives in Biology and Medicine 27,2 (1984), 200- 212
Zimmerli, W. 1990a: Prognosen als Orientierungshilfe für technisch-naturwissenschaftliche Entscheidungen; DVT 1990, 4 –17
Zimmerli, W. 1990b: Der Stellenwert des technischen Fortschritts aus philosophischer Sicht. Vier vorbereitende historisch-kritische Thesen; Technischer Fortschritt in der Landwirtschaft – Tendenzen, Auswirkungen, Beeinflussungen; Münster-Hiltrup
Zimmerli, W. 1990c: Zur Dialektik des technisch-wissenschaftlichen Expertentums; in: W. Zimmerli,

H. Sinn (Hg.): Die Glaubwürdigkeit technisch-wissenschaftlicher Informationen; Düsseldorf, 1–8

Zimmerli, W. 1991: Die Wiederkehr des Individuums – Basis einer Ethik von Technik und Wissenschaft; Forschung aktuell TU Berlin 8, Nr. 36–38, 16–20

Zimmerli, W. 1993: Die Bedeutung der empirischen Wissenschaften und der Technologie für die Ethik; in: A. Hertz, W. Korff, T. Rendtorff, H. Ringeling (Hg.): Handbuch der christlichen Ethik; Freiburg, Basel, Wien, Aktualisierte Neuausgabe 1993 Bd. I, 297–316

Zimmerli, W. 1997a: Prognose – Antizipation – Entwurf – Vorschein. Hinweise zur Rettung der Wissenschaftsphilosophie; in: Friedrich Gaded, Constance Peres (Hg.): Antizipation in Kunst und Wissenschaft. Ein interdisziplinäres Erkenntnisproblem und seine Begründung bei Leibniz; Wiesbaden, 263–279.

Zimmerli, W. 1997b: Technologie als ›Kultur‹; Hildesheim

Zimmerli W. 1999: Zeit als Zukunft. Management von Nichtwissen; in: Bulletin ETH Zürich, Nr. 272, Januar 99, 38–41

# Register

Alltagsmoral 7, 9, 20, 156 f., 199–201
Anerkennung 35, 85 f., 193 f.
Argumentation 9, 11 f., 18, 29 f., 40 f., 47, 58, 98, 205, 208
Autonomie 55, 61, 63, 69, 72 f., 78

Bioethk 55 f., 160–165, 204

Charakter/sittliche Kompetenz 11, 82, 84, 91–93, 137, 156
Common Sense/Moral Sense 20 f., 23, 35, 40 f., 200
Cool 38, 60–67

Deuten 9, 12, 15, 23, 29 f., 35, 40

Ethik 9–11, 14–21, 25, 28, 34, 37, 41 f., 50, 54–59, 75 f., 97, 99, 138–147, 156–158, 186, 199–207, 221
Ethik als Kunst 18, 20, 29, 42, 76, 199 f.
Experte/Expertise 14, 18, 147, 199–223

Fortschritt 15, 19, 110, 182 f.
Freiheit 45 f., 65–74, 77–84

Gerechtigkeit 38, 70–72
Gewissen 13, 19, 41, 69, 77

Handlung/Handeln 28 f., 49 f., 55, 58, 77–84, 94, 96, 134, 149 f., 208–210
Hermeneutik 9 f. 17, 29–38, 53, 76, 92, 145

implizites Wissen/Kompetenz 13, 18, 27–29, 42, 81, 154–157, 211 f.
Individuum 62 f., 67, 75, 86–88, 179
Innovation 81, 99–113, 122
Institution 20, 96, 205
Interpretation 10 f., 18, 22 f., 25–38, 48 f., 98, 110, 144

Kasuistik 11–15, 138, 210
Konflikt/Dissens 11 f., 30, 38, 40, 98, 149, 158 f., 166, 188 f.
Konsum 168–186
Kreativität 74, 102, 105, 152 f.
Kultur/Interkulturalität 9 f., 37, 97, 106 f., 119 f., 170, 183, 187–197

Langzeitverantwortung 74 f., 144 f., 165–168
Lebensstil 175–177
Leiblichkeit 29, 41, 60, 75, 77–85, 121, 161 f., 164
Leitbild 20, 47, 76, 96, 141–147, 165
Letztbegründung 10 f., 14, 22, 48
Liberalität/Liberalismus 60, 74, 126
Lüge/Täuschung 21, 38–40, 48 f.

Macht 10, 115–122
Metaethik 9, 11, 20 f., 28, 40–45, 45–47, 47–51, 51–55, 55–60, 157
Minimalethik 21, 30, 66, 139–141
Modernität 97, 101, 112, 171, 184–190, 202, 215

Perspektivität 11, 18, 22–24, 36, 133, 147, 223
Postphänomenologie 22 f., 32, 74, 98
Pragmatismus 9 f., 15, 29, 32, 46, 74, 200 f.
Praxis 9–11, 15 f., 23, 27, 46, 72, 74, 79, 89–99, 116 f., 190, 208–211

Realisierbarkeit 19, 21, 43, 55–60, 205
Regel 20, 25–50, 140, 154
Risiko 15 f., 127–133

Selbstverwirklichung/Selbstbestimmung 60–68, 70, 72, 74 f., 86, 139
Skepsis 18, 150–153, 184 f.
Sowohl-als-auch 15–20, 22, 28 f., 40, 47, 61, 73 f., 139, 191

Technik/Technologie 19, 22, 32, 89–91, 101–113, 115–131, 168–190, 200–211
Technikgebrauch 19, 103, 123, 181
Technik/Legitimität 130–138, 142–146, 201, 208
Technikontrolle 122 f.
Technikvertrauen 124 f.
Technologiereflexionskultur 9, 28, 73, 127, 202, 207, 223

Unsicherheit 7, 30, 126, 131, 147–149, 153, 157, 160

Verallgemeinerung 21, 26, 40, 47–51
Verpflichtung 10, 27, 29, 43 f., 45, 48, 53, 56–60, 73, 166
Verstehen 21–38, 44 f., 95, 133

Wert 19 f., 28, 53 f., 57, 74, 159, 188

Zirkularität 21, 40, 45–47
Zukunft 78, 84, 99 f., 133 f.